"十二五"国家重点图书出版规划项目

中国社会科学院创新工程学术出版资助项目

## 新版《列国志》编辑委员会

主　　任　王伟光

副 主 任　李　扬　李培林

委　　员（按姓氏音序排列）

| | | | | | |
|---|---|---|---|---|---|
| 陈众议 | 胡德坤 | 黄　平 | 李安山 | 李剑鸣 | 李绍先 |
| 李　薇 | 李向阳 | 李永全 | 刘北成 | 刘德斌 | 刘　鸣 |
| 刘新成 | 刘　稚 | 钱乘旦 | 曲　星 | 王　镭 | 王立强 |
| 王　巍 | 王新刚 | 王延中 | 王　正 | 吴白乙 | 邢广程 |
| 杨栋梁 | 杨　光 | 张德广 | 张顺洪 | 张宇燕 | 张蕴岭 |
| 郑秉文 | 周　弘 | 庄国土 | 卓新平 | | |

秘 书 长　晋保平　谢寿光

副秘书长　薛增朝　宋月华　张晓莉

列国志

GUIDE TO
THE WORLD
NATIONS 新版

刘 军
编著

*CANADA*

# 加拿大

CANADIAN MUSEUM OF HISTORY

社会科学文献出版社
SOCIAL SCIENCES ACADEMIC PRESS (CHINA)

加拿大国旗

加拿大国徽

联邦参议院会场（刘军 摄）

努纳瓦特自治区议会大楼（杜发春 摄）

国会图书馆（刘军　摄）

蒙特利尔圣约瑟夫教堂（王稀　摄）

安大略省金斯顿的麦克唐纳故居（刘军　摄）

渥太华附近的米奇湖（刘军　摄）

多伦多大学（王稀 摄）

位于金斯顿的加拿大皇家军事学院主楼（刘军 摄）

安大略省以莎士比亚诞生地命名的斯特拉特福镇（刘军 摄）

里多运河在渥太华的终端（刘军　摄）

班夫国家公园（冯钊　摄）

加拿大最东端的纽芬兰岛斯必尔角
（曹津　摄）

多伦多民居（刘军　摄）

安大略湖畔（王稀　摄）

不列颠哥伦比亚省落基山下的小镇（柳丽春　摄）

安大略省万锦市愚人村街景（赵华　摄）

遍布加拿大各地的咖啡店（刘军　摄）

# 出版说明

　　《列国志》编撰出版工作自 1999 年正式启动，截至目前，已出版 144 卷，涵盖世界五大洲 163 个国家和国际组织，成为中国出版史上第一套百科全书式的大型国际知识参考书。该套丛书自出版以来，受到社会各界的广泛好评，被誉为"21 世纪的《海国图志》"，中国人了解外部世界的全景式"窗口"。

　　这项凝聚着近千学人、出版人心血与期盼的工程，前后历时十多年，作为此项工作的组织实施者，我们为这皇皇 144 卷《列国志》的出版深感欣慰。与此同时，我们也深刻认识到当今国际形势风云变幻，国家发展日新月异，人们了解世界各国最新动态的需要也更为迫切。鉴于此，为使《列国志》丛书能够不断补充最新资料，更好地服务于社会各界，我们决定启动新版《列国志》编撰出版工作。

　　与已出版的 144 卷《列国志》相比，新版《列国志》无论是形式还是内容都有新的调整。国际组织卷次将单独作为一个系列编撰出版，原来合并出版的国家将独立成书，而之前尚未出版的国家都将增补齐全。新版《列国志》的封面设计、版面设计更加新颖，力求带给读者更好的阅读享受。内容上的调整主要体现在数据的更新、最新情况的增补以及章节设置的变化等方面，目的在于进一步加强该套丛书将基础研究和应用对策研究相结合，将基础研究成果应用于实践的特色。例如，增加

了各国有关资源开发、环境治理的内容；特设"社会"一章，介绍各国的国民生活情况、社会管理经验以及存在的社会问题，等等；增设"大事纪年"，方便读者在短时间内熟悉各国的发展线索；增设"索引"，便于读者根据人名、地名、关键词查找所需相关信息。

顺应时代发展的要求，新版《列国志》将以纸质书为基础，全面整合国别国际问题研究资源，构建列国志数据库。这是《列国志》在新时期发展的一个重大突破，由此形成的国别国际问题研究与知识服务平台，必将更好地服务于中央和地方政府部门应对日益繁杂的国际事务的决策需要，促进国别国际问题研究领域的学术交流，拓宽中国民众的国际视野。

新版《列国志》的编撰出版工作得到了各方的支持：国家主管部门高度重视，将其列入"'十二五'国家重点图书出版规划项目"；中国社会科学院将其列为创新工程学术出版资助项目，王伟光院长亲自担任编辑委员会主任，指导相关工作的开展；国内各高校和研究机构鼎力相助，国别国际问题研究领域的知名学者相继加入编辑委员会，提供优质的学术咨询与指导。相信在各方的通力合作之下，新版《列国志》必将更上一层楼，以崭新的面貌呈现给读者，在中国改革开放的新征程中更好地发挥其作为"知识向导"、"资政参考"和"文化桥梁"的作用！

新版《列国志》编辑委员会

2013 年 9 月

# 前　言

　　自 1840 年前后中国被迫开关、步入世界以来，对外国舆地政情的了解即应时而起。还在第一次鸦片战争期间，受林则徐之托，1842 年魏源编辑刊刻了近代中国首部介绍当时世界主要国家舆地政情的大型志书《海国图志》。林、魏之目的是为长期生活在闭关锁国之中、对外部世界知之甚少的国人"睁眼看世界"，提供一部基本的参考资料，尤其是让当时中国的各级统治者知道"天朝上国"之外的天地，学习西方的科学技术，"师夷之长技以制夷"。这部著作，在当时乃至其后相当长一段时间内，产生过巨大影响，对国人了解外部世界起到了积极的作用。

　　自那时起中国认识世界、融入世界的步伐就再也没有停止过。中华人民共和国成立以后，尤其是 1978 年改革开放以来，中国更以主动的自信自强的积极姿态，加速融入世界的步伐。与之相适应，不同时期先后出版过相当数量的不同层次的有关国际问题、列国政情、异域风俗等方面的著作，数量之多，可谓汗牛充栋。它们对时人了解外部世界起到了积极的作用。

　　当今世界，资本与现代科技正以前所未有的速度与广度在国际间流动和传播，"全球化"浪潮席卷世界各地，极大地影响着世界历史进程，对中国的发展也产生极其深刻的影响。面临不同以往的"大变局"，中国已经并将继续以更开放的姿态、更快的步伐全面步入世界，迎接时代的挑战。不同的是，我们所面临的已不是林则徐、魏源时代要不要"睁眼看世界"、要不要"开放"的问题，而是在新的历史条件下，在新的世界发展大势下，如何更好地步入世界，如何在融入世界的进程中更好地维护民族国家的主权与独立，积极参与国际事务，为维护世界和平，促进世界与人类共同发展做出贡献。这就要求我们对外部世界有比以往更深切、全面的了解，我们只有更全面、更深入地了解世界，才能在更高的层次上融入世界，也才能在融入世界的进程中不迷失方向，保持自我。

与此时代要求相比，已有的种种有关介绍、论述各国史地政情的著述，无论就规模还是内容来看，已远远不能适应我们了解外部世界的要求。人们期盼有更新、更系统、更权威的著作问世。

中国社会科学院作为国家哲学社会科学的最高研究机构和国际问题综合研究中心，有 11 个专门研究国际问题和外国问题的研究所，学科门类齐全，研究力量雄厚，有能力也有责任担当这一重任。早在 20 世纪 90 年代初，中国社会科学院的领导和中国社会科学出版社就提出编撰"简明国际百科全书"的设想。1993 年 3 月 11 日，时任中国社会科学院院长胡绳先生在科研局的一份报告上批示："我想，国际片各所可考虑出一套列国志，体例类似几年前出的《简明中国百科全书》，以一国（美、日、英、法等）或几个国家（北欧各国、印支各国）为一册，请考虑可行否。"

中国社会科学院科研局根据胡绳院长的批示，在调查研究的基础上，于 1994 年 2 月 28 日发出《关于编纂〈简明国际百科全书〉和〈列国志〉立项的通报》。《列国志》和《简明国际百科全书》一起被列为中国社会科学院重点项目。按照当时的计划，首先编写《简明国际百科全书》，待这一项目完成后，再着手编写《列国志》。

1998年，率先完成《简明国际百科全书》有关卷编写任务的研究所开始了《列国志》的编写工作。随后，其他研究所也陆续启动这一项目。为了保证《列国志》这套大型丛书的高质量，科研局和社会科学文献出版社于1999年1月27日召开国际学科片各研究所及世界历史研究所负责人会议，讨论了这套大型丛书的编写大纲及基本要求。根据会议精神，科研局随后印发了《关于〈列国志〉编写工作有关事项的通知》，陆续为启动项目拨付研究经费。

为了加强对《列国志》项目编撰出版工作的组织协调，根据时任中国社会科学院院长李铁映同志的提议，2002年8月，成立了由分管国际学科片的陈佳贵副院长为主任的《列国志》编辑委员会。编委会成员包括国际片各研究所、科研局、研究生院及社会科学文献出版社等部门的主要领导及有关同志。科研局和社会科学文献出版社组成《列国志》项目工作组，社会科学文献出版社成立了《列国志》工作室。同年，《列国志》项目被批准为中国社会科学院重大课题，新闻出版总署将《列国志》项目列入国家重点图书出版计划。

在《列国志》编辑委员会的领导下，《列国志》各承担单位尤其是各位学者加快了编撰进度。作为一项大型研究项目和大型丛书，编委会对《列国志》提出的基本要求是：资料翔实、准确、最新，文笔流畅，学术性和可读性兼备。《列国志》之所以强调学术性，是因为这套丛书不是一般的"手册""概览"，而是在尽可能吸收前人成果的基础上，体现专家学者们的研究所得和个人见解。正因为如此，《列国志》在强调基本要求的同时，本着文责自负的原则，没有对各卷的具体内容及学术观点强行统一。应当指出，参加这一浩繁工程的，除了中国社会科学院的专业科研人员以外，还有院外的一些在该领域颇有研究的专家学者。

现在凝聚着数百位专家学者心血，共计141卷，涵盖了当今世界151个国家和地区以及数十个主要国际组织的《列国志》丛书，将陆续出版与广大读者见面。我们希望这样一套大型丛书，能为各级干部了解、认识当代世界各国及主要国际组织的情况，了解世界发展趋势，把握时代发展脉络，提供有益的帮助；希望它能成为我国外交外事工作者、国际经贸企业及日渐增多的广大出国公民和旅游者走向世界的忠实"向导"，引领其步入更广阔的世界；希望它在帮助中国人民认识世界的同时，也能够架起世界各国人民认识中国的一座"桥梁"，一座中国走向世界、世界走向中国的"桥梁"。

《列国志》编辑委员会

2003 年 6 月

# 前加拿大驻华大使序

　　我非常荣幸地向中国读者介绍《列国志》丛书系列中的《加拿大》卷。

　　正如你们中很多人所知那样，加拿大与中国有着长期和深厚的友谊。在我们两国政府和企业领导人的各项约定中、在学术界的奉献和年轻人的热情中，每天都见证着这种友谊。这种友谊也通过两国艺术家的创造性展示出来。确实，分享这种友谊使我们之间的合作每年都达到一个更高的水平，并在我们社会之间的相互理解和尊重中继续发挥至关重要的作用。

　　这本新书从有关加拿大历史、地理和文化等题目范围方面，无疑提供了有关加拿大的完整的叙述。我希望本书将进一步引起中国读者对加拿大和加拿大人的兴趣，并促使他们加深对我们迷人的国家和传统的理解和欣赏。

　　我愿意借此机会表示对刘军教授，中国社会科学院世界历史所研究员，所做出的杰出贡献的认可。他富于思想的作品对许多学者和学生是一种激励。

加拿大驻华大使　约瑟夫·卡伦

北京，2004 年 6 月

# CONTENTS

目 录

第一章　概　　览 / 1

第一节　自然地理 / 1

一　国土面积与地理位置 / 1

二　地形特点与气候 / 2

三　国家象征 / 5

四　特色资源 / 7

第二节　国土与人口 / 12

一　行政区划 / 12

二　人口、民族、语言 / 27

三　移民与民族政策 / 36

第三节　民俗与宗教 / 43

一　民俗 / 43

二　宗教 / 47

三　主要节日 / 50

第二章　历　　史 / 53

第一节　殖民地以前时期（17 世纪以前） / 53

第二节　法属殖民地时期（1603 ~ 1763） / 56

第三节　英属殖民地时期（1763 ~ 1867） / 59

第四节　自治领时期（1867 ~ 1931） / 65

第五节　现代时期（1931 年以来） / 74

第六节　历史人物 / 84

一　若干历史名人 / 84

二　部分总理 / 89

# CONTENTS

# 目 录

第三章 政 治 / 99

第一节 宪法 / 99

第二节 国家机构 / 101

一 立法机关 / 101

二 行政机关 / 104

三 司法机关与司法制度 / 106

第三节 政党和社会团体 / 111

一 自由党（Liberal Party）/ 111

二 保守党（Conservative Party of Canada）/ 113

三 魁北克人集团（Block Quebecois）/ 114

四 新民主党（New Democratic Party）/ 114

五 魁北克人党（Party Quebecois）/ 115

六 加拿大绿党（Green Party of Canada）/ 116

七 社会团体 / 117

第四章 经 济 / 119

第一节 概述 / 119

第二节 初级产业 / 123

一 农业 / 123

二 林业 / 127

三 渔猎业 / 128

四 矿业和能源业 / 130

# CONTENTS
## 目 录

第三节　制造业和建筑业／132

　　一　制造业／132

　　二　建筑业／134

第四节　服务业／135

　　一　交通运输业／135

　　二　金融业／138

　　三　旅游业／140

　　四　零售业／142

第五节　对外经济关系／143

　　一　概况／143

　　二　主要外贸伙伴国／145

　　三　与中国的经济关系／147

第六节　财政／148

　　一　概述／148

　　二　财政收支／150

## 第五章　社　　会／157

第一节　家庭生活／157

　　一　婚姻与家庭／157

　　二　衣食住行／161

　　三　收入与消费／167

第二节　社会生活／171

　　一　就业与福利／171

# CONTENTS
# 目 录

二 妇女地位 / 175

三 社会治安 / 177

四 环境保护 / 179

第三节 社会保障 / 183

一 老年人福利 / 184

二 成年人福利 / 188

三 儿童福利 / 189

四 健康保险 / 191

第四节 医疗卫生 / 193

一 制度发展概况 / 193

二 存在的问题 / 195

三 改革措施与思考 / 196

四 加拿大人卫生健康概况 / 200

第六章 文 化 / 203

第一节 教育 / 203

一 概况 / 203

二 学前和中小学教育 / 208

三 高等教育 / 211

四 职业教育 / 218

五 特殊教育 / 219

第二节 科学研究 / 220

一 自然科学 / 220

# CONTENTS
## 目 录

二 人文社会科学 / 223

第三节 文学艺术 / 225

一 文学 / 225

二 电影 / 229

三 舞蹈、音乐 / 231

第四节 体育 / 234

第五节 文化媒体 / 239

一 广播与电视 / 239

二 报纸、杂志和图书 / 242

三 文化产业保护措施 / 245

四 文化设施 / 246

第七章 军 事 / 251

第一节 军队简史 / 251

一 殖民地民兵时期 / 251

二 皇家陆海空三军时期 / 252

三 现代武装力量时期 / 255

第二节 武装力量 / 256

一 陆海空军 / 256

二 预备役部队 / 260

三 军事院校 / 261

四 兵役制度和军衔 / 263

五 军功荣誉 / 264

# CONTENTS

# 目 录

第三节 防务政策与国际军事条约 / 265

一 防务政策 / 265

二 国际军事条约 / 268

第四节 警察与监狱 / 270

一 警察 / 270

二 监狱 / 273

## 第八章 外 交 / 277

第一节 概述 / 277

第二节 与中国的关系 / 283

一 概述 / 283

二 与新中国的关系 / 285

第三节 与西方国家的关系 / 289

一 与英国的关系 / 290

二 与法国的关系 / 291

三 与美国的关系 / 293

四 与日本的关系 / 296

五 与澳大利亚的关系 / 297

第四节 与俄罗斯及东欧国家的关系 / 298

第五节 与发展中国家的关系及对外援助 / 300

一 概况 / 300

二 与亚洲国家的关系 / 302

# CONTENTS
## 目 录

三 与非洲国家的关系 / 303

四 与拉丁美洲国家的关系 / 304

**大事纪年** / 307

**参考文献** / 311

**索  引** / 313

**后  记** / 315

**第三版后记** / 319

# 第一章

# 概　览

## 第一节　自然地理

### 一　国土面积与地理位置

加拿大国土面积 998.467 万平方公里，仅次于俄罗斯，居世界第二位。加拿大位于北美洲北部，它的东、北和西南部分别面向大西洋、北冰洋和太平洋，南部与美国北部相连。

加拿大海岸线长 243042 公里，是世界上海岸线最长的国家。加拿大领土东西之间长达 5514 公里，横跨 6 个时区；南北之间相距 4634 公里；位于北纬 42°～83°、西经 52°～141°之间。加拿大与美国的陆地边境线长 8891 公里，是世界上最长的国境线。

加拿大全国分为 6 个时区，由东向西分别是纽芬兰时区、大西洋时区、东部时区、中部时区、山地时区和太平洋时区。除纽芬兰时区外，每个时区相差 1 小时。纽芬兰时区与大西洋时区相差 0.5 小时。加拿大东西两端相差 4.5 小时。

纽芬兰时区大致在纽芬兰和拉布拉多省范围内；大西洋时区包括爱德华王子岛、新斯科舍、新不伦瑞克三省；东部时区包括魁北克省、安大略省东部；中部时区包括安大略省西部、马尼托巴省、萨斯喀彻温省东部以及西北地区的一部分；山地时区包括萨斯喀彻温省的其余部分、阿尔伯塔省、不列颠哥伦比亚省东北部等地；太平洋时区包括育空地区以及包含温哥华在内的不列颠哥伦比亚省的其余部分。在实际生活中，一些地区采用了相邻时区的时间。渥太华、多伦多和蒙特利尔都在东部时区，属于国际时间西五区，比北京时间晚13个小时。加拿大在3月的第2个星期至11月的第1个星期实行夏时制，在夏时制期间，当地时间都要提前1小时，渥太华时间比北京时间晚12个小时。

## 二 地形特点与气候

加拿大地形多样，有山地、高原、丘陵、平原、盆地，地势西高东低。山脉主要集中于西部和东部，一般为南北走向。西部主要有落基山脉、海岸山脉、帕塞尔山脉、马更些山脉等，位于育空地区的洛根峰海拔5959米，为全国最高峰；东部主要是阿巴拉契亚山脉；东西部山区之间是高原和平原。

加拿大境内河流与湖泊众多，淡水水域总面积89万多平方公里，约占全国总面积的9%，占世界淡水水域面积的15%，居世界各国之首。河流按入海口分为四大水系，分别流入北冰洋、太平洋、大西洋和哈得孙湾。其中流入北冰洋的河流流域面积占全国流域面积的50%以上，主要有马更些河、育空河、圣劳伦斯河、纳尔逊河、萨斯卡彻温河、皮斯河、丘吉尔河等。马更些河长4241公里，是全国最长的河流，流域面积180平方公里，航程约2800公里。绝大部分河流落差大、多瀑布，水利资源十分丰富。

加拿大湖泊星罗棋布，数量逾万。面积在1000平方公里以上的湖泊就有42个，如休伦湖、大熊湖、苏必利尔湖、大奴湖、温尼伯湖、伊利湖、安大略湖等。最大的湖泊是大熊湖，面积31328平方公里。休伦湖内岛屿上的马尼图林湖的面积有100平方公里，是世界上最大的湖中湖。在伊利湖和安大略湖之间有闻名世界的尼亚加拉瀑布。

海岸线蜿蜒曲折，沿岸多峡湾和岛屿，主要有哈得孙湾、詹姆斯湾、巴芬湾、圣劳伦斯湾等。哈得孙湾最大，面积63.7万平方公里。面积在1000平方公里以上的岛屿有47个，主要有巴芬岛、纽芬兰岛、维多利亚岛等。巴芬岛面积50.7万平方公里，是全国最大的岛屿和世界第五大岛。

沿北冰洋和巴芬岛的海岸线呈锯齿状，沿岸海水结冰期长达 10 个月。

依据地形、气候、水面和植被，加拿大可分为以下 6 个生态地形区。

第一，北极地区。该区行政上属西北和努纳瓦特地区，约占加拿大陆地面积的 26%，达 260 万平方公里，包括北冰洋海岸山脉、极地平原、低地和部分加拿大地盾。北极地区终年冰雪覆盖，仅巴芬岛就有 1 万多条冰河。极地南部地区为苔原冻土带，地表被 600 多种植被覆盖，其厚度和密度由南向北递减。地盾地区是裸露的岩石。极地北部年平均气温为零下 20 摄氏度，南部地区为零下 6 摄氏度，任何月份都可能下雪，地表解冻全年平均只有 20 多天，年降水量为 150 ~ 400 毫米。

第二，西部山地。该区行政上包括育空地区全部、阿尔伯塔省西南部、不列颠哥伦比亚省大部和西北地区西部，是太平洋沿岸从北向南延伸的高山地带，宽 800 公里，面积 160 多万平方公里，占加拿大陆地面积的 16%。该地区由高原谷地和山间平原组成，主要山系是落基山脉和马更些山脉。这一地区的地形和生态环境复杂，有很多大瀑布和很深的峡谷。甚至同一座山的两面也完全不同，往往西面植被茂密，东面干枯贫瘠。太平洋沿岸冬暖夏凉，其中的温哥华地区是全国冬季最温暖的地方，年降水量为 1000 ~ 1400 毫米。

第三，内陆平原。该区位于大熊湖、大奴湖、阿萨巴斯卡湖和温尼伯湖一线以西至落基山脉之间的大片山麓高原，行政上包括马尼托巴省西南部、萨斯卡彻温省和阿尔伯塔省大部与不列颠哥伦比亚省东北部，习惯上称大平原。这里地平线广阔，直达于视力所及之处，整个地势由西向东渐低。因牧草丰美，历史上这里曾是美洲野牛的乐园，故又称大草原，约占加拿大陆地面积的 18%，约有 180 万平方公里，绝大部分地区适宜农业生产，被称为加拿大和世界的粮仓。大平原属大陆性气候，冬季漫长而寒冷，夏季短暂而炎热，年降水量为 400 ~ 550 毫米。

第四，地盾区。该区东部为地盾的突出部分——拉布拉多高原，平均海拔 500 ~ 600 米；中部为地盾的陷落部分——哈得孙湾和哈得孙湾沿岸平原；西部至大熊湖、大奴湖、阿萨巴斯卡湖和温尼伯湖一线，是地盾的西部和南部，地形上是湖泊成群的高平原；南部与美国交界于大湖区。该区行政上属努纳瓦特地区西部、安大略省和魁北克省北部。这里是加拿大最大的自然地理带，约占加拿大陆地面积的36%，达360万平方公里。世界第一大瀑布——尼亚加拉瀑布，位于五大湖中的伊利湖和安大略湖之间。

第五，阿巴拉契亚山地区。该区位于圣劳伦斯河的东南部，为低山和丘陵地形，平均海拔为500~600米，最高处达1200米，面积约36万平方公里，约占加拿大陆地面积的3.6%。这一地区行政上包括大西洋沿岸的新不伦瑞克、新斯科舍、爱德华王子岛和纽芬兰诸省。该区除爱德华王子岛外，其他地方均不适宜农业生产，渔业和林业是主要的传统产业。

第六，圣劳伦斯河谷地区。该区位于圣劳伦斯河沿岸和安大略湖沿岸的平原地区，行政上属安大略省南部和魁北克省西南部，面积约18万平方公里，约占加拿大陆地面积的1.8%。这里地势平坦，土壤肥沃，四季分明，雨量充沛，农业发达。由于该地区在历史上是加拿大的发祥地，文化教育发达，又有大湖区和圣劳伦斯河作为出海口，且南面可依托美国东北部工业区，故历来是加拿大的政治和经济中心，工业产值约占全国的3/4，人口占全国半数以上。

加拿大地域辽阔，地形多样，不同地区的气候条件差异很大。北方大部分地区气候寒冷，冬季积雪期多在4~10月。南部靠近美国边界的地区则四季分明，气候相对温和。北部寒冷的苔原气候带占全国面积的1/3，夏季短暂，冬季漫长，全年大部分时间为冰雪所覆盖，降水量少。苔原气候带以南是亚寒带针叶林气候。温带气候仅限于西部的太平洋沿岸和南部的狭长地带。西部沿海地区受太平洋暖湿气流影响，夏季凉爽、干燥，冬季温和、湿润，年降水量约为2500毫米。中部广大平原地区冬夏两季温差大，冬季寒冷，夏季炎热、干燥，降水量少。圣劳伦斯河谷地区和五大湖沿岸地区属温带湿润大陆性气候，夏季较长，雨量充沛，每年6~9月的日均气温约在20摄氏度，盛夏最高气温可达30摄氏度以上，但冬季多雪，气温常低至零下20摄氏度。东部大西洋沿岸大部分地区因受拉布拉多寒流影响，气温比西部低，年均降水量为1000~1400毫米。

气候影响人们的衣食住行，对人类生存的影响主要表现在农业、能源、交通运输、旅游休闲等方面。所有的农业区都会受到旱涝、霜冻、风灾、雹灾、暴雨及气候所致的疾病和昆虫传染病等影响。加拿大人均能源消耗量世界第一，其中约 1/3 的能源消耗于家庭御寒、扫雪除冰、夏季降温等。

近几十年来，加拿大北部气候变暖的迹象很明显。各个海冰地区在夏季的覆盖面积都在减少，在北极桥地区的加拿大海冰，每十年减少约 1.4 万平方英里。北部水路中的海冰范围也在缩小，这使欧洲到亚洲的海上航程缩短了数千英里。

对天气的研究和预报成为加拿大社会经济生活中的重要内容。从 1839 年以多伦多大学为基础建立了第一座官方气象台开始，至今全国设有 13 座气象雷达，其中两座是探测风暴的多普勒雷达。全国 350 个地方的气象观测点每小时提供一次观测数据。全国有 9 个气象预报中心和 64 个预报站，提供短期和中长期天气预报服务。加拿大的主要气象服务部门是联邦环境部所属的大气环境服务中心，负责天气观测和预报。

## 三 国家象征

**国名** "加拿大"源于印第安人易洛魁的土语。1535 年 8 月 13 日，法国探险家 J. 卡蒂埃率领 200 余人乘船横渡大西洋，重返北美探险。船行至安提科斯提岛附近海面时，随行的两名印第安青年说，再向南行就可以到"卡拿塔"（kanata）了。"卡拿塔"是易洛魁土语"村子"或"居民点"的意思。他们实际指的是一个叫斯塔达科纳的村子，即现在魁北克城所在地。或许因为是谐音的缘故，卡蒂埃将此地印第安酋长的辖区称为"加拿大省"。1547 年哈蕾昂世界地图出版社首次将"加拿大省"标入地图，并将其范围扩大到整个圣劳伦斯湾和圣劳伦斯河以北地区。后来的探险家和皮毛商人又将"加拿大省"的范围不断扩大。英国在《1791 年宪法法案》中首次使用"加拿大"这个名称，并将魁北克划分为上、下加拿大两个省。1841 年，英国将两省合并为加拿大省。1867 年，英国在《英属北美法案》中将加拿大省与新斯科舍、新不伦瑞克合并，组成

5

加拿大自治领，"加拿大"从此成为正式国名。

**国旗**　加拿大在联邦成立后的近百年中，国旗是英国的米字旗上加一面盾牌。1964 年 12 月，加拿大议会通过了新国旗法案。新国旗是一面长和宽为 2∶1 的长方形旗帜，两边是红色，中央有一白色的正方形，其边长与旗宽相等，上缀一片红色枫叶。国旗两边的红色代表太平洋和大西洋，白色代表辽阔的国土，有 11 个角的红枫叶象征着加拿大人民。

**国徽**　加拿大国徽的图案比较复杂，象征英法两国与加拿大的渊源。其中的雄狮、苏格兰狮、爱尔兰竖琴、米字旗分别代表英国，百合花是法国王室的标志，枫叶象征加拿大。国徽顶部是一个王冠，象征英王是加拿大的国家元首。国徽底部有一条蓝带，上面有用拉丁文书写的加拿大国家格言"从大洋到大洋"，意指加拿大是横跨两洋的国家。

**国玺**　1867 年自治领建立之初，使用的是一枚临时性的国玺。1869 年，正式的国玺在英国制作并交给加拿大总督使用。国玺上刻有当时的英国女王维多利亚的像。以后，随着新英王继位，英国便授予加拿大新的国玺。现国玺由加拿大艺术家 E. 阿尔德温克尔设计，在一个圆形的四周用英法两种文字写有"加拿大女王伊丽莎白二世"字样，中间有女王像和加拿大国徽。国玺为英王所有，由加拿大总督在代表英王签署各种文件时使用。

**国歌**　加拿大国歌《啊！加拿大》由魁北克省的法官兼诗人 A. 鲁蒂埃用法文作词，音乐家 C. 拉瓦莱谱曲，1880 年 6 月首唱。1908 年多伦多诗人 R. S. 韦尔为这首歌填写了英文歌词。1967 年被议会正式定为国歌。1980 年经修改后的歌词如下：

　　　啊！加拿大！我们的家园和祖国。
　　　您的儿女对您无限忠诚，
　　　仰望您的崛起，我们无比自豪。
　　　啊！加拿大！
　　　真正强大的北疆，自由而富强。
　　　啊！加拿大！

在您的周围，我们守卫着。

愿上帝保佑您永远自由和辉煌！

啊！加拿大！我们守卫着您。

啊！加拿大！我们守卫着您。

**国家象征物** 枫叶和海狸。加拿大人喜欢枫叶，国旗、国徽、货币上都有枫叶图案，加拿大被称为"枫叶之国"。1805 年，法裔加拿大人首先把枫叶作为加拿大的标志，以后枫叶形象开始用于一些重要庆典和仪式。1860 年威尔士王子访问加拿大，人们手持红枫叶欢迎。1868 年在英国授予多伦多和魁北克的盾徽上第一次使用枫叶，此后枫叶标志被广泛使用。1965 年枫叶作为加拿大新国旗上的主要图案，正式成为加拿大的象征。

海狸是北美最大的啮齿类动物，成年海狸身长 70～80 厘米，重约 30 公斤。海狸素食，巢居，其皮毛光滑柔软，是裘皮中的珍品。以海狸皮为主的皮毛贸易，在加拿大早期经济发展中起过重要作用。1851 年加拿大发行的第一枚邮票就用海狸做图案。1975 年议会通过法案，正式将海狸作为国家的象征物。

## 四 特色资源

### 1. 自然和历史资源

巍峨的群山、茫茫的林海、无垠的草原、秀丽的河湖、广袤的雪原、丰富的动植物资源，都是加拿大的旅游资源。加拿大的国家公园系统是由联邦政府规划的，集环境保护、旅游观光、资源利用、科学研究、科普活动于一体。班夫国家公园是 1885 年建立的最早国家公园，位于阿尔伯塔省。加拿大最初建立国家公园主要是为了娱乐和旅游而保护有特色的风景区，近年来人们日益认识到，公园必须有长远的规划，为后人保护这一地区的生态完整，保护这一地区所有的植物和动物资源，所以国家公园不仅是旅游胜地，更是野生动植物自然保护区。每一处国家公园都设在具有典型的自然地理和生态环境区内，如以高山和冰川为保护对象的班夫国家公园，以北极苔原为保护对象的埃尔斯米尔岛国家公园，以温带雨林为保护对象的太平洋沿岸的国家公园，以湿地和鸟类为保护对象的皮利角国家公园，还有以高原草地、森林和湖泊为特色的国家公园。目前全国已有39个国家公园，这些公园最大的有4.4万平方公里，最小的只有8.7平方公里。各省和地区还有自己的省级公园系统。

如果国家公园保护的是加拿大的自然景观，设立国家历史遗址保护区则是保护加拿大的历史人文景观。加拿大遗产署根据加拿大历史遗址和纪念委员会的建议，在具有国家级意义的历史遗迹、人物故居和事件发生地设立国家历史遗址。目前加拿大已在849处历史遗迹、557处名人故居和324个事件发生地设立国家历史遗址。随着人们对历史理解的深入，历史遗址的范围也在拓宽。目前，这些遗址的设立主要有三个特点，即突出土著人历史、妇女的历史和民族文化社区的历史。此外，移民、对外关系、科技、艺术、建筑、渔猎的历史也受到重视。虽然目前很多遗址还没有得到投资或实行管理，许多地方只有一块匾额或一个简单的标记，但随着加拿大历史遗址保护计划的逐步实施，这些遗址会发挥应有的作用。

截至2014年6月底，加拿大共有17项世界遗产，其中8项世界文化遗产，9项世界自然遗产。8项世界文化遗产的名称、所在地及被联合国教科文组织世界遗产委员会批准的年份分别是：益兹牧场国家历史遗址（L'Anse aux Meadows National Historic Site）在纽芬兰和拉布拉多省，1978年；美洲野牛谷（Head-Smashed-in Buffalo Jump）在阿尔伯塔省，1981年；斯冈瓜伊（安东尼岛，Sgang Gwaay）在不列颠哥伦比亚省，1981年；魁北克老城区（Historic District of Quebec）在魁北克省，1985年；卢嫩堡老城（Old Town Lunenbury）在新斯科舍省，1995年；里多运河（Rideau Canal）在安大略省，2007年；格朗普雷景观（The Landscape of Grand Pre）在新斯科舍省，2012年；红湾巴斯克捕鲸站（Red Bay Basque Whaling Station）在纽芬兰和拉布拉多省，2013年。

9项世界自然遗产的名称、所在地及被批准的年份分别是：纳汉尼国家公园（Nahanni National Park）在西北地区，1978年；省立恐龙公园

（Dinosaur Provincial Park）在阿尔伯塔省，1979 年；克卢恩/兰格尔 - 圣伊莱亚斯/冰川湾（Kluane/Wrangell-St Elias/Glacier Bay）在育空地区、不列颠哥伦比亚省和美国阿拉斯加州（与美国联合申报），1979 年；伍德野牛国家公园（Wood Buffalo National Park）在西北地区和阿尔伯塔省，1983 年；加拿大落基山公园群（Canadian Rocky Mountain Parks）在不列颠哥伦比亚省和阿尔伯塔省，1984 年。格罗斯莫纳国家公园（Gros Morne National Park）在纽芬兰和拉布拉多省，1987 年；沃特顿冰川国际和平公园（Waterton Glacier International Peace Park）在阿尔伯塔省和美国蒙大拿州（与美国联合申报），1995 年；米瓜沙国家公园（Miguasha National Park）在魁北克省，1999 年；乔金斯化石崖壁（Joggins Fossil Cliffs）在新斯科舍省，2008 年。

2. 名胜古迹

加拿大名胜古迹很多，这里只能介绍一些主要的。

**国会大厦** 由三栋哥特式建筑组成，上有绿色的铜顶，是加拿大政府的标志性建筑。大厦内有参议院、众议院、国会图书馆等。大厦中央是和平塔和纪念馆，里面珍藏着第一次世界大战中加拿大阵亡者的名册。和平塔高 90 米，上有 53 口钟，不同的钟声构成美妙的旋律，在大厦上空久久回荡。议会的很多建筑及和平塔向游客开放，从塔楼上可俯瞰整个渥太华市容。夏季时，人们可以在此观看国会大厦前草坪上的英式仪仗队换岗仪式。附近还有司法部、最高法院、国家博物馆、基督教大教堂、植物园等。

**里多运河** 长约 200 公里，连接渥太华和金斯敦，修建于 1826 ~ 1832 年，有 47 个水闸和 53 道水坝，原是为军事目的修建的，现连同两条天然河流一起成为渥太华的亮丽风景线。夏季的运河可通航至 120 多英里以外的金斯敦，沿途风景十分迷人；冬季的运河成为冰雪活动的理想场所，每年 2 月举行庆冬节。联合国教科文组织认为，"它是美洲大陆北部争夺控制权的见证"。

**魁北克老城** 魁北克市是魁北克省的首府，17 世纪初法国人在这里建立了移民点和城堡，因此魁北克市是加拿大最古老的城市之一。城市分为老城区和新城区两部分，老城区是古老的石制建筑，街道狭窄而曲折，石板路面随地势起伏。魁北克老城仍保留着300多年前的城墙，是北美唯一有城墙的城市，也是北美第一座被联合国教科文组织列为世界文化遗产的城市，是加拿大主要的旅游区之一。

**蒙特利尔圣母教堂** 最早建于1628年，是一个木板房，几经拆建，最后于1829年完成。这是一座宏伟壮观的新哥特式建筑，有3800个座位。教堂双塔近70米高，外观朴素，内部装饰金碧辉煌，有彩绘玻璃、胡桃木雕刻、人物雕像，显得庄严而华丽。它是北美最著名的天主教堂，有"小巴黎圣母院"之称。

**多伦多市电视塔** 也称CN塔，553米高，是世界上最高的建筑。CN塔既是电视发射塔，又是旅游和文化活动胜地。它耸立在安大略湖畔，塔的地面层设有餐厅、商店，塔身335～360米处有一个外形巨大的扁圆球体，内有仪器房、旋转餐厅、电视广播台等。塔内设有透明升降机，以便于游客观光。塔身446米处是个专为游人观景而设置的塔楼，称"太空甲板"，是世界最高的观景点，观景台上面有旋转餐厅，每小时自动旋转一周，用餐时凭窗远眺，全城风光尽收眼底，并可欣赏安大略湖的景色。

**尼亚加拉大瀑布** 距多伦多市一个多小时车程，位于加拿大安大略省与美国纽约州的交界处，瀑布分为两部分，横跨加、美边界，其中最大、最壮观的马蹄形瀑布在加拿大境内。

3. 建筑艺术

加拿大的建筑艺术特点很难概括，如同加拿大的文化特点。一般而言，加拿大保存得最好的老建筑是教堂和政府部门。对建筑艺术有兴趣的人到加拿大观光，不可错过当地的教堂和市政府，它们往往也是当地最古老和最有特点的建筑。土著人的建筑不是砖石结构的，没有保存下来，现在只能在博物馆里见到。

加拿大建筑风格最初受到法国建筑风格的影响，19世纪初受英国建筑风格的影响，19世纪末受到美国建筑风格的影响，至20世纪建筑风格呈多样化趋势。从欧洲移民最初到加拿大至今，加拿大的建筑经历了巨大的变化。欧洲移民在加拿大最早的建筑类同土著人的石屋、泥屋和木屋，样式简陋，工艺粗糙。这类房屋一般由原木和石头建成，屋顶是树枝和干草，屋里是泥地。随着定居点的逐步发展，建筑物也受到以下几种风格的影响。①法国的巴洛克式。它于 17 世纪末传到加拿大，在宗教建筑和政府建筑中占支配地位达 100 年之久。魁北克地区的教堂至今仍有法国路易十六时期的痕迹。②帕拉弟奥式，又称乔治王朝式。它于 18 世纪中期由英国移民和美国亲英人士传入加拿大。这种建筑造型规整、左右对称、比例协调，壁柱、圆柱和窗户等细节部位的装饰都带有古典特征，有的装饰风格甚至有古希腊和古罗马风格的特点。③新古典主义式。19 世纪初是加拿大建筑领域的发展时期，受英、美建筑杂志的影响，各种建筑风格都得以复苏和创新。新古典主义风格是当时建筑的主流，其特点是将古希腊罗马建筑的优雅华贵与现代社会的时尚及生活需求相结合，体现出古典与现代之美的融合。④哥特复兴式。它由爱尔兰建筑师传入加拿大，在宗教建筑中风行了一个世纪，特点是窗和门都呈尖拱形。⑤意大利式。19 世纪中期，传统建筑样式失去市场，被折中主义和多样式建筑取而代之，意大利式建筑就是其中之一，特点是屋顶基本是平的，开口处一般为半圆形。⑥法兰西第二帝国式。它源于拿破仑三世时的法国，是意大利风格的变体，增加亭子、塔和复折式屋顶。19 世纪70 年代后曾广泛流行。⑦罗马复兴式、大别墅式、安妮皇后复兴式。它们出现于 19 世纪末，其中罗马复兴式的特点是粗糙的墙面、矮柱头、大半圆形拱、圆塔或方塔等；大别墅式为光滑的外表、凌霄的屋顶、圆形的塔；安妮皇后复兴式的特点是不对称美和细节上的精雕细琢，多用于宗教建筑。⑧国际化样式。它属现代建筑风格，立体感强、纯白外表、宽大的落地窗，古典风格在这类建筑中已荡然无存。现代建筑的特点是实用性，体现了现代人对建筑的要求。

　　建筑风格是民族文化特点的表现之一，随着加拿大民族多元化，建筑风格的多样化是必然趋势，如加拿大中国城中的牌坊、华表和石狮子体现了中国的建筑风格。许多来自中国香港的移民十分讲究房屋的风水，如房屋不能对着丁字路口，院子的门不能直对着屋子的门，前门不能直对着后门，因此，他们将原有的西式别墅拆了重建，将尖顶改成平顶，门前放一对石狮，被当地人称为"怪兽屋"。

就宗教建筑而言，基督教、伊斯兰教、佛教的都有，不仅有各宗教传统风格的，还有现代风格的。同一种宗教的建筑在不同地区、不同时间修建，有不同的风格，这些在加拿大都有反映。基督教建筑传统上是方形的，上面是尖顶或穹顶；但现代教堂建筑不拘一格，可以是多边形或任意形的，屋顶可以不尖不圆，甚至让人从外观上无从判断。在建筑材料和色彩上也非常现代甚至后现代，如有的教堂主要是用玻璃搭建的。

多伦多市的圣詹姆斯大教堂初建于 18 世纪末，是一座木制建筑；1850 年重建为新哥特式建筑，尖顶高 93 米，是当时多伦多最高的建筑。教堂最高处的钟楼是尖顶，其他部分也有很多尖塔和尖顶，窗户也是细高的，使整个建筑有很强的向上的动感。英国女王访问多伦多时，曾在此做过礼拜。

多伦多市政大厦是一座新颖别致的现代建筑，由三部分组成——两座高度不一的弧形办公大楼相对而立，中间是一个蘑菇状的多功能活动大厅，远远看去就像半开半张的蚌壳内含一颗珍珠。蒙特利尔为 1976 年奥运会修建的体育馆外形像一只优雅的天鹅。大都市中，那些不拘一格彰显个性的后现代建筑，以其独特的造型、色彩成为独特的景观。

在繁华的大城市，如多伦多、温哥华，古老的建筑与现代和后现代建筑交相辉映，世界各地的建筑风格都能在这里找到。加拿大建筑很注意个性化，从公共设施、商业大厦到民居，一个城市很难找到两座外观和色彩相同的建筑。因此，加拿大建筑艺术形式是多元化和多样化的。

# 第二节　国土与人口

## 一　行政区划

加拿大全国分为十个省和三个地区，分别是：不列颠哥伦比亚省、阿尔伯塔省、萨斯卡彻温省、马尼托巴省、安大略省、魁北克省、新不伦瑞克省、新斯科舍省、纽芬兰省、爱德华王子岛省和西北地区、努纳瓦特地区、育空地区。省和地区下设市、县、镇、村等，十省三地区共辖 2000

多个城镇。首都是渥太华。主要城市有：温哥华、埃德蒙顿、卡尔加里、里加纳、温尼伯、蒙特利尔、魁北克、多伦多等。

渥太华市人口130多万（2013年）。作为首都的渥太华，实际上是一个两省共管的城市，由渥太华市和赫尔市组成，前者属安大略省，后者属魁北克省。这反映出加拿大的政治社会特点。渥太华是典型的双语城市，说英语的人和说法语的人参半，居民收听CBC的英语或法语节目、安大略省和魁北克省的联播节目。日报有法文的《权利报》和英文的《公民报》。里多运河将该市一分为二。河西有国会山建筑群，其中的国会大厦是加拿大政府的标志性建筑，附近还有司法部、最高法院、国家博物馆、基督教大教堂、植物园等。河东有市政厅、国家档案馆、加拿大皇家造币厂、国家美术馆、天主教圣母玛利亚大教堂、渥太华大学和卡尔顿大学等。皇家造币厂不仅生产加拿大货币，还为世界上许多国家和地区铸币，游人可参观货币的生产过程。渥太华还举办规模盛大的郁金香节。该节日始于1945年，当时荷兰女王为躲避欧洲战火，曾在渥太华居住。第二次世界大战后为感谢这座城市和加拿大军队在收复荷兰时的贡献，荷兰女王赠送了大量郁金香球茎。如今全市的郁金香已有200多个品种，在郁金香节期间争奇斗妍，引来大量游客。

加拿大各省和地区均有自己的旗帜、盾徽、标志性花卉和标志性鸟类。各省、区的标志性花卉和标志性鸟类如下。

不列颠哥伦比亚省：太平洋山茱萸和斯特勒蓝鸭。

萨斯卡彻温省：西部红百合和尖嘴松鸡。

安大略省：白色延龄草和潜鸟。

爱德华王子岛省：粉红拖鞋兰和蓝鸟。

阿尔伯塔省：野玫瑰和大角猫头鹰。

马尼托巴省：草原番红花和大灰猫头鹰。

纽芬兰省：猪笼草和大西洋海鹦。

新不伦瑞克省：紫罗兰和黑顶山雀。

新斯科舍省：五月花和鱼鹰。

魁北克省：蓝色鸢尾和雪鸮。

育空地区：火草花和乌鸦。

西北地区：水杨梅和矛隼。

努纳瓦特地区：紫色虎耳草和岩雷鸟。

**（一）魁北克省**

魁北克省是全国最大的省，面积 154 万多平方公里，人口 815.5 万（2013 年）。其中法裔人口占全省人口的 80% 以上，是加拿大唯一法裔人口占多数的省份。法裔居民、法语和法国文化传统使其在加拿大享有特殊地位。

"魁北克"一词在当地印第安语中意为"河颈"或"河流变窄的地方"，最初仅指现在魁北克市所在地，自治领成立后代表魁北克省。魁北克的前身为法国的新法兰西殖民地，1867 年 7 月 1 日加入加拿大联邦。

魁北克省位于加拿大东部拉布拉多半岛，北临哈得孙海峡，东濒大西洋，西接哈得孙湾，南临美国的纽约州、佛蒙特州、新罕布什尔州等。魁北克省的地形结构由北向南可分为劳伦斯地盾、劳伦斯平原和阿巴拉契亚山区三大区域。劳伦斯地盾占全省面积的 80%，其中的劳伦斯高原森林资源丰富，是旅游和冬季体育运动的胜地。劳伦斯平原由地盾南部平缓地深入圣劳伦斯河谷，土地肥沃，气候宜人，聚居着全省 90% 的人口。阿巴拉契亚山区有丰富的森林和水利资源，山区间的平原也可以发展农业。魁北克省北部地区冬季寒冷，长达 9 个月以上，夏季短暂；南部夏季较长，秋季枫叶红遍山野，是最宜人的季节。

魁北克省自然资源丰富。水利资源居全国之首。森林资源仅次于不列颠哥伦比亚省和安大略省，居全国第三。主要矿产资源有石棉，占全国石棉储量的 75%，世界储量的 36%；钛、铁、锂、金、铀、石灰岩、硅石、花岗岩、云母等储量也很可观。省内江河纵横，湖泊遍布，盛产鳟鱼等鱼类。全省有 120 多种淡水鱼和 10 余种海洋咸水鱼。圣劳伦斯河入海口鲸鱼种类繁多，还有大量海豚和海豹。全省有 260 多种鸟类，其中候鸟有 120 多种。

2012 年全省国民生产总值为 3578 亿多加元，约占全国的 20%，仅次于安大略省，在各省中排名第二。

魁北克省首府是魁北克市，2013 年人口 79.2 万，是加拿大最古老的城市之一。魁北克市的旅游景点有省议会大厦、魁北克城堡、圣母大教堂、蒙莫朗西自然景区和奥尔良岛。省议会大厦是一座 17 世纪的法国建筑；弗龙特纳克城堡饭店是该市最宏伟豪华的古建筑，也是该市的标志；圣母大教堂有 350 年的历史；蒙莫朗西公园内的蒙莫朗西瀑布落差 80 多米，比尼亚加拉瀑布的落差还多 30 余米，冬季时瀑布成为一座冰山。魁北克市还是一座文化名城，最著名的高等学府是拉瓦尔大学，创建于 1852 年，是北美第一所法语大学。此外，还有建立于 1663 年的魁北克神学院和魁北克大学等。该市的文化设施还有：为纪念 1759 年英法军队在此地决战而建立的战场公园、省博物馆和歌剧院等。当地报纸有《太阳报》和《魁北克日报》。

蒙特利尔是魁北克省最大的城市，人口 398 万多（2013 年），约占全省人口的一半，是加拿大第二大城市，也是世界上除巴黎以外的第二大法语城市。蒙特利尔市是世界性法语文化中心，其爵士乐节和幽默节是国际著名的文化活动节。该市的芭蕾舞团具有国际水平，太阳马戏团则是北美最好的。蒙特利尔也是世界著名的美食城之一，这里汇集了全国最好的各国特色餐馆。蒙特利尔还是一座天主教圣城，有大小教堂 450 所，它因哥特式教堂众多而有"尖塔之城"的美誉。蒙特利尔是加拿大的旅游胜地。体现法国建筑风格的蒙特利尔老城，街道狭窄崎岖，路面铺着石板，店铺里摆放着工艺品和美术作品，沿街的露天啤酒馆坐满了晒太阳的观光客。街头、公园、广场上有许多人物雕像，如市中心的自治领广场上有加拿大总理麦克唐纳和劳里埃、苏格兰诗人彭斯、维多利亚女王、英王爱德华七世、英国海军将领纳尔逊等人的雕像。市内还有最早来加拿大的欧洲探险家、传教士、该城创建者的雕像，以及外国赠送的雕像。蒙特利尔是白求恩生前工作过的地方，一些医院还保存着与白求恩大夫有关的文物。1977年一处街心公园被改名为白求恩广场，广场上有中国赠送的白求恩的汉白玉雕像。

**（二）安大略省**

安大略省是最初组建联邦的 4 个省之一，自联邦成立至今一直是全国人口最多的省，有人口 1353.8 万（2013 年）。

"安大略"一词源于印第安语，意为"美丽的湖"，原指大湖区的东端和北部。1867 年安大略成为联邦的一个省。该省面积 107.6395 万平方公里，占全国总面积的 10.8%，省府是多伦多，其他主要城市有渥太华、哈密尔顿、伦敦等。

安大略省的经济在全国占有重要地位。2012 年该省国民生产总值 6745 亿加元，约占全国的 37%。它是国内最大的制造业省，其中多伦多的制造业产值又占全省的一半。

全省有大学 21 所，实用美术和科技院校 22 所。多伦多、渥太华、哈密尔顿、基奇纳、滑铁卢等城市都有自己的交响乐团。南部小镇斯特拉特福（Stratfort）以莎士比亚的诞生地命名，每年举办一次盛大的莎士比亚艺术节，在 5～11 月不断上演莎翁剧作。

多伦多是加拿大第一大城市，人口 596 万（2013 年），其中华人 40 多万，是加拿大华人最多的城市。多伦多在印第安语中是"会集"的意思。这里会集了世界 160 多个国家和地区的移民，约占其全部人口的一半。多伦多不仅是该省的经济中心，也是全国的经济中心，其高科技产品占全国的 60%。多伦多交通发达，除铁路、公路和航空外，还有圣劳伦斯河上的水运。多伦多市的贝街区是全国的金融中心，是加拿大的"华尔街"，国内各大银行总部均设于此，国外驻加银行也都在此设分支机构。多伦多股票交易市场是全国最大的股市。加拿大最大的支票结算中心和最大的保险公司也设在多伦多。多伦多市还是全国的文化中心之一，有多伦多大学等一批著名学府，还有安大略美术馆和安大略皇家博物馆。1984 年我国在多伦多设立总领事馆。1986 年 3 月 28 日多伦多与我国重庆市结为友好城市。

### （三）新斯科舍省

新斯科舍省是最早加入联邦的 4 个省份之一，面积 5.53 万平方公里，2013 年人口 94 万。主要城市有首府哈利法克斯，以及达特茅斯、格莱斯贝等。全省分为 3 个城市区、39 个市和 24 个乡镇。"新斯科舍"一词在拉丁语中意为"新苏格兰"。该省目前仍是苏格兰后裔的聚居地，苏格兰人约占全省人口的 1/4。这里还是全国最大的非洲裔居住区。17 世纪初，英王将这块土地授予苏格兰的威廉·亚历山大勋爵，由此得名新斯科舍。该省濒临大西洋，沿海多岛屿（有 3809 个岛屿）、港口和海滩，昔日的军事要塞现已成为旅游胜地。

在经济方面，新斯科舍省历史上以渔、农、林业为主，其中渔业产值仅次于不列颠哥伦比亚省，居全国第二位。海产品出口额占全省出口额的 1/3。农业中的畜牧、蛋禽和乳品的产值比蔬菜、水果高。林业中的造纸和纸浆的产值和地位已超过木材开采。矿业产值逐年增加，其中煤的产值最高，石膏和盐的产值次之。该省沿海海底蕴藏有丰富的油气。全省有 800 多家小制造厂，主要生产纸、木制品、轮胎、海产品，产品大多供出口，主要销往美国。旅游业是该省近年来发展较快的经济部门，沿海风景和人文历史遗迹是主要的旅游资源。主要历史遗迹有路易斯堡、尚普兰故居和哈利法克斯城堡等。新斯科舍博物馆和省政府档案馆收藏有大量的历史文献。

哈利法克斯是新斯科舍省首府，也是加拿大东部沿海最大的城市，2013 年人口 40.9 万。哈利法克斯是历史悠久的港口城市，地理位置优越，气候条件良好，港口全年不冻，是加拿大通往大西洋的主要海运基地，也是加拿大最大的军港和海军司令部所在地。1917 年哈利法克斯港发生过一次震惊世界的军火船爆炸事件，导致整个港口被毁，1600 多人死亡，1 万多座建筑物毁坏。现在的港口是经过多次重建和扩建而形成的。哈利法克斯也是铁路、公路和空运的枢纽，东部各地的出口货物可以由铁路、公路直接进入港口上船，港口运输在哈利法克斯经济中占有重要位置。

哈利法克斯还是全省的文化中心，有达尔豪斯大学、圣玛丽大学、国王学院大学和新斯科舍技术大学等高等学府，还有众多的博物馆和文艺团体。欧式古建筑是该市的一大景观，如建于 1750 年的圣保罗教堂、建于 1818 年的省议会大厦、建于 1828 年的哈利法克斯城堡等，现在都成为旅游景点。哈利法克斯城堡每天正午有身穿传统军服的士兵表演，这一仪式已坚持了一百多年。此外，该市的布雷顿角岛、灯塔之路和佩吉海湾都是秀丽的海滨风景区。

**（四）新不伦瑞克省**

新不伦瑞克省位于东部沿海地区，也是创建联邦的 4 个省之一，面积 7.29 万平方公里，2013 年人口 75.5 万。全省有 7 个市、28 个镇、68 个村，在人口稀少的边远地区还有 272 个服务点。该省北部为高原，中部为丘陵，南部多峭壁和海滩，东部有低地平原。全省河流纵横，内陆与沿海的距离最多不超过 180 公里，水路交通很方便。该省的圣约翰是不冻港，可为集装箱和散杂货的进出口提供全年海运服务，尤其在冬季，港口业务更为繁忙，从这里出发的船只驶往世界一百多个国家的港口。

全省 85% 以上的土地为森林覆盖，林业一直是该省传统的支柱产业。该省是北美最重要的木材加工基地，其他工业还有制鞋和纺织等。旅游业每年接待国内外游客约 130 万人次。全省旅游景点很多，有两个国家公园和50 多个省级公园。省内的圣约翰河有"北美莱茵河"之称；芬迪湾有世界最高的海潮，每次涨潮高达 15 米；雪迪克是世界著名的"龙虾之都"。

该省有 4 所大学：新不伦瑞克大学、蒙特爱立森大学、蒙克顿大学和圣托马斯大学。新不伦瑞克大学是加拿大最早成立的英语大学，也是该省最大的大学。蒙克顿大学是除魁北克省之外加拿大最大的法语大学。

新不伦瑞克省首府是弗雷德里克顿，位于圣约翰河东岸圣约翰城西北86 公里处，2013 年人口 5 万多。它由美国独立战争时期因效忠英国而北上的美国人所建，1785 年成为该省首府，1848 年建市，其名称取自英王乔治三世次子的名字。该市交通便利，公路、铁路和民航通往全国各地。

**（五）马尼托巴省**

马尼托巴省于 1870 年 7 月成为联邦的第五个省。它位于加拿大中部，面积 64.8 万平方公里，2013 年人口 127.5 万。该省冬季寒冷、夏季温和。自然资源丰富，矿藏主要有镍、铜、锌、金、石油等。

马尼托巴省的经济以制造业为主，60% 的出口货物是制造业产品。制造业中以制造交通设备为主，该省是加拿大航空设备制造中心，也是北美最大的客车生产基地。其他制造业有冶金、机械制造、电脑、电气设备等。此外还有食品加工业、时装业。农业高度多样化，农作物产值占全部农业收入的 56.8%，牧业产值占 40% 以上。

该省有马尼托巴大学、布兰登大学和温尼伯大学，还有许多社区学院为人们提供文理本科教育、职业培训和成人进修课程。省内设有自然博物馆、草原博物馆、历史博物馆、档案馆、天文馆、美术馆等公共文化设施。

省会温尼伯位于红河与阿西尼博因河交界处，是全省政治、文化中心，也是铁路、公路和航空枢纽，有"西部草原门户"之称，2013年人口77万。1738年，法国人在此建立皮毛交易点，1835年成为首府。温尼伯市的商品交易所是全国唯一的期货交易市场，也是世界最主要的谷物交易中心之一。温尼伯每年春季举行的马尼托巴音乐节是全国规模最大的音乐活动，每年8月举办国际民间艺术节。

**（六）不列颠哥伦比亚省**

不列颠哥伦比亚省位于加拿大西部沿海地区，1871年7月21日成为联邦成员。面积94.47万平方公里，是加拿大第三大省，人口462.4万（2013年）。该省居民民族成分多元化。1970年以来，该省亚裔人口数量迅速上升，尤其是华人和日本人在当地社会经济生活中占有越来越重要的地位。该省是典型的多元文化省份。

全省除东北部皮斯河流域外都是山区，只有3%的土地适宜农业种植，但山区适宜林木生长。该省虽气候多变，沿海与内陆山区尤为明显，但一般冬暖夏凉，1月的平均气温在0摄氏度以上，7月平均气温为16～17摄氏度。

该省自然资源丰富，森林覆盖率占全省面积的55%，木材产量占全国的40%。矿藏有铅、锌、金、银、铜等。水利资源也很丰富。高山、峡谷、温泉、森林、海滨构成该省丰富的旅游资源和体育运动场所。全省交通发达，有公路、铁路横穿东西、纵贯南北，沿海水路交通发达，主要城市间有航空运输。该省的温哥华市是加拿大西部的门户和良港。

全省有3所大学：不列颠哥伦比亚大学、维多利亚大学和西蒙弗雷泽大学。此外，该省的西三一学院也开设4年制本科课程，还有若干社区学院开设大学预科、专科和各种职业教育和培训课程。

省会维多利亚是该省第二大城市，2013年人口35.7万。它位于温哥华岛的最南端，与温哥华市相隔乔治亚海峡，有渡轮将这两个城市相连。维多利亚是典型的英国式城市，街道和建筑风格显示出英国文化特点，当地居民也多系英裔。维多利亚有花园城市之称，布查德花园是其中的代表。该花园内的园林设计、植物种类都属国内一流水平，每年6月中旬至9月中旬，园内每晚燃放烟花，灯光与激光相互辉映，景色十分迷人。市里有维多利亚大学。博物馆中收藏有该省自1200年以来的文物，是了解本省土著文化和早期欧洲殖民者生活的好地方。

温哥华市得名于英国探险家乔治·温哥华，乔治于1791年到达此地。温哥华市是不列颠哥伦比亚省第一大城市，也是加拿大第三大城市。2013年人口244.3万。该市虽纬度高，但受太平洋季风和暖流的影响，终年气候温和、湿润，环境宜人。温哥华是旅游城市，著名的景点有加拿大馆，它为1986年举办世界博览会而建，包括世贸中心、会议中心和电影馆，外形如一艘巨型帆船，上面有5个风帆形的屋顶，现已成为温哥华的标志性建筑，登上平台可领略温哥华港湾的景色。斯坦利公园是一个沿海岸修建的公园，一边是海，一边是森林，园内还有一个动物园和一个全国最大的水族馆。市内的盖斯镇是温哥华老城，有许多19世纪的建筑，有世界上第一座以蒸汽为动力的钟，每小时鸣响一次，同时喷出蒸汽。温哥华还有博物馆、天文馆和海洋博物馆等文化设施。不列颠哥伦比亚大学内的人类学博物馆拥有世界上最丰富的印第安雕塑收藏，其中有各种印第安图腾柱。温哥华市盖斯镇中的中国城始建于1800年。它的旁边是中山公园，是为纪念孙中山先生当年在此从事革命活动于1985年以中国明代建筑风格而修建的。1974年中国在此设立总领事馆，1985年该市与中国广州结成友好城市。

### (七) 爱德华王子岛省

爱德华王子岛省位于圣劳伦斯湾南部，是加拿大最小的一个省，面积5660平方公里。1873年7月1日加入联邦。全岛东西长224公里，南北最宽处64公里，最窄处4公里。该岛西部平坦，适宜农业；中部多低山，最高海拔142米，森林密布；东部是起伏不大的丘陵。该省人口居全国10省之末，2013年只有14.5万，但人口密度为全国第一，平均每平方公里 22.4 人。

爱德华王子岛与大陆间的海上交通一直靠渡船，直到 1997 年联邦大桥建成，才改写了该岛的交通史。联邦大桥长 13 公里，宽 11 米，平均距海面高度 40 米，最高处达 60 米，是世界上最长的大桥之一，也是加拿大建筑史上的一大奇迹，彻底改变了该岛交通闭塞的局面。

爱德华王子岛的经济以农业、旅游、渔业和林业为主。岛上土地肥沃，农业人口所占比例在全国最高。主要农产品是土豆，其产值占该省全部农业收入的 40%，土豆产量占全国产量的 30%，有 3/4 的土豆供出口。此外，烟草、苹果、草莓、洋葱、西红柿的种植也很普遍。牲畜饲养以牛为主，猪次之。

近年来，旅游业已成为该省第二大经济部门。该省人文与自然景观兼备，有城堡、海滩、高尔夫球场、渔村。该省的龙虾闻名遐迩。

渔业是该岛第三大经济部门，沿海盛产龙虾、底栖鱼、牡蛎和扇贝等。龙虾的种类很多，龙虾产值占渔业收入的一半。发达的渔业还带动了水产加工、渔船维修和造船业的发展。

夏洛特敦是爱德华王子岛省首府，位于爱德华王子岛南部诺森伯兰海峡的希尔斯伯勒湾畔，2013 年人口 3.5 万，是加拿大人口最少的省会，大部分居民是英国人和爱尔兰人的后裔。夏洛特敦 1720 年为英国占有，并以英王乔治三世之妻夏洛特王后的名字命名，1765 年成为首府，1855 年建市。1864 年 9 月 1~9 日，首次讨论建立加拿大联邦的会议在此举行，故该市有"联邦的摇篮"之称。1867 年联邦协议就是在今天的省议会大厦里签署的。该市有爱德华王子岛大学和格兰学院等高等学府，还有博物馆、图书馆、美术馆等文化设施。

### （八）阿尔伯塔省

阿尔伯塔省以英国维多利亚女王的第四位公主 L. C. 阿尔伯塔的名字命名，1905 年 9 月 1 日加入联邦。它位于不列颠哥伦比亚省和萨斯卡彻温省之间，南邻美国，北接西北地区。面积 66.18 平方公里，2013 年人口 411.5 万。该省北部是森林区；西北的皮斯地区是农业区；中部是疏林草原区，适宜农业；南部是草原区，几乎没有丛林；东南部是高产农业区。

农牧业、能源业、矿业和旅游业构成该省经济的四大支柱。平原草场为农牧业发展提供了良好条件，也促进了农牧产品加工业的发展。

阿尔伯塔是加拿大的"石化能源库"，西部盆地储藏有大量的煤、石油和天然气资源，石油储量占全国的80%，天然气储量占全国的90%以上。阿尔伯塔的石油和天然气通过管道输往东部省份和美国西部。20世纪40年代以来，得天独厚的地下资源开采不仅改变了以传统农牧业为主的经济格局，也带动了石化加工、房地产业的发展，使该省在经济方面成为全国发展最快的省份。

该省旅游资源丰富，有5个大规模国家公园和62个省立公园，其数量居全国公园之首。落基山中的班夫国家公园和贾斯珀国家公园早已闻名于世，园内有很多温泉，成为该省和加拿大旅游业的名牌。

该省有4所公立大学——阿尔伯塔大学、卡尔加里大学、莱斯布里奇大学和阿萨巴斯卡大学，还有许多社区学院和中等技校。全省有8种日报、12家电视台。

省会埃德蒙顿位于北萨斯卡彻温河两岸，是北美最北的大城市，号称"北方之门"和"加拿大油都"，2013年人口129万。埃德蒙顿是交通枢纽，铁路交通东西连接温哥华和蒙特利尔，向北深入西北地区。该市的国际机场有通往全国主要城市和美国、欧洲的航班。市内有3所高校，其中的阿尔伯塔大学文理并重，有40多个院系，是加拿大一流的高等学府。埃德蒙顿交响乐团、歌舞团和古堡剧团都是国内大型的文艺团体，代表着不同的艺术风格。市区还有世界最大的地下购物中心，内有800多家商店、100多家餐馆及世界上最大的室内游乐园。埃德蒙顿每年7月都要举行为期10天的淘金节，纪念1898年该地区的淘金热。人们穿着矿工服，观看各种街头表演，还举办别开生面的漂流赛，人们用木桶、浴盆或自制的木筏顺河漂流，场面非常滑稽。

该省的主要城市还有卡尔加里、莱斯布里奇等。"卡尔加里"在当地印第安语中意为"清澈流动的水"，2013年有人口136.5万。卡尔加里被称为加拿大"能源之都"，全国80%以上的石油和天然气公司、60%的煤炭企业汇集此地。1988 年，该城曾举办第 15 届冬奥会。每年 7 月举行的"牧场狂欢节"吸引了大批游客，人们身着牛仔服进行各种狂欢活动，有套牛比赛和马车赛。当地的博物馆珍藏着卡尔加里从牛群集散地发展成石油城的历史文物。皇家泰雷尔生物博物馆展出大量恐龙标本。登上卡尔加里塔可以观赏城区和附近落基山的景色。1985 年，卡尔加里与我国石油城大庆市结为友好城市。1998 年 10 月，中国在卡尔加里设立总领事馆。

### （九）萨斯卡彻温省

"萨斯卡彻温"在当地印第安语中意为"急流"。该省于 1905 年 9 月 4 日加入联邦。萨斯卡彻温省东西分别是马尼托巴省和阿尔伯塔省，南部与美国的蒙大拿州和北达科他州交界，北部是加拿大的西北地区。该省的边界如一等腰梯形，面积 65.1 万平方公里，其中森林面积占一半，河湖面积占 13%，有大小湖泊 10 万个。该省 2013 年人口为 112 万。该省北部气候寒冷，土地不适宜农业生产；南部气候相对温和、降水适中、地势平坦，是发展农业的理想之地。

该省农业是主要产业，农业收入居全国第一，小麦产量占全国小麦总产量的 54%，油菜、燕麦、大麦等农产品产量名列前茅，畜牧业和牧草的产量也很可观。该省农业高度现代化和商品化，农场规模大，绝大部分农产品供出口。

采矿业是该省第二大产业。1962 年以来，它不仅是全国最大的钾矿产地，也是世界钾矿最大的出口地和第二大生产地。北部的铀矿是加拿大第二大铀产地，产量约占全国的 60%。石油产量仅次于阿尔伯塔省，名列全国第二。南部的露天褐煤矿被广泛用于火力发电。

全省有两所大学：萨斯卡彻温大学和里贾纳大学。

省府里贾纳是全省的商贸和金融中心，位于广袤平坦的冲积平原上，处于全国铁路和公路的中心，离美国边界 160 公里，有三条航线通往全国各地。里贾纳 2013 年人口为 23 万。"里贾纳"意为"女王"，由英国维多利亚女王命名，1882 年建市。1905 年被定为萨斯卡彻温省首府后有了较快发展，昔日单调乏味的草原成为绿树成荫的现代化城市。市中心碧波荡漾的人工湖畔耸立着省市行政大楼、里贾纳大学、自然历史博物馆和艺术中心。里贾纳还因有全国唯一的皇家骑警学院和印第安人学院而闻名。骑警学院内有皇家骑警博物馆，展示皇家骑警的历史。

### （十）纽芬兰和拉布拉多省

纽芬兰和拉布拉多省是 1949 年 3 月 31 日最后加入联邦的省份。2001 年 12 月，加拿大政府通过修改宪法，将该省名由"纽芬兰省"改为"纽芬兰和拉布拉多省"，简称"纽芬兰省"。全省分为拉布拉多半岛东部和纽芬兰岛两部分，面积 40.52 平方公里，2013 年人口 52.5 万。大部分纽芬兰省人的祖先来自爱尔兰和苏格兰，偏僻的地理位置和与世隔绝的生活方式使其民族文化传统得以保存下来。与加拿大其他地区居民不同，96% 以上的纽芬兰人是本地土生的，他们在语言、工艺、烹饪、美术、音乐等方面都有独特之处。全省气候差异较大，拉布拉多半岛内地是大陆性气候、东南部沿海属海洋性气候，纽芬兰岛内地和沿海的气候与之相似。

该省就经济来说在 10 省中属于落后地区，但该省是世界著名渔场，渔业是它的传统经济，鱼类产品大量出口，其中出口美国最多。

该省矿产主要有铁、金、铅、锌、天然气等。加拿大出口的铁矿石大部分出自该省。该省非金属矿有石灰石、石棉、石膏和建筑石料；近海有大片油气田，天然气收入占该省国民生产总值的 10% 以上。

纽芬兰省由于土地贫瘠和气候寒冷，农业始终处于次要地位，80% 的肉、菜、水果等食品来自外省。

纽芬兰纪念大学是全省唯一的一所大学。该省博物馆、档案馆、文艺中心、报纸、电台和电视台等一应俱全。省内主要的历史遗址都得到保护，如加拿大最古老的灯塔、北美唯一的北欧人遗址、保存最完好的印第安人捕鲸船等。

圣约翰斯市是纽芬兰省的首府和全国最东面的城市，2013 年人口 20.8 万。它位于纽芬兰岛东南的阿瓦隆半岛北部，地处大西洋航道要冲，靠近世界著名的纽芬兰浅海渔场，盛产鳕鱼、红鲑鱼、鲱鱼、鲆鱼、沙丁鱼和龙虾等。其港口因冬季不冻可全年通航。这里从 16 世纪起就有欧洲人定居，是北美最早的白人移民点之一。17 世纪，法、英两国在此激烈争夺，城内的锡格纳尔山国家公园一带是双方军队最后决战之处。圣约翰斯市 1832 年成为纽芬兰省首府，现为全省的行政、商业中心和最大的港口。市区很难找到两栋色彩相同的房子，欧洲古老建筑的遗风随处可见。

**（十一） 育空地区**

育空地区位于加拿大西北部，1898 年 6 月 13 日加入联邦，西与美国的阿拉斯加为邻，北临北冰洋，南接不列颠哥伦比亚省，东面是西北地区，面积 48.24 万平方公里，2013 年人口 3.7 万。育空地区因当地最大的育空河而得名，"育空"在当地印第安语中意为"伟大的河"。

地区政权由联邦政府任命的 1 名专员，以及由本地区选举产生的 5 人行政委员会和 17 人的议会组成。育空地区通行的语言有 8 种，除英法两种官方语言外，其余都是土著语言。地区以下行政单位有 1 市、3 镇和若干村社。

育空地区 19 世纪末发现金矿后，出现淘金热。二战后，该地区的矿业逐步由金矿扩大到开采天然气、锌、铅和铜矿，昔日被废弃的金矿成了历史遗址。育空地区和加拿大另外两个地区一样，在国内经济中所占比重很小，在国民经济统计中一般都被忽略不计。育空地区有克鲁恩国家公园和依瓦威克国家公园。前者是加拿大最大的国家公园，有全国最高的山峰，是登山探险的好地方；后者是该地区各种野生动物的聚居地。

怀特霍斯是育空地区首府，2013 年人口 2 万多。这里原为狩猎基地，20 世纪初才有固定居民，1950 年设市，成为该地区矿业、皮毛的集散地，1951 年成为育空地区首府。它是育空地区的交通要冲，是育空河的起航点、育空铁路北端的终点，也是阿拉斯加公路运输的重要基地，并建有机场。该市还保留着一座 1900 年用圆木搭建的教堂。历史博物馆内有印第安人的手工艺品、淘金时代的工具。每年 2 月和 3 月该市都会举行狗拉雪橇比赛，每隔 6 年举行一届北极冬季运动会。

**（十二） 西北地区**

西北地区实际上位于加拿大的北部和东北部，1999 年 4 月以前是全国占地面积最大的行政区，后因其中的努纳瓦特地区被划出去，面积就只剩 134.6 万平方公里，于是成为加拿大第三大行政区。2013 年该地区有人口 4.3 万，大部分是土著人，少部分为白人。全地区人口中半数分布在

33 个社区，半数集中在首府。

地区政权由联邦政府任命的专员、一个由该地区选举产生的 7 人行政委员会和议会组成。西北地区虽位于加拿大的边远地区，但教育体制完备，有从幼儿园到高等学校的系列教育机构。

该地区经济始终以自然资源为基础，传统的皮毛贸易早已衰落，商业性捕鲸也受到限制。20 世纪中期以来，矿产资源成为该地区最主要的经济支柱。

耶洛奈夫是西北地区的首府，位于北极圈以南 450 公里的大奴湖西北岸耶洛奈夫河口处，2013 年人口 1.8 万。1789 年这里出现了第一个毛皮交易站。1934 年发现金矿后，移民陆续来到此地。1967 年被定为西北地区首府，现为西北地区行政、交通、贸易和金矿业中心。二战后修建的新市区内有许多现代化的办公楼、旅馆、医院和餐馆。联邦政府的一些机构，如加拿大皇家骑警队、加拿大地质勘探部、自然资源开发和野生动物管理局等都设在该城。原有的旧城是一些淘金时期的建筑，还有一个土著人村舍，因其建筑色彩鲜艳被称作"彩虹谷"。旧城现已成为体验昔日淘金生活的旅游场所。该市体育设施完善，游泳、滑冰、赛车等运动项目普遍开展。该市每年 3 月有为期 3 天的驯鹿狂欢节，6 月下旬举办著名的深夜高尔夫球比赛。它因靠近北极圈，每年 6 ~ 8 月为极昼期即 24 小时都是白天。

### （十三）努纳瓦特地区

努纳瓦特地区是 1999 年 4 月 1 日从西北地区东北部分离出来的省级行政单位。它是加拿大最大、最北的行政单位，占地 209.3 万平方公里，约占加拿大领土面积的 1/5，2013 年人口 3.64 万，人口密度全国最低，每平方公里平均只有 0.01 人。85% 的居民是因纽特人。"努纳瓦特"在因纽特语中的意思是"我们的土地"。加拿大的因纽特人有 5 万人，约有一半居住在该地区。这里的因纽特人说因纽特语（有 7 种方言）和英语。

从 20 世纪 70 年代初起，因纽特人就不断提出土地和自治权的要求，并得到联邦法院的认可和支持。1976 年，因纽特人提出成立努纳瓦特地区的要求并同联邦政府谈判。1982 年 4 月，西北地区全民公决结果显示，大多数人赞成设立努纳瓦特地区。同年 11 月，联邦政府尊重民意，有条件地同意建立努纳瓦特地区。1993 年加拿大议会通过努纳瓦特地区法案，随后由当地人组成地区筹备委员会，直到 1999 年正式建立地区政权。从提出要求到成立地区自治政府，努纳瓦特人与联邦政府进行了近 30 年的谈判和协商，双方都表示出极大的耐心和妥协精神。该地区的设立体现了加拿大的多元文化政策和土著人自治的政策。

地区政权由议会、内阁和地区法院构成。议会由 19 人组成，其中有 15 名因纽特人。该地区下设 3 个行政区和 28 个社区。

该地区经济发展将主要依靠采矿业和旅游业。该地区主要矿藏有铜、金、银、铅、锌、钻石。地区政府制定了 5 年规划，在该地区内将开辟 3 个国家级公园，极地特有的景致将成为宝贵的旅游资源。地区首府伊卡卢伊特，在渥太华以北 2000 公里处。这里气候寒冷，每年 2 月平均气温为零下 27 摄氏度，7 月为 8 摄氏度；6 月平均日照时间 19 小时，而 12 月只有 5 小时，一年之中分别有 4 个月的极昼和极夜。

## 二 人口、民族、语言

### (一) 人口

加拿大全国人口为 3542 万（2014 年）。人口密度为每平方公里 3.6 人，是世界上人口密度最小的国家之一。全国人口的分布极不平衡，其中 1/3 以上人口集中在多伦多（596 万）、蒙特利尔（398 万）和温哥华（244 万）三大城市；85% 以上的人口集中在南部沿加美两国边界长 1000 公里、宽 200 公里的狭长地带。北部的育空地区、西北地区和努纳瓦特地区占全国总面积的 39%，人口却只占全国总人口的 0.3%，平均每 10 平方公里才有 1 个人。

从历史上看，人口流动随着加拿大的开发由东向西进行，在近半个世纪中仍能看出这一趋势。1951～1999 年，西部的不列颠哥伦比亚省和阿尔伯塔省的人口由占全国人口的 15% 上升为 23%；而大西洋沿岸 4 省的人口则由占全国人口的 12% 下降为不足 8%；魁北克省的人口也在同期由占全国人口的 29% 下降为 24%。

有统计表明,加拿大要维持现有人口数量,每个育龄妇女平均要生育2.1个孩子,但实际上达不到这一标准。加拿大的人口增长率由1956年的14.8%下降到1996年的5.7%,按此趋势计算,到2016年人口出生率只有0.9%,2030年会趋于零,之后将出现负增长。2011年,加拿大新生人口37.8万,死亡24.2万,自然增加仅13.6万人。可见,人口的自然增长对加拿大人口增长的影响很小。

加拿大65岁以上老年人约有538万,占全部人口的15.3%。由于生育率低和加拿大人预期寿命的延长,老年人口的比例从20世纪60年代的7.6%持续增加。加拿大老龄化情况在G8国家中并不突出,就老年人口的比例来说,日本25%,德国和意大利21%,法国17%,英国16%,都比加拿大高,只有美国14%和俄罗斯13%,比加拿大低。不过,2011年以前,加拿大老年人口的比例年均提高2.8%。由于二战后婴儿潮中出生的人陆续达到65岁,2011年以来老年人口的比例每年增加4.2%。这一趋势还将持续。1971年加拿大有百岁以上老人1000多人;1991年有3700人;2013年有6900人。2013年,每10万人中平均有20位百岁老人,而2001年,只有11位。在百岁老人中,女性占绝大多数,2013年的百岁老人中女性占87%。预计2031年,老年人口将达到960万,占全部人口的23%。

年龄结构在地域和族裔之间分布不平衡。一般而言,大西洋沿岸各省人口平均年龄最高,北部三个地区的平均年龄最低。例如,纽芬兰和拉布拉多省的中位年龄(median age)最高,为44.2岁。新斯科舍省65岁以上人口比例最高,占17.7%;而15岁以下人口比例最低,占14.3%。努纳瓦特地区人口中位年龄最低,为25.4岁;15岁以下人口占全地区人口30.8%。这种情况主要是由于生育率较高,平均寿命较低。在各省中,阿尔伯塔省的中位年龄最低,为36岁;老年人口比例最低,为11.2%。

土著人口结构比非土著人年轻。2011年,14岁以下和15~24岁之间的土著人分别占其全部人口的28%和18.2%,而同样年龄组的非土著人占其全部人口的16.5%和12.9%。65岁以上土著人占其全部人口的6%,而相同年龄的非土著人则占14.2%。土著人的中位年龄是28岁,而非土著人是 41 岁。在土著人中，因纽特人的中位年龄最低，只有 23 岁，印第安人中位年龄 26 岁，梅蒂人 31 岁。预计至 2031 年，全部土著人口或在 170 万~220 万之间，占全国人口的 4%~5.3%。土著年轻人口是加拿大人口中增长最快的群体。目前约有 110 万土著人不在保留地居住，占土著人的 75%，而且这一比例还有提高的趋势。

各地的人口结构与当地的经济发展状况有关。2012~2013 年，阿尔伯塔省人口增长 5.2%，而全国人口平均增长 1.1%。这主要是由于该省能源业的发展提供的就业机会，吸引了加拿大各地和国外的移民，这些移民大多是青壮年。移民使当地人口增加，人口平均年龄降低。

**（二）民族**

加拿大是一个移民国家，由 200 多个族裔构成，其中有 12 个族裔的人口超过 100 万。他们是英格兰人、法兰西人、苏格兰人、爱尔兰人、德意志人、意大利人、中国人、土著人、乌克兰人、南亚人、荷兰人和波兰人等的后裔。虽然所有加拿大人都是移民的后代，其间的区别只是他们祖先到这块土地上的时间早晚而已，但加拿大官方一般将这些民族分为三大类：土著民族（印第安人、因纽特人和梅蒂人）、建国民族（英裔、法裔）和移民民族（以上两类以外的民族）。"建国民族"概念并没有得到一些少数民族的认可。有观点认为，建国民族只包括英裔、法裔是不合逻辑的，或许称英裔、法裔为多数民族更合适些，因为他们在人数上占绝对多数。"移民民族"概念也有些不妥，改称少数移民民族也许更准确。

1. 土著民族

今天被称为土著的祖先，从严格意义上讲最初也是移民。他们是从亚洲东北部经白令海峡，或从亚洲的其他地方进入北美大陆的。最初的土著居民指印第安人和因纽特人，现在法定的土著人中还包括梅蒂人，即印第安妇女和最初的法国殖民者所生的混血后裔。2012 年，在加拿大 140 万土著人中，印第安人 85 万，占全国人口 4.3%；梅蒂人约 45 万；因纽特人 7.3 万。多数土著人会讲一种官方语言。

**印第安人** 加拿大印第安人包括 20 多个民族。印第安语是一种独立的语系，分为若干语族，每个语族内又有多种语言。加拿大的印第安人有几十种方言，有些方言之间差别很大，所以许多印第安人之间并不能用母语交流，需要借助于第三种语言。2012年，72%的印第安人住在保留地以外。

不少印第安人现在反感"印第安人"这个称呼，而称自己为"第一民族"，意为加拿大最早的主人。"第一民族"这个称呼流行于20世纪70年代。现在印第安人在法律上获得了与加拿大其他民族同等的权利，如可以竞选和担任各级公职，享受联邦政府所有的社会福利。此外，印第安人还享有一些特殊优惠政策，如在保留地内免征所得税，享受免费医疗，免征部分销售税，享受住房津贴和免费接受义务教育，上大学不仅免学费，还可得到生活资助。但印第安人至今仍面临很严重的社会问题，其婴儿死亡率、失业率、犯罪率均高于其他民族的平均水平，而他们的平均寿命、平均文化程度和平均收入均低于全国平均水平。印第安人有一所自己的大学——里贾纳大学印第安人联合学院，这是加拿大唯一由印第安人管理并有权授予学位的高等教育机构。

**因纽特人**　因纽特人现在早已告别了雪屋、帐篷的原始生活，定居在现代住宅中，享受包括电话、汽车、电视在内的现代生活。因纽特人有许多方言，但彼此之间能够沟通。2012年，在18~44岁的因纽特人中，42%有高中或同等的学历。

因纽特人有自己的广播电视公司，用因纽特语播放节目。因纽特人生活的改变主要来自政府的资助，他们在适应现代社会生活方面仍面临许多难以克服的问题。实际上，他们同印第安人一样生活在社会的底层和边缘，这一现状很难在短期内得到改变。因纽特人在其集中居住的3个地区（西北地区、魁北克省和纽芬兰省）都提出了自治要求。他们的愿望得到了联邦政府的理解和支持。1999年，联邦政府从西北地区划出320万平方公里作为新的地区级行政单位，称努纳瓦特地区，组建了直属联邦政府管辖的因纽特人自治政府。

**梅蒂人**　梅蒂人是早期法国殖民者与印第安妇女结合的后代，在土著民族中，文化和生活水平最高。2012年，77%的梅蒂人有高中或类似的学历。梅蒂人大都会讲一种官方语言。

## 2. 法裔

在欧洲人最初向加拿大移民的过程中，法裔是人数最多的一支，并在这里实行了一个世纪之久的殖民统治。在法属殖民地时期，法裔人口最多时近7万人。自1763年新法兰西成为英国殖民地后，许多原法属殖民地的官员和士兵返回法国，此后由法国移居加拿大的人很少。所以，法裔加拿大人的成分比较单一，多数是早期法国移民的后裔。他们从一开始便具有共同的语言、文化，很少与其他民族通婚，特别注意保持血统的纯洁，维护本民族的语言和传统文化。

法裔在天主教的长期影响下，历史上曾以稳定的家庭结构和多子女而闻名。但近20多年来，传统的婚姻和生育观念已发生了深刻变化，男女同居率居全国之首，生育率却最低。法国人喜欢美食，认为发现一道好菜的做法，比发现一个星球还重要。加拿大的法裔也保持这一传统，讲究烹饪技术。蒙特利尔有几千家餐馆，荟萃世界各地名菜佳肴，有"北美美食之都"之誉，但法裔最喜欢的还是法国大菜。

法裔主要集中在魁北克省，他们要求魁北克省在联邦内的特殊权利和地位，并在1980年和1995年就魁北克省"主权"问题两次举行全民投票，虽然魁北克省没有从联邦分离出去，但"主权"问题还是分别得到参加投票的40.44%和49.4%公民的支持，显示出法裔民族主义的社会基础。加拿大虽然两次度过了魁北克分裂的危机，但魁北克省法裔民族主义仍是困扰加拿大政治的一个严重问题。

## 3. 英裔

英国在1763年夺取新法兰西时，英裔还是少数民族。美国独立战争时有5万效忠派人士移居加拿大，成为最大一批迁入加拿大的英裔移民。由于拿破仑战争对英国经济消耗很大，许多英国人包括战争结束后退伍的士兵纷纷到加拿大谋生，使加拿大英裔人口激增。1791年，以英裔为主的上加拿大（今安大略省）人口只有6000人，而1841年就增至50万人。到1850年，上加拿大人口已开始超过法裔为主的下加拿大（今魁北克省）的人口。

加拿大联邦建立时，英裔在人口数量、经济和政治地位等方面均占优势。他们欢迎来自英、美两国的移民，希望保持血统和文化传统的优势地位，并以此同化非英裔移民。英国出于抗衡美国的需要，也支持向加拿大移民，尤其支持贫民移民，以有助于缓和其国内的社会矛盾。英国通过移民法，专门资助移民中有困难的人。在1871年对加拿大联邦4省人口普查时，英国移民及其后裔已占总人口的60%，而法裔只占31%，英裔人口大大超过法裔。

目前英裔在加拿大全国人数最多，除魁北克省外，在各省都属多数居民。所谓英裔是对苏格兰人、英格兰人和爱尔兰人的后裔的统称，但他们并不自认是一个统一的民族，有半数居住在加拿大的苏格兰人和爱尔兰人并不承认自己是英格兰人。英裔在加拿大的政治、经济和文化生活中都居于主导地位，其人均收入高于除犹太人以外的其他民族。加拿大的政治法律制度有许多源于英国，许多节日也与英国人有关，如情人节、感恩节、万圣节、国庆节。加拿大文学、艺术、音乐、电影、建筑在二战以前受英国影响很深，这种影响至今仍很明显。实际上很难将英国的影响同加拿大自己的东西分开，除魁北克省以外，加拿大全国是英语文化为主的多元社会。

### 4. 华裔

加拿大华人的历史是非白人少数民族饱受欺凌、艰难创业的一个缩影。目前，华裔已成为英裔、法裔以外最大的少数民族。华人自19世纪中期到加拿大不列颠哥伦比亚地区淘金，开始了其艰难曲折的发展历程。最初的华人移民来自广东，主要是台山、开平、恩平、新会、南海、番禺等地，其中有许多人是从美国转道而来加拿大的。华人最初除从事挖金矿、修铁路等艰苦危险的工作外，还从事饭馆、洗衣、理发等服务性行业。他们大多是青壮年劳力，没有家属，有了积蓄就寄回家，许多人并没有永久移民的计划。

加拿大政府在1885～1947年根据《华人移民法案》，对华人移民采取了"人头税"限制和禁止移民的措施。直到1947年该法案被废除后，才有较多的华人家属移居加拿大。尤其是1967年新移民法的实行，才使华人首次获得与欧美移民同等的权利，也使来加的华人大量增加。到

1981 年华人总数已接近 29 万，1986 年华人人数增加到 41.4 万。在这 5 年间，平均每年增加 2.5 万人。1968～1987 年，分别有 16 万中国香港人、1.8 万中国台湾人和 3.2 万中国大陆人移居加拿大。1990 年华人人数达到 60 万，1994 年为 71 万，1996 年为 86 万，2006 年为 103 万，2011 年为 132.5 万。

在近 50 年，加拿大华人不仅数量有了迅速增长，人口质量也有很大提高，生活方式也发生了改变。最初的华人移民大多没有文化，更不懂英、法语，只能从事繁重的体力劳动和没有多少语言交流的服务性工作。但他们的后代和后来的华人移民的文化程度逐渐提高，在就业选择上比他们的前辈有更多的余地。

20 世纪 90 年代前后移民加拿大的华人的条件更优越了。如来自中国香港的华人移民，他们接受的是西方教育，有大学本科或更高的学历，移民前就是中、高层技术人员或管理人员，还有充足的创业资金。在加拿大的中国香港移民中人数最多的是企业家、投资人和工商管理人员。这些人往往买最好的房子，开最豪华的车。华人在加拿大人中的形象发生了根本性的改变。

加拿大华人中的知名人士越来越多，除商界的巨富外，大学里还有华人教授。政界一向是华人发展的薄弱领域，海外华人没有从政的传统。有条件的华人家庭为子女教育不惜代价，但传统的培养方向多是经商、当医生或律师，从政被认为是不务实。但毕竟华人多了，在经济和社会地位有了一定的保障之后，需要有人成为他们的权益代言人。于是，加拿大华人中也开始出现政治精英。到目前为止，先后有 3 位华裔担任过联邦议会议员，其中梁陈明任女士是第一位进入联邦议会的华裔女性，有 5 位当过省议员，还有联邦政府的部长（亚太事务部部长陈卓愉）和省督（不列颠哥伦比亚省省督林思齐）。1999 年华裔伍冰枝女士被任命为加拿大总督，这是华人在加拿大历史上担任的最高职务。此外，还有 20 多位华裔担任过市议员、市长和镇长。为了表彰华人对加拿大社会的贡献，联邦政府先后已向 20 多位华人颁发加拿大勋章。该勋章奖励各领域中成就卓越的加拿大人，由公民推选候选人，经颁发顾问委员会审议和总督批准，每年春秋两次在总督官邸举行颁奖仪式，被视为公民的最高荣誉之一。

在华人的持续努力下，加拿大主流社会也逐步改变了对华人的态度。1980年，加拿大联邦议会通过了《纠正过去对华人不公平待遇的决定》。1981年，加拿大3个主要政党（保守党、自由党和新民主党）都支持国会通过一项决议，承认人头税和排华法案是不公正的、歧视性的。1989年加拿大华工修建铁路纪念碑在多伦多落成。在落成仪式上，加拿大总理表示，加拿大人民将永远不忘华人前辈为修建铁路，使加拿大在政治和地理上连成一体所做的贡献。加拿大文明博物馆内的中华文化展厅，展示着中华文化对加拿大的贡献。2006年6月，加拿大总理哈珀在联邦议会就历史上向华人移民征收"人头税"一事正式向加拿大华人道歉，他还用广东话说"加拿大道歉"，并在加拿大中文报纸上用中、英、法文刊登道歉广告。

加拿大政府在贯彻多元文化政策中，采取许多措施支持中华文化，如赞助华语教学、资助出版中文杂志等。越来越多的大学承认中文可以列为第二外语。1997年，加拿大首次发行中国农历牛年生肖纪念邮票，邮局发言人说，这是表彰华人对加拿大社会的贡献，并将在此后的11年连续发行全部中国农历生肖纪念邮票。1998年，加拿大皇家造币厂首次发行中国农历虎年生肖纪念币，面值15加元，镀金含银，一面的中心是一只老虎，周围是12生肖的形象，另一面是英国女王的头像。生肖纪念币在此后的12年连续发行。

华人在加拿大的奋斗历程充分证明：华人有自立于世界民族之林的能力。加拿大华人近20年来参政的历史则从一个侧面表明，加拿大多元文化政策促进了政治民主，为包括华人在内的少数民族人士提供了参政的机遇。目前，加拿大华裔是英裔、法裔以外的第三大民族。加拿大华人有自己的华语广播电台和电视台、报纸和杂志。香港的《星岛日报》《明报》通过卫星传送，发行加拿大当地版。从1996年起，加拿大最大的新闻周刊《麦克林斯》也有了每年6期的中文版。这些都表明，华人的影响在逐步扩大。

总的说来，华人在加拿大已度过了最艰苦的年代。但如果就此认为，加拿大华人已在实际上获得同白种人一样的社会机遇是不现实的。华人在西方社会文化中的全面发展还有很长的路要走。

5. 犹太裔

犹太人在加拿大是人数少但能量大的一个少数民族。最早在加拿大定居的犹太人主要来自美国,1850 年时有 450 多人,主要居住在蒙特利尔。犹太人大多有很好的教育背景,从事金融、法律、商业和贸易工作,属于中产阶级,为加拿大经济发展发挥了重要作用。1850 ~ 1900 年约有 1.5万犹太人移居加拿大;1900 ~ 1940 年约有 18 万犹太人移居加拿大;二战后至 20 世纪 90 年代初,移民加拿大的犹太人只有 1.35 万人,主要来自美国、北非和中东地区。现在加拿大的犹太人有 30 万人。

犹太人在加拿大曾受到公开歧视,如在希特勒迫害犹太人时期,加拿大政府一度拒绝犹太难民入境。加拿大国内也曾公开歧视犹太人,禁止他们进入大学和职业学校。随着犹太人社团的不断发展,犹太人在加拿大社会经济和政治生活中的作用更为明显。犹太人在很大程度上控制了加拿大的金融界和法律界,他们在金融界和法律界从业人员的比例,大大超出他们在加拿大人口的比例。犹太人在政界的比例也在增加,他们早已不能满足从经济上对政治施加影响。犹太人在各政党、省和联邦议会中都有代表,直至担任联邦内阁部长。犹太人在科研、教育、文艺领域的人才也比比皆是,有很多医生和教授。在加拿大的犹太人,无论是人均收入还是社会地位,都高于其他民族。犹太人在加拿大多元文化中占有重要的位置。

(三) 语言

长期以来,加拿大政治生活传统中的官方语言是英语和法语。《1982年宪法法案》和 1988 年的《官方语言法》对此做了明确规定。但因各种原因,只有新不伦瑞克省和三个地区将英语和法语作为官方语言。魁北克省官方语言为法语,其余各省为英语;但没有将双语作为官方语言的省必须提供一定程度的双语的公共服务。在魁北克省,英语是少数语种;在其他省,法语是少数语种。为了贯彻和保障双语政策,保障少数语种的权利,联邦政府要专门拨款给某些省政府。语言在加拿大不仅是一种交际工具,更因涉及少数族裔文化的权利,在加拿大历史和现实中向来是一个敏感的问题。英裔和法裔的矛盾经常反映在如何对待这两种官方语言的政策和规定上。

加拿大有很多非官方语言，如土著语言和非英法语移民带到加拿大的母语。2011年，按使用人数的多少，主要的非官方语言依次为：华语、旁遮普语、西班牙语、意大利语、德语、菲律宾语、阿拉伯语、葡萄牙语。

非官方语言的流行主要因新移民的不断到来、移民家庭和族裔生活圈的存在而延续。但研究显示，非官方语言每一代相传递减18%，尤其是讲非官方语言的人与不同母语的人结婚，会影响下一代人的母语水平。不过，这也与不同民族的习俗有关。在1981年移民的第三代人中，德国、葡萄牙、波兰和匈牙利的移民后代，只有10%还保持着讲母语的习惯；33%的南亚移民后裔则保持了母语；希腊移民26%的孙辈保持了母语。在移民后代与相同母语的人组成家庭时，他们的子女保持母语的比例要高很多。在非官方语言的移民家庭中，母亲传递子女母语的作用很重要，母亲教育程度越高，她越希望孩子掌握官方语言，反之，移民子女受母语影响越多。

2011年，在加拿大全部人口中，只讲英语的占68.1%，只讲法语的占12.6%，讲英法双语的占17.5%，还有1.8%的人不能讲这两种语言。

## 三 移民与民族政策

### 1. 移民

在加拿大移民史上，英裔移民一般受到重视和优待，北欧和西欧移民也受到欢迎，南欧和东欧移民待遇就差一些，亚裔移民遭到过歧视和限制。各时期移民的主要成分也不同。20世纪70年代以前，移民主要来自欧洲和美国。1961年以前，欧洲移民占移民总数的90.3%。1977年颁布新的国籍法以后，亚洲移民迅速增加。1981~1990年亚裔移民占同期移民的39.8%，1991~1996年升至49.2%，1998年已达70%。2010~2011年，加拿大接受新移民25.9万人，其中欧洲移民占14%，亚洲移民占58%，非洲移民占13%，美国和西印度群岛移民占7.7%，南美洲移民占4%，其余来自大洋洲。

2000 年以来，加拿大每年新增移民人数 25 万左右。2011 年和 2012 年移民人数分别为 24.87 万和 25.79 万。在 2012 年新移民中，亲属移民 6.5 万人，经济类移民 16.08 万人，难民移民 2.36 万人，其他移民 8966 人。近年来，家庭关系移民和难民移民有减少的迹象，而经济类移民有增加的态势。如 2009 年，在新移民总数比上年增加的情况下，难民移民占移民总数的比例从 13% 降为 9%，人数由 24397 人减少为 22846 人。同时，家庭关系移民份额由 29% 减少到 26%，但人数由 55274 人增加到 65206 人。经济类移民占 2009 年移民总数的 60%。

加拿大移民政策的目的是保持经济的可持续发展和人口的均衡增长。由于加拿大人口的自然增长率不能维持现有的人口水平，加拿大政府需要持续地接纳移民。加拿大适龄女性平均每人生育 1.67 个孩子，而维持人口水平需要每个母亲平均生育 2.1 个孩子。加拿大各地生育率不同，2009 年，不列颠哥伦比亚省和新斯科舍省生育率最低，每个母亲平均生育 1.5 个孩子；努纳瓦特地区最高，达到 3.24 个。

加拿大主要有三大类移民：亲属移民、经济类移民和难民移民。其中经济类移民的种类最多，有技术移民、商业移民。商业移民又分企业家移民、个体经营移民和投资移民。

2011 年全国人口统计显示，在国外出生的加拿大人占全部人口的 20.6%，这在 G8 国家中是最高的。在 2006～2011 年进入加拿大的新移民中，56.9% 或 66.16 万人来自亚洲（包括中东），而 20 世纪 70 年代，这一地区的移民只占加拿大全部移民的 8.5%。在 2006～2011 年进入加拿大的 120 万移民中，有 62.5% 落户在多伦多、蒙特利尔、温哥华。

在 2006～2011 年移民到加拿大的全部少数民族占 78%，1971 年，他们的比例是 12.4%。2010 年，人口最多的少数民族群体是南亚裔，156.7 万；其次是华裔，132.4 万；第三大少数民族群体是非洲裔，94.5 万。

新移民不仅补充着加拿大人口的数量，更重要的是不断提高加拿大人口的质量，使之年轻化和知识化。移民的平均年龄比加拿大人低，受教育水平却高。2011 年对移民 10 年以上的 466 万人统计，有大学学历的占 27%，有大专或类似学历的占 34%，高中毕业的占 20%，没有学历的占 19%。

新移民成分中的种族多样性降低了加拿大人口中英裔、法裔的比例。1867 年加拿大自治领成立时，英裔、法裔两大民族人口占全部人口的 90%，其中英裔占 60%，法裔占 30%。1981 年英裔、法裔人口合计占总人口的 67%，1991 年占 55%。目前，这一趋势仍在继续。

在加拿大全部人口中，有 78.3% 在出生时就是加拿大人，有 15.7% 是通过入籍成为加拿大公民的。还有 6% 是加拿大永久居民，没有公民身份。

2. 民族政策：从同化政策到多元文化主义政策

加拿大社会的种族和民族矛盾错综复杂，主要表现在土著人与英裔、法裔之间的关系，英裔、法裔之间的关系，英裔、法裔与其他族裔之间的关系几个方面。目前世界上主要有 4 大移民国家，即美国、加拿大、澳大利亚和新西兰，但加拿大的民族矛盾最复杂，导致民族矛盾和种族歧视的原因也很多。如在第一次世界大战期间，德国人入境受到限制，加拿大德裔人也受到迫害，连讲德语都会惹出麻烦。因此，大约有 6000 名讲德语的门诺派教徒及其家属从加拿大移居墨西哥，虽然他们还保留了加拿大国籍。第二次世界大战期间，在加拿大的德国人、意大利人和日本人都受到歧视和迫害，他们失去工作，经营的商店被捣毁，许多人被驱赶出原住地并被迫迁到指定地点聚居，人身自由受到限制。加拿大政府在二战时曾将 2 万多名日裔从不列颠哥伦比亚省太平洋沿岸地区迁往内地农场，并拍卖了他们的房产，以防他们迁回，还"鼓励"他们返回日本。1988 年，加拿大马尔罗尼政府就曾为此事正式向日裔道歉，并向每位受害者赔偿 2.1 万加元，同时成立"加拿大种族关系基金会"，促进族裔关系的发展。

加拿大民族的形成过程仍在进行中，一方面新移民还在不断涌入，另一方面由于已定居的成员还保留着原有的文化传统和民族意识。但共同的利益和命运，使他们"求大同、存小异"，逐渐地走向融合，形成某些新的共同的文化和心理素质而成为加拿大人。加拿大国内政治在很大程度上就是调整民族关系和地区关系。加拿大政府的民族政策先后经历了几次转变。

**同化政策** 加拿大最初实行的是同化政策。这种政策在新法兰西时期就实行过，主要是通过传教、办学甚至通婚等手段，使新移民融入老移民社会。在英属殖民地期间也实行过同化政策，不过这时的同化对象也包括法国人。但很快，英裔发现想同化法裔是很不现实和不明智的，于是调整了与法裔的关系。联邦成立后的很长时间内，政府的同化政策主要是针对土著和其他少数民族移民的，但实践证明这也是很困难的。少数民族通常聚居，形成了如"中国城""乌克兰村镇""荷兰街"等相对封闭的文化环境。一些群体，如德国人、乌克兰人和华人非常重视自己的文化传统，他们以宗教、民族学校、社团或帮会等形式维系自己的文化纽带。另外，法裔向来不支持以英裔为中心的同化政策，因为那无异于孤立他们自己。这是同化政策无法继续下去的一个重要原因。

**二元文化政策** 1929 年加拿大大众广播事业的创始人 G. 斯普莱提出"加拿大民族的二元文化性"。二元文化指的是英法文化，这一概念的提出有助于缓和英裔与法裔之间的矛盾，确立加拿大的主流文化原则。1963 年联邦政府成立皇家双语和二元文化委员会，其职能是调研这两种文化中各自发展的前景和两种文化合作的条件。1969 年加拿大通过的《官方语言法》，正式将英语和法语并列作为官方语言，实行双语制，要求所有官方文件、媒体广告和公共场所的文字使用双语，但并不要求公民个人必须会讲英语和法语，以此体现二元文化性。二元文化虽在一定程度上缓和了英裔和法裔在语言问题上的矛盾，但土著和其他少数民族使用本民族语言的权利没有得到法律保障。双语制在除魁北克外的绝大部分省、地区都得到承认和尊重。由于历届魁北克省政府都要求采取立法措施确保法语在全省的主导地位，1977 年该省终于通过《101 号法案》即《法语宪章》，将法语定为本省唯一的官方语言和各行业的标准工作语言，限制双语制和二元文化在该省的发展。

**多元文化主义政策** "多元文化主义"这一概念在 20 世纪 60 年代初开始流行，主要针对二元文化委员会提出的"双语文化主义"。一些少数民族群体明确表示，不能同意将加拿大限定为二元文化和双语的国家。有关调查显示，一些由同一民族血缘组成的群体，希望保持和发展本族的文化传统，同时又愿意充分参与加拿大的社会生活，他们建议为他们的社会群体提供必要的帮助，以保持其文化特点。因此，联邦政府于 1971 年宣布实行多元文化主义政策。这一政策的含义是：承认加拿大是一个具有不同民族和文化特点的社会，而不是以建国民族为主的社会；政府提倡一种不同民族和文化团体之间相互平等、相互尊重的观念。

1988 年 7 月《加拿大多元文化法》出台，它是依据《加拿大宪法》《加拿大人权法》《消除一切形式种族歧视国际公约》等国内外有关法律和规定中的一系列原则引中出来的法律。如依据《加拿大宪法》中人人平等的原则；依据《公民法》中公民无论来自何地、是否出生在加拿大一律平等的原则，承认不同种族、宗教或语言的少数民族有权选择本民族文化方式、宗教信仰和使用自己的语言；认为强调《官方语言法》并不意味着取消和贬低其他语言的权利、待遇或地位。《加拿大多元文化法》从法律上确保所有加拿大人成为加拿大社会中充分而平等的参与者，是多元文化主义政策的制度化和法律化。

从"熔炉"到"马赛克"，是对加拿大政府民族政策变化的一种形象的说法。"熔炉"观念意味着在不同文化的民族在汇合过程中产生了新的民族或文化群体观念，即"加拿大化"。它在表述上比"同化"温和得多，但在实际上，"加拿大化"往往成为主流文化的代名词，意味着少数民族要放弃自己的文化传统。"马赛克"概念源自社会学家 J. A. 波特 1965 年的著作《直立的马赛克：加拿大社会阶层及政治权力分析》，他以"马赛克"比喻加拿大是由宗教、语言、社会地位等各不相同的民族和种族构成的国家。"马赛克"观念承认和尊重各种文化的差异，保留各民族的文化传统，承认各种文化都是加拿大多彩的"马赛克"的组成部分，只有各民族文化共生共存，才有加拿大整体的"马赛克"图案。但是，"马赛克"族裔各自的权利和社会机会在实际上是不平等的，而且，加拿大社会的主流价值观是西方化的，因此作为整体的"马赛克"也是西方化的。尽管多元文化观念深入人心，但因种族、民族差异导致的隔阂和误解仍是难免的，深层次的种族歧视问题仍难以消除。

在一些法裔看来，多元文化主义政策是对其民族认同的威胁。因为它将其降低为一个移民群体，如乌克兰裔、意大利裔或非洲裔，而不是一个国家共同体。法裔与其他移民族裔的区别是，不仅有自己的语言和文化，还有自己的地域、政治和法律制度。在多元文化主义政策出台的背景中，既有联邦政府官方宣言的内容，也杂有英裔要以各文化平等为由，否认法裔社会的特殊性的意图。

有学者认为，用文化多样性代替国家认同容易忽视加拿大的基本价值，那些塑造加拿大的基本价值，就其起源而言，基本是欧洲的。多元文化主义政策在实施中也面临很多挑战。例如，多元文化主义强调各种文化的平等，容易忽视共同价值；增强少数民族凝聚力的同时，无形加大了"我们"与"他们"的分野，甚至人为地制造了社会的断裂和隔离。还有学者指出，多元文化主义政策对文化差异的整合是简单化的、表面化的，正在成为一种官方套话。从南斯拉夫、黎巴嫩、斐济和其他一些民族纷争不断的国家和地区看，"把多样化放到至尊地位将会葬送共同的价值观"，"多样性越是凸显，长远的危险就越大"。"多元文化主义会削弱国家的整体性，加强以民族为基础的地方性，甚至会使地方以自己的整体性为借口向国家讨价还价，以获取地方利益。"多元文化主义政策的目的与实践存在断层，并没有解决一元与多元的关系。

多元文化主义政策整体而言，维护了一个多民族社会的和谐稳定，淡化了任何一种民族的民族主义情绪，尤其保护了那些弱小族裔的文化权利。但其也在一定程度上加重了一直困扰加拿大人的加拿大认同问题，加拿大政府正在采取措施解决这方面的问题。

3. 联邦政府加强国家认同的举措

2017 年是加拿大建国 150 周年，联邦政府出台一系列举措，加强国家认同和加拿大人之间的凝聚力。

其一，从 2012 年开始，每年推出几项有关国家建设的历史人物或事件的主题纪念。2012 年有三个纪念主题：1812 年战争 200 周年、英国伊丽莎白女王即位 60 周年和红河协定 200 周年。2013 年有两项主题纪念：加拿大人北极探险 100 周年、美达克谷地之战（Medak Pocket Battle）20 周年。[①] 2014 年有

---

① 美达克是克罗地亚的一处地名，1993 年，作为联合国维和部队的加拿大第二步兵营在此执行克罗地亚和塞尔维亚之间的停火任务时，遭到克罗地亚军队袭击，加拿大军人勇敢坚定地执行任务，受到联合国的表彰。这两个主题说明，加拿大人很看重北极和对当代国际事务的参与。

四个历史纪念主题：乔治－艾蒂安·卡地亚（George-Etienne Cartier，1814－1873）诞生 200 周年、夏洛特敦和魁北克会议 150 周年、第一次世界大战爆发 100 周年、第二次世界大战爆发 75 周年。乔治－艾蒂安·卡地亚是法裔政治家，在筹建联邦的几次重要会议（包括夏洛特敦和魁北克会议）上发挥了重要作用，是加拿大联邦创始人之一。2015 年是约翰·A.麦克唐纳诞生 200 周年和加拿大国旗诞生 50 周年。麦克唐纳是加拿大开国元勋，加拿大第一位首相。加拿大现在使用的国旗 1965 年首次飘扬在议会大厦上空，此前代表加拿大这个地方的旗帜都有法国和英国的痕迹。1996 年，加拿大政府宣布，每年的 2 月 15 日为加拿大国旗日。2016 年的纪念主题有六项。（1）1841 年罗伯特·鲍德温（Robert Baldwin）和路易斯－伊波利特·拉方丹（Louis-Hippolyte Lafontaine）并列为加拿大责任政府的总理，这标志着加拿大自治的开端。此事至 2016 年刚好 175 年。（2）加拿大第一位法裔联邦总理劳里埃（Welfrid Laurier，1841－1919）诞辰 175 周年。（3）粉碎芬尼党人袭击 150 周年。芬尼党人是爱尔兰民族主义者，他们移居到美国后，希望以占领英国殖民地加拿大的方式，反击英国对爱尔兰的占领。芬尼党人在美加边界的进攻被加拿大人击退了，这一胜利和来自美国的威胁，极大地唤起了加拿大人的民族意识，促进了联邦的诞生。（4）妇女获得选举权 100 周年。1916 年，马尼托巴、萨斯卡彻温和阿尔伯塔三省给予妇女选举权，成为加拿大妇女争取平等权利的第一步。（5）第一次世界大战中，加拿大军队在索姆河和博蒙－阿梅尔（Beaumont-Hamel）战斗 100 周年。（6）第二次世界大战中，加拿大军队在香港战斗 75 周年。2017 年的纪念主题有五项：加拿大联邦政府成立 150 周年；第一次世界大战中，加拿大军队进行维米岭和帕斯尚尔战斗 100 周年；斯坦利杯 125 周年和国家冰球联盟成立 100 周年；第二次世界大战中，1942 年加拿大军队在法国迪耶普战斗 75 周年；加拿大运动会 50 周年。1967 年，在加拿大庆祝联邦 100 周年的氛围中，首届加拿大运动会召开，主题词是"通过体育团结起来"，来自十省和两地区的 1800 名运动员参加了运动会。

其二，2012 年 10 月 16 日，加拿大遗产和官方语言部部长詹姆斯·

摩尔（James Moore）宣布，加拿大政府要在现有的文明博物馆的基础上改建，使之成为一个全新的加拿大历史博物馆。这个国家级历史博物馆要承担起保存并整合加拿大历史的责任。历史博物馆将就展览内容向各地征询意见。2017 年，在加拿大建国 150 周年纪念之际，历史博物馆将以全新的面貌亮相。

其三，设立加拿大历史政府奖（Government of Canada History Awards），奖励对加拿大历史有兴趣的学生和老师。2013～2014 年度，加拿大历史基金会拨款 430 万加元，在全国 10～11 年级（相当于国内的高一和高二）学生的范围内选出 225 名学生以及 30 名中学老师，奖金分别为 1000 和 2000 加元。评选活动由《加拿大历史》杂志负责。参选的学生要在规定的时间里提交一篇文章（从五选一的命题中）。参选的老师要提交的是一份不超过 10 页的课程设计（从三选一的命题中）。

其四，加强对原有的与加拿大历史传统相关的项目的支持力度，如加强对地方博物馆、图书馆、社区组织和有兴趣研究加拿大历史的青年团体的支持力度。从 2013 年起，每年 7 月 1～7 日为"加拿大历史周"，使全体国民有机会参与学习和了解加拿大的历史。7 月 1 日是加拿大国庆节，"加拿大历史周"始于这一天的意义不言而喻。这些在原有项目上增加的投入，每年约 1200 万加元。此外，《加拿大人传记》和《加拿大人百科全书》将分别得到 225 万加元和 261 万加元拨款。

## 第三节　民俗与宗教

### 一　民俗

加拿大因其多元文化而有不同的习俗，如印度裔教授在校园里仍穿着民族服装；日裔人家中仍摆着"榻榻米"，墙上挂着军刀；有些阿拉伯移民在家里仍用手抓饭吃；等等。但从整体而言，加拿大属西方社会，主体的习俗具有西方文化特点。西方人的私有观念和权利意识很深，在包括习俗在内的社会生活的方方面面都能反映出来，如我的住宅领域、我的停车位、我个人的事、我的时间，在这些方面如果不注意就会引起误会和矛盾。由于加拿大人很重视自己的权利，他们一般也很尊重他人的权利。在与加拿大人交往时，以下几点尤其值得注意。

**遵守秩序**　加拿大地广人稀，一般不需要排队购物，但生活中仍有次序问题。如等电梯时，在电梯外面的人一般是自觉按先来后到的次序进入电梯。在银行办事有时出现排队现象，但人与人之间会留有足够的空间，排队者一律等候在"一米线"以外，无论前面的人办手续的时间有多长，后面的人也没有催促或抱怨的。在马路上，司机看到有行人通过马路一定会主动停车，挥手让行人。行人过十字路口遇到红灯时，不论此时有没有车辆经过都会止步，等待绿灯亮时再前行。有的十字路口没有信号灯，只有停车观察的标志，司机会根据先来后到的次序通过，如果各路口同时都有车等候，会出现各个路口依次只走一辆车的现象。

**守时**　守时是与加拿大人交往时必须遵守的一个原则。加拿大人的时间观念很强，许多事情包括朋友间拜访都要提前预约，突然造访是不礼貌的。约好时间就要准时，如果迟到，应该先道歉，再谈正事；如果晚了15分钟以上，一定要有充分的理由，因为无端让别人等待是很不礼貌的行为。

**宽容**　或许因为加拿大是世界文化的博物馆，或许因为加拿大始终是移民国家，加拿大人对不同于自己的文化现象习以为常。加拿大人的宽容表现在许多方面，在课堂讨论中发生争论是很正常的，但他们在争论时一般能做到心平气和、不情绪化、不提高声音；在弄明白对方的基本观点后，不自以为是地将自己的观点强加给对方，而是求同存异或保留各自的观点。如果说这是学术宽容很正常，那么对宗教信仰的宽容就很难得了。加拿大是个多宗教、多教派的国家，各种宗教和教派之间竞争激烈。教派竞争不仅表现在教义上，更表现在对新移民的争取上。因为新移民离开了原有的社会环境，思想观念容易发生变化，有的新移民原本就没有宗教信仰，更容易成为各教派争取的对象。教会人士往往在热心帮助新移民学习语言、熟悉环境的同时，也介绍自己的信仰，但他们绝不勉强别人接受，也不会公开贬低别的教派。

**不客套** 加拿大人比较直率，谈话不绕圈子。公务员办事，能办的一定办，不能办的明确说明。学者们在学术交流时也愿意明确表达自己的观点。这既节省时间，也方便别人。加拿大人讲究个人自由，不喜欢勉强别人。如果请你吃饭，而你因不愿意让人家麻烦或破费而谢绝，他一般不会再请你吃饭。同样，如果你应邀到别人家中吃饭，主人问你是否要添饭加菜时，如果你说不需要了，主人绝不会再劝你多吃。加拿大人不会随便请人吃饭或去酒吧，更不会劝烟劝酒，如果他愿意请客，一定是认真的，而他对你的回答也是尊重的。

**考虑别人的不便** 加拿大人这方面的习惯表现在很多地方，如加拿大人不会事先不打招呼而敲别人家的门，即使是很熟悉的邻里之间的拜访，也要先打个电话征求对方同意。去医院看病也要预约时间，看病时在单人诊室，方便病人介绍病情和医生的检查。所有的公共厕所都设有残疾人专用设施，公共场所一定有残疾人无障碍通道，十字路口会有专为盲人设置的蜂鸣器。

**有公益心** 加拿大很重视为社会做义务工作，或是以志愿者的身份提供社会服务，或是直接捐款。1996 年平均每个纳税人为此捐款 730 加元，总计 40 亿加元。值得一提的是，乐于奉献与富裕并无直接关系。一些富裕省份在这方面不是最慷慨的，而像马尼托巴、爱德华王子岛、纽芬兰和拉布拉多等收入不高的省份的居民却奉献最多。加拿大人以志愿者身份参与各种活动的历史由来已久，志愿者不仅意味着无偿，而且是出自个人的意愿。从世界范围看，加拿大人的奉献精神也是很突出的，25% 的加拿大成年人做过义务工作，而美国人中只有 20%，英国人中有 15%，法国人中有 10%。

加拿大人重视社会义务工作，是因为他们认为在这种工作中可以得到金钱以外的收获。做社会义务工作可以扩大社会生活的范围，结识许多新朋友，得到书本以外的知识。如家长鼓励孩子参加慰问老人的活动，可以使孩子受到敬老教育，懂得关心别人。加拿大人很注重一个人的社会经验，所有高中生都必须有义工的经历，在一些大学里申请某些奖学金时，还需要提供参加义务活动的证明。参加社会义务工作既是培养公民的社会责任感，也是丰富个人阅历的一个有效途径。

**热爱自然**　加拿大人热爱自然表现在许多方面，如保护野生动物、爱晒太阳、爱野餐、爱旅游时睡帐篷和喜欢养宠物等。加拿大在有野生动物出没的地方修建高速公路时，要专门相隔一定距离修一个涵洞，成为小动物的过路通道。在路边经常可以看到提醒司机注意狼、鹿或熊等野生动物的警示牌。有时高速公路忽然堵车了，你千万别以为出事故了，很可能是车队在为动物让路。加拿大人爱护小动物，以至公园里的野鸭，公共广场上的野鸽，马路旁树上的松鼠都不怕人。

加拿大人爱晒太阳，或许是因为冬季太长的原因。除冬季外，每逢好天气，加拿大人愿意享受日光浴。学生在有太阳光的地方看书。主妇们将餐桌摆到院子里。很多人长时间躺在草地上。如果是夏季，更有人身着泳装，将身上涂满橄榄油，在阳光下暴晒，尽管附近没有海滩、湖面或可以游泳的地方。

加拿大人爱野餐，不仅喜欢在自家院里烧烤，旅游时也愿意自备食品在露天享用。很多旅游点都专门设有露天烧烤的场所，备有木柴等燃料。很多加拿大人旅游时还自带帐篷，到旅游地专设的帐篷点去宿营。各帐篷点一般都有公共水电、厕所等设施，收费很低，甚至免费。大学生非常喜欢在暑期开车带帐篷外出旅游，既便宜又亲近自然。

加拿大人爱养宠物，尤其喜欢养狗，将狗视为"家庭成员"，甚至照全家福照片时也忘不了狗。

**禁忌**　禁忌也是一种习俗。加拿大人很随和、友善，不会因为禁忌而令人尴尬，但入乡随俗，有必要了解一下他们不喜欢的事。加拿大人很在意个人隐私，谈话中最好不涉及对方收入、信仰、政治立场、婚姻等，如果是女士，还应包括年龄、体重等。对老年人不要说"老"，礼让要适度，想让座或帮忙前最好问人家是否需要，以免尴尬。饮食上，加拿大人不吃动物内脏（鹅肝是一种例外），不吃禽类的脖子、爪子等，也不喜欢臭豆腐之类的怪味食品。加拿大人一般不劝人多吃饭，更不会劝烟酒，这些被中国人当作热情好客的习俗并不适用于加拿大人。加拿大人不喜欢大声说话，更不喜欢在公众场所喧哗，西餐馆、咖啡馆里人很多却不嘈杂，因为他们说话的音量刚好让对方听清。说话声音大，对无关的人来说可能是一种噪声。加拿大人不喜欢数字 13，有些高层建筑没有 13 层，12 层之上是 14 层。

加拿大人是多民族的群体，在习俗问题上有时要"因人而异"，与印度裔、韩国裔、非洲裔等加拿大人打交道，则需要专门了解这些文化的特点。

## 二　宗教

加拿大土著居民在西方殖民者到来以前信奉原始宗教，主要是萨满教。土著居民信仰的萨满教与亚洲东北部和中国北方少数民族信仰的萨满教很类似，崇拜自然，相信万物有灵。萨满教在加拿大不同的地区有不同的形式，有的土著部落崇拜动物，有的崇拜植物，还有的崇拜山。主持宗教仪式的人被称为萨满，萨满声称能与神灵沟通，为部落祈福消灾。

16 世纪，随着法、英殖民者的到来，罗马天主教和新教传入了加拿大。此后，其他宗教也随着移民进入了加拿大。加拿大的宪法规定，宗教信仰自由，公民不得因信仰不同而受到歧视，因此各种宗教及其教派都可以在加拿大自由发展。加拿大人的宗教信仰十分普遍，1991 年有 88% 的人表示信奉某种宗教。1992 年，15 岁以上人中有 1/4 的人每周至少参加一次宗教活动，有 1/3 的人每月至少去教会活动一次。从 1985 年到 2005 年，每周都去教堂的人数在持续减少，尤其是在 45～64 岁年龄段的人群中，每周去教堂的人数比例，由 1985 年的 39%，减少到 2005 年的 22%。教徒中女性比男性多，她们参加教会活动也更积极。教堂同邮局、银行和学校一样遍布各个居民区，是社会生活中不可缺少的，哪怕只有几户人的村落也会有一个简易的教堂作为公共活动的场所。

加拿大现有宗教活动场所 2 万多处，各类神职人员约 3 万人。在基督教中，罗马天主教仍居首位，有教堂 6000 多座，信徒 1200 多万。新教教徒近半个多世纪以来在总人口中的比例不断减少，由 1921 年占总人口的 56% 到 1971 年的 44%，再到 2002 年的 36%，但仍有 1000 多万人。新教派系很多，主要有联合教会、圣公会、信义会和浸礼会等。1794 年，俄罗斯东正教传教士开始在土著人中传布东正教，现有主要教派是希腊东正教和乌克兰东正教。犹太教徒人数虽少，但在加拿大社会中影响较大，他们主要集中在蒙特利尔和多伦多两大城市。

1991年，加拿大非基督教信徒约有75万人，他们主要信仰佛教、伊斯兰教、印度教和锡克教，这些宗教近年来随着亚洲新移民的涌入增长很快。在1991年的统计中，最小的教派是一种被称为"Kabalarians"的神秘派，只有115人。

加拿大不仅宗教的种类多，各种宗教内的派系也很复杂。以佛教为例，可以了解其内部的复杂性。一般认为，佛教是在19世纪末由日本移民带入加拿大的。最初，温哥华地区的日本佛教徒由东京委派的教长管理，至1941年不列颠哥伦比亚省有16个佛教寺庙。1955年日裔佛教徒在多伦多召开佛教会议，成立了加拿大佛教协会。1987年，加拿大佛教有18个教区，信徒3000多人。近几十年来，随着亚洲移民的增多，加拿大佛教的派别也越来越多。总的来说，加拿大佛教有小乘上座部和大乘传统。上座部继承了斯里兰卡佛教传统，在温哥华、多伦多和渥太华都建有佛寺和协会。一些教会长老是欧美人，曾在印度或泰国等地学习并获得教职。可见，即使上座部的内部也有不同的传统。加拿大大乘佛教团体来源于中国藏传佛教，其中主要有格鲁派、萨迦派、宁玛派和噶举派等。禅宗起源于中国，现在已遍布加拿大全国，其内部有日本禅宗、朝鲜禅宗、越南禅宗等。1986年在温哥华成立佛教协会，会员全是华人。加拿大有影响的佛教团体有加拿大佛教联合会、国际佛教基金会、多伦多佛教联盟等。佛教在加拿大这样的西方国家中发展，是一种值得研究的现象。

伊斯兰教的情况与佛教类似。在渥太华和阿尔伯塔省很早就有穆斯林移民的定居点，1938年在埃德蒙顿建立了第一个清真寺。加拿大的穆斯林来自60多个国家，他们语言不同，民族背景不同，使加拿大的伊斯兰教也呈现出众多的派系。目前加拿大绝大多数穆斯林居住在安大略省。

宗教在现代社会生活的挑战面前不断地调整自身以适应新的形势，其政治、经济和文化等方面的社会作用已无法同中世纪和近代初期相比。虽然今天的加拿大人绝大多数仍信奉宗教，但宗教已丧失了其昔日在社会生活中举足轻重的地位，因为无论哪种宗教或教派都缺乏将复杂的移民社会凝聚在一起的精神感召力，以及必要的财力和人力。另外，在宗教信仰自由的加拿大社会也不易产生权威的宗教和宗教的权威，信仰什么宗教取决于个人的文化背景、经历和信念。加拿大人已经在观念上接受了公共生活的世俗化和宗教生活的个人化。如魁北克的法裔加拿大人要求独立，并非因为他们具有天主教背景，而是基于文化、经济和政治的原因。在加拿大，总的来说，宗教是社会生活的稳定因素，如教会人士抨击日益走高的离婚率，呼吁维护家庭，为了社会利益而约束个人欲望。每周日上午，电视中都安排有宗教仪式和布道的实况转播节目。

在加拿大的中小城市，尤其是草原地区的农业区，星期天去教堂仍是很多人的习惯。教堂的气氛与一周的紧张生活形成反差，使人们精神放松，在这里可以与熟人交流并结识新朋友。教会在发挥心理调节作用的同时，也努力适应现代社会的要求，如基督教教堂举行宗教仪式时的音乐伴奏也不再是清一色的管风琴，电子音乐甚至爵士乐、摇滚乐都属引进之列。

2011 年，2210 万加拿大人信仰基督教，占全国人口的 67.3%；其中信仰罗马天主教的 1273 万人，占总人口的 38.7%。此外，信仰伊斯兰教、印度教、锡克教和佛教的共有 237.3 万人，占总人口的 7.2%，其中信仰伊斯兰教的占 3.2%；信仰印度教的占 1.5%；信仰锡克教的占 1.4%；信仰佛教的占 1.1%。有 1% 的加拿大人信仰犹太教。信仰其他宗教的人很少大约占 0.5%。还有大约 785 万加拿大人自称不信教，约占总人口的 24%，而 2001 年无信仰者占 16.5%。这说明近年来，非基督教信徒和无信仰者都在增加。移民的增加推动了这种趋势。在 1971 年以前的移民中，信伊斯兰教、印度教、锡克教和佛教等非基督教的占 2.9%，而在 2001～2011 年，他们占 33%。1971 年前，没有信仰者占新移民的 16%，而在 2001～2005 年的移民中，他们占 22%；在 2006～2011 年他们占 19.5%。

由于加拿大民族日益多元化，受宗教自由、宽容以及多元文化政策的影响，加拿大人中跨宗教婚姻越来越普遍。1981 年，有 15% 的家庭是跨宗教家庭，2001 年这种家庭增加到 270 万个，在全国 1410 万家庭中占 19%。在这种跨宗教的家庭中，有一半以上是由天主教信仰者和新教信仰者组成的。这 135 万多个由加拿大两个最大的宗教团体成员组成的家庭，约占全部家庭的9.6%，而1981年，这一比例是8.6%。这不仅是一个百分点的增加，在20年间，加拿大人口和家庭基数都增加了很多。天主教信仰者与新教信仰者的家庭组合比例，在各地是不同的。在魁北克省，居民80%以上信天主教，只有2%的天主教信仰者与新教配偶组成家庭。

跨宗教家庭较多地发生在伊斯兰教和天主教之间，占穆斯林家庭的4%。信佛教的人更愿意与信锡克教、伊斯兰教或印度教的人组成家庭。犹太人与其他信仰者通婚的情况也在增加，2011年，有17%的犹太人家庭是跨宗教家庭，20年前，这个比例是9%。

三 主要节日

加拿大的节日很多，加起来几乎占全年的1/3时间。节日可分为全国性节日和地区性节日。

法定的全国性节日有9个，按时间先后分别是：元旦、耶稣受难日、复活节后周一、维多利亚日、国庆节、劳动节、感恩节、阵亡将士纪念日、圣诞节。

**元旦** 每年1月1日，同世界各地一样，元旦意味着辞旧迎新。人们通宵达旦地欢庆，随着元旦钟声的响起，大家相互祝福。

**耶稣受难日** 纪念耶稣在十字架上殉难，时间在复活节前的第一个星期五。

**复活节后周一** 复活节是纪念耶稣死后复活升天的日子，由于复活节是春分满月后的第一个星期天，所以将节后的星期一作为节日。

**维多利亚日** 为纪念英国维多利亚女王5月24日的生日，1845年将这一天定为全国法定节日。1952年以后改为5月25日前的第一个星期一。

**国庆节** 1867年7月1日，由魁北克、安大略、新不伦瑞克和新斯科舍4省组成的加拿大自治领成立，从此7月1日成为加拿大国庆节。

**劳动节** 1894年，联邦政府规定9月的第一个星期天为劳动节，放假一天。在此后相当长时期内，劳动节成为联系工会会员和劳动者的节日，通常要举行庆祝活动。现在，劳动节只是一个休假日，不再举行庆祝活动。

感恩节 为感谢上帝赐予北美殖民地丰收而举行的庆祝日，源于英国清教徒到北美后的第一个庆祝丰收的活动，各地庆祝日的时间不同。1879年加拿大议会曾规定11月6日为感恩节，属全国性节日。1957年又宣布，每年10月的第二个星期一为全国感恩节。

阵亡将士纪念日 1918年11月11日是第一次世界大战停战纪念日，此后成为纪念所有为国捐躯将士、弘扬爱国主义传统的节日。在这一天，人们要在胸前佩戴罂粟花纪念章或用红绒布制作的罂粟花，而购买罂粟花纪念品的钱就作为社会募捐。这一节日在英国称休战纪念日，在美国称退伍军人节。

圣诞节 每年12月25日是耶稣诞辰纪念日，也是加拿大和其他西方国家最盛大的节日。圣诞节是一年中家人团聚的日子，圣诞晚餐的传统菜是烤火鸡，家家要摆放圣诞树，亲朋好友之间互寄贺卡、交换礼物，小孩子也能得到盼望已久的玩具。

除法定的全国性节日外，还有一些西方传统的全国性节日。

情人节 每年2月14日，源于欧洲的传统节日。当天，情侣之间互赠贺卡和礼物，礼物一般是巧克力和鲜花。

愚人节 每年4月1日，最早流行于法国。因为鱼在4月最容易上钩，法国人称上当受骗的人为"4月的鱼"。这一天人们可以随意说谎，让人开心取乐。

母亲节 每年5月的第二个星期日。这一天，孩子们要回到母亲身边，以送贺卡和礼物的方式表示对母亲的感恩之情。

英帝国节 每年5月23日，即维多利亚女王生日的前一天。1899年首次举行庆祝活动。1958年在有些省份改为英联邦节或公民节。

父亲节 每年6月的第三个星期日，与母亲节类似，是向父亲表达感恩之情的节日。

万圣节 每年11月1日，又称鬼节，源于苏格兰和爱尔兰人的传统节日。人们点燃篝火，驱赶恶魔。现在人们用雕有鬼脸的南瓜做成灯笼摆在门窗前，孩子们扮着鬼脸敲各家的门，主人只能用糖果来打发这些"小鬼"。有的地方还有游行活动，人们装扮成各种妖魔鬼怪，载歌载舞。

还有一些属于国际性的节日，如"三八"国际妇女节、"五一"国际劳动节等，也属全国性节日。

除全国性节日外，还有地区性节日。

**圣－让·巴蒂斯特节** 每年 6 月 24 日是魁北克省的省庆纪念日，也称魁北克节。法裔加拿大人将这一天看作是他们最重要的节日，传统上人们在午夜围着篝火跳舞狂欢，现在则燃放焰火、举办音乐会和盛装彩车游行。因魁北克省旗由蓝白两色构成，蓝白色气球和蓝白色服装等成为节日的主色调。

**枫糖节** 这是魁北克省最重要的民族节日之一。每年 3～4 月是采集枫树汁、熬制枫糖的季节。节日期间，枫糖屋（制作枫糖的地方）对外开放，接待游客。人们在枫糖屋里尽情欢乐，品尝枫糖浆和用雪将滚烫的枫糖浆凝制而成的太妃糖。枫糖屋里有壁炉、长木桌椅、烛灯等充满怀古情调的摆设。游人还可以乘马车游览周围的枫树林。

**魁北克冬季狂欢节** 每年 2 月上、中旬举行，为期 10 天。节日活动丰富多彩，有"雪中浴"、破冰后的水上划船比赛、狗拉雪橇、轮胎滑雪赛、冰雕比赛及各种精彩表演，还要选出一位漂亮的姑娘作为"狂欢节王后"。

**夏洛特敦夏日节** 夏洛特敦是爱德华王子岛省首府，1864 年在这里首次就成立加拿大联邦举行议事会，夏洛特敦从此成为联邦的诞生地。从 1965 年起，为纪念此事，每年 6～9 月该地要举办各种大型文艺表演，目的是鼓励以加拿大为主题的艺术创作。节日活动的部分经费由联邦政府和省政府资助。夏洛特敦夏日节已成为加拿大文化节，也是爱德华王子岛最富特色的文化旅游项目。

除了上述地方性节日外，还有其他省或地方政府规定的节日：渥太华的郁金香节、马尼托巴省和西北地区的公民节、卡尔加里的牛仔节、不列颠哥伦比亚省的不列颠哥伦比亚节、萨斯卡彻温省的民俗节、纽芬兰省的圣帕特里克日等。以上这些节日都是具有西方文化背景的或英裔、法裔民族特色的节日。土著民族和其他移民民族都还有各自的节日，如加拿大华人每年都要欢度中秋节、元宵节、春节等。

# 第二章

# 历　史

## 第一节　殖民地以前时期（17 世纪以前）

　　1603 年法国人在加拿大建立移民点以前的很长时期，北美大陆最早的土著居民主要是印第安人和因纽特人。这些土著人的祖先最初是从亚洲东北部，或从亚洲的其他地方进入北美大陆的。一般认为，大约在 2 万 ~ 3 万年前，亚洲东北部的一些蒙古人部落经西伯利亚，越过白令海峡进入美洲。今天的白令海峡 90 公里宽、30 多米深，在当时因气候寒冷为厚冰覆盖，即使有海水阻隔，使用最原始的木排或皮筏也能渡过。最早的先民们究竟是何时、以什么方式到达今天的加拿大，这尚需考古学家进一步研究。不管怎样，这些亚洲先民的后裔成为今天加拿大的印第安人。印第安人在外貌上同蒙古人很相像：黑头发、黄褐皮肤、圆颅、宽脸、高颧骨、低鼻梁。在加拿大大草原地区的土著民族博物馆里，用桦树干做支柱、用桦树皮做围墙的圆锥顶帐篷，与我国东北地区少数民族如鄂伦春人的原始民居很相似。另外，加拿大土著居民与中国东北少数民族一样普遍信奉萨满教。

　　加拿大印第安人包括 20 多个民族，他们来到加拿大之前已经有各自不同的语言和文化。印第安语是一种独立的语系，分为若干语族，每个语族内又有多种语言。加拿大的印第安人有 50 多种方言，有些方言之间差别很大，所以许多印第安人之间并不能直接用印第安语交流，需要借助于第三种语言。

　　11 世纪时，居住在冰岛的挪威人发现了现今加拿大纽芬兰岛的东北部沿海，并在纽芬兰岛北部建立临时居住点。1497 年，意大利航海家 J. 卡博特奉英国政府之命到达纽芬兰。16 世纪时，葡萄牙人、西班牙人、英国人和法国人都曾在纽芬兰和拉布拉多沿海捕鱼，并用工艺品、酒、武器等换取土著人的动物皮毛，但这些欧洲人最初有限的捕鱼和以物易物的活动没有对土著人的社会生活造成很大影响。直到 1534 年，法国航海家 J. 卡蒂埃到达加拿大后，沿圣劳伦斯河深入到今魁北克市和蒙特利尔市一带，建立了永久性居民点，从此开始了欧洲人殖民开发加拿大的历史。欧洲人的到来，使北美的历史进程发生了巨大变化。

　　印第安人不是土著民族的自称，也不是一个民族的名称，而是众多土著民族的聚合。由于哥伦布发现美洲时将其误认为印度，欧洲人从此将美洲的土著民族统称为印第安人。在 16 世纪初欧洲人到来之前，加拿大境内约有 20 万土著人，大多是印第安人，少数是因纽特人。印第安人基本上处于石器时代，过着原始生活，主要以渔猎为生，少数人从事农业。这些土著人散居在加拿大 6 个不同的地区：北极地区、东部森林地区、西北沿海地区、大草原地区、高原地区和近北极地区。他们经济发展水平低下，分别处于原始社会末期和早期文明社会之间的不同发展阶段。

　　加拿大的北极地区主要居住着因纽特人，旧称"爱斯基摩人"。他们以渔猎为生，使用爱斯基摩－阿留申语，有 6 种方言，彼此可以交流。传统的因纽特人住圆顶雪屋，穿兽皮衣裤，信奉原始宗教，早婚，有的部落实行一夫多妻制，一般以 3～5 个家庭为单位活动。因纽特人和印第安人不同，从他们的社会组织、语言、生活习俗看，他们是单一民族。一般认为，他们晚于印第安人，约在 5000 年前进入北美大陆。因纽特人和印第安人一样被视为加拿大的土著居民。由于"爱斯基摩"一词在印第安语中意为"吃生肉的人"，现在人们一般不用这个名称，而称他们为因纽特人。

　　东部森林地区的印第安人主要指易洛魁人、休伦人和阿尔冈昆人。欧洲人到来时，易洛魁人实行母系氏族制，氏族以其崇拜的图腾命名，以议事会为权力机构。氏族实行族外婚，男子到女方家居住，孩子只知其母而不识其父，在一种木制的长方屋里过着半定居生活。经济以粗放农业为主，种植玉米、豆类和瓜类，生产工具是石制和木制的。易洛魁人的社会生活在 19 世纪美国学者摩尔根的名著《古代社会》中描述得最为详细，作者的大半生是在易洛魁部落中度过的。休伦人由 4 个部落组成部落联盟，他们半农半猎。妇女从事种植，采集野生食物，制造陶器和编织；男子从事狩猎并制造弓箭和矛等。阿尔冈昆人以渔猎为主，流动性大，有的部落已有了图形文字，信奉万物有灵的原始宗教，房屋为木制圆形，死者实行墓葬。

西北沿海地区印第安人主要有海达人、钦西安人、夸扣特尔人和努特卡人等。他们以捕获海洋生物为生，在木屋定居。独木舟是他们的交通工具和捕鱼工具，一般长 10～15 米，用整棵的树干挖空后制成，配上叶状的桨。这一地区印第安人的社会组织在欧洲人到来之前已出现了阶级分化，还以与其他部落作战中捕获的俘虏为奴隶。如钦西安人有 4 个部落，其图腾分别为鹰、狼、渡鸟和鲸鱼，部落内部禁止结婚。钦西安人分为 4 个等级，有奴隶、平民、贵族和王族。奴隶主要是俘虏及其后代和本族人中违反戒律者。

大草原地区印第安人主要有阿西尼博因人、克里人、黑脚人、萨尔西人、苏族人等。男子主要捕获北美野牛，女子采集食用植物的果实、根茎和叶。他们典型的住所是以兽皮和树木搭盖的圆锥顶帐篷。

高原地区印第安人，是指生活在不列颠哥伦比亚沿海山脉和落基山脉之间高原地区的土著人，有阿萨巴斯卡人、萨利什人、利鲁埃特人、汤普森人等。他们以渔猎和采集食用植物为生，住所依地区不同有 3 种类型：半地下的穴屋、树木草皮棚屋和可移动的帐篷屋。

近北极地区的印第安人有塞卡尼人、奇佩瓦扬人、多格里布人和比弗尔人等，他们以渔猎和采集为生，随猎物的流动过着非定居生活。

在欧洲人到来时，印第安各部落基本上以渔猎、采集为生，只有个别部落有原始的粗放农业。各部落很少驯养马、牛、羊等家畜，但养狗。土著人的交通工具只有独木舟和雪橇。印第安人部落之间经常发生冲突，原因是争夺地盘、血亲复仇或宗教习俗的差异。因为双方武器简陋，所以冲突的规模和伤亡程度都很有限。被俘的成年男子成为胜利者的奴隶或被杀害，而女子和儿童则成为部落的成员。马、轮车、火枪、酒、铁制工具都是后来由欧洲殖民者引进的，这些东西给印第安人的生产和生活带来一些便利。欧洲殖民者也利用土著各部落之间的矛盾为自己的利益服务。各部落间的冲突在有火器装备后更加激烈了，如在 1648～1650 年，休伦人和易洛魁人为争夺同西方殖民者的皮毛贸易进行了两年多的战争，最后休伦人战败，流落各地，部落联盟解体。随欧洲殖民者而来的征服和疾病使印第安人的人数锐减。

## 第二节　法属殖民地时期（1603～1763）

法国人虽不是最早到达加拿大东海岸的欧洲人，但他们却是最早探寻加拿大内陆并在此建立殖民定居点的。有两个法国人因在这一过程中贡献突出而被视为法属殖民地的奠基者。一个是法国探险家 J. 卡蒂埃（1491～1557），他的最大贡献是发现了圣劳伦斯河这条通往加拿大内陆的主要水路，确立了法国在圣劳伦斯湾地区的权利，为后来法国的殖民活动奠定了基础。据说"加拿大"一词的来源与他有关。1535 年 8 月 13 日，卡蒂埃率领 200 余人乘船横渡大西洋，第二次到北美探险。船行至安提科斯提岛附近海面时，随行的两名印第安青年说，再向南行就可以到"卡拿塔"（kanata）了。"卡拿塔"是易洛魁土语"村子"或"居民点"的意思。他们实际指的是一个叫斯塔达科纳的村子，即现在魁北克城所在地。或许因为是谐音的缘故，卡蒂埃将此地印第安酋长的辖区称为加拿大省。1547年哈蕾昂世界地图出版社首次将"加拿大省"标入地图，并将其范围扩大到整个圣劳伦斯湾和圣劳伦斯河以北地区。后来的探险家和皮毛商人又将"加拿大省"的范围不断扩大。英国在《1791 年宪法法案》中首次使用"加拿大"这个名称，并将魁北克划分为上、下加拿大两个省。1841年英国将两省合并为加拿大省。1867 年，英国在《英属北美法案》中将加拿大省与新斯科舍、新不伦瑞克合并，组成统一的国家，定名为加拿大自治领。"加拿大"从此成为正式国名。

另一个法国人是 S. 尚普兰，1603 年他在今新斯科舍建立了北美的第一个殖民地"阿卡迪亚"，但在 1607 年又放弃了。"阿卡迪亚"意为"葱郁美丽的地方"，以今天加拿大新斯科舍省为中心，包括其他沿海省和魁北克省的部分地区。1608 年，尚普兰在今魁北克市建立了第一个永久性殖民地，开始同土著居民交往，做皮毛生意。1612 年，尚普兰被任命为新法兰西殖民地第一任总督。他因对法国在北美开发殖民地有"重大贡献"而被后人称为"新法兰西之父"。此后法国殖民者开始从大西洋沿岸向内地逐步深入，在圣劳伦斯河流域建立首府魁北克、三河镇和蒙特利尔镇，并向西呈扇形扩张。至今尚普兰的塑像仍耸立在魁北克市的广场上。

1627 年，法国殖民者成立新法兰西公司。依据法国国王的特许状，该公司每年可向该地移民 200～300 人。殖民地发展面临的一个困难是没有足够的移民，为此法国政府和殖民地当局采取多种措施鼓励移民，如免除移民的船费，以优惠条件授予土地。为吸引年轻妇女移民，一下船就结婚的可得到现金奖励。殖民地当局制定了鼓励早婚多育的政策，规定女子16 岁、男子 20 岁必须结婚，遵守这一规定的人可得到一定的现金奖励；推迟结婚者要受到处罚；超龄单身汉要被罚款，还得不到皮毛贸易的许可证；多生多育的夫妇受到奖励，10 个孩子以上的家庭享受年金补助；多子女的父亲可获得荣誉和优先获得任命的机会。1627 年新法兰西居民不足 100 人，1641 年达 240 人，1663 年有 2500 人，1763 年增加到 6 万多人。在整个法兰西殖民地时期，法国先后有 1 万多移民来到这里，其余增加的人口，都是自然繁衍的。法国移民的生育率很高，一般经过一代人人口就增加一倍。

新法兰西的创建与发展不是个别探险家和政治家的功劳，而是有其经济动因。皮毛贸易先于殖民开发而兴起，它源于欧洲移民以工具、手工艺品和酒类交换当地土著人的海狸皮毛。最初这种交换是零星的、偶然的，但随着 16 世纪末欧洲上流社会以皮毛帽子和披肩为时髦，皮毛尤其是海狸皮毛价格上涨，皮毛生意竟成为建立殖民地的一个重要经济动因。最初的殖民定居者、皮毛商是沿着海狸的踪迹进入加拿大的，有史书对此形容为"海狸打开了加拿大的地图"。的确，在很长时期内，皮毛贸易是新法兰西财政收入的基本来源和维持进出口平衡的主要依托。追逐皮毛贸易的市场和利润，也是后来英法两国进行殖民地争夺的重要原因。

由于皮毛贸易需要土著人的支持和配合，也由于法国殖民者在很长时期人数很少，新法兰西需要与土著人和平共处，并在用宗教改造土著人方面下了很大功夫，如兴建教堂和学校。虽然法国人经常利用土著各部落之间的矛盾，使之相互残杀，为其殖民利益服务，但总的来说，他们与土著人的矛盾远比英国殖民者与美国的土著人的矛盾要缓和。许多法国殖民者与当地妇女通婚，殖民当局一度还鼓励这种做法，因为这样有助于缓和与土著人的关系，增加殖民地人口。梅蒂人就是最初的法国殖民者与印第安妇女所生的后代，后来泛指所有白人与印第安妇女所生的混血人。但当法国最终被英国战败时，许多法国人尤其是上层人物不愿在英国统治下生活，纷纷回国，而他们的土著家属和子女则被留在加拿大。

1663年新法兰西成为法国在海外的一个省，其社会生活规范皆以法国为模式。法国的天主教、封建领主制和殖民政府构成新法兰西殖民地社会的三大支柱。殖民政府由法国国王委派一名代表任总督，作为地方首席长官。总督委任一名省长主管当地事务。此外，殖民政府还设有一个议事机构，由总督、省长、主教和若干参议员组成。新法兰西政府设在魁北克，该市逐渐成为新法兰西的政治、军事、宗教和经济中心。

领主制是欧洲封建时期的土地分配制度，新法兰西沿用了这一制度。新法兰西公司以一定的条件，把土地作为采邑和封地授给上层殖民者——贵族、神职人员、军官。这些被授予封地的人即是领主。一块封地的面积通常有75平方公里。领主们再将领地分成长方形的小块分租给佃农，一块地一般有几十英亩，足以维持一家人的基本生活。租赁关系有法律性契约为凭证，领主与佃农之间的权利与义务均有明确的法律规定。在新法兰西，佃农被称为居民，对领主的基本义务是缴纳地租，人身依附较轻。地租形式有年贡、地租、谷物税。年贡类似欧洲的什一税。地租有现金和实物两种。谷物税是佃农在领主的磨坊里加工谷物所要缴纳的税。领主的权力很大，可以设立村社、开磨坊，18 世纪初还有权要求居民每年为其无偿劳动一段时间。在领主制下，每个农户都是自给自足的经济实体，生产绝大部分生活必需品。

17 世纪 80 年代，英法战争爆发。法军战败求和，1713 年与英国签订《乌得勒支条约》，将阿卡迪亚割让给英国，并放弃对哈得孙湾和纽芬兰等属地的一切要求。18 世纪 50 年代中期，英法在北美又发生一系列武装冲突，1756～1763 年的七年战争，加剧了英法在北美的争夺。1759 年，英法在魁北克决战，法军战败，丢失魁北克和蒙特利尔。1763 年，英法签订《巴黎和约》，法国被迫放弃加拿大和密西西比河以东除圣皮埃尔岛和米丘林岛以外的全部领土。加拿大从此成为英国殖民地。

## 第三节 英属殖民地时期（1763～1867）

1763 年英国占领加拿大后，在当年 10 月颁布皇室公告，决定设立魁北克省。英国试图同化法裔，推行英国化的社会变革，但遭到法裔居民的抵制和反抗。这时英国人虽在政治上是殖民地的主人，但在人数上处于少数，法裔仍有 6.5 万人，经济和宗教生活仍为法裔所控制。由于当时美国的 13 州殖民地与英国的矛盾日益尖锐，一场争取美国独立的革命日益临近。为了稳定魁北克省并利用它来对付美国 13 州的革命，1774 年英国议会通过《魁北克法案》，一方面安抚当地的法裔居民，保留魁北克的封建领主制度，保证居民有信奉天主教的自由，保证教会有征收什一税的特权和法裔加拿大人讲法语的权利，并宣布法国民法和英国习惯法具有同等效力；另一方面把俄亥俄河以北、密西西比河以东新占领的土地划归英属魁北克省，阻止美国 13 州向西移民和发展，以限制和控制美国 13 州。该法案遭到美国 13 州殖民地人民的强烈反对，被称为"不可容忍的法令"，从而加速了美国独立战争的爆发。但英国在一定程度上达到了目的，魁北克省在美国独立战争期间没有跟着美国 13 州造反，反而成为亲英的基地。

美国独立战争时期，1775 年 10 月美国第二次大陆会议向"被压迫的加拿大居民"发出呼吁，号召他们同美国人民一道反对英国的殖民统治，但没有得到加拿大人的响应。大陆会议随即派军队直接进入加拿大，要求加拿大派代表出席大陆会议，但美军在魁北克城下被英军击退。此后，大陆会议又派美国独立战争领导人之一本杰明·富兰克林等人专程去加拿大，劝说加拿大法裔参加大陆会议。美国人还在魁北克法裔中做了大量的宣传工作，但所有这些都未奏效。相反，在美国独立战争期间，有大约5万名反对独立、效忠英国的美国"效忠派"及其家属逃往加拿大东部。效忠派的北上，增强了加拿大的亲英力量，改变了加拿大居民的民族结构，使之成为由英、法裔构成的社会，并为加拿大后来的政治发展奠定了基础。

效忠派的美国人来到加拿大后，在经济上的影响是实行美国式的自由土地制度。英国殖民当局为了培植亲英势力，按照效忠派在美国的习惯分配土地。每个家庭的家长可得到100英亩土地，家庭成员为50英亩，还可申请开发更多的额外土地。在社会生活中，效忠派既不同于法裔，也不满英国殖民当局。效忠派最初定居在魁北克省和新斯科舍省，他们很快就要求自治，建立新的省份。1784年，新不伦瑞克省从新斯科舍省分出。1791年，魁北克分为讲英语的上加拿大省和讲法语的下加拿大省。上、下加拿大两省就是后来的安大略省和魁北克省，英裔和法裔的对峙局面从此开始。这4个省构成了后来的加拿大自治领，它们是加拿大的建国省份。

效忠派还在1812～1814年英美战争中发挥了关键作用。这场战争既是英美争夺北美殖民地的战争，也是美国的第二次独立战争，还是加拿大的卫国战争。战争伊始，美军凭借人数优势，进军上加拿大省，要解放这块英国殖民地。当地英军力量薄弱，难以得到本土援军的支持，但效忠派组成民兵配合英军坚决抵抗。虽然效忠派不满英国统治，但他们更不能容忍美国人的政治理念，所以他们要捍卫其在北美最后的家园。他们还针对美国的政治宣传，阐述自己忠于英国宪政主义思想和传统，认为美国的政治思想会给加拿大带来像法国大革命式的灾难。由于效忠派的坚定立场，很多法裔都持亲英反美立场。美军对上、下加拿大省的进攻被击退。英军还反攻到华盛顿，为了报复美军烧毁加拿大的约克城和议会大厦，也烧毁了华盛顿的白宫。这次战争结束后，上、下加拿大省通过立法限制美国移民，主要接受来自英国的移民，以防止被美国吞并。这场战争培养了加拿大人的民族主义意识，使效忠派的政治思想成为以后加拿大政治思想发展中的重要因素。这场战争也断了美国北进的欲望。几年后，加、美两国签订了边境协议，其中规定大湖区为非武装区，为以后全部边界不设防的开端，这为加拿大在建国道路上消除了外部威胁。

效忠派的后裔至今在加拿大仍发挥着政治作用。他们在 1914 年成立加拿大亲英协会，其宗旨是为研究美国独立战争以来英国效忠派历史的人提供帮助，联合效忠派家族的后裔，弘扬他们的忠诚精神；收集整理出版有关的文物资料；修建有关的纪念碑和遗址。凡效忠派家族的后代皆可入会。从 1972 年起，该协会成员佩戴英国王冠图案的盾徽、英国国旗图案的肩章和皇家佩章等标志。协会在全国有 24 个分支机构，办有专刊和会员报，经费由各省省督提供。

1812～1814 年的英美战争结束后，一时间美国的政治思想受到排斥，英国则巩固了对加拿大的殖民统治。但英国同北美各殖民地的矛盾并没有消失，在 19 世纪 20 年代和 30 年代，一批代表加拿大民族资产阶级和农场主利益的改革派，针对英国殖民机构中的寡头统治集团开始了改革运动。当时各殖民地在总督及其领导的行政和司法委员会的统治下，议会只是个摆设。总督是英国人，对英国政府负责，一年中在殖民地的时间很短，他主要依靠两个委员会来管理殖民地事务：行政委员会处理日常事务，司法委员会负责制定和修改法律。因此，殖民地的实际权力落在这两个委员会委员的手中。这些委员与英国政府及总督的关系很好。委员都是终身制，而且绝大多数委员一身二任。久而久之，委员成了一些家族的世袭职务。这些家族为维护其既得利益，垄断政治，进行各种投机活动，引起了新兴的阶级和民众的极大不满。后者以议会为主要阵地，在政治、经济、文化、教育、宗教等各个领域开始了抗争。这一时期议会和殖民地政府的矛盾不断激化，有时闹到议会拒绝批准政府预算，政府要解散议会的程度。

L. J. 帕皮诺就是下加拿大改革派中的一位著名代表。帕皮诺 1786 年出生于蒙特利尔，律师出身，通晓英国议会传统和 18 世纪法国的启蒙思想，具有激进的民主主义思想，能言善辩。1815 年，29 岁的帕皮诺担任下加拿大省议会议长，他最初还是温和派，但在 19 世纪 20 年代后政治观点逐渐激进，积极推动议会改革运动。议会在要求控制财政权问题上与殖民政府不断发生冲突。英国方面软硬兼施，也做了一些让步，至 1831 年议会已经掌握了大部分财权。但改革派并不满意这种有限的妥协。1834 年，议会通过了《92 条决议案》，列举了改革派的要求，包括议会控制一切财权，立法委员会由选举产生等，同时对比美国政治制度的长处，暗示若不改革难免会引起美国式的革命。

上加拿大改革派的代表人物是 W. L. 麦肯齐。他通过办报纸走上了从政之路，因其主办报纸宣扬改革，触犯特权寡头阶层的利益，他的报馆在 1826 年被暴徒捣毁。改革派和保守派在议会内的斗争也很激烈，麦肯齐曾连续 4 次被选为议员，又连续 4 次被逐出议会。但在 1834 年的选举中，改革派又获得多数席位。1835 年，麦肯齐等改革派向议会提出《17 点报告》，列举了对现状的不满和改革措施，要求由选举产生司法委员会和成立责任政府。这个《17 点报告》和《92 条决议案》一样遭到了两个委员会的拒绝。

当时沿海各省殖民地的改革运动也在发展，只是这些省份的人口少，社会矛盾也相对简单，改革发展比较平和。英国政府有丰富的管理殖民地的经验，懂得用软硬兼施的手段对付改革派。各地改革派内部都分成激进派与温和派，温和派对英国有更多的期望和幻想，也容易获得英国政府的合作，激进派则受到很大限制。

1837 年，英国和美国的经济危机很快波及加拿大，而加拿大的农业歉收，更使社会动荡不安。以农业为主的下加拿大省受害最大，首先出现政治骚动。10 月 23 日，帕皮诺在圣查尔斯群众大会上，声称在必要时使用武力。实际上，激进派并没有武装起义的准备，但政府怀疑帕皮诺等人策动起义，于是发出通缉令，结果引发了起义。起义者大都是蒙特利尔附近的农民，缺乏组织和经验，结果很快遭到军队镇压。此后，上加拿大省在麦肯齐等人的策划下，在多伦多等地也爆发反英起义，但这些起义也很快被平息。帕皮诺和麦肯齐等激进派领袖都逃亡美国。麦肯齐在美国还组织美国志愿者在边境袭击上加拿大，但这些活动没有得到美国政府的支持，未取得成效。

虽然起义规模有限，而且很快就失败了，但给英国政府很大震动，迫使它重新考虑在加拿大的政策。英国国内在殖民地问题上也有不同看法。一种较普遍的观点认为，殖民地的成熟、自治并与母国分离是早晚的事，政府对殖民地的投资只能是赔本生意，不如任其独立，丢掉殖民地这个包袱。但也有一种殖民地改革派理论认为，只要政策得当，殖民地不会成为负担，而会成为对英国有益的资本和商品输出市场，即使组建自治政府也可以与母国保持紧密的联系。但如果不给殖民地充分的权力，反而会促使它们与母国决裂，美国革命就是前车之鉴。这两种观点虽然不同，但在否定传统殖民统治方式上是一致的。1838 年，英国政府委任德拉姆为加拿大新总督，负责调查起义原因并提出改革方案。

德拉姆是英国议会中著名的激进改革派，信奉殖民地改革派理论。他上任后发布了一项赦免令，宣布对绝大多数起义者免予起诉，只有帕皮诺和麦肯齐等 14 人被禁止回国，否则处以死刑。这一做法在当时是比较宽容的。接着，德拉姆在对上、下加拿大社会进行了广泛的调查后，提交了《关于英属北美事务的报告》，即历史上有名的《德拉姆报告》。报告对加拿大社会很多领域的问题进行了分析，并提出了改革建议，其中最重要的是：建立责任政府、帝国与殖民地事务分离和上、下加拿大两省合并。由于保守派政敌的围攻和刁难，德拉姆在加拿大任职仅 5 个月后就愤然辞职，但《德拉姆报告》对英国后来的加拿大政策有很大影响。

《德拉姆报告》在英国议会引起争议，改革派支持，保守派反对。政府虽一时难以接受成立自治政府的建议，但已经意识到殖民地的寡头统治方式已到了非改不可的程度，并授权新总督在必要时改组行政委员会。1840年英国议会通过《联合法案》，将上、下加拿大合并为一个省，在新的议会中原上、下加拿大地区的代表人数相等，在 84 个席位中各占 42 席。从此，英裔、法裔之间的矛盾得到暂时缓解，议会中英裔、法裔的改革派联合起来，共同争取成立责任政府。然而，改革派与保守派和总督围绕责任政府问题相持不下，关系再度紧张。1847年，英国政府委派德拉姆的侄子埃尔金接任加拿大总督，才缓解了那里日趋紧张的社会和政治矛盾。

埃尔金继承了德拉姆的思想，要实现其叔父的政治抱负。1848年改革派在议会中获得多数，埃尔金不失时机地成立了加拿大省首届责任政府。在此前两个月，新斯科舍已经建立了责任政府。随后，爱德华王子岛（1851年）、新不伦瑞克（1854年）、纽芬兰（1855年）相继成立了责任政府。

责任政府的建立标志着英国殖民统治形式的重大变化，由总督对殖民地直接进行统治开始转向殖民地自治。内阁取代了行政委员会，内阁由下院多数党领袖组建，内阁成员不再对总督负责，也不由英王任命，而由议会多数党决定，对议会负责；上院取代了司法委员会，同下院共同成为立法机构。总督更多的是名义上的首脑和英国与殖民地之间的协调人。殖民地的权力进一步地方化了，议会负责地方性事务，英国只负责殖民地的外交、防务等外部事务。虽然英国对殖民地法律有批准和修改权，但这种权力是象征性的。

英国在19世纪中期改变其殖民地政策是有内在经济原因的。这一时期英国基本上完成了工业革命，确立了其"世界工厂"的地位。随着工商业资产阶级掌握政权，他们更愿意推行自由贸易政策，因为其廉价的工业品可以进入世界各个角落，而不再需要政治、军事等超经济手段的保护，所以，英国在1846年废除《谷物法》，1849年取消《航海条例》，从保护关税转向自由贸易。殖民地政策不过是对这一转向的一种调整。这种调整在政治上给了殖民地更多的自主权，但在经济上对脆弱的殖民地是一种严峻的考验。

依据英国《谷物法》，加拿大小麦可以优先和低税进入英国市场。比如，英国小麦每1/4吨的价格超过67先令时，就允许加拿大小麦进口，而其他国家的小麦要在这个价格超过80先令时才可以进口。英国此举主要是限制美国小麦进口，扶持加拿大经济。

随着英国旧殖民政策的改变，加拿大与母国的传统经济纽带被切断了。加拿大经济上没有了依靠，只能靠自己。成立责任政府后的各殖民地各自为政，不仅彼此很少往来，而且各殖民地内部也因社会和民族矛盾派别林立，政治涣散。上、下加拿大并没有因合并而消除原有的地域和种族的界限，两地原有的政治组织依然存在。虽然在 19 世纪 50 年代，各个政治集团逐渐分化成以麦克唐纳为首的自由—保守党和约翰·布朗领导的自由党，从形式上打破了地域、民族和宗教的界限，但它们内部仍是原上、下加拿大政治派别的聚合，党内各派的利益差别和政治分歧很大，缺乏凝聚力。这一时期出现了两个总理的政府，两个总理分别控制原上、下加拿大的事务，重要议案要分别在议会两地议员中获多数才能通过。因此在很长时间里，加拿大并没有真正统一。19 世纪 60 年代，政治混乱的状态更为严重了。有远见的政治家都看得出，只有实现大范围的政治联合，才能打破狭隘的地区政治的局限，发挥整体优势。当时欧洲一些民族国家如德国和意大利的统一进程，也为加拿大提供了有益的启示。但如何联合，各殖民地之间存在严重分歧。

19 世纪 50 年代是各省经济和铁路的大发展时期。1836 年加拿大有了第一条铁路，仅 16 公里。此后铁路建设步伐加快，尤其在 1851 年建成了大干线铁路，全长 1100 公里，是当时世界上最长的铁路，从加拿大西端的萨尔尼亚经多伦多、蒙特利尔，再经波特兰直抵圣劳伦斯河下游。铁路不仅能促进经济发展，还能促进各省之间的联系，但只有将各省的铁路连接起来，实现规模经营，才能发挥效益。大干线铁路运营后，因货量不足而亏损，最后省政府被迫接管，而修建更大规模的铁路网，则在各殖民地联合后才有可能。

美国的经济实力远在加拿大之上，各殖民地与美国之间的贸易关系比各殖民地之间的贸易关系更密切，加拿大若不迅速实现联合，被美国从经济上分化瓦解，乃至政治吞并的危险随时存在。当时美国处于内战时期，无暇北顾，但英国在美国内战中支持美国南方，一旦北方获胜，北方很可能会在加拿大报复英国，对加拿大不利。

# 第四节　自治领时期（1867～1931）

加拿大资产阶级的代表认识到，要想发展经济，不被美国吞并，必须

联合所有殖民地，建立一个独立的新国家。为此，自由党和自由—保守党联合起来。麦克唐纳以其卓越的政治天才，领导了这场联邦运动。1864年9月1日，各殖民地的代表在爱德华王子岛的夏洛特敦举行协商联合的首次会议，达成了支持联合的原则协议。同年10月10日，来自各殖民地的33位代表在魁北克议会大厦召开了协商联合的第二次会议。经过16天的紧张工作，代表们通过了《魁北克决议》，决定建立殖民地联邦。《魁北克决议》奠定了未来加拿大联邦的基础，这33位代表被后人称为"联邦之父"。

《魁北克决议》在各省议会审批时，除加拿大省以绝对多数获得通过外，均遇到阻力。爱德华王子岛和纽芬兰干脆否定决议，新斯科舍和新不伦瑞克犹豫不决，只是在英国的支持下才勉强通过。这种情况本身就预示着联邦的脆弱和实现加拿大统一的艰难。英国最初对联邦运动持观望态度，担心加拿大的强大会影响它同英国的传统关系，但加拿大的强大又是有利于英国的，因为加拿大的政治现状不利于经济发展，英国资本也难以获得最大利益。另外，只有加拿大强大才能抵御美国的威胁，使英国减少或摆脱防务上的负担，强大的加拿大还可以钳制美国。英国正是出于这些考虑才积极支持联邦和以后的联邦统一活动，而没有英国的支持，加拿大的统一进程至少将被大大地延缓。这也是加拿大人对英国始终心怀感激的一个重要原因。英国的高压式殖民政策产生了美国，而英国的怀柔式殖民政策塑造了加拿大。英裔加拿大人对母国、对英王的感情是真挚的，他们在英国需要的时候，不惜牺牲一切。这种情况一直延续到二战以后。

1867年，英国议会在《魁北克决议》基础上形成并通过了《英属北美法案》，决定建立加拿大自治领。并将《英属北美法案》作为加拿大的第一部宪法。该宪法规定：加拿大实行联邦制，英王兼任加拿大国王，总督为英王代表。议会设参、众两院，参议员由英王任命，众议员由选举产生。众议院是议会的重要组成部分，其席位按各省人口比例产生，魁北克65席，安大略82席，新斯科舍19席，新不伦瑞克15席。每10年进行一次人口调查，根据人口变化情况调整各省的席位。自治领的政治制度明显受到英美两国的影响，如受到英王及其代表总督的权力、议会内阁制和美国的联邦制的影响，但加拿大的联邦制与美国的联邦制不同。美国在中央与地方的关系中强调州权。加拿大宪法在划分中央和地方的权力时，不仅授予联邦以广泛的权力，还规定宪法未作明确说明的权力归联邦政府。自治领的成立为加拿大的资本主义发展开辟了道路，为建立统一的国家奠定了基础。由于历史的原因，加拿大有英裔、法裔两个主要民族，再加上各地的经济发展水平不同，加拿大中央和各省的矛盾始终是加拿大政治议程中的主要问题。

1867 年 7 月 1 日，《英属北美法案》正式生效，由安大略（原上加拿大）、魁北克（原下加拿大）、新不伦瑞克和新斯科舍 4 省宣布合并成联邦国家，国名为"加拿大自治领"，首都渥太华。自由—保守党领袖 J. A. 麦克唐纳出任首届联邦政府总理。名义上，自治领除外交权外，享有其他的自治权。但实际上自治领并没有充分的自治权，政治上也不稳定，内部有分裂的要求，外部仍有美国领土扩张的压力。新斯科舍省加入联邦不到一年，就因经济萧条产生普遍不满情绪，要求退出联邦、加入美国。麦克唐纳政府对此做了很大的妥协，让反对派领袖进入内阁，拨付给该省一大笔补助金，才暂时平息了这场政治风波。

当时加拿大的西北地区和大草原地区都是英国哈得孙公司的领地。这家私人公司无力对这一广袤的地区进行有效的开发、管理和保护。而美国在内战后要求英国割让这一地区，以赔偿其在内战时给美国造成的损失。为防止美国乘虚而入，自治领政府在英国的支持下，在 1869 年以 30 万英镑从英国公司手中买下鲁珀特封地，准备有组织地向大草原地区移民。该封地是 1670 年英王查尔斯二世以其侄子、哈得孙公司首任总督鲁珀特的名义授予哈得孙公司的，最初只是哈得孙湾南岸地区，后来包括魁北克和安大略北部、中西部草原地区和部分西北地区。但在政府接管这一地区时，遭到红河地区梅蒂人的武装反抗。梅蒂人认为自己世代在此居住，是红河地区的主人，但他们的利益被完全忽视了，而政府接收人员的傲慢无理更激怒了民众。梅蒂人在路易·里埃尔的领导下起义，占领哈得孙公司在当地的办事机构，组成临时政府，与前来镇压的自治领政府军队发生冲突。美国人趁机插手，充当临时政府的顾问，企图使起义向有利于美国的方向发展。

麦克唐纳为防止因事态扩大为美国所利用，决定以妥协的方式尽快平息起义。麦克唐纳政府与里埃尔的临时政府进行谈判，产生了《马尼托巴法案》，其中包括该地区享受省级待遇，在参议院有 2 名代表，在众议院有 4 名代表，联邦政府在近期每年拨付 8 万加元补助金，5 年内不征收任何直接税，尊重当地人的文化和宗教习俗等。虽然红河起义最终以谈判方式解决，但有 38 名军人在冲突中死亡，尤其是路易·里埃尔被判处死刑，加深了法裔与英裔的矛盾。这是加拿大统一过程中唯一的武装冲突。1870 年，在鲁珀特封地上建立第五个省——马尼托巴省和西北地区。为管理和保卫西北地区，1873 年麦克唐纳政府组建了西北地区骑警队，称"西北骑警"，即今日加拿大皇家骑警的前身。

此后，不列颠哥伦比亚省（1871 年）和爱德华王子岛省（1873 年）相继加入联邦，加拿大实现了从大西洋到太平洋的联合。北极群岛也由英国移交给加拿大管辖。麦克唐纳政府在政治上稳定了联邦之后，着手发展独立的国家经济，实施开发西部、修建太平洋铁路、保护关税等发展民族工业的三大政策。1885 年横贯加拿大的太平洋铁路的建成，对巩固联邦的政治统一和促进经济发展具有重大意义。

在外交即对英美关系问题上，麦克唐纳政府坚决维护加拿大利益。英国在 19 世纪末重新重视殖民地的价值，试图在英帝国内部形成一个以英国为中心的政治、经济和军事联盟，联合各殖民地的力量去争霸世界。麦克唐纳对此不感兴趣，他致力于加拿大的自治，多次拒绝了英国关于加强帝国联盟的建议。他表示，加拿大既不会脱离英国，也不会放弃自治权。在对美关系上，麦克唐纳坚持同样立场，他反对自由党提出的与美国互惠贸易的主张，认为两国经济实力悬殊，互惠贸易对美国有利，会损害年轻的加拿大工业，而且还要承担被美国合并的政治风险。实际上，在加拿大联邦成立后的很长时期里，加拿大人对美国持谨慎和怀疑态度，在经济上打交道是迫不得已的。

1896 年加拿大人有了第一位法裔总理——W. 劳里埃，他在当选后充满信心地表示，"19 世纪是美国世纪，20 世纪将是加拿大世纪"。劳里埃律师出身，30 岁进入政界，任自由党主席后，积极扩大该党在全国的影响，结束了自由—保守党连续执政 18 年的历史。也正是由于劳里埃领导下的自由党的崛起，加拿大的两党制才得以真正形成，开始了两党轮流执政的政治格局。劳里埃任总理的 15 年被称为"劳里埃繁荣"时期。这一时期国家发展的特点是，西部得到进一步开发，人口显著增长，经济繁荣，政治稳定。有人将这一切归结为劳里埃的功绩，但更多的是他赶上了好时候。首先，劳里埃上台之初，就赶上国际市场对粮食和其他农产品的需求激增，价格上涨，消除了困扰加拿大的经济危机。其次，美国开发西部的工作在 19 世纪末 20 世纪初已基本完成，不再有自由土地分给移民，而加拿大的大平原显示出对移民的吸引力。最后，1896 年育空地区发现金矿，更引起移民热潮。1898 年联邦政府不失时机地成立了育空地区政府。虽然淘金热于 1899 年基本冷却，但向西部的移民热并未减弱。

劳里埃执政后，他经常要在维护与英国的传统友好关系和维护加拿大的独立自主，维护国内民族团结和平衡法裔不满，改善与美国关系和处理好两国边界等两难问题上做出抉择。在加拿大是否参加英国发动的南非战争问题上充分表现出劳里埃的政治立场和策略。

南非战争是英国人与南非布尔人的战争。布尔人是在南非的荷兰移民的后裔，他们在南非建立了两个国家，与英国的殖民扩张政策发生冲突。1899 年战争爆发后，英国认为，依据英帝国的整体防务原则，加拿大应该参战。但加拿大国内对此有不同意见。英裔对参战比较积极，法裔则认为与己无关，加拿大不应参战。劳里埃认为，如果英国处于民族危难之中，它有权在加拿大征兵，而加拿大人一定会尽自己最大的努力，但他认为，当时还没有这个必要，他甚至对布尔人为自身权利而斗争的精神有一种同病相怜的同情感。在英裔内阁成员都要求参战的情况下，他同意以招募志愿军的形式参战，费用由社会募捐和英国提供。在南非战争期间，加拿大虽派出 7000 多人，但只有很少一部分是政府招募和出资的。在第一次面对是否为英帝国而参战的问题上，劳里埃的决定为以后的有关决策留下余地，因为既没有肯定加拿大将参加英帝国的战争，也没有拒绝加拿大作为英帝国成员的义务，而是按照本国的实际情况行事，试图既满足英裔的要求而又减少法裔的不满。后来的历史表明，参战和征兵始终是引起加拿大英裔与法裔矛盾的一个敏感问题。

19世纪末20世纪初，加美两国就阿拉斯加—育空地区的边界问题发生争端。英国虽支持加拿大，但以不损害英美关系为限度。美国在双方谈判开始之前，就派军队进驻南阿拉斯加，并向英国政府施加压力。英国为避免双方发生战争，对美国做了妥协，结果美国得到了由阿拉斯加向南延伸的一条狭长地带，使加拿大在育空地区失去了出海口。在加拿大人看来，他们成了大国强权政治的牺牲品。劳里埃对此评论说："很遗憾我们与美国这样一个大国为邻，它从来都自私自利，只想牢牢地抓住自己的利益而不顾及其他国家；很遗憾我们的国家虽然在发展繁荣，但仍然是一个殖民地；很遗憾我们的手中没有解决自身事务的外交权，因此极有必要向英国议会要求更多、更广泛的权利，以便在将来处理类似事务时，我们可以用我们的方式和风格来对待，从而保护我们的国家利益。"加拿大人亲身感受到，英国是靠不住的，必须独立地将命运掌握在自己的手里。

20世纪初，英国为扩充海军，要求加拿大和其他英帝国成员提供经费。英国长期以来一直坚持英帝国成员在军事上实行统一的防御体系，这也是英帝国联盟运动的一项重要内容。劳里埃拒绝了资助英国海军的要求，提出组建加拿大海军的计划，即建立包括5艘巡洋舰和6艘驱逐舰在内的常备海军。这支舰队由加拿大政府指挥，只有在加拿大议会批准的情况下可以受英国调遣。此举招致英裔的反对，指责他对英国的支持不够；法裔也反对他，因为法裔既不想出钱，也不想有自己的海军。但劳里埃坚持己见。英国终于在1909年帝国国防会议上宣布，放弃由各成员资助组建统一的帝国海军的计划，同意各国组建自己的海军。

加拿大在19世纪80年代以前，粮食出口并不稳定，遇到灾年还要从美国进口。这种情况在19世纪最后20年才有所改变，当时正是加拿大西部大草原地区的大开发时期。开发西部草原是在多种因素促进下进行的：

首先是东部人口的增长已造成土地不足的压力；其次是欧洲工业化和城市化的发展增加了对农产品的需求，使世界农产品市场价格上扬；最后是安置新移民的需要。1885 年，从蒙特利尔到温哥华的铁路通车，这为大批移民进入西部提供了便利。

为了开发西部草原，联邦政府在 1872 年仿照美国的《宅地法》，通过了《自治领土地法案》。该法案规定，移民只需付很少的登记费，就可使用面积达 160 英亩的土地，3 年后付清移民税，就可取得这块土地的所有权。这一法案的实施，吸引了大批移民到西部草原定居。为有效地管理这些移民和促进草原的垦殖，1905 年联邦政府在原鲁珀特封地上又增设阿尔伯塔和萨斯卡彻温两省，在余下的封地上建立了西北地区。1901年加拿大人口达 537 万，到 1911 年增至 720 万，10 年增长了近 35%，平均 3 个加拿大人中就有 1 个新移民。而在这净增的近 200 万人中，有一半以上分布在西部各省。1901～1921 年，加拿大人口增长了 0.6 倍，而草原 3 省的人口却增加了 4 倍，尤其是阿尔伯塔和萨斯卡彻温两省的人口增长了 7.4 倍，由 16 万猛增到 135 万。1913 年进入加拿大的移民就达40 万人。

1901 年草原地区的农场有 5.5 万多个，土地开垦面积为 1541 万英亩，小麦产量为 5557 万蒲式耳。而到 1921 年，这三项数字分别为 25.5万个、8793 万英亩和 26318 万蒲式耳，是 1901 年的 4.64 倍、5.71 倍和4.74 倍。从 19 世纪末到 20 世纪初，加拿大逐渐成为小麦出口国。正是在这一时期，草原 3 省发展成为"世界粮仓"。1929 年加拿大出口了 4 亿多蒲式耳小麦，占世界粮食贸易额的 40%。

1914 年第一次世界大战爆发时，加拿大只有一支 3000 人的常备军和2 艘巡洋舰，还没有真正意义上的海军。但加拿大人参战热情高涨，认为这是作为英帝国臣民向母国应尽的责任。战争爆发两个月后，加拿大远征军的一个师抵达英国。1915 年 2 月，这支部队开赴法国前线，不久就参加了依普尔战役。在这次战役中，德军首次使用毒气，协约国战线左翼的法国部队全面溃退。加拿大部队堵在这个缺口上，阻止了德军的进攻。此后，加拿大后继部队源源不断地开往欧洲战场，其规模和战斗力令世界各国刮目相看。

在第一次世界大战中，加拿大有 39 万人加入远征军为英帝国作战，死亡达 6 万多人，这对于一个总人口不足 800 万人的国家来说无疑是一种巨大的牺牲。加拿大不仅负担本国远征军的装备和食品，还负担对英国和其他盟国的物资供应，英军 1/3 的弹药来自加拿大。尽管加拿大人为英帝国浴血奋战，但英国人把持着政治决策和军事指挥权，不仅军事情报不同加拿大分享，甚至也不通报加拿大士兵在战场上的情况。加拿大对英国的傲慢和无理十分不满，要求英国提供充分的战争信息，并就有关政策与加拿大协商。由于英国需要各自治领的继续支持，从 1917 年秋开始，英国首相邀请各自治领总理一起组成"帝国战时内阁"，参与对一些战争问题的讨论，但决策权仍属英国。即便如此，加拿大对英国的关系已由单纯依赖发展为参与、合作和援助。战争开阔了加拿大人的视野，增强了民族自信心。一战后，加拿大第一次作为独立国家在《凡尔赛和约》上签字，并参加了国际联盟。

战争也刺激了加拿大经济的发展，使其从一个农产品和工业原料输出国走向工业国。1914～1918 年，加拿大国民生产总值增长了 61%，其中农业产值增长 68%，矿业增长 73%，电力增长 109%，制造业增长 178%。战争直接促进了冶金业的发展，全国金属产值从 1914 年的不足 1.29 亿美元猛增至 1918 年的 21.13 亿美元。钢铁产量从 1914 年的 100 万吨提高到 1919 年的 2250 万吨。当时发展迅速的工业部门还有工具制造、电器业、化工业、轮胎制造业和造船业。

工业的发展导致了产业结构的变化，促进了城市化的发展。1921 年，加拿大城市人口已经与农业人口相当。从 20 世纪 20 年代开始，加拿大进入了机械化和电气化时代。同时，对美出口总值首次超过对英出口总值，加拿大在资金和市场的依赖上开始由英国转向美国。与此相关，加拿大对外关系也发生转变，重心逐渐转向美国。1900 年，英国的投资占加拿大外来投资的 85%，美国只占 14%，但到 1930 年，美国的投资已占加拿大外来投资的 61%，而英国只占 36%。英美两国在加拿大投资的形式也有很大区别，英国人是间接投资，购买各种证券和政府公债；美国人则是直接投资办厂开矿，取得了对加拿大资源和企业的控制权。1930 年，加拿大已经有各种汽车 123 万多辆，电话 54 万多部，汽车和电话的发展促使联邦政府加大了对交通和通信基本设施的投资。

铁路在加拿大联邦早期历史上不仅是经济命脉，更是政治命脉。大干线铁路全线通车后，因前期投入过大，运费很高。虽然在农产品价格相对较高的情况下，农民还能承受，但他们已将对铁路公司的不满转移到联邦政府身上。从 1897 年开始，政府尝试对运价进行控制，并于 1903 年成立铁路监察委员会，不经它批准，任何运价变动皆属非法。至 1916 年，因经营陷于困境，除加拿大太平洋铁路公司还能勉强支撑外，其他铁路公司均处于破产边缘。这些铁路公司一旦破产，不仅前功尽弃，民众不满，也会损害加拿大在海外投资市场的声誉，因为它们的股票大多掌握在英国人手中。于是，各种压力集中于联邦政府。联邦政府在 1919 年成立了加拿大国家铁路公司，陆续接管这些铁路，最终于 1923 年将太平洋铁路公司以外的其他铁路公司全部接管。接管后，政府对小麦等农产品运费长期实行补贴政策。这套国有铁路系统的总长度当时为 2.2 万英里，至今仍是北美最大的铁路系统。

加拿大经济实力的增强和国际声望的提高，也改变了它与英国的关系。1926 年英国宣布它同自治领的关系在法律上是平等的。1931 年英国议会通过《威斯敏斯特法案》，承认加拿大在宪法上的独立地位，放弃英国政府有凌驾于加拿大之上的立法权和对加拿大议会通过的法案的最高否决权。但该法案的通过并不意味着加拿大获得完全独立，因为在司法方面，直至 1949 年英国枢密院司法委员会仍是加拿大的最高上诉法院。另外，由于魁北克省无法与其他各省就修改宪法程序达成一致，对加拿大宪法主要内容的修正仍要得到英国议会的批准，这种情况一直持续到 1982 年。在外交方面，加拿大外交部成立于 1909 年，但直至 1927 年才派出第一位驻外全权代表——驻美公使。英国仍希望维持英帝国的统一外交方针，加拿大在很长一段时间没有真正的外交自主权。加拿大在争取完全独立的道路上还需继续努力，但加拿大在努力摆脱英国影响的同时，又逐渐进入美国的势力范围。

# 第五节 现代时期（1931 年以来）

1929～1933 年的世界经济危机，给加拿大经济以沉重打击。加拿大 1/3 的国民收入来自国际贸易，其中小麦和新闻纸的出口约占一半。危机期间，出口受阻，小麦价格暴跌。1929 年每蒲式耳小麦价格为 1.60 加元，而到 1934 年只有 0.38 加元。小麦产量从 1928 年的 5.67 亿蒲式耳降到 1934 年的 2.76 亿蒲式耳。与此同时，天灾更加剧了农民的灾难，1934～1937 年的持续干旱，使许多农作物颗粒无收，1937 年小麦产量只有 1.82 亿蒲式耳，这使农场倒闭，农民被迫外出谋生。纸的价格也猛跌，许多大造纸公司宣告破产。美国为了抑制国外产品，在 1930 年提高了进口关税，使加拿大经济雪上加霜，因为加拿大的新闻纸主要出口美国。从 1929 年到 1932 年，对美出口新闻纸总值下降了 45%，1932 年造纸业产量只及其生产能力的一半略强。其他出口产品也同样难逃厄运。于是加拿大不得不采取报复性措施，将关税提高到 1879 年以来的最高水平。经济危机使加拿大经济陷于停滞和崩溃，有色金属的出口总值下降 60%，铁路亏损更为严重，国民收入锐减 45%。危机最深重的 1933 年，加拿大有 82 万多人失业，占全国劳力的 1/4。到 1935 年仍有 1/10 的人靠救济金生活，不少人死于饥饿。社会处于动荡之中，游行示威、罢工抗议等活动遍及各地，流血冲突时有发生。

虽然这些抗议活动并没有形成革命的迹象，毕竟克服危机还要在政府的领导下进行，但经济危机的确动摇了传统的政治信仰。1932 年，一个新政党——平民合作联盟在西部崛起。平民合作联盟具有欧洲社会民主党的色彩，它主张国家社会主义，通过对主要经济部门的国有化，实施社会福利保险、失业救济、医疗保险的国家福利政策。平民合作联盟的福利国家思想，对加拿大社会福利体制的建立和完善起了非常重要的促进作用。该联盟后来成为当今仍活跃于加拿大政坛的新民主党的前身。

当美国在罗斯福"新政"的影响下走出世界经济危机困境的时候，当时的加拿大总理贝内特也推行了一系列改革措施，被视为加拿大版的凯恩斯主义和新政。一时间，社会保险、劳工条例、福利政策都提上了政府的议事日程，但这些措施没有产生像罗斯福新政那样的效果。面对经济压力，贝内特政府不得不向英国提出以前多次提过的建议，即加强英帝国内部的互惠和经济联系。英国虽然清楚贝内特政府的建议只是权宜之计，但出于政治和战略考虑，还是对加拿大在经济上做出很大让步，同意对加拿大的许多商品免征关税，对进口加拿大小麦和其他农产品也有不同程度的优惠。

1935 年大选临近时，贝内特向全国公布他进一步改革的决心，试图通过政府对社会领域的全面干预和管理，消除当时存在的弊端。贝内特的改革招致其所在的保守党内保守势力的反对，迫使改革派的代表、贸易和商业部长 H. H. 史蒂文斯辞职。史蒂文斯辞职后组建了复兴党，这又导致保守党的分裂及其在大选中的惨败。自由党大获全胜，赢得 179 个议席，保守党只得了 40 席。自由党领袖威廉·莱昂·麦肯齐·金当选总理，从此开始了加拿大历史上又一个黄金时代。

金是 1837 年起义领导者麦肯齐的外孙，1908 年曾任劳里埃政府的劳工部长，1919 年劳里埃逝世后，接替自由党领袖。他在 1921～1926 年、1926～1930 年曾两度执政，有丰富的政治经验，这次是他第三次执政。他首先全力为加拿大疏通国际贸易渠道，使美国取消了自危机以来对加拿大商品的限制，在对英贸易上也做了类似的调整。接着，他组织了一个皇家委员会，对建立联邦以来的社会和经济问题进行全面调研，为更深入的改革做准备。在国际政治和外交领域，他是一位现实主义者，奉行孤立主义政策，对加拿大和英帝国以外的事尽量不承担责任。这既是自由党的传统，也符合当时英国推行的绥靖外交方针。他对德国希特勒政府有好感，认为纵容法西斯德国侵略、出卖捷克人利益的《慕尼黑协定》是一个英明决定，但在德国战车无情地粉碎了他的孤立主义幻想后，他积极领导加拿大参加反法西斯战争。

1939 年 9 月 1 日，德国入侵波兰，英、法对德宣战。9 月 10 日，英王乔治六世宣布加拿大向德国宣战。为适应战争需要，金对政府进行了改组，从原国防部中分出海军部和空军部，又新设了军需供应部。联邦政府颁布的全国资源动员法案规定，适龄男子都应服兵役，但不派到海外去。政府可征用一切可用的船只和飞机。加拿大工厂开始在军需供应部的领导下大量生产军需品，建造军舰，加紧训练海空军和技术人员。根据1940年底签署的一项英联邦空军训练计划，要用3年时间在加拿大建立64所训练学校，每年培养2万名飞行员，加拿大为其提供3/4的学员和1/2以上的费用。

加拿大不仅向同盟国提供军事物资和培训人员，还动员军队。1939年12月，尚缺乏训练的加拿大第一师抵达英国。此后，加拿大军队陆续被派往海外，在欧洲、太平洋地区、北非、西印度群岛等各个战场作战。根据英联邦空军训练计划培养的13.1万名空军人员中，加拿大人占1/2以上。1944年盟军在欧洲战场发动反攻时，加拿大人占全部空军机组人员的1/4。加拿大海军的主要任务是护送大西洋航线上的运输船，到1942年初，加拿大海军已由战前的5000人增加到9万人，舰只由17艘增加到900多艘。在战争结束时，加拿大已有军队100多万人，其中陆军近70万，海、空军30多万。二战期间，加拿大军人阵亡或失踪的总数近5万人。当时总人口仅有1200万的加拿大为世界反法西斯战争的胜利做出了自己的贡献。欧洲许多国家都建有加军纪念碑。1997年9月，意大利还在佩萨罗市为二战时期加军在意大利北部突破德军防线建立纪念碑。二战时期共有9.3万加拿大军人在意大利作战。

金领导的战时内阁在经受战争考验的同时，也面临国内政治风波的冲击。法裔认为政府采取的战时措施严重违反了省权，而国内义务兵制更是侵犯人权。当战火在法国土地上蔓延时，法裔对英国的不信任情绪和孤立主义传统超过了他们对英国的感情。蒙特利尔市市长公开号召人们抵制征兵登记，不为英国卖命。1944年，因战局紧张，联邦政府要将一批部队派往海外，法裔空军部长以提出辞职表示抗议。在议会审议政府议案时，有34位法裔议员投票反对。在征兵问题上，如同一战时那样，英裔和法裔又一次处于尖锐对立之中。实际上，实行义务兵役制对参战国来说是很正常的，但金政府只在国内实行义务兵役制，而且在战争的紧要关头，将国内义务兵作为一种例外，而不是通过立法派往海外服役，这应该说是充分顾及了法裔的情绪。实际上，在加拿大所动员的 100 多万军人中，有 5/6 是自愿参军的，依法招募的义务兵很少被派到海外。所幸的是，战局发展比较顺利，加拿大部队伤亡减少。法裔也逐渐认识到金在征兵问题上的谨慎和用心之良苦，从而使政府度过了这场危机。

金政府还面临社会福利问题。20 世纪 30 年代的世界经济危机暴露了社会经济体制的缺陷，使国家干预势在必行，也使政府认识到对社会救济的责任。如何使临时性的救济措施变成未雨绸缪的社会保障体系摆在了政府面前。平民合作联盟的福利国家的旗帜在社会上尤其在中下层民众中很有吸引力，从而使它在地方议会的选举中连连获胜。自由党如不迅速拿出对策，就要在政治上落伍，在选举中被淘汰。40 年代，在金政府的不断努力下，加拿大初步奠定了现代福利体系的基本框架，提出了一个全国范围的失业救济计划和联邦政府负责的平衡各省社会生活水平的补助系统，富裕地区应援助贫穷地区，使之达到全国收入平均化水平，而一般福利则由各省负责的基本思路。这一时期，先后通过了《失业保险法》《普通家庭补助方案》等福利性立法，成立了联邦卫生福利部、医疗保险委员会等专门机构，进一步推动社会福利事业。自由党在 1945 年的大选中卫冕成功，这在很大程度上是因为金在社会保障方面的努力。

二战结束时，美国成为世界头号强国，英、法在战争中进一步衰弱，德、意、日等战败国更是一蹶不振，加拿大成为西方第四大工业强国。二战也改变了加拿大的外交重点和方向，它与美国在政治、经济、军事和文化等领域的关系更为密切，对美关系的重要性已明显超过英国。1947 年加拿大同意美国继续保持战时在其领土上设立的军事基地，并于 1949 年加入北大西洋公约组织，积极参与以美、英为首的西方阵营对社会主义阵营的冷战。在朝鲜战争期间，加拿大派遣部队加入以美国为首的"联合国军"，伤亡 1500 多人。1954 年，加拿大同意美国在其领土上建立防空雷达网。在 1956 年苏伊士运河事件中，加拿大的立场表明，它在这场美、英利益冲突中明显地站在美国一边。1958 年，加美两国签署《北美防空协定》。有的加拿大学者认为，第一次世界大战后，加拿大基本摆脱了（英国的）殖民地地位，但第二次世界大战后却沦为（美国的）殖民地，并将这一现象称为加拿大的第二次殖民地化过程。

二战也极大地增强了加拿大的经济实力，军工生产带动了经济整体的快速发展。坦克、飞机、汽车和军舰的大量生产，使制造业得到充分发展，并带动了原材料、能源和其他工业部门的发展。对雷达和通信技术的研究促进了电信行业的发展。1939～1943年，国防开支从1.26亿加元增加到4.34亿加元。国民生产总值由1939年的57亿加元上升到1946年的146亿加元。

二战后，加拿大的经济发展步伐没有停滞，1945～1948年加拿大国民生产总值增加了25%以上。1950～1957年加拿大经济稳步发展，1957年上半年的国民生产总值超过了300亿加元。战后欧洲重建需要加拿大的产品。冷战则使加拿大加强对高科技军事项目的研究，国防开支没有因战争结束而削减，反而增加了。这一时期，一系列新矿产的发现与开采，成为新的投资热点和经济增长点。阿尔伯塔省发现了石油和天然气，对石油和天然气的开发和利用促进了其他经济部门的发展。对核能的重视和利用刺激了对铀的开发。加拿大的铀矿储量很丰富，除满足国内需要外，还大量出口。在拉布拉多半岛上发现的储量丰富的铁矿更是一个奇迹，使这个几乎完全依赖进口铁矿石的国家一跃成为铁矿石的出口大国。加拿大向美国出口铁矿石，促使加美两国在1954年联合疏通圣劳伦斯河道。这一工程耗资2亿多美元，历时5年，成为加拿大这一时期最大的基建项目。该工程竣工后，远洋轮船可以直接驶入大湖区，极大地改善了这一地区的运输状况，加拿大与美国的联系更加密切。

加拿大在二战结束至20世纪50年代大部分时间里取得的成就，是在路易斯·斯蒂芬·圣劳伦特总理领导下取得的。圣劳伦特1882年生于魁北克南部的一个小镇。父亲是法裔，也是一个热情的自由党人，以经营商店为生，母亲是英裔。他自幼就熟练地掌握了英语和法语，1905年从拉瓦尔大学法学院毕业后，开始了律师生涯。圣劳伦特还被聘为联邦总理金的法律顾问，1930年成为加拿大律师协会主席。后来，圣劳伦特在金的劝说下，放弃收入优厚的律师职业，担任战时内阁的司法部长。他没有像其他法裔部长那样反对征兵制，而是顾全大局站在金的一边。金认为圣劳伦特很像劳里埃，有意让他承担更多的责任。二战结束后，圣劳伦特改任外交部部长，在金出国时代理总理职务。圣劳伦特认为，加拿大必须加强同美国与西欧的联系，他也是北约最早的倡导者之一。1948 年，金因健康原因先后辞去自由党主席和总理的职务，均由圣劳伦特接任。圣劳伦特当政的 9 年，是加拿大历史上最有成就的时期之一。

　　至二战结束时，加拿大还没有完成国家的完全统一，因为纽芬兰仍在联邦之外。纽芬兰虽很早就成为英国的殖民地，19 世纪时曾成立代议政府和责任政府，但在最终归属问题上几经踌躇，它有心独立但经济难以自立。二战凸显了纽芬兰岛战略地位的重要性，美军在此建立了军事基地，加拿大政府需要重新估计合并纽芬兰的意义。二战后，加拿大的国际地位空前提高，对纽芬兰人的吸引力也在加大。1949 年纽芬兰就合并一事举行全民公决，赞成加入加拿大联邦的人以 53% 的微弱优势获胜，使纽芬兰最终成为加拿大的第 10 个省。

　　自由党亲近美国的做法伤害了亲英派的感情，而自由党长期执政助长了某些领导成员的专横也引起了民众的反感。保守党在约翰·乔治·迪芬贝克领导下因势利导，在 1957 年的大选中取得了微弱优势，迫使圣劳伦特辞职。迪芬贝克上台后为扩大战果，在 1958 年重新进行了议会选举，使保守党取得了有史以来的最大胜利，获得 208 个下议院席位。迪芬贝克政府在国内重视对北部的开发和中西部的发展，对外则恢复同英国的传统关系，试图减少对美国的依赖，但这两大方针都没有取得成功。迪芬贝克对大草原农业区和社会中下层的关注，得罪了工业界上层；又因在古巴导弹危机和在加拿大部署核武器等问题上与美国关系恶化，最终导致了他在 1963 年大选中失败。迪芬贝克政府的主要政绩是：制定了《农业恢复与发展法案》，初步解决了乡村贫困问题，并为小麦出口打开了中国市场；增加了社会福利；修建了南萨斯卡彻温水坝工程和北方地区的一些公路；谴责南非白人统治集团的种族主义政策，维护了英联邦内种族平等原则。

　　二战以后，加拿大加快了由农业社会向工业社会的转变。1951 年，农村人口占全国人口的 38.4%，10 年以后降至 29%。工业化进程加剧了阶级矛盾和民族矛盾，从而引发了政治危机。20 世纪 60 年代以来，联邦政府与各省在税收分配等问题上的矛盾加剧，反对联邦政策的趋势重新出现，魁北克省要求独立的分裂情绪空前高涨。为维护国家统一和民族团结，1963 年成立了二元文化委员会，强调英裔、法裔两个"创始民族"的平等。1964 年，议会同意以枫叶图案国旗为新国旗，作为加拿大的象征。

加拿大的战后繁荣是以输出自然资源和由外资控制许多重要经济部门为代价的，因此，加拿大人在富裕的同时也不断要求政府警惕外国资本的渗透。20 世纪 50 年代中期，美国在向加拿大的能源业、矿业和制造业大规模扩张之后，又向金融业渗透，有 6 家人寿保险公司被美资吞并，这引起加拿大社会的普遍关注。1957 年加拿大通过的一项立法规定，加拿大保险公司董事会成员的多数必须是加拿大人。1958 年的《广播法》也规定，外国资本在电台的股份不得超过 25%。同年，《加拿大经济前景皇家委员会报告》（即《戈登报告》）首次表达了政府对外资控股规模的关注。此外，加拿大人还以集会、游行等形式，要求政府采取措施，抵制美国资本对加拿大经济的渗透，被国内外媒体称为"加拿大民族主义"（Canadianism）的崛起。

1967 年加拿大百年诞辰，进一步增强了加拿大人的国家意识和民族情绪，这种倾向必然要在文化、外交和经济等方面反映出来。在 20 世纪 70~80 年代特鲁多执政期间，加拿大开始重视同亚、非、拉国家的关系，要求逐步脱离美国的冷战轨道，进行独立外交的艰难尝试，同时，要求减少和限制外国资本对加拿大重要经济命脉的控制。1971 年一项关于加拿大产业结构中外国所有权的调查报告显示，在加拿大最大的 25 家能源公司中，外资控制着 17 家，即掌握了 60% 的石油和天然气生产。报告指出，没有哪个发达国家的外资所有权接近或达到加拿大这样的程度，政府必须干预外国直接投资的流入，阻止对加拿大经济无利的投资，并建议成立专门机构对外国申请投资项目进行审查。1974 年加拿大政府设立"外国投资审查机构"，审查外国投资申请和已进入加拿大的外资向新的领域发展的申请。1980 年，特鲁多政府宣布实行"国民能源计划"，鼓励本国资本控股的能源企业利用各种优惠政策，增强它们的竞争力，争取在 10

年内将外资对能源业的控股范围减少到 50% 以下。但这项计划遭到美国的强烈反对，被指责为"歧视和剥夺外国资本""不公平竞争"等。但在20 世纪 80 年代初的经济危机中，加拿大的失业率长期徘徊在两位数的水平，迫使加拿大政府引进更多的外资以创造就业机会，因此放松了对外国投资和"国民能源计划"的某些条款的审查。

1970 年加拿大先于美国与中国建立外交关系，这是其开展独立外交的一个证明。在文化产业领域，加拿大与外国资本的竞争有着经济以外的特殊含义，即加拿大不能成为美国的文化殖民地。1975 年，加拿大政府以立法形式，要求美国的《时代》周刊和《读者文摘》在加拿大发行时，必须增加有关加拿大的内容，否则将取消对其广告的优惠政策。此举引起美国的抗议，《时代》周刊在 1976 年撤销了加拿大版，《读者文摘》则在做出一些让步后，在新政策许可的范围内继续出版。1971 年加拿大政府有关部门还决定，在加拿大广播电台播送的音乐节目中必须有 30% 是由加拿大人创作、演唱、录制的，后来又规定，在晚上 6～12 点播送的节目中，加拿大的节目要占 60%，但这些规定并不能阻止美国文化的渗透，同时也引起了一些加拿大人的不满。美国文化与加拿大文化同文同种，美国文化对加拿大老百姓来说并不是异族文化，而加拿大人需要便宜、方便、多样化的文化消费。加拿大经济在很大程度上控制在美国人手里，这就使其对文化交流的行政或法律干预的作用极其有限，而且也不符合加拿大的民主自由原则。实际上，美国对加拿大文化消费的影响始终是很大的。

1982 年 4 月，英国女王伊丽莎白二世在渥太华主持了英国向加拿大移交加拿大宪法的仪式，这标志着加拿大在国家独立的道路上又迈出重要的一步。《加拿大权利与自由宪章》作为《1982 年宪法法案》第一章，明确规定了加拿大人享有信仰、言论、集会、结社、迁徙等自由权利。但政治成就仍不能掩盖经济问题，国内的通货膨胀、失业、国债和财政赤字都很严重，这使自由党的执政地位很不稳定。1983 年，马尔罗尼当选为保守党领袖，对入主联邦政府跃跃欲试。为使自由党在即将到来的大选中以新的面貌出现，1984 年 6 月特鲁多辞去总理职务，由约翰·内皮尔·

特纳接任并准备大选。特纳曾在特鲁多内阁中出任过司法部部长和财政部部长，被公认为年轻有为的政治家。但特纳的竞选班子基本上是特鲁多指定的，缺乏新鲜感和号召力，这使他最终在 1984 年的大选中败北，只当了两个半月的总理，而且在此期间他的主要精力都用在了竞选上。

1984 年，马尔罗尼保守党政府上台后，取消了《外国投资审查法》和外国投资审查机构，除文化产业外，不再对外资进行特殊的审查，对外资采取更为开放的立场。马尔罗尼恢复了自由党执政期间冷淡的加美关系，签署了《加美自由贸易协定》，促进了北美经济一体化走向成熟。此时，加拿大的经济结构已经发生了根本性的变化，服务业在 1988 年吸收了全国 70% 的劳动力，在国内生产总值中占 60.5%。但经济不景气，国债上升，失业率超过 11%，魁北克省要求独立而引发的宪法危机和修改宪法努力的失败，使选民对马尔罗尼的保守党政府失去信心。马尔罗尼任内曾两次试图进行重大政治改革都无功而返：一是为使魁北克省承认 1982 年新宪法而达成的《米奇湖协议》，因在一些省议会和联邦议会都未获通过而夭折；二是在 1991 年为了改革参议院和修改宪法签订的《夏洛特敦协议》，也在 1992 年 10 月的全民公决中被否决。为使保守党能在即将到来的大选中保住执政党地位，马尔罗尼辞去保守党主席和联邦政府总理职务。

1993 年 3 月，联邦政府国防部部长金·坎贝尔接替马尔罗尼，成为保守党领袖和加拿大第一位女总理。她上台后就公布了大胆的改革目标：5 年内在不提高税收的情况下，消除加拿大的财政赤字；冻结公共开支，裁减政府各部 1/4 的成员；对未私有化的国有公司实行私有化。她对魁北克自治问题持强硬立场和重新禁止堕胎的主张遭到强烈反对。坎贝尔最终没能稳住保守党阵营，在同年 11 月的大选中惨败。

自由党领袖克雷蒂安就任第 26 任联邦总理，标志着加拿大重新进入自由党时代。克雷蒂安政府的国内政策将刺激经济增长、增加就业作为当务之急，如连续降低银行利息，启动国内消费需求等。在 1995 年 10 月 30 日举行的魁北克全民公决中，赞成留在联邦内的魁北克人仅以不到 1% 的微弱多数险胜，加拿大暂时度过了联邦制以来最大的一次政治危机。

1998 年，加拿大最高法院在国内和国际法范围内，就魁北克公决的有效性做出表决：依据国内法，魁北克即使在多数人同意的情况下，也无权在没有获得联邦政府和其他省份认可的情况下，自行宣布脱离联邦而独立。但是，一旦魁北克多数人明确表示出脱离的意愿，联邦政府有义务协调各省与魁北克谈判，对魁北克的民意表示尊重，同时要求为公决所设定的议题必须是清晰的。最高法院的表决是一种妥协，为加拿大和魁北克政府所接受。加拿大政府不用担心 50％ 加一票，这个省就分离了；魁北克觉得独立之路已经清晰，一旦魁北克民意清楚表达后，谈判就是唯一的选择。这样，国家主权完整和魁北克民意都得到了尊重。

2000 年，加拿大议会通过《清晰法案》，这个法案就是根据最高法院的意见，授权众议院审核公决的议题是否清晰。该法案特别提出，如果议题只是要求投票授权省政府就独立问题谈判，而不是让选民就是否愿意脱离加拿大直接表态，这就不是清晰的议题。根据这个定义，魁北克此前两次公投的议题都不是清晰的。

克雷蒂安政府对外重视同美国的关系，但也强调外交的自主性和自身利益。如克雷蒂安表示，加拿大以作为一个太平洋国家而自豪，在 21 世纪来临之际，这一地区对加拿大发展的重要性日益凸显。他还提出"面向亚洲、面向中国"的政策，并为此专门任命一位华裔——陈卓愉先生担任负责亚太事务的国务部长。这项任命的意义不仅在于华裔首次担任部长职务，而且是加拿大政府首次有了专事发展它与亚太地区关系的部长。

加拿大历史的发展有两大特点。一是发展平稳。在殖民地独立和国家统一过程中没有出现类似美国独立战争和内战那样大规模和长期的流血冲突。在工业化期间，加拿大没有像西欧国家如德、法那样激烈的阶级对立，因此，工人运动和共产党的社会影响比西欧小得多。在国内民族矛盾方面，加拿大也没有如美国黑人问题那样尖锐和突出的问题。早期殖民者与土著人的矛盾也比美国缓和，甚至魁北克争取独立的行动基本上也采用合法的方式，远比英国的北爱尔兰温和。温和、妥协甚至保守、重视秩序与和平，似乎成为加拿大的民族特点。保留英王作为国家的最高权力象征，同美国的务实关系，以及在国际维和、扶贫济困方面的表现都反映出这一点。二是发展得益于得天独厚的地理位置和丰富的自然资源。这一点并不是抹杀加拿大人的政治智慧和艰苦奋斗精神。加拿大本土没有受到两次世界大战的破坏，相反却在战争中发展了现代工业的基础。加拿大国土东、西、北三面有大洋作为天然屏障，南面与美国的边界也不设防，没有沉重的军事负担和国防开支。充足的能源储备和淡水资源，丰富的矿藏和肥沃的大平原小麦产区，为经济发展和人民生活提供了雄厚的物质基础。这些物质条件不是其他欧、亚、非和拉美国家所能比拟的。

# 第六节　历史人物

## 一　若干历史名人

**里埃尔（Louis Riel，1844－1885）** 梅蒂人首领、红河起义和西北起义的领导人。年轻时学习神学和法律，曾在美国芝加哥等地工作。1869年，联邦政府同哈得孙公司就购买鲁珀特封地和西北地区达成协议，开始接管这些地区。但红河地区的接管工作受到当地梅蒂人的抵制和反抗，冲突持续了数月，导致加拿大军队和骑警队30多人死亡。里埃尔领导梅蒂人占领了驻在加里堡（今温尼伯市）的哈得孙公司据点，组成临时政府。联邦政府与以里埃尔为首的梅蒂人经过谈判，达成了后来称为《马尼托巴法案》的协议，成立了加拿大第五个省——马尼托巴省。协议的主要内容有：红河地区享受省级待遇；在联邦参议院有2名代表，在众议院有4名代表；尊重当地人原有的财产、权利、风俗习惯；5年内不在该地征收任何直接税；每年补助该省8万加元；等等。梅蒂人的生活暂时得到安置。但不久后随着铁路的修建，白人移民大量涌入，铁路公司重新登记、分配土地，梅蒂人的权利又受到侵害。他们在多次向政府请愿无效后，请回已定居在美国的里埃尔为领袖，于1885年再次发动起义。参加这次起义的除梅蒂人外，还有印第安人和少数白人。联邦政府先后调集5000人的军队很快击败起义部队，里埃尔被俘。在审判期间，里埃尔的律师试图以精神不正常为其辩护，但遭到里埃尔的拒绝。尽管有来自公众尤其是魁北克法裔的激烈反对，法庭最终以"向女王陛下发动战争"罪判处里埃尔绞刑。里埃尔之死在加拿大引起了强烈反响。法裔指责联邦政府不顾法裔利益，在英裔、法裔之间制造矛盾，法裔把里埃尔视为民族英雄。

**伊顿（Timothy Eaton，1834－1907）** 加拿大最大的私营百货公司蒂莫西·伊顿百货公司的创始人。生于爱尔兰，1854 年随两个哥哥移民加拿大的安大略，以经商为生。1869 年，他在多伦多独立开业，在加拿大最先实行现金交易和固定价格。19 世纪 80 年代后期，伊顿商店实行下午6 时下班和夏天星期六下午休息半天的制度，还改善商店照明和通风设备，关心职工。由于其使用统一的价格目录、经营规范，提供顾客满意服务，故商誉卓著。伊顿连锁店不仅很快遍布加拿大各地，为边远地区开办邮购业务，而且发展到国外。至 1907 年伊顿逝世时，伊顿公司在各地的商店已有员工 9000 多人。1916 年，伊顿公司成立产品研究部，是全国唯一有研究机构的零售公司。目前伊顿公司是北美最大的百货公司之一，总部设在多伦多，历任公司总裁均是伊顿家族成员。

**贝尔（Alexander Graham Bell，1847－1922）** 贝尔公司的创建人。生于苏格兰，23 岁时随父母移民安大略，同父亲一起做聋人的语言医生，对声音有特殊的敏感，曾发明麦克风。1874～1876 年发明电话，并以此专利创立了贝尔电话公司。贝尔还从事光电管、人工呼吸器、海水淡化器、留声机等项目研究。1907 年，贝尔与人合伙成立航空实验协会，开始了飞机的研制工作。1909 年 2 月 23 日，贝尔等人制造的加拿大第一架飞机"银箭号"试飞成功，开创了加拿大飞行史的先河。此后，贝尔还研究过水翼艇，1919 年制造的水翼艇达到每小时 114 公里的世界纪录，现在这艘水翼艇和贝尔的其他发明纪念物珍藏在加拿大巴法克历史博物馆中。贝尔在 19～20 世纪世界发明家中的名声仅次于美国的 T. A. 爱迪生。

**麦克费尔（A. C. Macphail，1890－1954）** 加拿大著名的女社会活动家，平民合作联盟创始人之一。她原是乡村教师，由参加农民合作运动和农民联合会等逐步进入政界，成为女权运动的早期领导人。她支持妇女争取选举权，在 1921 年加拿大妇女首次参加的全国性大选中当选为议员，成为加拿大历史上第一位进入联邦议会的女士，并在此岗位上任职至

1940 年。此后，她还当选过安大略省议员。麦克费尔还是加拿大驻国际联盟代表团的成员、裁军委员会的成员。作为女社会活动家，麦克费尔的政治活动有自己的特点，她关心妇女与和平问题，反对加拿大参加第二次世界大战，负责过男女同工同酬立法的起草工作，支持社会改革运动，如妇女福利、监狱改革等。她因对加拿大社会的杰出贡献，1954 年被任命为联邦参议员，但任命决定尚未宣布便不幸逝世。

**勒萨日（Jean Lesage，1912－1980）** 魁北克政治家、魁北克"平静革命之父"。像加拿大许多政治家一样，他由律师进入政界。1958 年，他任魁北克自由党领袖，通过实行大胆的党内改革、吸收优秀人才入党改造了该省的自由党。1960 年，他在省议会选举中获胜，出任魁北克省总理，在该省开始了 6 年之久的政治、经济、文化、社会生活等方面的深层次改革。其中最大的变化是使天主教活动世俗化，教会失去了对社会尤其是思想意识的影响。此前，天主教控制着魁北克政界，社会上层思想保守、腐败成风，社会经济停留在农业社会阶段，与加拿大英语地区的现代化发展形成鲜明对比。正是他领导的"平静革命"，使魁北克新兴的中产阶级迅速崛起，加快了该省工业化的步伐。勒萨日为该省创立教育部、文化部，使全民教育水平有了很大提高，同时使法裔民族意识增长，为 20 世纪 70 年代的民族主义运动奠定了基础。虽然勒萨日任省总理只有 6 年，但此后历届政府都延续其政治目标，"平静革命"成为魁北克走向现代化的转折点。勒萨日 1966 年卸任后仍被推举为魁北克自由党领袖，直至 1970 年退休。

**白求恩（Norman Bethune，1890－1939）** 医生，国际主义战士，生于加拿大安大略省北部小镇格雷文赫斯特，其家族是 18 世纪来自苏格兰的移民，素有行医、传教与教育传统和敬业献身精神。白求恩获多伦多大学医学博士学位后，曾在英国伦敦的医院实习，后在美国的底特律开设私人诊所。40 多岁时，白求恩就是北美乃至世界的著名胸外科专家，担任美国胸外科学会理事、加拿大联邦政府和若干省政府的卫生部顾问。1935 年夏，他赴苏联参加学术会议，并进行了两个月的社会考察。同年 9 月，他加入加拿大共产党，从此走上了由治病救人到社会改造的道路。1936

年 11 月，白求恩率领一个医疗队奔赴西班牙反法西斯前线，极大地降低
了伤员的死亡率。1937 年 6 月，白求恩回国后号召民众参加反法西斯战
争，并主动向纽约的国际援华委员会提出到中国参加抗日战争的要求。
1938 年 11 月，白求恩率一个三人的医疗队携带新购买的大批医疗器材来
到中国。他谢绝了中国国民党政府的挽留，坚决要求到中国共产党领导的
抗日敌后根据地工作。在晋察冀抗日根据地，他为八路军在争取国际援
助、改善战地医疗状况、培训医疗人员、救治伤员等方面都进行了卓有成
效的工作。他因在一次手术中感染病毒，不幸于 1939 年 11 月 12 日逝世
于河北省唐县。1940 年，白求恩创建的模范医院被命名为白求恩国际和
平医院（该院后来成为中国人民解放军白求恩国际和平医院）。毛泽东为
此写了《纪念白求恩》一文，号召中国人民向白求恩精益求精的敬业精
神、无私的国际主义精神学习。

　　白求恩成为中加友谊的象征，20 世纪 80 年代，中加两国合作拍摄了
故事片《白求恩：一个英雄的成长》。1973 年，加拿大政府购买了白求恩
在格雷文赫斯特的故居，作为白求恩纪念馆，1976 年向社会开放。

　　**文幼章（1898 – 1993）**　加拿大著名社会活动家。其父亲在中国传教，
文幼章出生在中国四川乐山，童年在中国乡村度过，能讲流利的汉语。11
岁随父返回加拿大，在多伦多大学毕业后，被加拿大联合教会授予牧师职
位，1925 年返回中国四川传教。在传教的同时，文幼章在教会中学教英
文，编写了大量英语教学普及读物。中国抗日战争时期，文幼章一度迷信
蒋介石，出任国民党政府"新生活运动"顾问和中央军教官。但国民党
的专制和腐败使他失望，1945 年他在重庆结识了中共领导人周恩来，开
始了同中国共产党近半个世纪的友谊。1946 年他辞去联合教会牧师职位，
在上海创办《上海时事通讯》，向世界报道中国的情况，呼吁西方国家不
要支持国民党打内战。在中国人民解放战争爆发后，文幼章听从共产党朋
友的建议，回到加拿大为中国人民的革命做宣传，创办了《加拿大远东
时事通讯》，侧重报道中国的情况。文幼章还是加拿大和平运动的创始人
之一，1949 年被选为加拿大和平大会主席，1957 年任世界和平理事会执
委会理事，后为副主席，并一直担任国际和平学会第一会长。1965 年，

他获得世界和平理事会最高荣誉——居里金质奖章，成为宣传世界和平的"牧师"。1983 年，多伦多约克大学授予文幼章汉学博士学位。文幼章将中国视为第二故乡，先后 11 次来到中国，是继白求恩之后赢得中国人民敬爱的又一位加拿大友人。1993 年夏，中国政府授予他"人民友谊使者奖章"。文幼章逝世后，他的家人按照其遗嘱，将他的骨灰安葬在四川他出生的地方。

**波拉尼（John Charles Polanyi，1929 –　）** 多伦多大学教授，加拿大著名化学家，1986 年诺贝尔化学奖获得者。波拉尼生于德国柏林，1934 年随其科学家和哲学家的父亲移居英国曼彻斯特，获博士学位后，在加拿大国家研究委员会和美国普林斯顿大学做博士后研究工作。1956年他任多伦多大学讲师，1958 年他对新形成分子的红外辐射发散的研究导致对化学转化本质的更深刻的认识，1962 年升任多伦多大学化学系教授。他对化学反应动力学研究和对国家科学政策、世界核裁军的观点受到社会关注和赞誉。1986 年，波拉尼因对红外化学发光研究的卓越成就获得了诺贝尔化学奖。

**特里·福克斯（Terry Fox，1958 – 1981）** 1958 年出身于马尼托巴省温尼伯市的一个普通家庭。他热爱长跑和马拉松运动，1976 年进入西蒙弗雷泽大学，学习人体运动学，想当一名体育教师。1977 年，他被诊断出骨癌并在右膝上方做了截肢手术，医生告诉他存活的机会只有 50%。但化疗还没结束，他就积极进行锻炼，很快学会了轮椅篮球，与队友一起参加全国冠军赛并获得三项冠军，他个人被北美轮椅篮球协会评为全能优秀球员。

1980 年 4 月 12 日，特里开始了他准备已久的"希望马拉松"计划，从纽芬兰省大西洋岸边开始，跑到不列颠哥伦比亚省太平洋岸边，以横贯全国的长跑为癌症病人筹款。长跑中，假肢常把右腿磨出鲜血，左腿也因负担过重而肿痛，但他坚持每天跑，无论风雨酷暑，还在沿途讲述自己和其他癌症病人的故事。开始加拿大人并没有注意到他的慈善活动，但逐渐地，人们被他的意志和勇气所感动，捐款源源不断。因癌细胞迅速扩散到他的肺部，1980 年 9 月 1 日，他不得不中断计划到医院治疗。至此，他跑了 143 天，行程 5300 多公里，中间仅休息了一天，平均每天 37 公里，换了 8 双鞋和 9 条假肢，获得 2400 万加元善款。在最后的治疗期间，他仍参加慈善活动，募集了几百万加元。1981 年 6 月 28 日，年仅 22 岁的特里去世。他的弟弟用特里募集的款项成立了"特里·福克斯基金会"，帮助癌症患者，资助癌症研究。特里用自己短暂的生命，鼓舞了癌症患者，激励着每一个与命运抗争的人。

加拿大全国各地每年 9 月都举行"希望马拉松"长跑活动，纪念特里，为癌症研究筹款。这项活动逐渐扩展到世界各地，成为全世界最大的癌症募捐活动。每年 9 月的第二个周末，有 50 多个国家的无数人参与这项活动，延续特里没有完成的计划。1998 年，加拿大政府在国会山为特里竖立了一座青铜塑像；加拿大有很多学校和街道以特里·福克斯命名；2004 年在加拿大广播公司举办的"最伟大的加拿大人"评选中，特里排名第二。2005 年，加拿大发行特里·福克斯纪念币，面值 1 加元。

## 二 部分总理

**麦克唐纳（Sir John Alexander Macdonald，1815 – 1891）** 加拿大联邦第一任总理。麦克唐纳出生于英国苏格兰的格拉斯哥，5 岁随父母移民加拿大金斯敦。父亲是商人，经商屡次失败后在银行当职员。麦克唐纳年轻时接受律师培训，未满 20 岁就开办了律师事务所。他 1843 年当选为金斯敦市议员，1844 年成为加拿大省议员，1854 年参与创建自由—保守党，1857 年任加拿大省总理。1864 年，他领导统一各殖民地的联邦运动，制定《英属北美法案》。1867 年 7 月 1 日，他出任联邦政府首任总理，其主要任务是巩固和发展年轻的联邦，通过修建太平洋铁路连接原有的大干线铁路，将加拿大从太平洋到大西洋之间的各个殖民地联系起来，并从政治上联合起来。1873 年在野党指责麦克唐纳接受了太平洋铁路公司提供的竞选经费，与之签订修建这条铁路的重大合同。麦克唐纳政府被迫集体辞职，太平洋铁路计划因此停顿了 5 年。但麦克唐纳于 1878～1891 年再度出任总理，在他的不懈努力下，太平洋铁路终于完工，对西部移民、全国的政治稳定和经济繁荣起到推动作用。1891 年，76 岁的麦克唐纳雄心勃勃，力争在大选中卫冕总理职务，连续竞选的疲劳使他病倒，他虽然获胜，但在两个月后不幸逝世。麦克唐纳在总理任期内努力维持与英国的传统关系，鼓励英国人移民，反对美国的经济和文化渗透，承认法裔在加拿大的特殊地位，对联邦的统一做出了很大贡献，并对加拿大未来的发展有深远的影响。因此，麦克唐纳享有"加拿大国父"之称。

**劳里埃（Sir Wilfrid Laurier，1841－1919）** 加拿大第一位法裔总理。劳里埃生于魁北克省的一个乡村，父亲是土地测量员。劳里埃在麦吉尔大学获法学学位后在蒙特利尔做律师。他 30 岁时加入自由党，被选为魁北克省议员，1874 年成为联邦众议员。他思维敏捷、词锋犀利，在议会辩论中的胆识和灵活得到同事的认可。1877 年，他担任自由党领袖，并在 1896 年大选中获胜，成为加拿大第一位法裔总理。在任期间，他以灵活务实的态度，妥善处理各种关系，维护了国家统一和民族团结，在发展工业经济的同时，开发西部草原和提高运输系统的效率。他就任总理的 1896～1911 年成为加拿大历史上经济发展的黄金时期。1905 年，在他的推动下，建立了阿尔伯塔省和萨斯卡彻温省，并使它们成为加拿大的现代农业基地，最终使加拿大成为世界小麦出口大国。在对外关系上，他维护国家利益，维护与英国的传统关系，并较好地协调了与美国的关系。1910 年，他因提出创建加拿大海军方案，遭到亲英分子和法裔民族主义者的共同反对。法裔尤其对政府关于在西部各省可以自主选择和建立教会学校的规定不满，认为劳里埃背叛了天主教的利益。在 1911 年大选中失败后，他仍担任自由党主席职务，并于 1917 年再度参加竞选，但因党内分裂而失利。1919 年，劳里埃病逝于渥太华。

**迪芬贝克（John George Diefenbaker，1895－1979）** 加拿大第 13 任总理。早年就读于萨斯卡彻温大学，一战前是艾伯特王子城的著名律师。曾竞选艾伯特王子城议会议员、萨斯卡彻温省议会议员和艾伯特王子市市长，均未成功。但他从政决心不变，鼓励其追随者坚信他能成功。1940 年，他进入联邦众议院，并以雄辩的口才而著称。1956 年，他接任保守党领袖，1957 年在大选中击败自由党出任政府总理。迪芬贝克执政时期的许多政策延续至今，如实行农业改革和向中国出售小麦，使西部农业获得发展良机；通过了《加拿大人权法案》，使公民权利有所保障；在"社会主义"旗帜下进行了一些社会和经济改革。他的弱点是对某些个人和团体的感情因素过重，难以顾及国家整体利益和国际关系。1962 年国内外重大事件接连发生，如加拿大货币贬值、对美国在加拿大部署核弹头导弹一事犹豫不决而影响了加美关系，使内阁发生分歧。1962 年，自由党在大选中获胜组阁。迪芬贝克下野后仍担任保守党领袖，直至 1967 年辞职。此后他仍热衷于政治，并于 1979 年第 13 次进入联邦议会。同年逝世于渥太华，葬于萨斯卡通市。

**皮尔逊**（Lester Bowles Pearson，1897－1972）著名的国务活动家、外交家。1919 年获多伦多大学学位，后在该校讲授历史，他同时担任网球和足球教练。因其敏锐的观察力受到外交部的重视，1942 年他作为加拿大使节被派往华盛顿，1945 年担任驻美大使，参加联合国成立大会。1946 年他任外交部副部长，1948 年任外交部部长，并进入联邦众议院。他因对调解 1956 年苏伊士运河危机做出贡献，获 1957 年诺贝尔和平奖。自由党在 1956 年大选失败后四分五裂，他开始了该党的重建工作，至 1962 年大选时，自由党在联邦议会中的席位由 49 个增至 100 个。1963 年，自由党以微弱优势在大选中获胜，皮尔逊出任政府总理。他任职期间，政府制订了津贴计划、建立了大学医疗保险系统等。从总理职位上退休后，他为世界银行提供国际援助计划并撰写回忆录。1972 年，皮尔逊因癌症逝世。

**特鲁多**（Pierre Elliott Trudeau，1919－2000）加拿大多届政府总理。生于蒙特利尔，先后获蒙特利尔大学学士学位和哈佛大学硕士学位，主修法律、政治经济学。特鲁多以其很强的挑战精神、求新求变的个性，显示其政治家的特点。20 世纪 60 年代特鲁多在蒙特利尔大学任法学教授期间，批评当时魁北克省的民族主义倾向，反对其要求独立的主张，并呼吁建立一个英语区和法语区完全平等的加拿大联邦体制。他于 1965 年加入自由党并入选联邦议会。1967 年，他任司法部部长，任职期间进行了一系列改革，如修改离婚法，放宽对堕胎、同性恋和公共彩票的限制；维护联邦政府的权威，反对魁北克的独立要求。1968 年特鲁多在大选中成为第 15 届政府总理，在其后的多次大选中，领导自由党连续获胜，成为继麦肯齐·金和麦克唐纳之后任期最长的政府总理。执政期间，加拿大发生"十月危机"，特鲁多政府迅速做出反应，制定了《战时措施条例》，对极端民族主义分子持强硬立场。他还颁布了有深远意义的《官方语言条例》，规定英、法语同为加拿大官方语言，因此遭到不少英裔人士的反对。特鲁多在外交上力图摆脱对美国的过分依赖，力求发展同西欧、日本和第三世界的友好关系，扩大加拿大在世界上的作用和影响，这一外交政策被称为"第三选择"。1970年10月10日，中加两国正式建立外交关系，这是特鲁多政府独立外交政策的一大成功。在当时冷战的背景下，敢于在美国之前与中国建立外交关系，是加拿大外交史上值得骄傲的一页。周恩来总理曾亲切地称特鲁多为"中国人民的老朋友"。他为促进中加两国人民的相互了解和两国关系正常化做出了可贵的贡献。1979年11月，特鲁多宣布辞去自由党领袖职务并退出政界，但3个月后又在同僚的劝说下参加大选并获胜，重新担任总理。在这届政府任内，加拿大通过了《1982年宪法法案》，增添了保护少数民族语言和教育权及个人权利的条款，为国家统一和社会稳定做出了贡献。但居高不下的通货膨胀率、失业率和财政赤字，以及与西部地区在能源问题上的分歧，与美国关系的曲折，长期困扰着特鲁多政府。在对外事务方面，他提倡南北对话、东西对话，主张削减核武器、缓和冷战局面，这使其获得了爱因斯坦和平奖。但其政府容许美国试验巡航导弹的做法，引起了全国和平主义者的抗议。值得一提的是，他支持妇女从政，扩大了妇女从政范围。加拿大历史上第一位参议院女议长（M. M. Fergusson）、第一位众议院女议长（J. Sauv）和第一位女总督（J. Sauv），都出现在其两届总理任内。1981年以后，加拿大舆论一直对自由党持对立态度。1984年特鲁多辞职，2000年9月28日逝世。

**马尔罗尼（Martin Brian Mulroney，1939 –  ）**律师和国务活动家。他先后就读于圣弗朗西斯大学和拉瓦尔大学，获文学学士和法学学士学位。1964～1967年，他在蒙特利尔一家著名律师事务所任律师，成为劳资谈判方面的专家。1976年，他转入实业界，先后任加拿大铁矿公司副总裁、总裁，直至1983年辞职当选为进步保守党领袖，成为该党第一位来自魁北克的领导人，并于同年8月被补选为联邦众议员。1984年大选中，他以压倒优势击败特纳总理的自由党，就任总理。1988年大选中他再次获胜，连任总理。他对内主张发展经济，努力吸引本国和外国资本，倡导民族和解，主张协商解决国内问题；对外强调履行对北约的义务，改善同美国的关系，发展外贸，缓和东西方关系。他于 1979 年 3 月和 1986 年 5 月两次访问中国，重视发展与中国的关系。他著有《我的立场》一书。1987 年 10 月，他代表加拿大同美国签订《加美自由贸易协定》。1987 年，他签署《米奇湖协议》，但在规定的时间内未获纽芬兰和马尼托巴两省议会批准，1992 年 8 月达成的《夏洛特敦协议》在其后的全民公决中被否定，他一直积极推进的修宪工程也以失败告终。1993 年 2 月，马尔罗尼辞去总理和保守党领袖的职务。

**坎贝尔（Kim Campbell，1947 –    ）** 加拿大第一位女总理，实际任职时间不足 5 个月。她 1970 年获不列颠哥伦比亚大学政治学学位，1972 年在该校教授政治学并研究法学。她 1983 年获律师资格，在温哥华一家著名律师事务所任律师，一年后，任不列颠哥伦比亚省总理办公室主任。1988 年，她当选为联邦保守党众议员，并很快成为联邦第一位女司法部部长兼总监察长。她任职期间曾因重新给堕胎定罪，受到妇女团体的抨击。1993 年初，她被任命为国防部部长，同年接替马尔罗尼任保守党领袖并担任总理，成为加拿大历史上第一位女总理。在其总理任内，加拿大通过了加强枪支控制管理和加大对性骚扰惩罚力度的法律。由于民众对保守党连续 9 年执政已感厌烦，加之坎贝尔和党内一些领导人的某些失误，保守党在 1993 年的大选中遭受失败，她本人也没能进入议会。

**克雷蒂安（Joseph Jean Chretien，1934 –    ）** 加拿大唯一连任三届的总理。克雷蒂安出身于魁北克省沙维尼根的一个普通工人家庭，早年就读于拉瓦尔大学法律专业，1958 年获律师资格，与人合伙开办律师事务所，并成为三河市律师界的负责人。丰富的法律专业知识和律师的经历，使他思维缜密、口才雄辩，为他的从政生涯打下了坚实基础。1963 年，克雷蒂安首次被选为众议员，1966 年任财政部部长，1967 年任内政部部长，1968～1974 年任印第安人事务和北方发展部部长，1974 年任财政委员会主席，1976 年任工业、贸易和商业部部长，1977～1979 年再度任财政部部长，1980 年任司法部部长、检察总长和社会发展部部长，1982 年任能源、矿产和资源部部长，1984 年任副总理兼外交部部长。1986～1990 年，他辞去所有公职，任法律和投资公司顾问。1990 年 6 月，他重入政界，被选为自由党主席，也是众议院反对党的领袖。1993 年 10 月，自由党战胜保守党赢得大选胜利，11 月他就任加拿大第 21 届政府总理。此后，随着自由党在大选中连胜，他在总理职位上任职达 10 年之久，是加拿大历史上唯一连任三届的政府总理，被称为加拿大政坛的"常青树"和"不倒翁"。克雷蒂安能够长期执政，与其此前曾负责政府各主要部门及工作经验丰富有关，也与其个人品质有关。人们普遍认为，克雷蒂安谦虚、谨慎、踏实、直爽，作风民主，爱国心强，廉洁自律。他从政 40 年，从未与任何丑闻牵连，这在西方政治家中是罕见的。克雷蒂安首任总理时，加拿大政府正处于财政危机中，他通过压缩政府开支和提高税收，消除了长期存在的财政赤字，使加拿大经济持续平稳发展，失业率保持在较低水平。克雷蒂安是法裔，对法国和家乡魁北克充满感情，但他坚决反对分裂国家的魁北克独立活动。1995 年在魁北克省就独立问题举行全民公决之前，他多次在电视和各种场合向魁北克人呼吁投反对票，公决结果以微弱的优势避免了加拿大的分裂。克雷蒂安在外交方面的表现极有个性，不是一味追随美国。2002 年 9 月，他表示在取得伊拉克制造和储存大规模杀伤性武器的可靠证据以前，加拿大不会支持美国对伊动武。2003 年 2 月，他又强调对伊动武一定要有联合国授权，并说："我再次向布什总统重申，加拿大只会在联合国的同意下出兵参战。"他继承了加拿大援助贫困国家的传统。从 2003 年 1 月 1 日起，加拿大对最不发达国家的进口产品取消关税和配额。克雷蒂安对中国友好，他多次高度评价特鲁多总理在 20 世纪 70 年代与中国进行粮食贸易和首先建立外交关系的政绩，并表示要继续开拓两国关系的新局面。2001 年 2 月，他率政府官员、企业家和学者组成的庞大代表团访华，与中国各界进行了广泛的交流，签订了近 200 项商业合同和合作协议，总值达 53 亿美元。2002 年 12 月 28 日，他和夫人前往中国驻加使馆，向中国人民祝贺新年，这对加拿大总理而言是前所未有的。克雷蒂安任职内曾四次访华。

**保罗·马丁（Paul Martin，1938－ ）** 1938 年 8 月 28 日出身于安大

略省温莎市的一个政治世家。他的父亲保罗·约瑟夫·詹姆斯·马丁是个自由党议员，曾任自由党金、圣劳伦特、皮尔逊、特鲁多4位总理的内阁重臣。马丁的母亲伊莲娜·亚丹斯是一名药剂师。1946年，他们举家迁往渥太华。马丁在多伦多大学获得文学学士和法学硕士学位。他做过加拿大电力公司总裁助理、公司执行官，加拿大轮船公司董事长兼执行官，这些经历锻炼了他的经济才干。

1988年，马丁当选加拿大联邦众议员，1989～1993年先后任自由党城市和住房事务、环境事务发言人和财政事务副发言人。1990年，马丁与克雷蒂安竞争自由党领袖失利，但他在1993年自由党执政后，出任财政部部长并连任至2002年，其间曾兼任魁北克地区发展部部长。在马丁担任财长期间，加拿大不仅是G8国家中经济增长率最高的，而且是唯一在贸易和预算上实现双盈余的国家。他被称为加拿大历史上最好的财长。

2003年11月，马丁当选自由党领袖，同年12月接任加拿大总理，2004年6月连任总理。马丁在担任财长期间曾两次访华，就任总理后致力于发展加中友好关系。2005年1月20日，马丁访问中国，他希望与中方建立一种长期互利的合作关系，在投资、能源、旅游等领域加强合作。访问期间，中加两国发表了《中加联合声明》《中加战略工作组共同文件》《二十一世纪能源合作声明》，签署了文化、资源、能源、农业科研等领域合作的10个文件。

马丁在国际事务中奉行独立自主原则，他谴责美国发动伊拉克战争，抨击美国拒绝在旨在控制温室气体排放的《京都议定书》上签字以及对加拿大出口美国的木材征收惩罚性关税。

2005年2月，一家政府基金因在1997年对魁北克的赞助项目中出现数额上亿加元的舞弊行为被检举，时任财长马丁被认为负有不可推卸的责任。2005年11月28日，加拿大众议院通过了反对党保守党提出的对政府不信任案，以马丁为总理的自由党政府被迫下台。

马丁和夫人希拉有3个孩子。他爱好阅读、户外活动和网球。

**史蒂芬·哈珀（Stephen Harper，1959 – ）** 1959年4月30日生于加拿大安大略省多伦多市，在阿尔伯塔省卡尔加里大学完成了经济学的本科和硕士学业。1985 年，他担任卡尔加里市西区一位保守党众议员的助理，由此开始了其从政生涯。1993 年，哈珀作为卡尔加里市西区改革党候选人当选为众议院议员，1997 年他离开议会，先后担任加拿大最大的非政府、无党派、信奉自由价值的组织——全国公民联盟的副主席、主席。2002 年，哈珀成为加拿大人联盟领导人。

2003 年，哈珀率加拿大人联盟与进步保守党合并重组为加拿大保守党，并成为这个新党的领袖。在 2004 年联邦选举中，哈珀率保守党获得众议院 308 个席位中的 99 席，尤其在安大略省有了重要的突破，确立了该党为加拿大最大反对党的地位。

2006 年 1 月，保守党在联邦大选中获胜。2 月 6 日，哈珀成为加拿大第 22 位联邦总理，组成少数派政府。2006 年 6 月，哈珀在联邦议会就加拿大历史中向华人移民征收种族歧视性"人头税"一事，向加拿大华人正式道歉，还用广东话说"加拿大道歉"，并在加拿大的中文报纸上用中、英、法文刊登道歉广告。

2008 年大选中，加拿大人肯定哈珀为首的保守党政府的政绩，哈珀连任总理。2011 年 5 月，哈珀再度连任。在哈珀当政时期，加拿大政府降低劳动者家庭的所得税，减轻家长们托幼的负担，改革刑法的司法体制，充实加拿大武装力量，在一个动荡的世界经济中保持加拿大经济的竞争力。

哈珀与夫人劳伦有两个孩子，本杰明和雷切尔。

表 2－1　加拿大历届总理

| 历届总理姓名 | 党派 | 任职时间 |
| --- | --- | --- |
| 麦克唐纳（Macdonald，John Alexander） | 保守党 | 1867 年 7 月 1 日～1873 年 11 月 5 日 |
| 麦肯齐（Mackenzie，Alexander） | 自由党 | 1873 年 11 月 7 日～1878 年 10 月 8 日 |
| 麦克唐纳（二任总理） | 保守党 | 1878 年 10 月 17 日～1891 年 6 月 6 日 |
| 艾伯特（Abbott，John Josegh Caldwell） | 保守党 | 1891 年 6 月 16 日～1892 年 11 月 24 日 |
| 汤普森（Thompson，John Sparraw David） | 保守党 | 1892 年 12 月 5 日～1894 年 12 月 12 日 |
| 鲍厄尔（Bowell，Mackenzie） | 保守党 | 1894 年 12 月 21 日～1896 年 4 月 27 日 |
| 塔帕（Tupper，Charles） | 保守党 | 1896 年 5 月 1 日～1896 年 7 月 8 日 |
| 劳里埃（Laurier，Wilfrid） | 自由党 | 1896 年 7 月 11 日～1911 年 10 月 6 日 |

续表

| 历届总理姓名 | 党派 | 任职时间 |
|---|---|---|
| 博登（Bordon，Robert Laird） | 保守党 | 1911 年 10 月 10 日 ~ 1917 年 10 月 11 日 |
| 博登（二任总理） | 联合政府 | 1917 年 10 月 12 日 ~ 1920 年 7 月 9 日 |
| 米恩（Meighen，Arthur） | 联合政府 | 1920 年 7 月 10 日 ~ 1921 年 12 月 28 日 |
| 金（King，William Lyon Mackenzie） | 自由党 | 1921 年 12 月 29 日 ~ 1926 年 6 月 28 日 |
| 米恩（二任总理） | 保守党 | 1926 年 6 月 29 日 ~ 1926 年 9 月 24 日 |
| 金（二任总理） | 自由党 | 1926 年 9 月 25 日 ~ 1930 年 8 月 6 日 |
| 贝内特（Bennett，Richard Bedford） | 保守党 | 1930 年 8 月 7 日 ~ 1935 年 10 月 22 日 |
| 金（三任总理） | 自由党 | 1935 年 10 月 23 日 ~ 1948 年 11 月 14 日 |
| 圣劳伦特（Saint-Laurent，Louis Stephen） | 自由党 | 1948 年 11 月 15 日 ~ 1957 年 6 月 20 日 |
| 迪芬贝克（Diefenbaker，John George） | 保守党 | 1957 年 6 月 21 日 ~ 1963 年 4 月 21 日 |
| 皮尔逊（Pearson，Lester Bowles） | 自由党 | 1963 年 4 月 22 日 ~ 1968 年 4 月 19 日 |
| 特鲁多（Trudeau，Pierre Elliott） | 自由党 | 1968 年 4 月 20 日 ~ 1979 年 6 月 3 日 |
| 克拉克（Clark，Charles Josegh） | 保守党 | 1979 年 6 月 4 日 ~ 1980 年 3 月 2 日 |
| 特鲁多（二任总理） | 自由党 | 1980 年 3 月 3 日 ~ 1984 年 6 月 29 日 |
| 特纳（Turner，John Napier） | 自由党 | 1984 年 6 月 30 日 ~ 1984 年 9 月 16 日 |
| 马尔罗尼（Mulroney，Martin Brian） | 保守党 | 1984 年 9 月 17 日 ~ 1993 年 6 月 24 日 |
| 坎贝尔（Campbell，A Kim） | 保守党 | 1993 年 6 月 25 日 ~ 1993 年 11 月 3 日 |
| 克雷蒂安（Chretien，Joseph Jacques Jean） | 自由党 | 1993 年 11 月 4 日 ~ 1997 年 |
| 克雷蒂安（二任总理） | 自由党 | 1997 年 ~ 2000 年 11 月 |
| 克雷蒂安（三任总理） | 自由党 | 2000 年 12 月 ~ 2003 年 12 月 |
| 马丁（Martin，Paul Edgar Philippe） | 自由党 | 2003 年 12 月 12 日 ~ 2005 年 11 月 29 日 |
| 哈珀（Harper，Stephen） | 保守党 | 2006 年 2 月 6 日 ~ 2008 年 9 月 |
| 哈珀（二任总理） | 保守党 | 2008 年 10 月 30 日 ~ 2011 年 3 月 |
| 哈珀（三任总理） | 保守党 | 2011 年 5 月 ~ |

# 第三章

# 政　治

## 第一节　宪法

加拿大宪法规定了加拿大政治的基本原则。但从严格意义上讲，加拿大至今没有一部完整的宪法。目前的宪法是由各个时期通过的宪法法案所构成。其中包括 1867 年的《英属北美法案》和 1867～1975 年间通过的宪法修正案，以及《1982 年宪法法案》。《英属北美法案》也称旧宪法及其修正案，分 11 章 147 条。该法案确定了自治领的建立，规定了联邦政府与地方政府的权限，联邦议会与省议会的权限，行政、立法、司法机构的设置，以及中央政府和地方政府的立法权、行政权的划分等内容。旧宪法的原始文本保存在英国议会，修改权属于英国。在 1982 年以前，由于加拿大各省之间无法就修改宪法程序达成一致，一直沿用《英属北美法案》，国家立法权并没有完全独立。

1982 年 3 月 29 日，英国同意加拿大拥有立宪和修宪的权力。同年 4 月 17 日，英国女王伊丽莎白二世在渥太华出席加拿大收回宪法仪式，宣布加拿大在立法上脱离英国，并签署了《1982 年宪法法案》，即新宪法。确切地说，《1982 年宪法法案》不是一部新的、完整的宪法，只是在四个方面补充了旧宪法：规定了修改宪法的 4 项法律程序，而此前并没有修改宪法的程序；强调了宪法中的某些条款是联邦和省议会不能修改的；增加了公民基本权利和自由的条款；在自然资源方面给予省政府更多的权力。

新宪法分为七部分，共 60 条。第一部分（第 1～34 条）为加拿大人权利和自由宪章，规定加拿大公民享有宗教信仰自由、思想言论自由及结社集会自由；享有选举权和被选举权；有受法律保护，生命、财产和人身不受侵犯的权利；有选择用英语、法语或少数民族语言接受教育的权利。第二部分（第35条）为土著人的权利，承认印第安人、因纽特人和梅蒂人现有的一切权利。第三部分（第36条）为均衡地区差异，规定加拿大联邦政府及各省政府有义务为其公民提供平等竞争的机会，促进经济发展，改善加拿大公民的社会待遇。联邦政府有义务向落后省份发放"均衡"款项，使这些省公民的生活维持在一个合理的水平。第四部分（第37条）为宪法会议，规定由联邦总理和省总理定期召开宪法会议及会议的职责。第五部分（第38~49条）为宪法修正程序，规定对一般宪法条款的修正，须经联邦议会和7个省议会以及全国半数以上公民的同意。对重要条款，如涉及各省议员人数、使用英语或法语的权利等敏感问题，须联邦和各省议会的一致同意。第六部分（第50~51条）为对旧宪法有关"非再生资源、森林和电力"条款的修正和补充，规定各省对这些资源有绝对的所有权和使用权。第七部分（第52~60条）为总则，声明该宪法是加拿大的最高法，任何与此冲突的法律均属无效。

新宪法的宗旨是："为了和平、秩序和良好的政府。"

新宪法规定：加拿大是君主立宪制国家，从1764年英属殖民地时期开始，到联邦成立至今，一直尊英王为国家元首。但英王只是名义上的国家元首，其职能主要是礼仪性的，其职权由英王的代表总督代为行使。总督是加拿大最古老的政治职务，始于法属殖民地时期。从1608年尚普兰成为法国驻加拿大首任总督至今，已经历了近400年。加拿大重要的政治活动都要由总督批准，尽管这种批准只是形式上的，如联邦总理的任命、批准议会通过的法案、议会的开会和闭会、解散议会、举行选举等。总督职务在开始时由法国人和英国人担任，但1952年以来都是由加拿大人担任。总督人选根据联邦总理提名，由英王批准任命，任期5年。总督之下还有省督，作为英王在各省的代表。2014年，总督年薪27.06万加元。

现任加拿大总督戴维·约翰斯顿（David Johnston）是一位学者型政

治家，1941 年 6 月 28 日出生于安大略省，父亲是一家五金店店主。戴维·约翰斯顿曾在哈佛大学、剑桥大学和女王大学接受教育，先后任教于女王大学、多伦多大学和滑铁卢大学法学院，并担任西安大略大学法学院院长、麦吉尔大学校长、滑铁卢大学校长，2010 年由哈珀总理提名、英国女王批准，成为加拿大联邦政府成立以来的第 28 位总督。约翰斯顿总督与夫人莎伦·约翰斯顿是高中时的校友，莎伦是一位理疗和康复医师，热爱文学，写历史小说，他们婚后育有五个女儿。

## 第二节　国家机构

### 一　立法机关

**国家立法机关**　加拿大联邦议会为国家立法机关，也是最高立法机关，行使国家立法权，由总督和参、众两院组成。

联邦参议院以英国贵族院为模式，被称为"理性思考的议院"，是为保护人口少的省份和地区而设立的，它按地区代表制原则组成，现有 105 个席位，24 名来自沿海诸省（新斯科舍省和新不伦瑞克省各 10 名，爱德华王子岛省 4 名），24 名来自魁北克省，24 名来自安大略省，24 名来自西部各省（每个省 6 名），纽芬兰省 6 名，育空、西北和努纳瓦特地区各 1 名。参议院议长和议员均由总理提名，总督以女王的名义任命。2014 年，保守党在参议院占 56 席，自由党 32 席，独立派议员 6 人，11 个席位空缺。因此，保守党控制着参议院。

参议院没有众议院的权力大，因为它不能提出税收和财政方面的提案。除此之外，它有同众议院几乎同等的提出提案和立法的权力，并有权修正和否决众议院通过的提案。未经参议院同意，众议院通过的任何法案都不能成为法律。但在实际上，参议院的主要职能是审议政府议案，调查涉及公众利益的争议并进行辩论和提出议案。参议院复议众议院通过的议案时，即使修改，一般也仅属于文字上和技术性的修改。

参议员任职的基本条件是：年满 30 岁，属所代表的省或地区的居民，拥有价值 4000 加元未抵押的不动产和至少 4000 加元的净资产。长期以来，参议员无固定任期，实际任期是终身制，1965 年以后改为年满 75 岁退休。参议员享有一些特权，如有一定的会议补贴和免税消费限额；有免费邮寄的特权；可以免费乘坐火车二等车厢；等等。

在加拿大，对参议院改革的呼声始终没有间断，其中最主要的意见是被恩赐的职位在民主政治中应无权享受权威的地位，换句话说，要求参议员也应由选举产生。有的省提出，参议员的任命应由各省负责，代表其所在省的利益，但也有一些人批评这与联邦的原则相悖。根据《1982 年宪法法案》，参议院是否实行选举制，或参议员数量的增减，至少需经 7 个省议会的同意。1987 年初，联邦总理与 10 个省和地区的总理达成新的协议：改变参议院的各项制度，需经联邦议会和各省一致同意。可以看出，加拿大参议院改革的进程十分艰难。

众议院议员按各省和地区的人口比例由直接选举产生，但各省在众议院的席位不得少于该省参议员的数量。每 10 年一次的人口普查后，对各省在众议院的席位数和选区的划分做相应的调整。2011 年大选以后，全国分为 308 个选区，每个选区选一名代表进入众议院，因此目前众议院有 308 个席位。安大略省席位最多，有 106 席；育空、西北和努纳瓦特地区议员最少，各 1 人。其他各省的议员席位分配如下：阿尔伯塔省 28 席，不列颠哥伦比亚省 36 席，马尼托巴省 14 席，新不伦瑞克省 10 席，纽芬兰省 7 席，新斯科舍省 11 席，爱德华王子岛省 4 席，萨斯卡彻温省 14 席，魁北克省 75 席。各党所占席位如下：保守党 162 席，新民主党 98 席，自由党 37 席，魁北克集团 4 席，独立派议员 3 席，绿党 2 席，独立保守党 1 席。其中，女众议员有 76 位。

众议员每届任期 5 年。凡年满 18 岁的加拿大公民（罪犯、精神病患者及法官等不适合参加选举者除外），均有选举权和被选举权。如遇议员死亡、辞职或被免职等原因而出现席位空缺时，要进行补缺选举。议长从多数党议员中选举产生，由英裔和法裔议员轮流担任。众议院主要行使立法权和监督权。立法权包括审议各种议案和制定法律，其中财政议案只能由众议院提出。监督权即监督政府的权力，包括弹劾违法乱纪的官员等。

在大选中获众议院多数席位的政党为执政党，其领袖被总督任命为总理，并负责组阁。内阁中多数成员均从多数党议员中产生。内阁必须对众议院负责。众议院可以通过不信任投票迫使内阁辞职，其实际权力比参议院大。

议会讨论的议案来自政府部门或参议员、众议员的提议。一个提案要成为正式法律，须分别在众议院和参议院经过三次宣读、审议后通过。提案在众议院一读后不立刻进行辩论和表决，而是以书面形式分发给所有议员。提案二读时，一般由提案人做有关的介绍与解释，之后进行讨论和表决。如果提案获原则性通过，要授权议会有关的委员会根据讨论中提出的意见对提案进行修正。在该委员会审理期间，提案可以被取消，也可以辩论或表决。需要三读的提案要经过众议院的最后辩论和表决，通过后送交参议院。在参议院，提案还要经过类似的程序。参议院对提案的审读不是走形式，因为大多数参议员的党派立场或政治倾向可能会不同于众议员中的多数，因此提案还可能被修改甚至否决。经过两院分别三读并获通过的议案，还要经过总督或其代表批准。此后，经常是最高法院的法官代表英国王室批准。虽然总督及其代表对两院通过的提案向来是放行的，但批准仪式颇为隆重。英国王室批准仪式在参议院举行，先是总督或其代表在全体参议员面前的讲坛前就座，接着全体众议员在众议院议长的带领下由引领员引导入场，坐在参议员座位的后边，然后宣读该提案的名称，象征加拿大全体人民要求英国王室批准并同意遵守该项议案，此时总督或其代表点头表示同意。除该提案本身规定生效时间外，一般提案当即成为法律。按照程序，提案还要送交联邦政府签署，签署后的原件在参议院存档。

加拿大国会图书馆的一项关于历史上联邦两院议员职业背景的研究显示，律师职业的议员在两院议员中都名列第一，排名其后的职业是：农场主、商人、教师、医生、经理、教授、记者、作家等。

**地方立法机关** 各省和地区只设众议院。议员通过直接选举产生，任期4～5年。他们的职权是按宪法规定制定本省法律，修改本省宪法，审议各种议案等。但联邦议会对各省和地区的法律有否决权。

省和地区以下的地方议会是行政和立法合一的机关。议员产生办法与省和地区议员的产生办法相同，但任期一般为1～2年。主要职责是对当

地重要事项做出政策性决定，并责成下设委员会具体实施。

省督是总督在各省的代表，由联邦总理提名，负责签署省法令，出席各种仪式，会见总督。省督在每次议会工作期开始前宣读《王室公告》，实际内容是省政府对此次议会的议事日程和主要内容。省督的另一个作用是，当一项重要的省政府提案被省议会否决时，政府就要辞职，这时省督就要宣布解散省议会，进行新一届省议会选举。

## 二　行政机关

行政机关分国家行政机关和地方行政机关两部分。

**国家行政机关**　国家行政机关即联邦政府实行责任内阁制，内阁由总理和40名左右的内阁成员组成。阁员大部分是部长，其余必须是议员，而且通常是众议员。内阁成员和集体必须向议会尤其是向众议院负责。一旦失去众议院的信任（如政府的重要提案被众议院否决，或众议院对内阁提出不信任案），内阁必须提出辞职或要求总督解散议会，举行新的大选。如果内阁辞职，总督可批准由反对党领袖组阁。

总理是政府首脑，由总督任命，通常由众议院多数党领袖担任。总理的主要职权是组织内阁和确定内阁分工，主持内阁会议，提名参议院议长、参议员和各省省督人选，任命政府各部门高级官员和各级法院首席法官以及驻外使节等。自联邦政府成立以来，先后有21人担任加拿大总理，其中14人有律师经历。

联邦政府中设若干部，由部长分别主管相关部门的工作。这些部门主要有：财政部，外交、国际贸易和发展部，国防部，司法部，农业和农业食品部，自然资源部，工业部，交通部，印第安人事务和北方发展部，劳工部，公民和移民部，环境部，卫生部，加拿大遗产和官方语言部，公共工程和政府服务部，就业和社会发展部，渔业和海洋部，退役军人事务部，公共安全和紧急事件应对部，等等。部长均为内阁主要成员。一些部中设国务部长（Minister of State），协助部长分管某一领域的事务，如小企业、旅游、老年人、体育、民主改革、外交和领事、科技、西部经济发展等。目前有十几位国务部长，他们属于内阁中资历较浅的成员。有的部还设国务秘书（Secretary of State）分管某方面的工作，国务秘书不是内阁成员。加拿大的部长和国务部长中有不少女性。

内阁成员基本上由众议院多数党成员担任，他们必须执行联邦政府的政策，如果不赞成可提出辞职。内阁还设若干委员会，总理决定各委员会人选，委员会多由有关部的部长组成，其职责是研究和处理拟提交内阁批准的各项政策性议案。内阁主要事务是：拟定大部分议案尤其是财政方面的议案，制定并执行所有的行政政策，负责政府各部的日常工作，监督政策的执行情况。内阁向联邦议会负责，各部的部长代表所负责的部门答复议会提出的有关质询。加拿大的责任内阁制基本上承袭了英国相关的政治体制。

**地方行政机关**　省与地区政府是仅次于联邦政府的地方行政机构。全国有 13 个省、地区政府。省最高行政机关为省政府，首脑为省长或省总理，通常由该省议会多数党领袖担任，形式上也要由省督任命。他们的主要职责是组织省内阁、提名省内阁成员、主持省内阁会议、任命省政府各部门的高级官员等。省内阁成员的产生办法、省政府机构的设置和运作方式等与联邦内阁大致相同。

育空地区、西北地区和努纳瓦特地区为联邦政府直辖行政区，由联邦政府的印第安人和北方事务部直接领导。这些地区首席行政长官由联邦政府任命，职责与省长或省总理大致相同。地区设有行政委员会，协助行政长官领导地区政府。地区政府下设若干部门，分管各方面的工作。

省和地区以下的地方政府的设置由省和地区政府决定。城市一般设市、镇政府，农村地区设乡、村政府等。这些地方政府全国有 4000 多个，负责道路保养、防火、铲雪、污水处理等事宜。

加拿大的宪法只确认联邦和省级政府的法律地位，省以下的地方政府没有独立的权力，只能分享省政府所赋予的权力。

**联邦制**　加拿大在中央与地方的关系上采取的是联邦制。《英属北美法案》详细地划分了中央与地方的权限。该法案第 91 条列举了 29 项联邦政府的权力，主要有国防、外交、邮政、铸币、银行、刑法、商贸规则以及直接税收和间接税收等。法案第 92 条规定了各省的 16 项权力，主要有省内的税收、立法、教育、财产和民事权、公有土地和自然资源的管理等。除此之外，还有联邦和各省共管的事务，如移民和农业。

加拿大的联邦制借鉴了美国联邦制的模式，但有自己的特点。美国的联邦制形成于反对英国的独立战争。美国深恐摆脱了英国的专制统治后，又给自己戴上新的专制枷锁，所以非常注意限制中央政府的权力。加拿大自治领建立之时面临国家统一的艰巨任务，内部存在英裔、法裔之间的矛盾和来自美国兼并的威胁，需要有一个强有力的联邦政府来应付复杂的局面。加拿大"联邦之父们"认为，美国正是由于州权过大导致了内战和分裂，所以加拿大的联邦制强调中央政府的权力。实践证明，这是一个明智的选择。加拿大的联邦制平稳而顺利地完成了国家统一、民族独立和向现代化强国的转变等历史重任。加拿大在中央和各省的关系问题上时有矛盾甚至对立，协调这种关系始终是加拿大历届政府的重要议题。加拿大目前有增大省权的趋势。

## 三  司法机关与司法制度

**司法机关**  加拿大司法体系由各级法院、联邦司法部和人权委员会构成。加拿大实行司法独立，司法不受内阁或议会控制。联邦级法官由联邦政府提名，总督任命，非经众参两院同意和总督批准不得撤换。这些措施意在保证司法部门的独立，因为独立的司法是民主社会的重要标志。

加拿大法院系统有联邦法院、地方法院和军事法院。联邦法院体系由加拿大最高法院、联邦上诉法院、联邦法院和联邦行政法院组成。此外，还有加拿大税务法院。

加拿大最高法院是全国最高一级的上诉法院。它于1875年成立，有9名法官，均由总督任命，其中必须有3人来自魁北克省。最高法院的任何改革议案必须经联邦议会通过并经占全国半数人口以上的2/3省份的立法机构同意。最高法院的职责是审理联邦法院、省/地区上诉法院和军事上诉法院的各种重要的上诉案件，它的判决为终审判决。

加拿大联邦法院于1971年建立，主要职责是受理各种反对政府的案件，涉及联邦政府人员的案件，以及有关联邦征税法规、专利权、版权和海事法的案件。联邦法院总院设在渥太华，在各主要城市设有分院，常根据具体情况在各地开庭。

加拿大税务法院成立于1983年，有26名法官。它受理有关所得税、消费税、养老金和失业保险法等方面的民事案件，旨在解决国家税务部门与纳税人之间的争端，但不受理涉及其他税收法或偷税、抗税、骗税等刑事案件，这些案件归各省普通法院审理。税务法院在主要城市设有税务法庭，其裁决接受联邦法院的复审。该法院的首席法官或副首席法官必须来自魁北克省。

军事法院和军事上诉法院根据《国防条例》建立。法官由总督任命的联邦法院和省高级法院的法官担任。对军事法庭裁决不服，可以上诉到军事上诉法院，对军事上诉法院裁决不服，可以上诉到加拿大最高法院。

联邦司法部是一个法律机构，总部设在渥太华，各主要城市有其分支机构。司法部的主要职能是充当政府部门的律师，为其提供法律咨询，起草有关法律文件并在必要时代理出庭。各级政府部门都有司法部人员作为法律顾问，以保证政府行政与法律的一致性。另外，由于加拿大没有检察院，司法部还承担公诉人的职责。

加拿大人权委员会依据《加拿大权利法案》设立于1978年，负责该法案的实施，禁止在就业、教育及社会生活的其他领域存在的包括种族、国籍或民族、肤色、宗教、性别、年龄、婚姻、家庭、残疾、劳教等原因的歧视。该委员会由两名主任委员和3～6名委员组成，其任务是接受对上述歧视行为的投诉并进行有关调查。它提出的调查报告由司法部部长提交议会，会同有关机构处理。

地方级法院由省和地区立法机关批准建立，有省、地区法院，区县法院和初级法院。地方最高级法院又称省、地区上诉法院，其法官由联邦政府任命，其职责是审理重大案件以及受理下级法院转来的上诉案件等。上诉法院之下有省、地区最高法院，省、地区行政法庭和省、地区法庭。

区县法院法官由各省任命，主要审理一般的民事和刑事案件。除魁北克省外，各省均有这种法院。

初级法院主要审理青少年犯罪和较小的刑事、民事案件。

加拿大除阿尔伯塔省外，各省的刑事审判都有陪审团参加。审理刑事案件有 12 名陪审员参加，在育空地区和西北地区的陪审团为 6 名。现在民事案件的审理很少有陪审团参加。陪审员的挑选由各省负责，一般年龄在 18~69 岁之间，身心健康、没有犯罪记录的公民均可担任。某些职业的人（有时包括其家庭成员）可免除当陪审员的义务，如政治活动家、议员、律师、法官、警察、牧师、医生等。需要陪审员时，各地在符合条件的公民中随机挑选，经过法官简单的培训后，陪审员可宣誓就职。陪审员主要履行两项职责：一是根据所提供的证据确定事实；二是根据法律与事实进行判决。关键是陪审员不得因被告被控有罪，就想象他一定有罪。陪审员在审判结束前，要集中住宿，与外界隔离。由于全体陪审员意见一致判决才有效，又因大家对一些复杂案件的判断往往有分歧，所以陪审团很难迅速做出裁决，一个案件的审理一拖几个月也是有的。所以，当陪审员是一项费时、费力的苦差事，尤其是对工作繁忙的人来说，但这是公民的义务。由于陪审团费时、费力，所以对一些情况比较清楚的案件，辩控双方多采取"抗辩交易"，即辩方承认有罪，愿意接受对该罪最轻的惩罚；控方可省却冗长的诉讼过程，提高办案效率。这种交易虽有利于审判机关，但对罪犯一般都从轻判决，有时对受害方略有不利。"交易"是控辩双方的律师和法官依据事实和法律达成的。实际上大部分刑事案件都是这样审理的，用陪审团的是少数。

一些省还专设有家事法庭、青少年法庭和小额索赔法庭。家事法庭负责审理离婚、儿童监护、抚养义务、领养等案件，但通常不受理因离婚或与离婚有关的财产纠纷案，因为这类案件一般归民事法庭。青少年法庭审理 18 岁以下青少年犯罪案。小额索赔法庭处理涉及一定金额的民事案件，各省涉及这类案件的金额从 1000 加元到 10000 加元不等。很多省还有遗嘱验证法庭，由县级及以上法官主持，裁决有关遗产继承问题。

加拿大联邦政府有一项特殊的法定权力——皇家赦免权，即联邦政府有权赦免任何被判有罪的人。赦免分为无条件和有条件两种，无条件赦免的当事人被认为从未犯过被认定的罪行，有条件赦免的当事人可免于对所犯罪行的处罚。

**司法制度** 加拿大法律融合了习惯法和民法两种法律体系。习惯法源于英国的不成文法，用于除魁北克省以外的 9 个省和 3 个地区。民法源于古罗马法、日耳曼法，为欧洲大陆国家所接受。法国的民法随着新法兰西的建立而被应用于魁北克省。这块法属殖民地于 1763 年隶属英国后，法国的法律和习俗被保留下来，并允许用法语颁布法令。1774 年的《魁北克法案》更是重新恢复了原法属殖民地期间的法律，同时英国的刑法和刑事诉讼法在该地也得以实施。英国人一直没能在其殖民地建立起完整统一的法律体系，留给加拿大人的是英国法律和法国法律的混合体。这两种法律的简单区别在于：法国的法律强调理性、逻辑、演绎推理，文字形式法典化；英国的法律重视经验法则和归纳推理，尊崇习惯和以往的判例。当然加拿大存在的这两种法律在漫长的发展中互相借鉴和影响。

二战后，法律随着社会的发展也发生了很大变化。现在，加拿大刑法典中规定了各种刑事责任。联邦一级规定的违法行为有 2 万条，省市级规定的也有 2 万条。在魁北克省，仅 1965～1973 年新设定的犯罪条目就相当于之前一百年的总和。法律还随着社会的发展进行自身的调整，如妇女的政治权、经济权在法律明文规定中曾被长期被剥夺。19 世纪末，妇女的工资收入仍不属于其个人财产而属于其丈夫。直到 20 世纪 50 年代，多数省议会才认可男女同工同酬的权利。二战后大多数省份允许妇女参加陪审团，而魁北克省的妇女直到 1971 年才有这种权利。至于土著居民、梅蒂人和非白人移民受到的法律歧视就更多了。穷人由于请不起律师也长期得不到法律的保护，但这些问题在 20 世纪 70 年代以来逐步得到解决，现在所有省份都制定了反对种族歧视的法律。现行的《1982 年宪法法案》含有加拿大人的权利与自由宪章。此外，还有保护社会地位低的人的法案、劳动保护法规和保护消费者权益的法案，以及由政府资助的法律援助事务所专门为穷人提供律师服务。

在加拿大，对任何人的指控都要遵守严格的程序。在证明任何人有罪之前，必须认定其是无辜的，警察的任何调查取证不能侵犯公民的基本权利，如搜查私人住宅、窃听电话、化验体液（包括提取 DNA 样本）等，都需要事先得到法院的"取证令"。而警方为了申请得到授权，必须提供

足够的理由，说明非此不能获得所需的罪证，否则不会被授权，因为这涉及宪法赋予公民的基本权利。如果仅是怀疑或看上去"形迹可疑"，就想通过搜查来证明某人是否犯罪，是不容许的。如果取证程序不合法，根据"非法取证排除原则"，就是抓对了人也得放掉，而且警方将被指控为"非法取证"。因此，因取证程序问题而导致犯罪嫌疑人逃脱的事例很多，但加拿大仍坚持这一原则。

在加拿大，宪法保证包括财产权在内的基本人权神圣不可侵犯。如果警察在没有法院授权的情况下进入民宅，就是侵犯宪法。因此而漏掉一些罪犯是一种损失，但侵犯宪法的后果更严重。一旦公民认为其权利受到侵犯，有权向法院申诉，如果法院认定申诉合理，就可以依法得到补偿。被告的权利也要受到尊重，他有权选择律师为其辩护，有权及时获知被指控的具体罪名，有权在合理期限内得到公正、公开的审判等。在监狱里，也有囚犯的权利。加拿大对监狱的居住、卫生、饮食等方面的条件都有详细规定。囚犯指控狱警剥夺其权利的事时有发生。

加拿大政治制度和机构的建制原则是保证公民的自由和民主权利。公民选举制，联邦议会两院制，行政、立法和司法机构三权分立制，都是为了权力制衡、相互监督，防止个别领导人、个别政党或个别机关可能产生的专制和腐败。加拿大政治制度本身也在不断地改革、调整和完善中，其在加拿大历史发展中的积极作用是显而易见的。它调动了加拿大人的政治积极性，保证了政治平稳发展，促进了经济繁荣，提高了国家的国际地位。

加拿大政治制度中还有一项内容是全民公决，即以全体公民投票方式决定重大而有争议的政治问题。政府和民众都可以提议用这种方式解决某一政治问题，投票的结果可以成为立法和仲裁的依据，对政府决策有重要影响。历史上，联邦政府曾举行过两次全民公决，一次是在 1898 年为禁酒问题，另一次是在 1942 年为征兵问题。各省也曾举行过全省公决，如纽芬兰省就是在 1949 年依据全民公决的结果加入联邦的。1995 年魁北克省也是依据全民公决的结果被继续留在联邦内。全民公决无论是作为一种政治制度，还是仲裁手段，都体现了民主原则。实际上，全民公决的内容已经超出政治之外，任何一项重大经济或社会问题，如是否要建核电站或一座桥梁、是否容许堕胎或恢复死刑，凡引起重大争议的问题，都可以通过全民公决来解决。尽管从历史的眼光看，全民公决的结果并非都很明智，但却是大家都能接受的解决方式。另外，全民公决的结果随着时间的推移和民众观念的转变，也可以再次成为争论的热点和公决的对象。

## 第三节　政党和社会团体

加拿大的政党萌芽于英属殖民地期间的代议制、改革运动和责任政府期间的议会政治。但在自治领成立之前，各殖民地的各种政党都是地区性的。1867 年自治领成立后，保守党和自由党逐渐成为两大全国性政党，它们在历次大选中通常能获得 3/4 的选票，形成两党轮流执政的政治格局。但保守党在 1993 年 10 月 25 日的大选中，因在众议院仅获得 2 席，失去了作为议会政党存在的资格，魁北克人集团正式成为联邦政府的反对党。目前联邦政府的反对党是新民主党。地区性政党在各省地方议会选举中获得多数，就可以在本地区执政，推行自己的政策。地区性政党和全国性政党不是绝对的，而是互相转化的。地区性政党可以通过在一省或数省的执政扩大自己在全国的影响，而全国性政党也可能因政策失误沦为地区性政党，这一切取决于政治家们的审时度势和对民意的争取。加拿大政党很多，在此仅列举几个重要的政党。

### 一　自由党（Liberal Party）

自由党最初由英属殖民地议会的改革派组成。当时改革派针对议会软弱无权的状态，要求政府应当对议会负责，确立议会的最高权力地位。该党信奉英国的自由主义原则，反对政府干预经济，反对保守党政府的关税保护政策，并极力主张与美国进行自由贸易。联邦成立后的最初几年，自由党还无力同保守党抗衡，处于反对党的地位。1873 年，亚历山大·麦肯齐组建了加拿大首届自由党联邦政府，从此开始了两大政党轮流执政的历史。但在 5 年后，严重的经济危机和麦肯齐本人缺乏政治远见，使保守党重新上台。1896 年，自由党又在大选中获胜，劳里埃组成了第二届自由党联邦政府。劳里埃政府虽然在外交、商贸等领域调整了前保守党政府的政策，但在很多方面继续执行麦克唐纳的做法，这一务实政策为自由党在 20 世纪上半期的长期执政打下了基础。

自由党在 1958 年大选中遭受了前所未有的失败，在众议院仅得到 49 个席位。然而自由党在皮尔逊的领导下，利用迪芬贝克政府财政经济政策上的失误，迅速恢复了其全国性政党的地位，并取得了 1963 年大选的胜利。1968 年该党领袖特鲁多担任联邦总理后，占据这个职位 11 年之久，整个 70 年代被称为"特鲁多时代"。尽管特鲁多坚决反对魁北克的极端民族主义，但在他当政期间，法裔和魁北克的地位还是大大提高了。自由党政府与西部省份在税收、能源等问题上的矛盾和党内的分裂，使其在 1984 年的大选中又经历了前所未有的失败，仅获 40 个众议院席位。正当有人预言自由党将一蹶不振地退出政治舞台时，克雷蒂安出任该党领袖，为自由党重建和恢复执政党地位进行了艰苦的努力。1993 年大选中，自由党以 176 个席位获胜，克雷蒂安当选联邦总理。克雷蒂安政府上台后，执行削减政府开支和减少赤字计划，裁减政府部门工作人员，提高办事效率。为刺激国内消费和投资的增长，政府采取有力的金融调控措施，在 1995 年 5 月至 1999 年 11 月期间连续 19 次降低银行利息，国内市场被激活，成为经济的重要推力。克雷蒂安在 1997 年大选中蝉联总理，任期应到 2001 年。他利用国内经济连续几年景气、人们对自由党执政普遍满意的有利局面，宣布解散议会，提前于 2000 年底举行大选。自由党再次获胜，克雷蒂安继续担任总理。克雷蒂安的自信是有根据的，在他的任期内，常年有财政赤字的联邦政府扭亏为盈，失业率降至近 20 年的最低，削减个人所得税让利于民，推出为孩子筹措教育费的注册教育基金补贴计划，成立国内最大的努纳瓦特地区因纽特人自治政府，等等。人们对自由党的政绩还是满意的。在 2002 年 9 月自由党代表大会上，保罗·马丁以 93% 的绝对多数选票被选为党主席，并成为加拿大的第 21 位联邦总理。但在 2006 年大选中，自由党败给保守党。在 2011 年大选中，自由党只得到 34 个席位，丧失了反对党地位。目前自由党在众议院占有 37 个席位。

## 二　保守党（Conservative Party of Canada）

保守党在 1854 年由 J. A. 麦克唐纳组建，称自由—保守党，并在当时的加拿大省执政。1867 年加拿大联邦成立时发展为全国性政党，并取得了联邦首次大选的胜利。该党领袖麦克唐纳出任首届政府总理，推行开发西部、巩固联邦制和发展经济的政策。此后该党或执政或作为最大的在野党，在 1993 年以前一直是加拿大的主要政党。1942 年，该党主席 J. 布拉肯宣布将该党更名为进步保守党，一直延续至今。1957 年，该党在迪芬贝克的领导下在大选中曾取得压倒性胜利，获得议会 265 个席位中的 208 个。1984 年，该党领袖 B. 马尔罗尼担任联邦总理，任期达 9 年。因 20 世纪 90 年代初经济不景气，以及党内分裂（以 L. 布沙尔为首的一部分保守党领导人脱离该党，另组新的政治团体——魁北克人集团），马尔罗尼辞职，让位于坎贝尔。坎贝尔成为加拿大第一位女总理，但她刚一上任就面临 1993 年的大选。由于各方面的原因，保守党在大选中遭到历史上最惨重的失败，在议会中仅获得 2 席，失去在议会中作为政党的资格。保守主义作为一种政治术语，它的含义十分广泛。加拿大保守主义的思想特征是：崇尚法制，尊重传统与社会的连续性，反对仅凭抽象理念而缺乏实践经验基础的社会改革。另外，加拿大的保守主义自始就有自由主义的成分，继承了英国思想家洛克关于民权和自由的思想。虽然加拿大保守党在变革不可避免时也会进行变革，但基本上主张合理利用现行的体制，提倡进步与实用相结合，主张经济进步，反对政治改革。加拿大保守党主张政府出面调解社会矛盾，维护民族独立，如推行社会福利政策，在交通、通信、银行等重要经济部门中实行国有化等。从消极的角度看，加拿大保守党推崇的保守主义因循守旧、专制独裁，对加拿大种族和文化的多样性重视不够。从积极的方面看，它讲求实际，避免意识形态的无谓之争，注重社会秩序与个人自由之间的平衡。

在 1997 年大选中，保守党只获得 20 个议席，2000 年大选后仅剩 12 席，在议会席位中排名第五。2003 年 12 月 8 日，保守党领袖 P. 麦凯与加拿大联盟（Canadian Alliance）领袖 S. 哈珀宣布两党合并重组为新的保

守党（Conservative Party of Canada），哈珀当选为保守党领袖。2006 年 1
月，保守党在大选中获胜，哈珀成为加拿大总理。保守党虽然执政，但因
在众议院席位中未占多数，一直是少数政府，受制于反对党新民主党和自
由党，直到 2011 年大选后，才成为多数政府。

### 三　魁北克人集团（Block Quebecois）

魁北克人集团于 1991 年成立，由原保守党中争取魁北克主权的议员
为核心组成，首任主席布沙尔。它的宗旨是与旧的联邦主义决裂，为魁北
克的独立而奋斗。1993 年大选中，魁北克人集团初露锋芒，便在联邦众
议院中夺得 54 席，曾一举成为议会的第二大党和正式的反对党。1995 年
10 月 30 日，魁北克省就独立问题举行全民公决，独立派以 0.5% 的微弱
差额失利。次日，时任魁北克人集团主席和魁北克省总理的帕里佐宣布辞
职。1996 年 1 月，布沙尔辞去魁北克人集团主席之职，接替魁北克省总
理职务。M. 戈蒂耶接任魁北克人集团主席，但他很快表示要辞职。1997
年，G. 杜塞普（G. Duceppe）当选魁北克人集团主席。同年，该党在大
选中的议席减少到 44 席。2000 年大选中，魁北克人集团的席位又降至 38
席，是议会中的第三大政党。虽然其政治势力比 1995 年全民公决前有所
减弱，但在联邦议会和魁北克省政治中仍有很大影响，在 2008 年大选时
还保持 49 席。2011 年大选中，该党受到重创，骤减为 4 个席位，虽为众
议院第四党，政治和社会影响力大为减弱。

### 四　新民主党（New Democratic Party）

新民主党成立于 1961 年，由平民合作联盟和加拿大劳工大会的部分
成员合并而成。平民合作联盟成立于世界经济危机时期的 1932 年，是一
个由各种社会主义色彩的组织组成的政党，主要代表西部农民。其指导思
想是英国工党的思想、农民激进主义、费边主义、基督教社会主义和乌托
邦社会主义的聚合，要求建立合作社所有制和国家计划，通过议会道路改
革资本主义社会的弊病。新民主党在平民合作联盟的基础上补充了工会组
织的力量，成为农民、工人和左翼知识分子的政党。它主张计划经济，实

行铁路、航空和其他重要工业部门的国有化，反对美国在经济、政治、文化、军事等方面对加拿大的渗透和控制。新民主党在 20 世纪 70 年代后期的大选中曾获得联邦议会 1/5 的选票，并在马尼托巴、萨斯卡彻温、阿尔伯塔、不列颠哥伦比亚和安大略等省和育空地区先后执政。新民主党是社会党国际的成员，也是北美唯一的社会民主党，是加拿大政坛上的左翼势力。

新民主党的社会基础和政治纲领与自由党和保守党有明显的不同，它的主要成员以劳动阶级为主，其中少数民族党员占 1/3 以上，工人和少数民族成员的比例明显高于其他政党。新民主党作为左派政治力量，在社会改革和进步事业中发挥了重要作用。许多社会福利政策，如劳动保护立法、医疗保健、社会保险、男女同工同酬、最低工资标准等都是它最先提出的。它在执政的省内发展民族经济，尤其在对自然资源的开发利用和在国有化方面采取了许多具体措施，如在萨斯卡彻温省，它以法律规定政府有权收购任何原材料企业 50% 的股权。它在对外政策上表现出更多的民族主义，对美国的经济和文化在加拿大的影响尤其反感和警惕。在 1988 年大选中，该党赢得 43 个席位，但在 1993 年降为 9 席，1997 年增加到 21 席。这其中的原因很多，既有 20 世纪 80 年代以来世界范围内新保守主义兴起的影响，也有新民主党具体政策中的问题，如扩大福利、发展教育就要相应增加税收，但加拿大政府很难支付这方面的财政支出。

2003 年杰克·莱顿（Jack Layton，1950－2011）出任新民主党领袖，在莱顿的领导下，该党在下议院的席位由 2003 年的 14 席，经过 2004 年大选中的 19 席，2006 年的 29 席，2008 年的 37 席，猛增到 2011 年大选后的 103 席，不仅创下该党历史上最高纪录（1988 年 43 席），而且首次成为联邦政府的官方反对党，即加拿大第二大党，超过了有多次执政经验的自由党。在新民主党跃跃欲试向执政党地位冲刺之时，莱顿不幸病势，令人扼腕叹息。

## 五 魁北克人党（Party Quebecois）

魁北克人党 1968 年由"主权—联盟"运动和民族独立联盟合并而

成。民族独立联盟是魁北克激进的民族主义组织，主张魁北克脱离加拿大成为独立的国家。"主权—联盟"运动成员大多数是原魁北克自由党党员，在勒内·莱维克的领导下，因提出争取魁北克省在联邦内的主权问题而脱离自由党。魁北克人党成立后成为魁北克省具有民族主义倾向的各种政治组织的核心，勒内·莱维克担任该党的主席。1972 年，原自由党资深政治家克洛德·莫兰加盟魁北克人党，使该党影响力大增。1976 年，魁北克人党在省大选中获胜，并一直执政至 1985 年。魁北克人党上台后即颁布了《101 号法案》，将法语定为全省唯一的官方语言，引起了魁北克和加拿大其他省份中英裔的抗议。执政期间，魁北克人党还通过一系列法令，促进魁北克省的政治民主化和经济发展。1985 年，勒内·莱维克退休，魁北克人党在该省选举中败给自由党。1988 年，雅克·帕里佐接任魁北克人党主席，代表党内主流派坚持魁北克独立的立场，但党内温和派人士主张争取魁北克在联邦内的主权地位，即实现主权联盟。在 1994 年的省大选中，魁北克人党击败执政的自由党再次组成省政府。但帕里佐因 1995 年 10 月关于魁北克地位的全民公决的失利，辞去省总理和党主席职务，由吕西安·布沙尔接任。2012 年，该党在省选中获胜，成为少数政府，但在 2014 年省选中大败，在全部 125 席中只占 30 席，让位于魁北克自由党（70 席）。魁北克人党目前为魁北克省第二大政党，但因其发展关乎魁北克省未来的政治地位和加拿大的稳定，而备受加拿大人和国际社会的瞩目。

### 六　加拿大绿党（Green Party of Canada）

加拿大绿党成立于 1983 年渥太华卡尔顿大学内的一次大会上。首任领袖是 T. 汉考克。加拿大绿党是独立的，不是世界性或地区性绿党的分支机构，尽管它与其他国家的绿党在思想观念上有许多相似之处。绿党的一个基本理念是地球上的所有生命都是互相关联的，它们有责任保护自然界。加拿大绿党的社会政策是提倡绿色经济如生态农场，发展可再生能源计划；在国内政策上促进真正的民主和社会改革；在对外政策上强调和平与可持续发展，并为实现这些目标而积极进军政界。该党的口号是：从全球考虑问题，从地方行动起来。加拿大绿党不仅是一个政治团体，也是全球性绿色运动的一部分，在加拿大各地和各界人士中都有广泛的支持者。在 2006 年和 2008 年大选中，绿党的得票率为 4.3% 和 4.5%，均超过联邦政府对在野党资助的 2% 的标准线。2011 年，绿党领袖伊丽莎白·梅当选联邦众议院议员，成为绿党的首位议员。

## 七 社 会 团 体

加拿大宪法规定保护结社自由，因此各种社会团体非常多。各民族、阶层、行业的人，不同性别和年龄的人，各种政治立场的人，各种专业和爱好的人，都有自己的社团组织。这些社团以共同的利益和兴趣为凝聚力，会员的活动全凭自愿，很多情况下是自费的，但加拿大人热衷于这些社会性活动。

由于加拿大社会团体很多，这里仅介绍一些有代表性的团体。

**加拿大土著人大会（Congress of Aboriginal People）** 前身是 1971 年成立的加拿大土著委员会，1993 年改组为加拿大土著人大会，代表居住在保留地之外的所有（有身份的和未确定身份的）土著人同政府有关部门配合，以争取他们的权益。目前 70% 以上的土著人住在保留地以外。该组织总部在渥太华，首领拉维里（Betty Ann Lavallee）。2013 年 1 月，加拿大联邦法院认可该组织的要求，即梅蒂人和没有身份的土著人都是宪法意义上的印第安人。这一判定对保留地之外的印第安人有重要意义。该组织在各省有分会，各分会有自己的章程和首领，每年派代表出席全国土著人大会。

**妇女地位全国行动委员会（National Action Committee on the Status of Women）** 1971 年成立，当时由 30 多个成员组织组成，现今已包括 700 多个成员组织，是加拿大最大的伞状妇女组织。每年召开一次全国大会。它的宗旨是监督政府落实宪法和法律赋予妇女的权益，包括改善妇女地位、提高妇女的社会参与程度、争取男女同工同酬、提高妇女养老金等。

**加拿大全国妇女联合会（National Council of Women of Canada）** 受国际妇女大会的影响，于 1893 年成立。旨在争取妇女和儿童的权益。早期成员多是中产阶级妇女，对议会有很大影响。20 世纪 60 年代，它敦促政府成立了妇女地位皇家特别调查委员会。

除加拿大全国妇女联合会外，加拿大有影响的妇女组织还有加拿大天主教妇女联合会（Catholic Women League of Canada）、加拿大大学妇女联合会（Canadian Federation of University Women）、加拿大女医生联合会（Federation of Medical Women of Canada）等。

**加拿大全国工会联盟（Confederation of National Trade Unions）** 1960年由加拿大天主教劳工联合会（1921~1960）更名后组成，取消了原来对宗教信仰的限制。其宗旨是帮助劳工改善工作条件，提高工资和福利待遇，提倡社会改革。

**加拿大工人大会（Canadian Labour Congress）** 是加拿大最大的工会联合组织，1956年由加拿大劳工大会、加拿大行业与劳工大会合并而成，2014年有330多万会员，约占加拿大全部会员的70%。其总部设在渥太华，每两年举行一次全国代表大会，制定政策和选举新的领导班子。机关刊物为《加拿大劳工》。该组织在政治上支持新民主党，认为工会应在国家制定经济和社会福利政策方面发挥重要作用，加拿大应保护本国资源，限制跨国公司对加拿大的经济控制；在国际事务上主张裁军，支持国际和平运动，要求政府退出《北美防御条约》，呼吁各国工会之间加强联系和团结。

**加拿大公务员联合会（Canadian Union of Public Employees）** 是公务员工会组织。会员主要是各级政府部门和国营事业单位的工作人员，2013年有60多万会员，是加拿大最大的工会组织。其目的是以组织的形式，通过集体谈判保障会员的权益，并促进相关的立法。

**加拿大童子军（Scouts Canada）** 是童子军组织，1907年起源于英国，20世纪初传入加拿大。加拿大童子军分男女组织，在全国各地有分支机构。其宗旨是：为上帝、女王和国家尽自己的义务，随时准备帮助他人。其口号是：时刻准备着。该组织有10项纪律，凡愿意遵守纪律的5~26岁的女孩、男孩和青年都可以参加。该组织2014年有成员10多万人。野营和野外活动是童子军的主要活动形式，成员通过不同的考核获得各种奖章。加拿大童子军是世界童子军联合会的成员。

# 第四章

# 经　济

## 第一节　概述

加拿大经济有几个显著的特点：一是资源型。林业、矿业和能源业在国民经济中占有很大比例。2012 年，在加拿大全部自然资源总值中，能源占 56%，矿类资源 29%，森林资源 14%。二是技术密集型。无论工业、农业还是现代高科技产业都有很高的科技水平，生产率位居世界前列。三是市场高度国际化。加拿大是世界上吸收外资最多的国家之一，也是进出口贸易额在国内生产总值中比例最高的国家之一。国内绝大部分产品都是为国际市场而生产，其中，美国资本和对美贸易占绝大部分。四是工业布局高度集中。安大略和魁北克两省南部是全国的制造业和金融业中心。

继 2012 年加拿大实际 GDP 增长 1.8% 之后，2013 年，实际 GDP 增长 2%。除新不伦瑞克省零增长外，其余省和地区都有不同程度的增长。增长较多的是努纳瓦特地区（10.5%）、纽芬兰省（7.9%），只是它们对加拿大整体经济影响不大。占全国经济比重最大的安大略和魁北克两省，分别增长了 1.2% 和 1.1%，这表明传统经济地区在恢复和调整过程中增长缓慢。萨斯卡彻温和阿尔伯塔两省分别增长 4.8% 和 3.9%，这说明农业、能源、矿业经济发展较好。但是，这些严重依赖国外市场的行业的发展经常是不稳定的。

2014 年第一季度，加拿大人在国外证券市场上的投资超过外资在加拿大证券市场的投资，差额为 104 亿加元。这是 2007 年底以来的最高水平。加拿大人在国外证券市场投资 1650 亿加元，其中 2/3 是股票，而且，主要是美国以外国家的股票。同时，外国人在加拿大证券市场投资 61 亿加元，为近两年最低水平。外国直接投资 139 亿加元，其中主要是非美国的投资，超过加拿大对外直接投资总额。这一情况与 2013 年第四季度类似。从近 5 年情况看，外国在加直接投资与加拿大对外直接投资互有高低。

2014 年 4 月，加拿大服务业 GDP 增长了 3‰，这主要得益于住宿和餐饮业以及职业性服务，如教育、卫生和公共行政等方面的发展；金融和保险业没有变化；生产行业下跌了 3‰；除制造业外，矿业、石油和天然气、建筑和公用事业等 GDP 均有减少。

2014 年 5 月，加拿大商品出口额增加了 3.5%，进口额增加了 1.6%。贸易赤字从 4 月的 9.61 亿加元，减少为 1.52 亿加元。商品出口额达到 442 亿加元，出口商品主要是汽车及零件，虽然价格整体低了 0.7%，但数量增加了 4.2%。商品进口额达到 443 亿加元，进口商品主要是汽车及配件、金属矿石和非金属材料，也是价格整体低了 0.8%，但数量增加了 2.4%。出口增长得益于对美出口达到 335 亿加元，出口商品主要是客车和轻型卡车；从美国进口 287 亿加元，对美贸易顺差从 4 月的 40 亿加元增加到 5 月的 48 亿加元。对美国以外其他国家的出口贸易增长 8.3%，达到 107 亿加元；进口增长 5.1%，为 156 亿加元，其中从欧盟地区的进口增长 12.4%。整体上，加拿大与美国以外的外贸赤字，从 4 月的 50 亿加元减少到 5 月的 49 亿加元。

加拿大经济统计中大致有两种方式。第一种方式是分为三类产业：第一产业在加拿大称初级产业，包括广义的农业和采矿业等；第二产业是制造业和建筑业等；第三产业是广义的服务业，包括贸易、运输、仓储、教育、公用事业、政府服务、金融、电信等部门。第二种方式是分为物质生产部门，即上述的第一和第二产业，以及服务部门即第三产业。表 4 - 1 的统计类似于上述的第二种统计方式，从中可以看出，加拿大物质生产部门约占总产值的 30%，服务部门约占 70%。

加拿大经济是西方经济尤其是北美经济的一部分。19 世纪后半期和 20 世纪初，加拿大经济随着英、美经济危机的影响发生波动。进入 20 世纪后，加拿大也发生周期性经济危机，并与发生在美国的经济危机保持高

表 4 - 1　2013 年 12 月至 2014 年 12 月加拿大各行业 GDP

| 行　业 | 2013 年 12 月 | 2014 年 12 月 | 增长率（％） |
|---|---|---|---|
| **全行业** | **1610130** | **1655573** | **2.8** |
| **商品生产行业** | **485054** | **500287** | **3.1** |
| 　农林渔猎 | 27703 | 25812 | − 6.8 |
| 　矿石、能源开采 | 132228 | 138343 | 4.6 |
| 　公用事业 | 40128 | 39654 | − 1.2 |
| 　建筑 | 115753 | 118554 | 2.4 |
| 　制造 | 168088 | 177003 | 2.4 |
| **服务业** | **1126027** | **1156229** | **2.7** |
| 　批发贸易 | 88496 | 94875 | 7.2 |
| 　零售 | 86411 | 89414 | 3.5 |
| 　交通、仓储 | 66792 | 70043 | 4.9 |
| 　信息、文化 | 52703 | 52186 | − 1.0 |
| 　金融、保险 | 109508 | 114766 | 4.8 |
| 　房地产租赁 | 202821 | 208188 | 2.6 |
| 　科学、技术 | 85757 | 88160 | 2.8 |
| 　企业管理 | 11859 | 12050 | 1.6 |
| 　行政辅助 | 40891 | 41061 | 0.4 |
| 　教育 | 84851 | 86180 | 1.6 |
| 　健康护理、社会救助 | 109670 | 111345 | 1.5 |
| 　艺术、娱乐、休闲 | 11553 | 11352 | − 1.7 |
| 　住宿、餐饮 | 33117 | 34728 | 4.9 |
| 　其他服务（除行政公共外） | 32190 | 33040 | 2.6 |
| 　公共行政 | 109859 | 109794 | − 0.1 |

　　注：因统计误差或四舍五入等原因可能出现数值有出入，维持所引用表格中的数值。

　　资料来源：加拿大统计局网站，http：//www. statcan. gc. ca/tables - tableaux/sum - som/101/cst01/gdps04a - eng. htm。

度的同期性。20 世纪后半期，加拿大经济持续增长，其主要原因首先是世界经济一体化过程的加快和整个世界经济的恢复和走强。美国经济的增长成为促进西方经济发展的动力，而加拿大经济与美国的经济关系最为密切，"近水楼台先得月"。其次，加拿大国内企业兼并重组势头强劲，大批亏损企业被淘汰，高新科技产业迅速崛起，企业效益得到改

善。最后，政府采取有力的金融调控措施，刺激了国内消费和投资的增长。在加拿大经济中，初级产品仍占有相当大的比重，初级产品价格的上扬无疑有利于其经济发展。所以，加拿大未来经济的走势，一要看其主要出口产品的国际市场需求和价格；二要看美国经济是否能持续走强。

国有企业在加拿大经济中仍占有一定地位，它们是指由政府部分或全部拥有资本的企业，这些企业也称皇家公司（Crown Corporation）。政府拥有的铁路、航空公司属国有企业，但是政府所拥有的医院、公路和学院却不算，因为它们的资金来自国家财政收入，不是来自顾客。国有企业多为国家投资兴建，也有从私有企业国有化的，其形式有国家政府公司、部属企业及公私共有企业，其级别分为市、省和国家三级，主要涉及水利、电力、通信、铁路等重要行业。国有企业的存在，首先是因为一般私人企业不愿也无法承担这些行业；其次是为了防止外国资本主要是美国资本控制加拿大的经济命脉，以及出于维护国内地方和民族利益的需要。加拿大银行是最大的国有企业，负责执行联邦政府的货币政策、稳定金融市场的重要作用。加拿大的国有企业曾引发过多次辩论，人们对政府参与经济的看法不一。反对者主张私有化，因为国有企业几乎成了低效率的代名词。加拿大虽信奉自由经济，但外国资本对国有资源的逐步控制迫使联邦政府从20世纪70年代以来推行国有化政策，尤其是在不列颠哥伦比亚省和萨斯卡彻温省执政的新民主党政府。前者在1972~1974年将一些林业公司收归国有，后者在1975年宣布将50%的钾碱业公司国有化。1984年以来，联邦政府虽然推行国有企业私有化政策，如最大的国有铁路公司加拿大全国铁路公司被私有化，但公有制一直是加拿大政府的一项重要政策。2011年，各级政府所有的或实际控制的企业中仍有31.85万雇员。

自20世纪90年代以来，高科技产业和第三产业的崛起，使各地的传统经济类型有所变化，但地区经济差异造成各地收入的不平衡现象不仅仍然存在，而且还有所扩大。安大略省和不列颠哥伦比亚省的收入高于其他地区，而大西洋沿岸诸省尤其是纽芬兰省的收入偏低。由于联邦政府在各地政府之间有一系列贫富"均衡"计划，有按收入高低缴纳个人所得税制度，有完善的福利体系，有一定比例的国民生产总值用于再分配，因此在很大程度上缓解了因贫富分化而产生的地区矛盾和社会矛盾。

加拿大经济受到经济全球化的冲击，公司或公司业务外迁的情况比较严重。2012年一项调查显示，在2010~2012年，5.2%的公司将其业务活动从加拿大转到其他国家。其中，金融保险、公用事业公司的比例较大，分别占15%和10.4%。在向国外转移业务的公司中，大公司比例最高，占18.2%，中、小公司分别占5.7%和3.5%。在这三年中，有20.6%的公司将业务转移到国外，而前三年，即2007~2009年，这个比例是16.8%。2010~2012年，有2.2%的公司将业务从国外转回到加拿大，前三年这个比例是1.8%，其中大公司占6.2%。

## 第二节 初级产业

初级产业包括农牧业、林业、渔猎业、矿业和能源业等行业，其产品直接来自大自然。近20年来，初级产业在国民经济中的比例在逐步下降，其外部原因主要是新兴产业，如服务业、高科技产业的崛起；内部原因主要是资源不足，如渔猎资源因过度捕杀数量锐减，一些皮毛贸易遭到禁止和限制，一些矿藏储量在减少。另外，因资源保护的需要，环保政策限制一些行业的发展，如伐木和油气的开采。2013年，初级产业GDP为3362.85亿加元，约占全部GDP的21%。

### 一 农业

加拿大农业高度发达，是世界上最大的粮食生产国和出口国之一。耕地面积约占全国土地面积的7%，近1.7亿英亩，其中萨斯卡彻温省占33.4%，阿尔伯塔省占22.5%，安大略省占21.3%，马尼托巴省占13.1%，魁北克省占2.3%，其他省和地区总和占7.4%。

粮食产区主要在马尼托巴、萨斯卡彻温和阿尔伯塔3省大平原地区南部，这一地区有"加拿大的面包篮子"和"世界粮仓"之称。农业在近半个多世纪以来发生了很大变化。20世纪前期的20年，加拿大还处于"马拉农业时代"，耕种、收割、脱粒等主要用畜力，马车是主要运输工具。20世纪20年代至50年代是加拿大农业基本实现机械化的时期，拖拉机、联合收割机、农用汽车和卡车逐步代替了畜力。50年代以后，农业向全面机械化发展，至1976年农场在施肥、播种、锄草、收割、脱粒、运输等生产环节都实现了机械化。

农业机械化不仅提高了劳动生产率，还促进了城镇化和农业专业化发展。1941年，加拿大27%的人口即330万人生活在农村，有73万个农场。2011年，加拿大有各类农场20.57万个，农场经营者只有29.39万人。农场和农民的数量虽然减少了，但每个农场的土地规模却扩大了。2011年，这些农场总面积1.6亿英亩（1英亩＝6.07亩），每个农场平均778英亩，1996年每个农场平均607英亩。这些农场专业化水平很高，有牛奶和乳制品农场（1.22万个）、养牛场（3.74万个）、养马场（1.37万个）、养猪场（3470个）、养羊场（3924个）、养鸡场（3960个）、火鸡场（279个）、禽类孵化场（48个）、油菜籽农场（不含大豆，1.65万个）、牧草场（2.5万个）、水果和坚果农场（8253个）、玉米农场（6160个）、小麦农场（8206个）、土豆农场（1323个）、养蜂场（1633个）、烟草农场（141个）、蘑菇农场（146个）、水果蔬菜农场（655个）等。

加拿大农业和食品生产在国内外市场都面临激烈竞争，但其始终保持着强健的竞争力。2012年，因美国夏季干旱，粮食和油菜籽价格上涨，世界农产品市场形势对加拿大比较有利。2012年，加拿大的粮食和油菜籽收入为131亿加元，占当年所有农产品收入的最大份额：41.3%。2002～2012年，加拿大主要农产品收入增加了55.9%，其他特殊粮食作物的收入几乎增加了一倍，但牛羊猪肉的收入有所下降。

2012年，加拿大农产品出口增加了8.1%，达到436亿加元，超过阿根廷，成为世界上第五大出口国，占世界农业和农产品出口市场份额的3.5%。美国是加拿大农产品的最大进口国。加拿大农产品对中国出口增加了84.2%，达到50亿加元。中国超过日本成为加拿大农产品第二大进口国。在加拿大全部农产品出口份额中，美国占48.4%，中国占11.4%。

约有一半的加拿大农产品要外销，食品加工业特别依赖出口，2012 年加拿大出口的食品增加了 6%，达到 217 亿加元。

2012 年，加拿大进口农产品 323 亿加元，比 2011 年增加 4.2%，加拿大保持着世界第六大进口国地位，占全世界市场份额的 2.7%。加拿大进口的农业和农业食品中，美国产品占 61.2%。

2012 年，农场纯现金收入 1330 亿加元，比 2007～2011 年平均收入增加了 48.7%，比 2011 年增加了 17.6%。全国范围，平均每个农场价值 170 万加元。

2012 年 8 月至 2013 年 7 月作物生长期间，加拿大主要农作物的播种、收获和销售状况如下。

**小麦** 硬质小麦（durum）播种 189.4 万英亩（kha），收获面积 187.8 万英亩，每英亩产量 2.46 吨，总产量 462 万吨，平均每吨价格 290 加元。非硬质小麦播种 773.6 万英亩，收获面积 761.9 万英亩，每英亩产量 3 吨，总产量 2257.9 万吨，平均每吨价格 285 加元。全部小麦播种 963 万亩，收获面积 9497 千亩，每英亩产量 2.86 吨，总产量 3321.1 万吨。

**粗粮** 大麦播种面积 299.7 万英亩，收获面积 275.1 万英亩，平均每英亩产量 2.91 吨，总产量 801.2 万吨，平均每吨价格 279 加元。玉米播种面积 143.4 万英亩，收获面积 1418 千英亩，每英亩产量 9.21 吨，总产量 1306 万吨，平均每吨价格 257 加元。燕麦（oat）播种面积 116.5 万英亩，收获面积 98.5 万英亩，平均每英亩产量 2.86 吨，总产量 281.2 万吨，每吨价格 263 加元。裸麦（rye）播种面积 14 万英亩，收获面积 12.3 万英亩，平均每英亩产量 2.73 吨，总产量 33.7 万吨，平均每吨价格 155 加元。其他粗粮播种面积 10.1 万英亩，收获面积 5.8 万英亩，每英亩产量 2.93 吨，总产量 17 万吨。所有粗粮播种面积 583.6 万英亩，收获面积 533.4 万英亩，平均每英亩产量 4.57 吨，总产量 2439.1 万吨，进口 60.5 万吨，出口 623.5 万吨，国内使用 1924.3 万吨，储存 291.3 万吨。

**油料作物** 油菜籽（canola）播种面积 891.2 万英亩，收获面积 879.9 万英亩，每英亩产量 1.58 吨，总产量 1386.9 万吨，每吨价格 650 加元。进口 128 千吨，出口 726.1 万吨，国内使用 683.4 万吨，储藏 60.8

万吨。亚麻籽（flaxseed）播种面积 39.7 万英亩，收获面积 38.4 万英亩，每英亩平均产量 1.27 吨，总产量 48.9 万吨，出口 48.1 万吨，每吨价格 580 加元。大豆（soybean）播种面积 168 万英亩，收获面积 167.8 万亩，平均每英亩产量 3.03 吨，总产量 508.6 万吨，进口 25.3 万吨，出口 335.9 万吨，国内使用 203.8 万吨，储存 17.2 万吨，每吨均价 532 加元。所有油料作物播种面积 1098.9 万英亩，收获面积 1086.1 万英亩，平均每英亩产量 1.79 吨，总产量 1944.4 万吨，进口 39.5 万吨，出口 1110.2 万吨，国内使用 896.1 万吨，储存 85.1 万吨。

**特殊杂粮** 旱豌豆（dry peas）播种面积 150.9 万英亩，收获面积 147.5 万英亩，每英亩产量 2.26 吨，总产量 334.1 万吨，进口 1.6 万吨，出口 265.1 万吨，国内使用 82.7 万吨，储藏 0.5 万吨，平均每吨价格 340 加元。小扁豆（lentils）播种面积 101.8 万英亩，收获面积 100.4 万英亩，平均每英亩产量 1.53 吨，总产量 153.8 万吨，进口 0.9 万吨，出口 163.8 万吨（以往储备），储存 30 万吨，平均每吨价格 440 加元。旱豆（dry beans）播种面积 12.5 万英亩，收获面积 12.5 万英亩，每英亩产量 2.26 吨，总产 28.1 万吨，进口 7.9 万吨，出口 29.7 万吨，国内使用 3.8 万吨，储存 3 万吨，每吨价格 835 加元。鹰嘴豆（chickpeas）播种面积 8.1 万英亩，收获面积 8 万英亩，每英亩产量 2.01 吨，总产 16.1 万吨，进口 0.9 万吨，出口 6.9 万吨，国内使用 5.8 万吨，储存 5.4 万吨，每吨价格 690 加元。芥菜籽（mustard seed）播种面积 13.6 万英亩，收获面积 13.5 万英亩，每英亩均产 0.88 吨，总产 11.9 万吨，进口 0.1 万吨，出口 12 万吨，国内使用 4.7 万吨，储存 2.2 万吨，每吨价格 790 加元。草种子（canary seed）播种面积 13.6 万英亩，收获面积 13.2 万英亩，每英亩产量 1.14 吨，总产量 15 万吨，出口 13.7 万吨，国内使用 0.8 万吨，储存 2.2 万吨，每吨价格 585 加元。葵花籽（sunflower seed）播种面积 4.1 万英亩，收获面积 4 万英亩，每英亩产量 2.19 吨，总产量 8.7 万吨，进口 2.7 万吨，出口 4.4 万吨，国内使用 6 万吨，储存 1.7 万吨，每吨价格 635 加元。

2013 年，加拿大农作物总值为 148.21 亿加元，农产品在美国、欧盟、日本、墨西哥的市场上比较稳定。近些年加拿大重点开辟中国、印度、俄罗斯和印尼等新兴市场。中国是加拿大农产品第三大出口市场，主要出口产品是油菜籽、菜籽油、豌豆、貂皮等。

联邦和省政府对农业及其产品投入为68亿加元，占2012～2013年度农业GDP的22.1%。这些投入主要是用于各种研究和发展项目，是生产力提高的主要来源。

2012年，加拿大存栏牲畜有1251万头牛、1202万头猪、83万只羊、6.4亿只鸡、2076万只火鸡。2014年畜产总值为51.95亿加元。

二 林 业

加拿大的森林覆盖面积约440万平方公里，约占全国总面积的44%。可伐林面积360万平方公里，其中针叶林占80%，落叶林占20%，占世界森林资源的10%。加拿大森林多分布在寒带，寒带林主要由针叶林构成。只有太平洋沿岸和安大略省西南部有温带林。安大略省南部，夏季湿热，适宜落叶林生长。在落叶林和针叶林之间是过渡性的混交林。加拿大有165种树，针叶林树种主要有松、柏、杉、桧、枞等，落叶阔叶林树种主要有枫、栎、桦、杨、榆等。森林资源主要分布在不列颠哥伦比亚、安大略、魁北克和阿尔伯塔等省，其中前三个省是加拿大的"木材之都"，林地面积占全国林地面积的60%，木材蓄积量占全国的70%以上。

最具加拿大特色的树种是枫树。枫树（maple）是槭树的俗称，在全世界有125种，2/3以上在中国。加拿大有10余种，其中一种能产糖的槭树被称为糖槭或糖枫。槭树的果实是鸟类和小动物的食物，嫩枝是麋鹿的食物。槭树木质坚硬，有较高的经济价值。其最大的经济价值在于糖槭树干中流出的液汁可以制成各种枫糖制品。从美国中西部经加拿大的安大略、魁北克到东部沿海各省有一条枫林带，那里约有两万家枫糖生产企业。枫糖含有钾、镁、磷、锌、钙等多种有益于人体的矿物质。魁北克省是最大的枫糖生产省。加拿大出口的枫糖浆绝大部分销往美国，少量运往欧洲和日本。

在加拿大经济史中，林业产值曾占国民经济的首位。加拿大林业主要包括木材工业和造纸工业两大部门。木材产量仅次于美国和俄罗斯，居世界第三位。造纸业曾在全国制造业中居第三位。新闻纸产量居世界第一位。纸浆产量仅次于美国，居世界第二位。

2007～2009 年美国经济衰退，尤其是房地产危机，使加拿大林业遭受了 20 世纪 30 年代大危机以来的重大挫折。2006～2009 年，加拿大木材产量由 8120 万立方米缩减到 4550 万立方米，减少了约 44%；纸浆产量由 2340 万吨减少到 1710 万吨，降幅为 26.9%。2009～2012 年，随着美国经济的复苏，加拿大原木产量年均增长 7.3%，木制品年均增长 5.5%，但纸浆年均减少 3.8%。2013 年，加拿大林业总产值为 38.78 亿加元，其产量和产值远未达到 2006 年以前水平。各种形式的电子阅读、无纸办公减少了纸质的印刷品，报纸销量逐年下降，造纸业大量裁员，发展前景很不乐观。

### 三 渔猎业

与世界上多数国家相比，加拿大为野生动物提供了更为理想的生存空间，动物种群的数目相当可观。陆栖哺乳动物大多分布在加拿大北部边境地区，但真正属于加拿大特有的动物却很少。除温哥华岛上的土拨鼠（即旱獭）等少数动物外，其他动物与格陵兰、阿拉斯加、美国北部的动物几乎完全相同。

加拿大的北极动物分水陆两类。北极陆地动物与北温带的动物区别不大，只是种类较少，主要有北极熊、北极狐、驯鹿等。在永久性的冻土区以北几乎没有爬行动物和冬眠哺乳动物。北极水生动物主要有鲸鱼、海豹。历史上，北极动物是当地居民的生活来源，海豹油可以做燃料、供照明，北极动物的肉可供食用，皮毛可以制成服装、鞋帽、褥子。

北极以南的陆栖动物主要有狗、山猫、马、山羊、浣熊、黑熊、美洲狮、美洲野猫、狼、狐、黑獾、鼬鼠、臭鼬、叉角羚、北美野牛、麝牛、驼鹿、梅花鹿、豪猪、山河狸、悬尾蝠、负鼠、小袋鼠、跳鼠、松鼠、土拨鼠、野兔、鼠兔、水貂、水獭、海狸鼠、海狸等；水栖动物主要有海豚、海象、海豹、海狗、海獭、白鲸、须鲸、抹香鲸、角鲸、鹰嘴鲸等。

在殖民地时期，渔猎业曾是加拿大的主要产业，尤其是捕获河狸和鳕鱼在加拿大早期经济史上有重要意义。随着工业化进展，渔猎业在经济中的比重越来越小，尤其是随着环保意识的发展，对野生动物的获取进一步受到法律制约。当代加拿大皮毛业主要来自人工饲养的动物，水产品中也有很大比例来自人工养殖。

加拿大有 24 万多公里长的海岸线和众多的河湖水系，渔业资源丰富，渔业发达。全国渔场分东部沿海、西部沿海、哈得孙湾和内陆河湖四大区，面积达 50 多万平方公里。纽芬兰东南沿海是世界三大著名渔场之一，其产量占全国的 85%。加拿大的海产品出口仅次于挪威和日本，居世界第三位。伊利湖和温尼伯湖是淡水鱼的主要产区。2013 年，加拿大渔业和狩猎业产值 10.9 亿加元。

狩猎业主要是猎取、加工和出售动物的毛皮。因传统的狩猎方式难以适应市场的需求和狩猎人生活方式的改变，狩猎业的经济意义在逐步下降。由于野生动物保护组织的宣传，皮毛帽子和披肩在欧美市场不再时髦，但毛皮服装在寒冷地区仍有很大需求。

现代毛皮业的原料主要是由养殖场提供的。加拿大毛皮动物饲养业已经相当发达，在种畜繁育、饲料加工、疾病防治、饲养设备、裘皮拍卖、研发中心、市场开发等方面，与相关大学和科研单位合作，保证产业可持续发展。

加拿大渔业的 95% 属于近海捕捞，渔业生产有两个特点：一是产品加工率高，95% 的鱼类被加工成食品出售；二是出口率高，加拿大渔业一直是出口型的，产品主要出口美国（60%）、日本（20%）和西欧国家（15%）。

加拿大水产养殖业兴起于 20 世纪 60 年代，养殖的品种有鱼类、贝类和藻类。为维持鱼类捕捞而又不减少其数量，联邦和省政府管理的鱼苗养殖场利用自然水域培育和养殖鱼苗，一部分出售给私人渔场，一部分蓄养数周甚至一年以上后放归自然。在淡水和海水中都可进行人工饲养的鱼类有金枪鱼、鲑鱼、大马哈鱼，贝类有牡蛎、扇贝、贻贝等。

四　矿业和能源业

加拿大是世界上主要的矿产品生产和出口国之一，矿产品产值居世界第三位，仅次于美国和俄罗斯。加拿大所有省和地区几乎都有矿业活动，矿业发展状况对加拿大人就业和生活有广泛影响。加拿大自然资源部每年出版《加拿大矿产年鉴》。1980～2010年，加拿大贱金属储量逐年下降，其年均下降率依各矿种不同，从钼下降0.69%到铅下降8.6%。20世纪80年代末公布的一些矿藏的储量到2010年大多数已不足一半了，例如，2010年，镍的储量只有1980年的37%、钼46%、锌15%、铅4%、银20%，但铜还有64%，金增加了178%。

加拿大有近300种金属和非金属矿藏，目前已开采的约有60种，其中产量占世界前五位的矿产有钾、石棉、钻石、钨、硫黄，钻石、钾和铀的价值尤为重要。

加拿大1991年在西北地区发现了有经济价值的钻石矿，1998年成为钻石生产国，2009年末钻石产量排世界第六，在俄罗斯、刚果、澳大利亚、博茨瓦纳和安哥拉之后；在钻石产值上，在俄罗斯和博茨瓦纳之后，位居世界第三。加拿大钻石绝大部分出口到美国，其次是墨西哥、比利时、中国香港地区等。在21世纪，加拿大有望成为世界最大的钻石生产国。加拿大钾矿储量97亿吨，占全球储量的57%；钾产量占全球产量的30%以上；已探明的铀矿储量约占全球储量的15%，占西方国家的20%。

能源业是仅次于制造业的全国第二大产业，2012年产值占GDP的9.5%。能源出口1076亿加元，净利润630亿加元。产品主要有石油、天然气、煤、电力、铀等。石油和天然气的主要产区是西北和育空地区的马更些河谷与波弗海沿岸一带，梅尔维尔岛以北的北极区，以及大西洋沿岸的近海油田等。煤炭主要蕴藏在西部，占全国储量的95%。

加拿大煤储量870亿吨，其中可开采量660亿吨，按目前生产规模，可继续开采百年以上。此外，还探明煤炭资源量1930亿吨。煤曾经是加拿大的主要能源，迟至1945年，煤仍占全部能源的1/2以上。20世纪50年代以来，石油、天然气和水电逐渐成为加拿大的主要能源。目前加拿大 2/3 的能源来自石油和天然气，煤只占 11%。2013 年煤产值为 17.74 亿加元。

近年来随着石油价格的上涨，从油砂中提炼石油成为有利可图的事。加拿大油砂储量占全球储量的 85%，大部分石油以油砂和非油砂形态蕴藏在西部沉积盆地，也就是在不列颠哥伦比亚、阿尔伯塔、萨斯卡彻温、马尼托巴四省和西北地区。油砂是砂、水、黏土和沥青的混合物，各种油砂成分的比例是不一样的，一般是砂 83%、沥青 10%、水 4%、黏土 3%。加拿大已探明的油砂石油储量为 1700 多亿桶，占其全部石油储量的 97%。油砂需要分离和浓缩后才能送到炼油厂提纯为合成原油。油砂处理过程产生大量废渣，对土地、水和空气都有污染，这对环保是一个严重挑战。欧美等国反对购买油砂石油的呼声很高，科学家们在努力提高油砂处理的科技水平，减少污染。

2013 年，加拿大是世界上第六大能源国。近 20 年，尽管加拿大原油产量持续增加，石油储量按现有生产规模仍可以持续开采 140 年。已探明的石油储量为 1730 亿桶，其中 1680 亿桶在阿尔伯塔省的油砂中，其余 50 亿桶是以普通的、近海岸的和致密油的形式存在。东海岸的石油储备通常被估计为 15 亿桶，而阿尔伯塔省普通的和致密油储量约有 17 亿桶。

西部炼油厂基本用加拿大自产原油，东部沿海省和魁北克省炼油厂用进口原油，安大略省炼油厂既用国产原油也用进口原油。安大略省和魁北克省石油消耗占全国的 60%，西部各省占 32%，而沿海各省和三个地区共用 8%。由于西部有充分的天然气供应，这一地区（不列颠哥伦比亚、阿尔伯塔、萨斯卡彻温、马尼托巴四省）燃炉用油消费很少，只占全国的 6%。相比之下，大西洋各省使用的燃炉用油占全国的 30% 以上，这一地区人口只占全国的 7%。魁北克省和安大略省消耗了全国 63% 的燃炉用油，但按人均消费量算，大西洋各省最多。西部和大西洋沿海出口石油，东部和中部进口石油，总体平衡后，加拿大是一个石油出口量很大和出口量增长很快的国家。在加拿大进口原油中，有 44% 来自欧佩克国家。加拿大原油几乎全部出口到美国，加拿大是向美国输出石油最多的国家。国际贸易对加拿大贸易平衡有很大影响，石油出口占加拿大全部出口的

30%。加拿大是世界第三大天然气生产国，居美国和俄罗斯之后，100%的天然气和99%的石油出口都输往美国。目前加拿大每天从油砂中提炼的原油产量180万桶，预计在2035年可达到每天500万桶。2012年，石油和天然气行业，直接雇员20万人，以各种税收形式上缴利润235亿加元，占当年GDP的7%。

加拿大有丰富的电力资源，人均生产和消费的电量都居世界之首。加拿大电力构成比较环保，在2014年4月以前的一年中，加拿大发电4760万兆瓦小时，消耗电能4480万兆瓦小时。加拿大电力能源以水力发电为主，2014年水力发电占全国发电总量的63.44%；其次是核电，占15.53%；再次分别是以煤或石油为燃料的蒸汽发电占14.76%，燃气轮机发电占4.2%，风力发电占1.82%；其余还有很少部分的太阳能和潮汐发电。主要核电厂有布鲁斯核电站，装机容量6400兆瓦；皮克林核电站，装机容量4300兆瓦；达林敦核电站，装机容量3600兆瓦。此外，利用潮汐能、风能、光电太阳能、海洋热能、海涛能、地热能等发电都在积极研究之中。各省的电力来源取决于各省的能源状况，如纽芬兰省、安大略省、马尼托巴省、不列颠哥伦比亚省、育空地区大部分为水力发电，新斯科舍、萨斯卡彻温和阿尔伯塔等省主要靠燃煤发电，新不伦瑞克省、爱德华王子岛省、努纳瓦特地区则主要靠燃油发电。从20世纪50年代起，加拿大和美国的供电系统是相互联系的，两国的电力公司依据各自的情况安排电力的生产和使用，但加拿大电力输出远大于输入。

## 第三节　制造业和建筑业

### 一　制造业

加拿大统计局认定的制造业主要有汽车、飞机、机械、电子、橡胶、化工、纺织与服装、烟草、食品与饮料等21个行业。加拿大传统的制造业是造纸业，后来是汽车制造业和石油化工业。现在，石油化工业、汽车制造业和造纸业仍是加拿大制造业的主要部门，全国80%以上的制造业集中在安大略和魁北克两省。

2012 年，制造业商品销售总额为 5938 亿加元，比前两年有所增长。其中，汽车销售 539 亿加元，比上年增长了 17.6%，主要销往美国；汽车零部件销售 250 亿加元，同比增长了 23.5%。安大略省制造业商品销售额为 2722 亿加元，占全国制造业商品销售总额的 45.8%。计算机和电子产品销售额减少了 10.9%，仍延续从 2001 年开始的下降趋势。

2002～2012 年，加拿大制造业商品出口额减少了 7%，约为 207 亿加元。这主要是因为对美国出口减少了 448 亿加元；对美出口份额，由占全部制造业出口的 88%，减少到 78.2%。这一时期，加拿大制造业商品对其他国家的出口增加了 241 亿加元，这弥补了对美出口减少的 50% 以上。对其他国家的制造业出口份额，由 2002 年的 12% 增加到 2012 年的 21.8%。其中，中国进口加拿大制造业商品增加了 3 倍多，由占制造业出口份额的 0.9% 上升为 3.5%。这使中国成为加拿大制造业商品的第二大购买国。2012 年，在加制造业的 21 个行业中，20 个行业对华出口都超过 2002 年水平，其中，纸、食品、木制品增长尤多。

加制造业出口增加的地区是欧盟。欧盟 2012 年进口比 2002 年增加了 50 亿加元，其在加制造业出口中的份额由 4.5% 上升至 6.5%，其中英国和荷兰对加制造商品的进口占欧盟进口的 63%，增加部分主要是石油、煤和粗金属产品。

加制造业的 21 个行业情况不同。2012 年，有 15 个行业出口值低于 2002 年。下降最多的是交通设备制造业，减少了 261 亿加元，其在制造业出口中的份额减少了 7%。而粗金属、化学、石油、煤、食品等行业则获得增长机会，有些还伴随着价格的提高。这些增长的行业占全部制造业出口的 38.6%，而 2002 年，它们只占 22.2%。

2012 年，制造业投资 662 亿加元，比上年增加 1.2%。未完成的订单额 689 亿加元，增长了 7.1%。航空产品的订单额 350 亿加元，比 2010 年增长了 69%，占 2012 年未完成订单的一半多。外国直接投资 1816 亿加元，增长 6.1%，主要在石油和煤矿设备制造领域。制造业就业人员 150 万，比上年增加了 0.4%。因为其他行业雇员的增长快于制造业，制造业雇员在全部就业人员中的比例仍呈下降趋势，从 2011 年的 9.9% 减少为 9.8%。2013 年，制造业尚有就业人员约 230 万。

虽然 2012 年制造业生产和销售增长，但全部利润为 495 亿加元，比上年下降 14.6%。这是 2009 年以来的首次下降。而且，制造业贸易赤字也在扩大。2012 年，制造业出口增加了 3%，进口增加了 4.4%，导致约 1000 亿加元的逆差。

## 二 建筑业

建筑业在加拿大经济中占有重要地位，建筑业产值占 GDP 的 13%。2013 年建筑业产值为 1680 亿加元。建筑业主要有四个类别：住宅建筑、工业设施建筑、商业建筑和市政工程建筑。2008 年金融危机以来，加拿大央行一直以低利率刺激经济，活跃了房地产市场，房产价格逐年攀升。至 2014 年中期，房屋贷款利率仍是历史最低水平。房地产业的活跃有效地带动了经济发展。

2013 年，建筑业总投资约为 3987 亿加元，其中政府投资约为 877 亿加元，私人投资约为 3111 亿加元。相比 2012 年的 3927 亿加元总投资增加了 1.5%；2014 年计划投资 4045 亿加元，比 2013 年增加了 1.5%。在建筑业投资中，有约 1/4 投向住房，2013 年住房投资 1052 亿加元，住房以外的投资用于各种非居住建筑和购买建筑机械设备。2013 年主要的非住宅投资包括：矿山、石油和天然气工程 882 亿加元，公共行政 369 亿加元，公用设施 317 亿加元，交通和仓储 238 亿加元，教育 100 亿加元，等等。2013 年，非住宅建筑投资最多的三个省是阿尔伯塔（949.6 亿加元）、安大略（727.4 亿加元）和魁北克（448.4 亿加元）。2013 年，全国有 26.5 万家建筑公司，就业人员 132.4 万人，90% 以上的公司少于 5 人。建筑工人的年薪，依技术和经验，从 3 万到 7 万加元不等。安大略省高级建筑技工每小时 30 多加元，有经验的管道工、木工、电工、电焊工年薪均在 5 万至 7 万加元之间。

近年来加拿大居住型房地产平均年增殖 6%，各地实际情况有所不同。按城市每栋房产平均价值排名，温哥华第一（53.55 万加元），后面依次是：维多利亚（39.22 万加元）、多伦多（38.82 万加元）、卡尔加里（38.68 万加元）。

自 2009 年以来，建筑业最先从危机中复苏并处于领跑经济的地位；至 2013 年 9 月，为加拿大提供 20.78 万个新增就业岗位。但也有专家认为，建筑业在美国经济中的比重只占 5.3%，而在加拿大经济中的比重为 13.4%，担心政府对建筑业的倾斜政策会导致房地产泡沫。

# 第四节　服务业

加拿大服务业范围较广，主要包括交通运输、商业零售批发、各级政府部门提供的社会服务（如卫生、福利、教育）、金融、保险和房地产中介，以及各种职业化服务（如法律、工程设计、电脑设计、信用和价值评估）等。随着经济的发展和生产效率的提高，传统产业部门的人数逐渐减少，而服务业的就业人数一直在稳步增加。1911 年，全国传统产业部门的人员占全国劳工总数的 66%，而服务业人员仅占 33%，1987 年这两个数值恰好相反。2013 年，服务业产值 11286 亿加元，约占 GDP 的 70%，服务业就业 1385 万人，占全国劳工总数的 78%。因此，服务业不仅关系加拿大经济的繁荣，而且是就业和社会稳定的关键。

## 一　交通运输业

加拿大联邦政府交通部负责制定交通政策、法规，统管全国交通事务，下设航空局、海运局和陆上交通局等机构。

加拿大地广人稀，交通运输业在国民经济和人民生活的各个方面占有十分重要的地位。加拿大的交通运输主要包括水路运输、铁路运输、公路运输和航空运输。加拿大政府历来重视对交通运输基础建设的投入，交通运输业相当发达，现代化程度较高。加拿大人均拥有铁路和公路的里程均占世界首位。

2013 年，交通运输业对经济贡献 659 亿加元，约占 GDP 的 4%，安置就业人员 86 万多人，占全国劳工总数的 4.8%。其中公路运输对经济和就业的贡献最大，超过航空运输、水路运输和铁路运输贡献的总和。

加拿大的水路运输包括远洋、内河和沿海航运。加拿大有大小港口400多个，温哥华港是加拿大最大的海运港口，有30多个码头，航道平均深度超过15米，能容纳最大的海轮，年吞吐量达7000多万吨。加拿大对中国出口货物的85%要经过温哥华港。加拿大内河航道长约3700公里，圣劳伦斯河航道在水路运输上的地位非常重要。对美国出口货物的1/3是经过水路运输的。2013年，水运收入14.56亿加元。

加拿大铁路总长度约9万公里。1836年7月21日，加拿大第一条铁路尚普兰—圣劳伦斯铁路正式通车。铁路建设的意义不仅在经济上，东西岸之间铁路的贯通在联邦成立之初曾是联邦政府的政治命脉。加拿大最重要的铁路是两条横贯东西海岸的干线，分别由加拿大两大铁路公司，即加拿大国家铁路公司和加拿大太平洋铁路公司经营，余下的铁路业务由地方性短程铁路公司承担。加拿大铁路可分南、北两线，北线东起哈利法克斯，经魁北克、温尼伯、埃德蒙顿，西至不列颠哥伦比亚省的鲁伯特港，全程7000公里；南线东起圣约翰，经蒙特利尔、渥太华、桑德贝、温尼伯，直抵温哥华，全长6100公里。两大铁路交会于温尼伯。

铁路运输在加拿大历史上曾发挥过重要作用，但20世纪50年代以来，因公路运输和航空运输的竞争，其在经济和交通中的地位已大不如从前了，公路运输和航空运输在客运方面已居支配地位。由于客运量少，铁路客车运营成本高，同样距离的火车票要比汽车票贵许多。尽管火车上服务设施好，沿途的风景比公路两旁的漂亮，但价格高、时间长使其在激烈的运输市场竞争中处于不利地位。因此，货运成为铁路运输的主要任务。2013年铁路运输收入66.4亿加元。

加拿大在多伦多和蒙特利尔有两个地铁系统。多伦多市的地铁目前有3条线路，长54.4公里。蒙特利尔市的地铁于1966年开始运营，目前有4条线路，总长68公里。在埃德蒙顿、卡尔加里和温哥华等城市建有轻轨铁路。轻轨铁路主要在地面上行驶，比地铁成本低，但载客量也比地铁少。

公路运输在加拿大交通运输中占有重要地位，全国公路总长 90 多万公里，其中横贯加拿大东西海岸的高速公路全长近 8000 公里。公路交通运输公司有 1000 家，国内客运量的 90%、货运量的 75% 是通过公路完成的。2013 年公路运输的收入为 179 亿加元。出口美国的货物有 1/2 以上是通过公路运输的。

1997 年加拿大完成了桥梁建筑史上的一项奇迹，建成了一座长 13 公里连接爱德华王子岛和大陆的桥梁——联邦大桥。从 1873 年爱德华王子岛加入联邦之日起，联邦政府就许诺要采取措施使该岛和大陆紧密地联系起来，但之后的一个多世纪，连接该岛的交通工具仍是渡船，直到 1997 年联邦大桥的建成，才彻底改变了该岛的交通状况。加拿大邮政部门专门为此发行了一枚纪念邮票。联邦大桥离水面平均高度 40 米，轮船可以在桥下通过。桥面 11 米宽，有 4 条车道分双向通行，每小时可通过 2000 辆汽车。

加拿大的航空业发展迅速，从 1915 年在多伦多的郎布兰奇建成了第一个机场，到现在已有了 2000 多个注册的机场。这些机场大到 1400 多公顷，小到仅 300~400 平方米，还分军用和民用。民用机场又分国际、国家、地区、地方商业和地方机场五类。国际和国家机场有 22 个，设在各大城市和各省、地区的首府，是国际和国内空运系统的骨干。地区机场是小型机场到国际和国内大机场的中转站。地方商业机场主要承接国内中小城市间的飞行航班，也接待社团、企业飞机的起降。地方机场主要用于科学考察、飞行和跳伞训练等。在对社会商业性经营的 1000 多个机场中，绝大部分为私营。2013 年，在加拿大注册的各种飞机 3.3 万架。加拿大有民用航空公司 220 家，主要的有：加拿大航空公司（Air Canada，AC）、西捷航空公司（West Jet）和加拿大国际航空公司（Canada Airlines International，CAI）。

管道运输也是加拿大运输体系的一部分，主要用管道输送天然气和石油。加拿大第一条石油管道是在二战中铺设的，从蒙特利尔炼油厂通到美国缅因州，全长 236 英里。当时用管道运输石油是为了防止德国潜艇对油船的袭击，保障加拿大进口原油的安全。油气管道具有经济、安全、不受气候影响的优点，这使其在二战后得到迅速发展。现在加拿大油气运输管道总长约 35000 公里，仅次于美国和俄罗斯，其中主要有两大干线，一条横贯东西，另一条沿西海岸通往美国。石油管道有三类：①收集管道，将各个油田开采的石油输送到油管干线，再经干线送往各地的炼油厂。②干线管道，直径约为 76 厘米，适合长距离输送原油。③产品油管道，将经过提炼的产品油从炼油厂运往各地，这种管道可以分别输送多种产品油，在更换品种时，只需在前后两种油之间注入插入剂，隔开它们。加拿大西部出口石油，东部在西部石油供不应求的情况下，从美国进口一部分。加拿大石油基本上是由西向东、由北向南流动的，安大略省就接收来自西北地区、阿尔伯塔省和萨斯卡彻温省输油管的石油。输油管道在 2013 年收入 53 亿加元。

## 二　金融业

金融业传统上有四大支柱：银行、信托公司、保险公司和投资公司。联邦和省政府的金融法规决定了它们各自独特的领域和作用。但近年来，它们相互渗透，共同充当金融交易媒体。如 1992 年修改后的银行法允许银行拥有信托和保险公司的股份，银行可以为顾客提供全部金融服务，从存贷款到股票、基金和债券投资、保险计划等家庭和企业理财咨询。金融领域原有的界限被消除后，竞争更趋激烈。各大金融机构通过兼并、购买等形式扩大规模，改变经营方式，重新确立自己的市场份额。

加拿大的银行分两大类：中央银行和商业银行。中央银行如加拿大银行（The Bank of Canada）的主要职能是：执行政府的货币政策，发行货币和银行券，制定国内存贷款利率和加元对世界主要货币的兑换率，向商业银行发放贷款，掌握政府和商业银行的存款等。商业银行（又称特许银行）主要吸收社会存款，发放贷款，提供各种金融服务。2014 年 5 月，加拿大官方国际货币储备约 779 亿美元，其中主要是有价证券 607 亿美元、存款约 38 亿美元、特别提款权约 87 亿美元、黄金 1.2 亿美元以及在国际货币基金组织中的准备金约 46 亿美元。

加拿大最早的银行是 1817 年成立的蒙特利尔银行（BMO），现在它仍是加拿大五大商业银行之一。另外四家商业银行是：加拿大皇家银行（RBC）、加拿大帝国银行（CIBC）、多伦多道明银行（TD）、丰业银行

（Scotia Bank）。加拿大银行在世界 60 多个国家有 300 多家分支机构。虽然商业银行 85% 的工作岗位在国内，但其利润的 40% 来自国外的业务和投资活动。目前，这五家商业银行在中国都有分公司或代表处。

加拿大最初的证券交易所在 1874 年成立于蒙特利尔。加拿大在多伦多、蒙特利尔、温尼伯、卡尔加里和温哥华有 5 大股票交易市场。其中多伦多证券交易所最大，有 3300 家上市公司，总市值 13000 亿加元，是北美第三大、世界第七大股票交易所。温哥华股票交易所建立于 1907 年，是加拿大第二大股票交易所，它以对中小企业进行风险投资而闻名世界。

蒙特利尔交易所主要经营贵金属（黄金、白银和铂）和大宗商品的期货交易。在卡尔加里的阿尔伯塔股票交易所主要从事矿业、石油和能源类股票的交易。温尼伯交易所主要是地区性的，但现在它和阿尔伯塔交易所都为新兴企业风险投资开辟市场。

2013 年金融保险业增加值为 1066 亿加元。2012 年底，加拿大人持有外国有价证券 8873 亿加元，比 2011 年增加了 17%。其中，国外股票 6873 亿加元，超过 3/4，其余 2000 亿加元是国外债券，占 19%。加拿大对外投资遍布世界一百多个国家，但主要投资国家依次为美国、英国、日本、法国、澳大利亚和德国。加拿大持有美国债券 5139 亿加元，欧洲国家证券 1984 亿加元，日本证券 369 亿加元。2012 年对亚洲和大洋洲的投资增加了 15%，尤其是对韩国、中国大陆和中国香港地区。

保险在加拿大人日常生活中占有重要地位，每个加拿大人一生中都要购买几种保险，最普通的是汽车、房屋、人寿和医疗保险。保险概念引进加拿大是 19 世纪初的事。19 世纪 30 年代中期，上、下加拿大省的一些教区和城市有火灾保险公司。加拿大第一个人寿保险公司出现于哈密尔顿，第一部保险法于 1868 年通过。加拿大对保险公司的执照、经营范围、客户服务及投诉等均有严格规定。虽然各银行网点都有保险业务，但保险经纪以其灵活方便的工作方式仍占据着相当的市场份额，尤其为自雇者提供了很多工作岗位。

加拿大中央银行的金融政策以稳健著称，加拿大金融体系被普遍认为是世界上最安全的金融体系之一。在 2007 ~ 2008 年美国次贷危机和欧债危机时，加拿大是西方七国中受冲击和影响最小的，没有一家主要银行倒闭。2012 年，加拿大银行体系连续五年被世界权威杂志评为最稳健银行体系。

三 旅 游 业

加拿大旅游委员会（Canadian Tourism Commission）是加拿大旅游业和旅游市场的管理部门，联邦政府下属的皇家公司，通过产业部长向议会汇报工作。旅游委员会的任务是：维护一个有活力的和有利润的加拿大旅游市场；促进私企与各级政府相关部门在旅游方面的合作，在国际旅游市场上推介加拿大旅游资源，使之成为世界上有吸引力的旅游目的地。

世界经济论坛旅游业竞争力报告，每两年发布一期，依据 14 项竞争力要素综合成旅游竞争力指数，对 140 个国家排名。2011 年加拿大排名第 1 位，2013 年排名第 8 位。加拿大排名靠前的因素有：丰富的自然资源，排名第 10 位，其中，世界自然遗产排名第 5 位；高质量的人力资源，排名第 5 位；文化资源，包括国际贸易与展览活动，居第 16 位；空运系统位列第一，主要因为国内空运发达，人均机场数量多。排名落后的因素有：环境的可持续性排第 41 位，由 2011 年的第 35 位下滑了 6 位，人均碳排放量是第 128 位；价格是第 124 位，其中机票税和机场费为第 136 位，倒数第四；签证条件是第 106 位。

2012 年，旅游业增加值比上年增长 4.2%，达到 323 亿加元，占 GDP 的 1.8%。

2012 年，旅游业从业人数 170 万，其中直接从业人数为 60 多万，比 2011 年增加了 1.5%，占全国就业人数的 9.4%。其中，餐饮服务从业人数占旅游业从业人数的 54%。所有省和地区的旅游业工作岗位都增加了，育空地区增加的最多，达 27.4%，安大略省最少，为 0.6%。自 2009 年以来，各地旅游业从业人数都在增长。旅游业在各地经济中的比例不同，不列颠哥伦比亚省的比例最高，为 12.2%，西北地区和育空地区次之，分别为 12.1% 和 11.3%。

2012 年，加拿大接待了 1600 万国际（住宿的）旅游者，比上年增长了 1.7%，其中 350 万人次乘飞机，绝大部分是美国人。从 1996～2012

年，美国人到加拿大度假旅游的年消费额，由 390 亿美元增加到 480 亿美元。2012 年美国到加拿大商务出差的年消费额达到 630 亿美元。在美国到加拿大的旅游者中，有 52% 是度假，25% 是探亲访友，其中，商务出差者比例较小。

2012 年美国休闲旅游者占加拿大全部国外旅游者的 63%，平均每次旅游 4.4 天，人均日消费 480 美元。在这些美国旅游者中，相比 2011 年，25～34 岁旅游者增加了 16.9%，24 岁以下者增加了 7.8%，55 岁以上者仅增长了 2.2%，但他们仍是最大的旅游群体，占全部休闲旅游者的 44.5%。2012 年因商务公务到加拿大的美国人有 180 万，比上年增加了 2.3%。这些人中 72% 是男性，55% 在 45 岁以上。

仅 2014 年 5 月，到加拿大的美国人就有 170 万人次，其中，乘飞机并住宿的有 34.4 万人次，开车并住宿的 56.7 万人次，开车当天返回美国的 58.7 万人次；加拿大人去美国的有 450 万人次，其中，开车当天往返的 253 万人次，住宿一天以上的 282 万人次，乘飞机的 69 万人次；来加拿大的其他国家游客 46.8 万人次，是 1996 年 6 月以来最多的一个月，其中，欧洲游客 20.9 万人次，非洲 1 万多人次，亚洲 16 万人次，北美（美国除外）、中美和加勒比地区 3 万多人次，南美 1.7 万人次，大洋洲及其他岛国 3 万人次。增长最多的是中国大陆和中国香港地区的游客，分别增长 8.6% 和 18.4%，中国大陆游客达 3.9 万人次。除美国以外，到加拿大旅游较多的国家和人数依次是：英国 5.5 万人次，中国 5.1 万人次，法国 3.9 万人次，德国 2.8 万人次，澳大利亚 2.5 万人次。同期，加拿大人去美国以外国家旅游的有 88.4 万人次。

2012 年，加拿大十大旅游市场（美国除外）依次为：英国、法国、德国、中国、澳大利亚、日本、印度、韩国、墨西哥、中国香港，其中从中国到加拿大旅游的人数增长最快（20%）。2012 年中国赴加旅游达到 27.3 万人次，在加花费 4.86 亿加元，比 2011 年增长了 19.2%，使中国成为加拿大第四大旅游市场。加拿大旅游委员会很重视中国市场。世界旅游组织报告指出，2020 年预计中国将有 1 亿人次出国旅行，中国将成为世界第四大旅游市场。

在 2013 年加拿大旅游交易会上，加拿大旅游业协会负责人表示，虽然 2012 年行业收益和数据都不错，但对行业前景表示担忧：首先，过度依赖境内游，近 10 年几乎所有国家的国际旅客都在增长，但加拿大的国际旅客数量变化不大。国际旅客在加拿大的消费，远低于加拿大人到国外的花费，这种旅游赤字在 2012 年已是 173 亿加元。要改变这种情况，需要增加推销投资。在各国都增加旅游推广投资的情况下，2013 ~ 2014 年加拿大的全球旅游推广预算却减少了 5800 万加元。另外，加拿大航空成本和游客的消费税过高。

四　零售业

2013 年，零售业销售总额为 4830 亿加元，其中汽车及零部件销售额为 1118 亿加元，新车销售额为 905 亿加元，旧车销售额为 63 亿加元。家具和家庭装饰销售额为 153 亿加元，其中家具销售额为 97 亿加元。其他主要领域及销售额分别为：装修和花园材料 275 亿加元，电子设备 147 亿加元，食品、饮料 1077 亿加元，保健和个人护理 350 亿加元，汽、柴油 614 亿加元，服装、鞋帽、箱包 272 亿加元，体育用品、书籍和音像制品 108 亿加元。

2014 年 5 月，零售业销售总额为 420 亿加元，上升了 0.7%，销售数量增加了 0.4%。在零售业的 11 个领域中，有 7 个出现销售增长，占该行业的 56%，其中，机动车及零件销售增长了 2.5%，是零售业中增长最多的；新车销售 19.77 万辆，主要是轻型卡车；摩托车、休闲车和游艇等销售也增加了；汽油销售增长 2%，这是连续 7 个月增长；建材装修和花园材料销售增加了 3.5%；家具和室内装饰销售增加了 3.7%，这是在 5 个月中的第 4 个月增长；体育用品、书籍和音像制品增长了 2.1%，是连续 5 个月增长。尽管便利店和专门食品店销售增加了食品饮料包括酒类出现了小幅下降。电器产品销售在连续 4 个月增长后，5 月减少了 1.7%，这个下降超过了 3 ~ 4 月的升幅。个人保健护理产品销售也有 1.25% 的下降，这是连续 4 个月来的第一次下降。

从各省范围看，10 个省中有 9 个省零售业销售增长。安大略和魁北克两省都增长了 0.7%，安大略省是各类零售都普涨，并且是连续 5 个月增长；魁北克省的增长主要得益于汽车销售。零售业销售与家庭消费最密切，是判断居民消费和经济状况的一个重要指标。

## 第五节 对外经济关系

### 一 概况

加拿大是一个典型的贸易型国家，进出口贸易在国民经济中占有极为重要的地位。2013 年进出口贸易额为 9198.7 亿美元，其中出口 4580.5 亿美元，进口 4618.2 亿美元。按国别看，对美国、中国、英国、日本出口额分别占加拿大全部出口额的 75.8%、4.4%、3% 和 2.3%。加对美贸易顺差高达 1066 亿美元，加拿大贸易逆差主要来自中国、墨西哥和德国，分别为 312.4 亿美元、206.6 亿美元和 115.5 亿美元。从商品看，主要出口矿产品、运输设备和机电产品，出口额分别为 1295.2 亿美元，706 亿美元和 452.7 亿美元，分别占出口总额的 28.3%、15.4% 和 9.9%。进口的主要是机电产品、运输设备和矿产品，合计 2462.6 亿美元，占进口总额的 53.4%。

加拿大与美国互为最大贸易伙伴，符合市场规律和两国利益。两国的政治、军事和文化关系密切，同文同种，交通便利，自然资源和经济发展水平有互补性。加拿大人对此喜忧参半，喜的是美国使其国内市场几乎延伸了 10 倍（美国人口和国内生产总值分别约是加拿大的 10 倍），忧的是几乎全部鸡蛋都放在一个篮子里，美国市场上的风吹草动都会对加拿大产生很大影响。

加拿大对外贸易与其政治、历史、文化传统和地理位置密切相关。从加拿大出口商品的历史中，就可以清楚地看出这个国家经济发展的不同阶段。在殖民地时期，出口商品只有皮毛和鱼类产品，后来随着欧洲造船业的需要，发展了木材出口。19 世纪末，随着城市化进程和大草原的开发，小麦成为头号出口商品。20 世纪以来，矿产品出口的重要性在逐步提高。二战后，石油和天然气的出口占有很大比重，同时，制造业尤其是汽车在出口商品中所占比重上升，技术含量也在大幅上升。但总的来说，农产品、矿产品和能源等初级产品的出口在加拿大整个出口总值中还占有相当重要的地位。

2013 年加拿大主要出口商品和进口商品见表 4 - 2、表 4 - 3。

表 4 - 2　2013 年加拿大主要出口商品

单位：百万美元

| 商品类别 | 2013 年 | 上年同期 | 同比% | 占比% |
|---|---|---|---|---|
| 总值 | 458054 | 455147 | 0.6 | 100.0 |
| 矿产品 | 129521 | 126479 | 2.4 | 28.3 |
| 运输设备 | 70602 | 72430 | - 2.5 | 15.4 |
| 机电产品 | 45265 | 47797 | - 5.3 | 9.9 |
| 贱金属及制品 | 32318 | 33923 | - 4.7 | 7.1 |
| 化工产品 | 28864 | 28432 | 1.5 | 6.3 |
| 贵金属及制品 | 23332 | 23119 | 0.9 | 5.1 |
| 植物产品 | 21968 | 21502 | 2.2 | 4.8 |
| 塑料、橡胶 | 16577 | 16286 | 1.8 | 3.6 |
| 纤维素纸浆、纸张 | 16276 | 16213 | 0.4 | 3.6 |
| 木材及木制品 | 12369 | 10042 | 23.2 | 2.7 |
| 食品、饮料、烟草 | 11980 | 11462 | 4.5 | 2.6 |
| 活动物、动物产品 | 10882 | 10469 | 4.0 | 2.4 |
| 家具、玩具、杂项制品 | 6622 | 6496 | 1.9 | 1.5 |
| 光学、钟表、医疗设备 | 6136 | 6017 | 2.0 | 1.3 |
| 动植物油脂 | 3374 | 3956 | - 14.7 | 0.7 |
| 其他 | 21967 | 20525 | 7.0 | 4.8 |

资料来源：http：//countryreport. mofcom. gov. cn/record/view110209. asp？news_ id = 38433。

表 4 - 3　2013 年加拿大主要进口商品

单位：百万美元

| 商品类别 | 2013 年 | 上年同期 | 同比% | 占比% |
|---|---|---|---|---|
| 总值 | 461817 | 462340 | - 0.1 | 100.0 |
| 机电产品 | 111071 | 112912 | - 1.6 | 24.1 |
| 运输设备 | 80578 | 78465 | 2.7 | 17.5 |
| 矿产品 | 54609 | 56031 | - 2.5 | 11.8 |
| 化工产品 | 38918 | 38039 | 2.3 | 8.4 |

续表

| 商品类别 | 2013 年 | 上年同期 | 同比% | 占比% |
| --- | --- | --- | --- | --- |
| 贱金属及制品 | 30514 | 32074 | −4.9 | 6.6 |
| 塑料、橡胶 | 22172 | 22473 | −1.3 | 4.8 |
| 食品、饮料、烟草 | 18538 | 17893 | 3.6 | 4.0 |
| 家具、玩具、杂项制品 | 14596 | 14510 | 0.6 | 3.2 |
| 光学、钟表、医疗设备 | 13945 | 14176 | −1.6 | 3.0 |
| 贵金属及制品 | 13909 | 15426 | −9.8 | 3.0 |
| 纺织品及原料 | 13835 | 13308 | 4.0 | 3.0 |
| 植物产品 | 11243 | 10948 | 2.7 | 2.4 |
| 纤维素纸浆、纸张 | 8886 | 8855 | 0.4 | 1.9 |
| 活动物、动物产品 | 5321 | 5205 | 2.2 | 1.2 |
| 陶瓷、玻璃 | 5272 | 5177 | 1.9 | 1.1 |
| 其他 | 18409 | 16848 | 9.3 | 4.0 |

资料来源：http：//countryreport. mofcom. gov. cn/record/view110209. asp? news_ id = 38434。

## 二　主要外贸伙伴国

2013 年，加拿大外贸总额为 9475.934 加元，比上年增长 3.3%，其中商品出口 4720.08 亿加元，增长 3.8%；商品进口 4755.854 亿加元，增长 2.9%。服务外贸总额为 1975.07 亿加元，增长 2.7%，其中服务出口 865.46 亿加元，增长 2.9%；服务进口 1109.61 亿加元，增长 2.5%。加对外总投资（含股票）7792.92 亿加元，增长 9.4%。外国对加总投资（含股票）6862.56 亿加元，增长 9.5%。

2013 年，加对美贸易总额为 6060.221 亿加元，比上年增长 5.8%，其中商品出口 3582.068 亿加元，增长 5.6%；商品进口 2478.153 亿加元，增长 5.9%。双边服务贸易总额达 1103.38 亿加元，增长 2.6%，其中服务出口 461.42 亿加元，增长 1.2%；服务进口 641.96 亿加元，增长 3.6%。加对美直接投资（含股票）3183.46 亿加元，增加 9.8%。美对加直接投资（含股票）3521.25 加元，增加 10%。

过去几十年，尽管加拿大一直努力拓宽国际贸易渠道，避免过于依赖美国，但效果很有限。例如，2002 年，美国在加拿大外贸中的比重为 87.1%，欧洲的比重为 5%，亚洲为 5.1%，其他地区为 2.8%；2013 年，美国的比重为 75.8%，较 10 年前下降了 11.3 个百分点。同时，欧洲、亚洲和其他地区的比重多有上升。应该说，加拿大国际贸易多元化的趋势仍在缓慢曲折地进行中。

2013 年，加对英国商品贸易总额为 224.027 亿加元，与上年相比减少了 17.9%，其中，商品出口 139.704 亿加元，减少了 25.5%；商品进口 84.323 亿加元，减少了 1.3%。服务贸易总额为 99.66 亿加元，减少了 2.7%，其中服务出口 46.94 亿加元，减少 2.8%；服务进口 52.72 亿加元，减少 2.6%。加对英直接投资（含股票）860.87 亿加元，增加了 12.4%；英对加直接投资（含股票）567.45 亿加元，增加了 16.6%。

2013 年，加对日本双边商品贸易总额为 243.927 亿加元，比上年减少了 3.9%，其中商品出口 106.621 亿加元，增加了 2.9%；商品进口 137.306 亿加元，减少了 8.6%。双边服务贸易总额为 30.17 亿加元，增加了 6.5%，其中服务出口 13.54 亿加元，增加了 7.8%；服务进口 16.63 亿加元，增加了 5.5%。加对日直接投资（含股票）47.15 亿加元，增加 27.9%；日对加直接投资（含股票）173.05 亿加元，增加了 6.5%。

2013 年，加对欧盟双边商品贸易总额为 861.691 亿加元，比上年减少 3.4%，其中商品出口 330.229 亿加元，减少 14.6%；商品进口 531.462 亿加元，增加了 5.2%。服务贸易总额为 313.06 亿加元，减少了 0.9%，其中服务出口 141.02 亿加元，减少 1.3%；服务进口 172.04 亿加元，减少了 0.7%。

巴西和俄罗斯也是加拿大近年来着意开发的贸易伙伴，2013 年它们对加贸易并不顺利。加与巴西双边商品贸易总额为 60.858 亿加元，比上年减少了 7.4%，其中商品出口 24.578 亿加元，减少了 5.7%；商品进口 36.28 亿加元，减少了 8.6%。加对巴直接投资（含股票）110.53 亿加元，增加了 2.4%；巴对加直接投资（含股票）183.21 亿加元，增加了 10%。加与俄罗斯双边商品贸易总额为 22.622 亿加元，减少了 14.5%，其中商品出口 13.974 亿加元，减少了 15.4%；商品进口 8.648 亿加元，减少了 13%。

加拿大外贸主要在经合组织中进行，2013 年，加拿大进口总额的 88.6%，出口总额的 76.9%，都是在经合组织成员中进行。当然，其中最主要的还是与美国的贸易。而加拿大与亚洲新兴国家和地区的进口额和出口额，分别只占 2.9% 和 2.3%；与中东 15 国的进口额和出口额分别占 1.9% 和 1%。

## 三 与中国的经济关系

加拿大与中国的经贸关系在两国建交之前就开始了，20 世纪 60 年代初的中加小麦贸易打开了两国政府间的贸易渠道，成为中加建交的经济基础和推动力。60 年代初，中国遭遇自然灾害，而加拿大囤积的大量小麦没有市场，中加两国在这种情况下进行贸易接触是很正常的。但由于当时正值冷战高潮，美国坚决反对加拿大向中国出售小麦，加拿大迪芬贝克政府抵制和谴责美国干预加拿大事务，支持对中国的小麦贸易。由于小麦贸易符合加拿大利益，取代迪芬贝克保守党政府的自由党上台后，仍继续支持对中国的小麦贸易，到特鲁多政府时，签订了第一个中加经贸协定。

中加建交为两国长期稳定的经济关系铺平了道路，两国之间签订了一系列贸易协定：1973 年签订两国贸易互享最惠国待遇协定；1974 年签订两国纺织品协定；1979 年签订两国经济合作协议；1983 年签订两国发展合作协定；1984 年签订两国投资保护协定；1986 年签订两国避免双重征税协定；2012 年哈珀总理访华期间，中加签订了 23 项商业合同或协定，涉及金额 30 亿加元。

2013 年加拿大与中国双边货物进出口额为 731 亿加元，比上年增长 4.5%。其中，加拿大对中国商品出口 204 亿加元，增长 5.8%；自中国进口 527 亿加元，增长 4%。对中国贸易逆差是加拿大贸易逆差的主要来源。中国为加拿大第二大贸易伙伴国，第二大进出口国。2013 年加对华直接投资（含股票）49.17 亿加元，增加了 26.5%；中对加直接投资（含股票）166.97 亿加元，增长 1.5%。

矿产品是加拿大对中国出口的第一大类产品，2013 年出口额为 46.8 亿美元，下降 6.1%，占加拿大对中国出口总额的 23.5%。农产品是加对中国出口的第二大类商品，2013 年出口额为 30.8 亿美元，增长 2.4%，占加对中国出口总额的15.5%。纤维素纸浆、纸张是加对中国出口的第三大类商品,2013年出口额为26.6亿美元,下降1.4%,占加对中国出口总额的13.4%。2013年加拿大对中国出口的运输设备、皮革箱包、木材及木制品、化工产品和塑料、橡胶增幅较大,分别为59.4%、41.5%、30.9%、23.9%和23.4%。与此同时,加拿大对中国出口的食品饮料烟草、动植物油脂和贱金属及制品下降幅度较大,分别为35.5%、15.8%和12.8%。

加拿大自中国进口的主要商品为机电产品、家具玩具和纺织品及原料,2013年合计进口336.0亿美元,占加拿大自中国进口总额的65.7%。中国在劳动密集型产品的出口上继续保持优势,家具玩具、纺织品及原料、鞋靴伞、皮革箱包等轻工产品,分别列加拿大自中国进口大类商品的第二位、第三位、第七位和第九位。但总体看,中加贸易总额在中国外贸总额中仅占1.5%,在加拿大外贸总额中仅占4.4%,双边贸易仍有很大的潜力。

# 第六节 财政

## 一 概述

加拿大的财政体制与行政体制相适应,分联邦、省和地方三级。三级财政之间的关系主要涉及联邦同省和地方的税收权限划分,以及联邦政府对省与地方政府的财政补贴。关于税收权限的划分,在联邦政府成立时规定:联邦政府征收关税和货物税;省政府征收所得税、零售营业税、财产继承税等直接税;省以下的地方政府由省政府授予课税权,一般是征收房地产税、牌照税等。这种情况一直延续到1916年。但从1916年开始,联邦政府征收的税种开始增多,各级政府的征税范围和征税办法都发生了很大变化。现行加拿大税制结构源于1867年的《英属北美法案》,形成于一战和20世纪30年代经济大危机时期,二战后根据经济发展需要,不断进行补充、调整和改革,逐渐完善起来。

加拿大的财政政策不仅是促进经济发展的工具,也是保持政治稳定的手段。同世界上其他联邦国家相比,加拿大地区之间的差异很大,最富省的收入是最穷省的收入的 3～4 倍。这种差异很大程度上是由各地自然资源的分布和价值决定的，当然也有历史和文化的原因。各地区间的经济差别导致了各地区政府财政能力和人们生活水平的不同。如果听任这种差异发展下去，将影响国家经济的整体发展，乃至引起政治危机。所以，联邦政府财政政策的要点之一是平衡地区差异，即用各种财政和税收手段，使富裕地区资助贫困地区，高收入者帮助低收入者。当然，这不是搞平均主义，而是要将地区生活差异限制在一个可以接受的范围内。早在《英属北美法案》中就规定，联邦政府有责任根据各省的人口数量，向各省提供特别财政补贴，这是最早的平衡化概念。依据这一政策，所有加拿大人无论身居何处，都有权得到政府提供的相同的服务或福利。

为了解决各省因税收不足而出现的财政困难，平衡各地区因经济发展水平不同而形成的差异，加拿大从 20 世纪 50 年代开始实行地区间的均衡补助计划。首先要确定一个全国人均收入标准，这个标准的计算方法很复杂，如果某省的人均收入超过全国均衡标准的一定比例，就要向联邦政府上缴一定比例的转移支付金。阿尔伯塔、不列颠哥伦比亚和安大略通常是对此有贡献的三个省份。魁北克也是富裕省份，但因其特殊性，联邦政府一向慎重对待与魁北克的财政关系，即使这样，法裔民族主义者还是认为钱都被联邦政府拿走了。相反，低收入的省份就要获得联邦政府的均衡补助。联邦政府每年要向这些省发放财政补贴或称转移支付。由于各省经济状况差别较大，对各省的转移支付的名目很多，但方式大致有两种：一种是直接现金拨款；一种是减让联邦政府的税收比例，间接补助地方财政。

自有联邦转移支付制度以来，在 2009～2010 年度之前，安大略省是全国唯一没有领取转移支付的省，它也一直以此为荣。但因 2008 年的经济危机，安大略省打破了这一纪录。2009～2010 年度，安大略省首次接受转移支付 3.47 亿加元。与安大略省相反，纽芬兰和拉布拉多省在 2009～2010 年度前一直享受转移支付拨款，但从该年度起，首次"脱贫"。

2013～2014 年度，有六个省领取了转移支付款项：魁北克省 78.33 亿加元；安大略省 31.69 亿加元；马尼托巴省 17.92 亿加元；新不伦瑞克省 15.13 亿加元；新斯科舍省 14.58 亿加元；爱德华王子岛省 3.4 亿加元。

二战以来，加拿大政府在经济中的作用越来越大，政府财政支出在国民生产总值中的比例由二战后初期的23.7%增加到1987年的46.5%。政府支出的结构也发生了很大变化，其中国防和交通运输支出显著下降，而社会福利性支出则大幅上升。

随着联邦政府在社会生活中作用的加强，如福利制度的健全和改善，财政赤字不断增大，政府欠债额也逐渐增加。20世纪90年代初，联邦政府开始实行削减政府开支、减少赤字的政策。1997~1998年度，加拿大实现财政平衡，这是28年来的首次，也是西方七国中第一个消灭财政赤字的国家。但此后赤字重现，尤其是2008年危机之后。至2012~2013年度，联邦政府仍有189亿加元赤字，尽管比2009~2010年度的556亿加元和2011~2012年度的263亿加元赤字减少了很多。2012~2013年度，财政收入增加了75亿加元，主要原因是经济整体向好。

2012~2013年度，加拿大政府包括三级政府的全部债务，即总债务，与总资产的差额仍有6024亿加元，占当年GDP的33.1%。根据世界经合组织报告，2011~2012年度加拿大政府债务占其GDP的34.5%，在七国集团中是最低的。七国集团在2011~2012年度的债务占其GDP的比例平均为87%。七国集团中债务次低的德国政府债务占其GDP的50%，日本的债务占其GDP的比例最高，约为135%。

2012~2013年度，联邦政府收入2566亿加元，比上年增长了3%，主要是个人和公司所得税收入的增加，个人所得税增加了52亿加元。在政府全部税收中，个人所得税占49%，公司所得税占13.6%，消费税（GST）占11.2%，就业保险占7.9%，其他收入所得税占10.5%，非居民收入所得税占2%，其他（消费税以外的）税收占5.8%。其他税收包括能源税、进口税、特殊消费税等。

二 财政收支

联邦政府的税收主要有个人所得税、公司所得税、消费税、关税、社会保障税等。

省级政府的税收有个人所得税、公司所得税、消费税、自然资源税、文化娱乐税、机动车牌照税、博彩税等。省级以下的地方政府税收按照各省授权范围不同而不同，主要有实物财产税（主要是房产）、营业税，有的城市还有娱乐设施税等。联邦政府与除魁北克以外的各省政府签订征收个人所得税的协议，规定应税所得额和税率。联邦和各省政府各自按照一定的比例征收，以防止重复征收和征管上的混乱。

个人所得税是政府财政收入的重要来源，2012~2013年度占联邦政府财政收入的49%。个人所得指个人所有收入的总和，包括劳动所得如工资、奖金，资本所得如股息、利息，以及失业补助、贫困救济、接受馈赠和继承遗产等。2013~2014年度联邦政府财政收支情况见图4-1和图4-2。

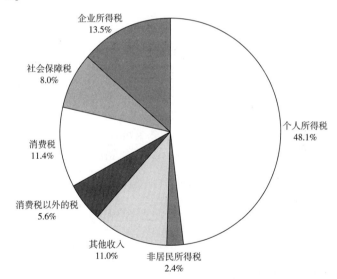

**图4-1　2013~2014年度联邦政府财政收入图**

联邦政府规定的个人所得税税率有三个级别：2013年，收入在43561加元以内，税率为15%；收入在43561~87123加元的部分，税率为22%；收入在87123~135054加元的部分，按26%征税；超过135054加元的部分，税率是29%。

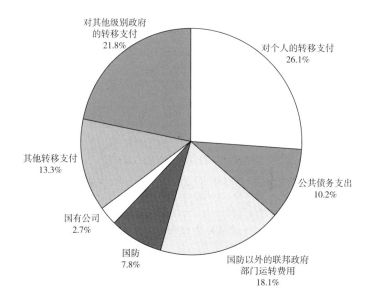

图 4 – 2    2013 ~ 2014 年度联邦政府财政支出图

资料来源：http：//www. fin. gc. ca/afr – rfa/2014/report – rapport – eng. asp。

2014 年调整为：收入在 43953 加元以内，税率 15%；收入在 43954 ~ 87907 加元的部分，税率为 22%；收入在 87907 ~ 136270 加元的部分，税率为 26%；超出 136270 加元的部分，税率为 29%。

除联邦个人所得税外，还有各省和地区的累进个人所得税。例如，安大略省，收入在 40120 加元以内，税率为 5.05%；在 40122 ~ 433848 加元的部分，税率为 9.15%；在 433848 ~ 514090 加元的部分，税率为 11.16%；超出 514090 加元的部分，税率为 13.16%。在各省和地区中，唯有阿尔伯塔省个人所得税不是累进的，不论收入高低，一律为 10%。

与其他省和地区不同，魁北克省按照自己的税法征收个人所得税，不受联邦政府税收协议的约束。魁北克人除享受联邦税收抵免外，还可享受联邦基本税额 16.5% 的可偿还性税收减免。2014 年，魁北克的税率分四级：应税所得在 41495 加元以下，税率为 16%；应税所得在 41495 ~ 82985 加元的部分，税率为 20%；应税所得在 82985 ~ 100970 加元的部分，税率为 24%；应税所得在 100970 加元以上的部分，税率为 25.75%。

魁北克个人所得税的抵免条件和数额与其他省份也多有不同，但最终纳税额在各省中属于较高的。

加拿大个人所得税的计算方法很复杂。加拿大人自己也不完全明白，每年填报税单期间，在街头和报纸上就会出现很多代填税单或报税咨询的广告。加拿大的税收和福利政策近几十年来一直处于不断地调整和变动中，如何充分利用各种税收减免和福利政策已成为一门学问。个人所得税关系到千家万户的切身利益，历来是个敏感的社会问题，加拿大人对此评价不一。一般而言，低收入者欢迎，因为他们大多不需交税，或交很少的税。中高等收入者对此不满，认为是"劫富济贫"，因为年收入 6 万加元左右的家庭，要有近一半的收入用于交税。一般双职工家庭，即使是普通的公司职员或中小学教员，都能达到这一标准。有的经济学家认为，高税收不利于鼓励就业，甚至有打击"先进"之嫌。加拿大的个人所得税由纳税人自行缴纳，填报税表时要证明各项数据都是完备和正确的。加拿大税法对逃税行为的惩罚很严厉，最高要补缴所逃税款的两倍，另加利息和罚款，还可以判处 5 年以下监禁，而且个人的信誉也将受到损害，这在一个讲信用的社会是一件很严重的事。所以，加拿大人一般都不敢逃税，最多是在法律容许的范围内选择对己有利的条款避税。

公司所得税是对企业征收的主要税种，由联邦、省和地区级政府共同征收。对公司或企业征收的税种还有资本税、工薪税和奖金税，但公司所得税是其中最重要的一项。除魁北克和阿尔伯塔两省外，联邦政府与其他八个省和三个地区签有公司所得税税收协议，由联邦政府代收后按一定比例返还这些省、地区政府。2012～2013 年，公司所得税占联邦收入的13.6%。

2014 年，联邦政府征收的一般公司所得税税率为38%，经过减免一般为15%，但加拿大人开办的私人小公司所得税税率为11%。享受税率优惠的小公司必须是在加拿大注册和经营的私人公司，没有被外国人直接或间接控制的，也没有被国有公司或上市公司直接或间接控制的。

各省和地区的公司所得税税率有所不同，从阿尔伯塔省最低的10%，到新斯科舍省和爱德华王子岛省的16%。各省对小公司的税率也有优待，从萨斯卡彻温省的 2%，新斯科舍省、纽芬兰和拉布拉多省的 3%，到安大略省、新不伦瑞克省和爱德华王子岛省的 4.5%。三个地区的小公司税率均为 4%。公司所得税也有一些抵免条款，如对联邦政府的政治性捐款和各种慈善捐款可抵免税，投资尤其是对"研究与发展"的投资都可以抵免税，加速折旧费有税收优惠，自然资源和能源类公司还有行业性税收优惠，等等。此外，各省还有自己的抵免条件。但由于联邦和省、地区两级政府共同收税，两者的混合税率还是比较高的。一般而言，小公司的混合税率可达 14% 左右，一般公司在 30% 左右。加拿大公司的混合税率在西方七国中属于中等。在全球经济一体化的今天，加拿大的税收标准不会脱离整个西方尤其是美国的税收环境，如果税收长期过高就会导致人才和资本外流。

消费税主要是政府对商品和服务性消费品征收的税种，它包括商品与服务消费税和特种商品税等。加拿大主要有三种消费税。（1）商品与服务消费税（GST），税率为 5%，由联邦政府征收并返还一定比例给各省和地区。（2）省消费税（PST），由各省政府征收。目前只有不列颠哥伦比亚、马尼托巴、萨斯卡彻温和魁北克四省征收 PST，税率分别为 7%、8%、5%、9.975%。（3）合并税（HST），将联邦和省消费税合并，由联邦财政部门征收，然后按一定比例返还各省。目前纽芬兰和拉布拉多、新斯科舍、新不伦瑞克、爱德华王子岛和安大略五省都实行 HST。除爱德华王子岛省的 HST 是 14% 外，其余四省均为 13%。魁北克省是唯一由省政府征收联邦和省消费税的地方。三个地区没有地方消费税。从加拿大各地的税制上，可以看出其地方自治的特点。

加拿大对进口产品征收关税。加拿大联邦成立后，从 1879 年开始实行关税保护政策，但向英国提供优惠关税待遇。1907 年同一些欧洲国家签订双边贸易协定，为现行关税制度奠定了基础。现行关税制度包括英联邦特惠关税、最惠国待遇关税、一般关税、一般特惠关税等不同的关税税率。英联邦特惠关税是对英联邦各国进口的商品提供的优惠税率。最惠国待遇关税比英联邦特惠关税的税率高，但低于一般关税税率，适用于从同加拿大签订贸易协定的国家进口的商品。这种税率是目前最主要的税率。一般关税比前两种税率高，适用于从既非英联邦成员国又未同加拿大签订贸易协定的国家进口的商品。从 1974 年 7 月 1 日起，加拿大对一些发展中国家提供一般特惠关税，其税率比英联邦特惠关税高，比最惠国待遇关税低 1/3，适用于从指定受益国进口的产品。关税曾是联邦政府的重要税收来源，但随着加拿大加入关税及贸易总协定和加美自由贸易协定，关税呈大幅降低之势。关税收入在 1992～1993 年全部税收中的比例仅占 1.7%。

社会保障税也称工薪税，是为社会保障目的而对工资一定比例收取的税收。该税专用于支付社会保障。加拿大从 20 世纪 30 年代经济危机时起，逐步建立社会保障体系，社会保障税便是其重要的资金来源之一。随着社会保障体系的完善，社会保障税在国家税收中的比例逐步上升，目前已是财政收入的第四大税种。

社会保障税大致由四部分构成：失业保险费、退休金计划交款、工人补偿金、省级保健税或成人教育税。其中，前两者由联邦政府向雇员和雇主征收（退休金计划交款仅在魁北克省是由省政府征收的），后两者由省政府向雇主征收。

失业保险费的缴纳数额因雇员每年的收入不同和收费率变化而不同。如 1995 年，每个雇员每周最高可保收入为 815 加元，雇员支付其可保收入的 3%，雇主支付 4.2%。每年一个雇员缴纳的最高失业保险费不超过 1271.4 加元，雇主为其缴纳最多为 1779.96 加元。

退休金计划交款的数额由雇员的工资和收费率决定，收费率定期由主管部门调整。1995 年，退休金计划交款额是雇员工资的 5.4%，由其本人和雇主分别承担 2.7%。个体劳动者也按收入的 5.4% 缴纳。但雇员和雇主的年最高支付额分别不超过 850.5 加元，个体劳动者不超过 1701 加元。

工人补偿金是用来支付工伤受害者的，由雇主依其行业风险程度向省政府缴纳不等的金额。

省级保健税或成人教育税，由雇主按雇员工资的一定比例缴纳，各省税率不一，一般为 2%～3%。魁北克省、马尼托巴省、安大略省和纽芬兰省是以立法形式征收此税的，其他省份的雇主也要为雇员缴纳医疗保险，但这笔费用不算在税收之列。

2012~2013 年度，联邦政府支出 2756 亿加元，比上年增加了 2 亿加元。其中对个人转移支付占 25.5%，对各级政府转移支付占 21.2%，其他拨款占 12.6%，公债偿还占 10.6%，国防费占 8.3%，政府各部门（不含国防）运行费占 18.3%，皇家公司支出点 3.5%。对个人转移支付部分最多，主要包括养老金 402.55 亿加元、失业保险 170.99 亿加元、儿童福利 129.75 亿加元等。对各级政府转移支付部分包括医疗和其他社会福利拨付 407.72 亿加元、财政安排 155.95 亿加元等。政府各部门运行费主要是公务员的工资和福利、设备折旧、办公用品消耗等。占 12.6% 的其他拨款包括对土著人、对农场主的补助，对学生和企业的补助，对研究开发的支持，对外援助和国际救援。

转移支付是加拿大联邦政府为了保证各省、地区之间，尽管经济水平有差异，能保持大致相同的公共服务，而采取的一系列财政平衡调剂制度。转移支付是无偿的，一定程度上弥补了地方差异，增加了国家认同感，尤其是得到补助的省份。转移支付的标准依据一个很复杂的公式，每年要根据一些指标计算。2012 年，阿尔伯塔、萨斯卡彻温、不列颠哥伦比亚、纽芬兰和拉布拉多四省没有得到转移支付，其余六省不同程度地得到了支付补贴。但转移支付的公式并不能保持公平，如得到补贴的安大略省家庭人均年收入为 39273 加元，高于纽芬兰和拉布拉多省的 37101 加元和不列颠哥伦比亚省的 38463 加元。这些没有得到补贴的省要求修改公式。

# 第五章

# 社　会

## 第一节　家庭生活

### 一　婚姻与家庭

加拿大人口日益多元化，越来越多的家庭是由不同种族和文化背景的人组成的。2011 年全国家庭调查显示，约有 36 万对混合夫妇（一方是少数民族，另一方不是），占全部家庭的 4.6%。1991 年，这个比例是 2.6%；2001 年是 3.1%。大多数混合夫妇（49.2%）至少有一方出生在加拿大之外，另一方生在加拿大。还有约 1/5 的混合夫妇（19.4%）双方都生在加拿大之外的不同国家。在混合夫妇中，约有 52.8% 信仰相同的宗教，有大约 20.4% 没有宗教倾向，有 26.8% 信仰不同的宗教。在全国家庭中，有不同信仰的夫妇占 9.8%。

1931 年 12% 的儿童与一位家长生活，这些家长中的很多人经历了丧偶，这说明当时很多儿童也经历一位家长的死亡。1946～1965 年，是生育率最高的时期，也是儿童生活在结婚的双亲家庭中比例最高的时期。1961 年，与一位家长生活的儿童只有 6%，在 1931～2011 年是比例最低的。在生育高峰期之后，生育率和家庭规模都有所下降。与一位家长生活的儿童从 1961 年的 6%，增加到 1991 年的 15%。与丧偶不同，分居和离婚是大多数单亲家庭的主要原因。2011 年的统计第一次提供再婚家庭数据，在 24 岁以下的子女中，有 11%，约 100 万孩子生活在再婚家庭中。

再婚家庭是指一个家庭中至少有一个孩子只与一位已婚或同居中的家长有血缘关系或收养关系。

1981～2011 年，65 岁以上的老人与配偶或同居伙伴在一起生活的比例增加了，2011 年，65 岁以上老人中，92% 住在私人住所里，8% 住集体公寓，后者中约有一半是 85 岁以上老人。住集体公寓的老人比例在下降，2011 年，85 岁以上的女性中，35% 住集体公寓，1981 年这一比例是 41%；而相同年龄组男性在 1981 年是 29%，2011 年 23%。2011 年，住在私人住所内的 65 岁以上老人，有 76% 男性和 49% 女性是与配偶或同居伙伴一起生活，17% 男性和 35% 女性是自己生活，其余 7% 男性和 16% 女性与其他人或亲戚一起生活。2011 年，在加拿大 170 万对老年夫妇中夫妻中至少有一人在 65 岁以上的，49% 年龄差距在 3 岁及以下，丈夫比妻子大 4 岁及以上的占 46%，妻子比丈夫大 4 岁及以上的占 6%。77% 老年夫妇只经历了一次家庭结合，结为夫妇或同居伙伴。

1981～2011 年，65 岁以上老人离婚或分居的从 4% 增加到 12%。很多老人离婚或分居后又再婚或重新选择同居伙伴。2011 年，76% 男性和 55% 女性离婚或分居者又重建家庭。从 55～64 岁人群的生活安排可以看出未来老年人生活的变化。2011 年，这一年龄组离婚或分居的占 20%，30% 的人至少经历了两次结婚或同居生活，12% 选择同居生活。在 65 岁以上老人中，这三个数据分别为 12%、19% 和 6%。

2011 年家庭调查显示，大约 1/4 的夫妇在离婚或分居时有 18 岁以下的孩子。在这些经历离异的孩子中，70% 以上主要随母亲生活，15% 主要跟父亲生活，9% 的孩子一半时间与母亲生活、一半时间与父亲生活，还有 6% 有其他安排。孩子主要与前配偶生活的离异者主要是男性，他们在一年时间中，18% 与孩子没有联系，44% 有些联系，但少于 3 个月。大约 3/4 离异家长对孩子的状况及与孩子的联系表示满意，这其中有 90% 是与孩子生活在一起的家长，而没有与孩子生活在一起的家长中，满意率是 44%。大约一半的离婚涉及孩子抚养费，抚养费要每月付，因个人情况不同，从不足 100 到 1000 加元以上，但平均每年 3000～5000 加元。提供抚养费的家长一般都履行责任，有 3/4 的家长预付一年的抚养费。

　　加拿大人的婚姻和家庭生活在近几十年里发生了很大变化。2006 年，加拿大有 1240 万个家庭，平均每户不足 3 人，27% 的家庭只有 1 人，9% 的家庭在 5 人以上。单人家庭从 2001 年到 2006 年增加了 12%，达到 330 万个，65 岁以上老人占单人家庭的 34%。这一趋势还在继续。婚姻比以前脆弱了，但结婚的人仍比离婚的多。结婚率（即每千人中结婚的比例）下降始于 20 世纪 30 年代世界经济危机时期，当时的经济压力使人们难以承受家庭的负担。1946 年结婚率接近 11‰，1988 年降至 7‰，1996 年更降低至 5.2‰。西北地区和魁北克人似乎最不情愿结婚，1996 年西北地区结婚率为 3.1‰，爱德华王子岛人结婚率最高，为 6.7‰。在婚姻中的一个现象是再婚者增多。在 20 世纪 90 年代中期有 1/4 的婚姻中至少有一方是再续良缘的，而在 1974 年这种情况只占 14%。另一个现象是初婚的平均年龄提高了，1995 年，男子初婚平均年龄 29 岁，女子 27 岁；25 年前，男女分别是 25 岁和 23 岁。再婚者的平均年龄也提高了，1995 年男女再婚的平均年龄为 43 岁和 39 岁，而男女丧偶的平均年龄为 61 岁和 55 岁，显然丧偶不是再婚的主要原因。

　　自二战以后，加拿大离婚率呈上升趋势，这一趋势在 1987 年达到高峰。1974 年还只有 10% 的已婚者离婚，1985 年通过的方便离婚的法律加剧了离婚趋势。以 1996 年为例，每 100 例婚姻中有 37 例以离婚告终，而且 1996 年的离婚率是 1988 年以来最低的。离婚率也表现出地区性特点，1996 年育空地区的离婚率最高，达 56.1%，即多数婚姻将宣告失败。值得注意的是魁北克省的离婚率也高达 46%，而该省历史上因天主教传统，婚姻和家庭一向比其他地区稳定。离婚率高的还有不列颠哥伦比亚省和阿尔伯塔省，分别为 45% 和 38%。2007 年，在全国 3297.6 万人口中，有离婚者 168.4 万人，其中男性 71.2 万人，女性 97.2 万人。在离婚者中，愿意再婚的人数明显减少，1990 年有一半离婚者希望再婚，2006 年希望再婚的只剩 40%。

　　与结婚率低、离婚率高相伴的是同居者增多。1981 年同居家庭仅占全部家庭的 6%，1996 年这一数字已接近 14%，魁北克省更高达 25%。2006 年全国有 137.6 万个同居家庭。同居现象最初流行于北欧，后来发

展到西欧和北美。这一现象至少在 20 世纪 70 年代还没有引起加拿大统计学家的注意。加拿大在 1981 年首次统计同居家庭，当时没有孩子和有孩子的同居家庭分别占家庭总数的 3.7% 和 1.9%，到 1996 年它们已分别上升至 6.2% 和 5.5%。同居者人数近 200 万，在全国 780 万个家庭中占12%。他们中的多数人将同居作为婚前的试婚。但专家指出，3/4 的同居者维持不了 5 年，即使他们后来结婚，其离婚的可能性也比婚前未同居的人高。虽然同居者以年轻人和不想要孩子的人居多，但有孩子的同居家庭比例也在提高，1996 年将近一半的同居家庭有小孩，孩子或是同居双方所生或来自他们以前的婚姻。

1996 年，加拿大有 260 万人过着单身生活；2006 年，单人家庭数为330 万。从 20 世纪 60 年代到 80 年代，随着经济逐渐发展，社会对独身者的压力逐渐减轻，年轻人选择独身的越来越多。在今天的独身族中，老人占 1/3，女性比男性多。许多独身者显示出他们所受的教育和收入要高于同龄人中的已婚者。学者们对独身者不断增多的现象有各种看法，有的认为，这是加拿大历史上最深刻的变化之一，反映出人的生活更为独立和个性化，也有人倾向于从经济和家庭角度解释这一现象，不视其为思想观念的改变。

婚姻现象的多样化，使家庭形式也出现多样化特点，由原配夫妇及其子女组成的传统家庭，到有继父或继母及其孩子组成的混合家庭、同居家庭和单亲家庭。非传统型家庭中的成员尤其是孩子们要面临很多特殊的问题，如由单身母亲和子女构成的单亲家庭一般经济比较困难，即使一些孩子可以得到离异生父的一些抚养费，但在加拿大抚养一个孩子的费用是很高的。有人统计，1997 年一个婴儿从出生到周岁要花费 9560 加元。全国贫困家庭中有 62% 是单身母亲家庭。还有研究表明，单身母亲家庭的儿童比双亲家庭的孩子更容易有精神问题。

家庭人口有减少的趋势，1966 年，每个家庭平均有 3.9 人，而在1993~1997 年，平均只有 3 人。2006 年家庭平均人口不到 3 人，没有孩子的家庭首次超过有孩子的家庭，两者比例分别为 43% 和 41%，而在1986 年两者的比例分别为 35% 和 52%。

## 二　衣食住行

　　加拿大人早餐以牛奶和面包为主，加上煎蛋或火腿片。午餐因在工作单位吃，故比较简单，一般是一份三明治，即面包夹火腿片、西红柿片或生菜叶，抹上沙拉酱，再加一罐饮料。一些人饭后还吃一个苹果或香蕉。三明治和水果可以从家里带，也可以就近买。晚餐因时间充裕准备得相对丰盛些，晚餐也是一家人一天团聚和交流的机会，加拿大人重视晚餐，吃得也最多。一般是荤、素菜至少各一个，如炖牛肉或排骨，素菜是沙拉，还有一个汤，主食是面包、面条或米饭。加拿大人一般晚上 12 点左右就寝。许多人没有吃早饭的习惯，一些人因为早上匆忙起床来不及吃早饭，还有一些人因为晚上吃多了，早饭吃不下。因此，加拿大人一天的营养主要靠晚餐补充。加拿大人也知道这种晚餐多吃的饮食方式不好，尤其是西餐以肉类食品为主，容易导致脂肪过剩，但习惯已成自然，想改也难。一些年轻女士出于对身材的考虑对饮食比较注意，有时中餐只吃水果。周末尤其是天气好的时候，加拿大人愿意在自己的院子里举行亲友聚会吃烧烤。便携式烤炉将各种鸡腿、鱼片、牛排、肉串烤得嗞嗞响。餐桌上放着各种调料、蔬菜。小孩子边吃边玩，大人们喝着啤酒、饮料，交流一些社会和家庭趣闻，十分惬意。

　　就像加拿大的多元文化一样，加拿大人的饮食文化也很丰富，有世界各地的饭菜。中国菜普遍受到好评，中餐馆遍布加拿大各地，不仅大城市有，只有千把人口的小镇也有。但是，除大城市中国城的中餐馆的菜肴还像模像样外，绝大多数中餐都走样了。也许这是为了适应当地顾客的口味。加拿大人喜欢吃酸甜类的中国菜如古老肉、糖醋里脊之类，主食喜欢吃各种炒饭、炒面和早茶中的各种小点心。很多加拿大人是通过中餐了解中华文化的。中餐馆有筷子、红灯笼、字画、佛龛之类，有的还有中式桌椅，服务员身穿中式服装。加拿大的中餐业竞争激烈，迫使许多中餐馆向北部边远地区和小城镇发展，这些餐馆老板因此成了传播中华文化的使者。

　　更能体现加拿大饮食文化多样性的是一种自带的自助式聚餐（pot

luck)。大学中的国际学生联谊会和教会常在节假日举办，参加的人要带一份足够自己吃的菜，大家带来的各种菜都摆在一起，以自助餐的形式共同品尝。有时各种饭菜一字排开在十几米的长桌上，每份菜你只能尝一点，否则还没尝完就吃饱了。大家一边吃、一边相互介绍饭菜的做法，真像地道的国际性会餐。

总的来说，绝大部分加拿大人的饮食是西方化的，这种饮食有三大特点。（1）在菜肴制作上以煮、炖、烤、煎、炸为主，没有炒菜，菜锅的底都是平的。这对荤菜还说得过去，对素菜就不合适了。所以，加拿大人要么将蔬菜煮得稀烂，要么吃生。加拿大人生吃蔬菜的品种很多，如西红柿、胡萝卜、黄瓜、生菜、芹菜、蘑菇、菜花、圆白菜、青椒等。除了土豆外，差不多都可以生吃。（2）吃时再加作料。许多菜如烤牛肉、烤火鸡只是把肉烤熟了，吃时才切片加作料。加拿大人家里准备有各种现成的调味品，从胡椒面、芥末到辣酱油、番茄酱、沙拉酱等，蔬菜生吃也要加各种作料。有人说，西餐的"味"在外边，中餐的"味"在里面，这话有一定道理。（3）加拿大人虽爱吃肉，但动物的内脏、头、脚之类一律不吃。在肉类中，加拿大人最喜欢吃牛肉，其次是鸡肉、猪肉和羊肉。在市场上，牛肉最贵，鸡肉最便宜。加拿大人反对吃狗肉，认为狗通人性，是人类的朋友。

加拿大人做饭用电炉，一般厨房中的电炉有四个灶口，火力大小不一，下面还有一个烤箱，做饭、煮菜、炖汤、烤肉可同时进行，十分方便。加拿大人烹饪习惯的好处有：一是因为不炒菜厨房里没有油烟味；二是生吃蔬菜有利于保持原有的维生素。

加拿大中产阶层家庭周末一般会去饭馆就餐。餐馆的菜单一般有四类：（1）开胃菜，包括各种汤、凉菜；（2）主菜；（3）甜点，包括各种果酱饼、蛋糕、冰激凌；（4）饮料，各种果汁、茶、咖啡和调制的鸡尾酒。餐费加上小费，一般每人要花20加元左右。小费一般是餐费的10%～15%，吃自助餐和快餐不用付小费。

加拿大人似乎对"病从口入"不太注意。他们买了苹果，用手搓搓就入口，很少削皮；西红柿用抹布擦擦就切片做三明治；吃土豆片或类似的袋装小食品掉在地上后，捡起来吹吹接着吃。当然，这不是说加拿大人真不讲卫生，而是因为环境卫生条件好。如加拿大农田不施有机肥料，农产品不存寄生虫卵，政府对蔬菜和水果的农药残留成分有严格的限定和检验手段。

加拿大人平时穿衣比较随便，不经常穿西服，穿西服时也不一定打领带。教授上课时经常穿衬衫或毛衣。学生着装更随意了，牛仔裤加 T 恤衫就可以。只有政府官员和白领员工上班时西服革履，戴着领带。但在较为正式的场合，如去教堂、出席婚礼或葬礼、重要会议或宴会，加拿大人是很注意穿戴的。

加拿大人的衣着比较简单，四季都可以穿衬衫。毛衣主要是春秋季穿，有的人还喜欢将毛衣当外衣穿，但毛衣尤其是厚毛衣在冬季时用处反而少了。加拿大冬天虽然寒冷，但室内温度很高，只穿衬衫就可以，最多加一件薄毛衣，所以很多人冬天只穿衬衫，外加一件羽绒服，外裤里面套一条衬裤。有的女士穿长裙加长筒厚尼龙袜。室内外的温差就用穿羽绒服来调节，十分方便。

加拿大人冬季时在室外逗留的时间并不长。有条件的人家都有停车库，车库有 1~2 个车位，与住房连在一起，车库门可以用遥控开关启动。人在家里就可以坐进汽车出行。许多写字楼、超市等也有很大的地下停车场，车场内有电梯或楼梯直通你要去的地方。乘公共汽车出行的人也不会受冻，因为加拿大公共汽车行驶是很准时的，尽可以掐着时间出门。

在加拿大冬季必须有防冻的意识，如在零下 30 多摄氏度的情况下，在室外活动时间不要超过 15 分钟，而且脸部要保护好。有的公共场所备有小册子专门讲这方面的注意事项，如步行出门要计算好路程和时间，注意中途有没有可供取暖的地方，必要时要向路边的人家求救，在汽车里要准备毛毯或睡袋等保暖用品和巧克力等热量高的食品，以备车子万一抛锚时用。

加拿大的住房一般有两大类：别墅和公寓。别墅一般为一座单独的建筑，也有连体别墅，一般有二三层，每层设若干个房间。一层是地下室，地下室是加拿大住房的一大特色，冬暖夏凉，适合北方气候特点。地下室

的窗户开在地面以上，它可以住人，也可以供其他的用途，如工作间或儿童活动的地方。别墅前后还有自己的花园和后院，花园一般铺草坪、种花，后院种蔬菜或果树。城市环境部门对住房前面的绿化和卫生条件有规定，如草地发黄或不整齐，门前积雪未及时清扫，要受到警告和被罚款，环境好的会受到表扬和奖励。经济条件中等以上的家庭一般都选择住别墅。公寓一般为老人、大学生、单身职工、年轻夫妇等低收入者居住，或作为临时性住所。公寓可以买也可以租住，但以租住居多。房价和房租因地区不同而有很大差异，东、西部大城市房价和房租是中部小城市的10倍以上，同一城市不同区域的差别也很大。公寓中还可以分高级的和普通的，高级的叫"Condo"，有健身房、游泳池、保安设施，物业费比较高。每个城市都有"富人区"和"贫民区"，前者指中产阶层的生活区，那里的治安、卫生、教育、绿化等环境状况明显好于其他社区，后者通常是印第安人或低收入家庭的居住区。

1997年，加拿大有各种住宅1158万套，70%以上是二战以后建造的。其中独立别墅占56.7%，连体别墅占10.2%，公寓占31.1%。2006年，在加拿大1240万个家庭中，有850万个家庭拥有自己的住房，尽管它们中的58%仍在分期付房款，其余约1/3的家庭要租房住。房租一般要占一个人收入的20%左右，因此除非临时或有特殊需要，长期租房很不合算。收入低或工作不稳定的年轻夫妇、单身职工或大学生多数租房居住。老人住公寓是因为可以避免房屋保养和绿地维护的麻烦，还因为老年公寓内有医疗保健、饮食和文化娱乐设施，可以满足老人各方面生活的需要。绝大部分加拿大人都是买房住，因为买房比租房合算，而且他们也买得起住房。加拿大人生活流动性较大，一旦因工作需要迁往他地，他们会毫不犹豫地卖掉房子，在新的居住地重新置房安家。因此，加拿大人的房屋买卖是很经常、很方便的事。

加拿大人的住房比较宽裕，一家3~4口人住200平方米住房是很平常的。一般人成家或工作稳定后就要根据自己的经济条件买房。买房可以向银行申请贷款，然后分期付款，也可以一次性付清而享受房价折扣。住别墅比较清净、宽敞，前有草地，后有花园，但整理花草需花费时间与精

力，有人将此当作一种周末的休闲活动，也有人委托园林公司代办。住别
墅冬季还要负责清扫房前和街道上的积雪。法律规定，房前和街道上的积
雪必须在雪停后 24 小时内清除，如行人因门前的积雪而滑倒，户主要负
法律责任。当然，户主如顾不过来，也可以请人代劳。

住公寓就没有这些麻烦了，大型公寓由物业公司负责，私人小公寓一
般有一位管理员，负责公寓卫生和铲雪除草等杂事，有时管理员就是公寓
的主人。公寓内有洗衣房，设有投币洗衣机。大型公寓还有健身房、游泳
池等设施。公寓有各种类型，除家庭居住型以外，还有学生公寓和老人公
寓。学生公寓一般设在大学附近，以单间组合为主，即一个或几个单间共
用一套厨卫设施。老年公寓一般设在交通方便处，公寓内或附近要有医疗
保健设施。一时不便买房子的，可以先租公寓或别墅住。出租房有的是带
家具甚至带家用电器的，但租住这样的房子要贵一些。租房要签订合同、
预付一个月的房租作押金。搬离租住房时要将房间整理得同刚搬进来时一
样整洁，否则房主会以雇人搞卫生为由扣一部分押金。

加拿大平均每两个人拥有一辆汽车，人均拥有车辆居世界第二，仅次
于美国。汽车是加拿大人必备的代步工具，一家有 2~3 辆汽车很正常。
汽车售价很便宜，加拿大本身就是汽车生产大国，1 万加元左右就能买一
辆全新的经济型车。二手车更便宜，过户手续也十分简便，填一份过户
单，几分钟就办好了。

加拿大对驾车者交通违章实行记分制度，违章记分的规定是：不系安
全带记 2 分；闯红灯或在停车信号下没停车记 3 分；在车祸后没有履行义
务记 9 分；开车超过规定速度，按超速的多少分别记分。违章分数在电脑
中存档两年，满 6 分时驾驶人会收到警告信；15 分时驾驶执照将被吊销。
执照第一次被吊销的期限是两个月，第二次是半年，第三次是一年。无照
驾车是严重的违法行为，要被处以 300~2000 加元的罚款。对运载中小学
生的校车尤应注意，校车有统一的车型、颜色，它随时停车，停车时会亮
起一个红色的停车信号灯，头部还会伸出一个停车的信号牌。遇到校车停
车时，不仅所有跟在它后面的车都要停驶，而且在马路中间没有被隔离的
情况下，对面的来车也一律禁行。因为没有人知道小学生下车后可能朝哪

儿行走。校车司机在认为学生安全的情况下才会中止停车信号，继续前行。校车相当于一个流动的信号灯，闯校车的红灯要受到加倍惩罚，甚至被吊销驾照。加拿大对儿童的保护由此可见一斑。

驾车必须买保险，这是法律规定的。如不买保险，一经查出，要被吊销驾照一年，并处以高额罚款，如在安大略省要罚 2500 加元，还要扣押该车 3 个月。汽车保险分责任险和双向险两种，责任险是强制性的，保证因自己的责任出事故时，对对方车辆造成的损失进行赔偿，但不负责对自己车辆损坏的赔偿。双向险费用高些，但它保证在因自己的原因出车祸时，能获得对双方车辆损失的赔偿。一般开新车或价值较高的车要买双向险。保险费与车子的价值和事故记录有关。同一辆车最初的保费最多，以后每年续保时，如无事故记录，则减少保费，反之则增加保费。对屡出事故者保险公司可拒绝担保。被拒保的人可以另找其他保险公司，但要付高额保费。敢接受这类人的保险公司实力雄厚，在高额保费利润的条件下能承担风险。在加拿大查一个人的驾驶记录是很简单的事，因为全部资料都被联网，只要提供驾驶员姓名和驾照号码，当地车管部门的电脑就会出现此人近两年的驾驶记录。

如果说加拿大人一天 1/3 的时间是在床上过的，那么，夸张一点儿也可以说，还有 1/3 的时间是在车上过的。很多服务设施也围绕汽车而设置，如汽车旅馆，设在路边，专为跑长途的司机提供住宿服务，价格比一般旅馆便宜。快餐店有汽车专卖窗口，人们坐在汽车里排队买食品饮料。汽车影院是在一个大的露天停车场上悬挂一块大银幕，看电影的人开车进来时要交钱，领取一副耳机，找到合适的车位后，将耳机的一端插入车位上的插口后，坐在车里戴着耳机就可以欣赏电影了，走时再将耳机归还。

汽车给加拿大人带来许多方便和快乐，也带来许多灾难和痛苦。车祸天天发生，常有因车祸而死亡的人，因车祸致残的就更多了。加拿大的高速公路横贯东西海岸，城市之间都有高速公路相连，但高速公路尤其是中部草原地区的高速公路都比较直，可能因地广人稀不需绕道转弯，而且修直路也最经济。驾驶员在这种路上开车很容易犯困，加上路边的景色很长时间都是一样的，如麦田或草地一望无际，很容易产生错觉，在这种状态下很容易出事。另外，冬季街道上冰雪覆盖，刹车容易失灵；高速路上虽有扫雪车不停地忙活，但路面还是滑，也极易出车祸。

### 三　收入与消费

加拿大人收入依个人所受教育、从事的行业、所在地区有很大不同。受教育水平与就业和收入密切相关。例如，有大学学历的人，82% 有工作；而只有高中学历的就业率为 56%。同样是就业，有大学学历的人收入比高中毕业生要高。

农场经营者年收入平均为 10.2 万加元。当然，因农场地理位置不同，经营规模、水平、品种等的差异，实际差别也会很大。

医生尤其是专科医生是一个高收入群体。2013 年，医生包括专科医生的平均年收入高达 25 万加元，是一般加拿大人年收入的 5 倍，专科医生年收入超过 50 万加元很正常，10% 的专科医生年收入近百万加元。

2013 年，加拿大平均周工资为 834 加元。在各地区中，育空地区最高（1302.62 加元），最低为努纳瓦特地区（668.92 加元）；在各省中，阿尔伯塔省最高（910.59 加元），最低为马尼托巴省（741 加元）。

2014 年加拿大各行业及加拿大各地平均周工资见表 5-1 和表 5-2。

表 5-1　2014 年 4 月加拿大各行业平均周工资

| 行业 | 加元/周 | 行业 | 加元/周 |
| --- | --- | --- | --- |
| 林业 | 1042.31 | 房地产、租赁 | 917.00 |
| 矿业和能源 | 2063.34 | 职业和科技服务 | 1293.09 |
| 公用事业 | 1783.12 | 企业管理 | 1298.27 |
| 建筑 | 1209.30 | 行政辅助 | 734.91 |
| 制造业 | 1046.65 | 教育 | 977.37 |
| 贸易 | 1085.05 | 医疗和社会救助 | 836.89 |
| 运输和仓储 | 539.33 | 艺术娱乐和休闲 | 593.84 |
| 信息和文化 | 1026.89 | 住宿餐饮 | 369.87 |
| 金融和保险 | 1190.38 | 公共行政 | 1209.04 |

表 5 - 2    2014 年 4 月加拿大各地平均周工资

单位：加元

| 省或地区 | 2014 年 4 月 | 省或地区 | 2014 年 4 月 |
|---|---|---|---|
| 加拿大 | 943.15 | 马尼托巴 | 935.21 |
| 纽芬兰和拉布拉多 | 748.18 | 萨斯卡彻温 | 1094.83 |
| 爱德华王子岛 | 789.78 | 阿尔伯塔 | 868.02 |
| 新斯科舍 | 802.88 | 不列颠哥伦比亚 | 992.66 |
| 新不伦瑞克 | 823.09 | 育空 | 1271.41 |
| 魁北克 | 913.13 | 西北地区 | — |
| 安大略 | 829.74 | 努纳瓦特 | 997.86 |

资料来源：http：//www.statcan.gc.ca/daily - quotidien/140626/t140626a001 - eng.htm。

　　加拿大在 20 世纪初开始以法律形式规定最低工资标准，各省的时间和标准不一。后来有些省份还规定，每一两年根据经济情况变化和生活必需品价格变化情况，审查最低工资状况，虽然没有增加工资的硬性规定，但最低工资标准还是逐步提高的。但加拿大统计局资料显示，2013 年最低工资标准按照实际购买力水平衡量，与 1975 年的最低工资水平相当。也就是说，虽然最低工资标准提高了，但这些最低收入者的生活水平，近 30 年来没有变化。最低工资也被称作"公平工资"和"道德工资"。1997 年，拿最低工资的劳动者占全体劳动者的 5%，2013 年增加到 6.7%。在这部分低收入者中，19 岁以下的占 50%，没有高中文凭的占 20%，非全日制工人占 21.8%，零售业和食品餐饮业分别占 17% 和 27%。从各省看，爱德华王子岛省的比例最高，为 9%；其次是安大略省，约为 9%；阿尔伯塔省最少，只有近 2%。截至 2015 年 3 月加拿大 10 省最低工资标准见表 5 - 3。

表 5 - 3    加拿大 10 省最低工资标准（截至 2015 年 3 月）

| 各省名称 | 最低工资标准（加元/小时） | 执行时间 |
|---|---|---|
| 萨斯卡彻温 | 10.20 | 2014 年 3 月 1 日 |
| 阿尔伯塔 | 10.25 | 2014 年 9 月 1 日 |
| 不列颠哥伦比亚 | 10.25 | 2012 年 5 月 1 日 |

续表

| 各省名称 | 最低工资标准（加元/小时） | 执行时间 |
|---|---|---|
| 马尼托巴 | 10.70 | 2014 年 10 月 1 日 |
| 新不伦瑞克 | 10.30 | 2014 年 12 月 31 日 |
| 纽芬兰和拉布拉多 | 10.25 | 2014 年 10 月 1 日 |
| 新斯科舍 | 10.40 | 2014 年 4 月 1 日 |
| 安大略省 | 11.00 | 2014 年 1 月 30 日 |
| 爱德华王子岛 | 10.20 | 2014 年 6 月 1 日 |
| 魁北克 | 10.35 | 2014 年 5 月 1 日 |

资料来源：http：//en. wikipedia. org/wiki/List_ of_ minimum_ wages_ in_ Canada。

2012 年，在各大城市中，卡尔加里是税前收入最高的地方，收入的中位数为 9.83 万加元，其次是埃德蒙顿（9.6 万加元）和渥太华（9.42 万加元）。这三个城市的个人收入自 2009 年以来就名列全国个人收入的前三名。

1995 年，加拿大双亲家庭中夫妇都工作的占 60%，这些家庭的年均收入为 6.89 万加元。自 1967 年以来，比丈夫挣钱多的妇女人数增加了 4 倍，而且，这样的家庭数目还在不断增加。二战后至 1965 年出生的一代女性受 20 世纪 70 年代以来女性主义运动的影响，有很多人以推迟结婚与生育和少生孩子为代价，提高自己的文化水平和职业技能，大大改变了就业市场的性别结构。女性主义的崛起不是一种时髦，而是有着广泛的社会基础，近 10 多年来在社区学院和大学学习并获得学位的女性数量均超过男性，就是一个例证。

2012 年，每个家庭税前收入中位数为 74540 加元，其中阿尔伯塔省最高，为 94460 加元。每个家庭的平均支出为 49766 加元。每个家庭的主要支出为：上缴养老金和就业保险 3946 加元，食品 7305 加元，住房 13643 加元，家具和家用电器 1964 加元，服装约 2948 加元，交通约 9395 加元，医疗 1932 加元，休闲娱乐 3976 加元，烟酒 1536 加元，教育和书籍费 1277 加元，礼品和捐赠 1788 加元，其余为各种杂费。

"低收入"也称贫困线在加拿大有特定含义，因为它也是福利政策线。一般而言，如果一个人或家庭的衣、食、住费用占其收入的55%以上，就属于低收入者或低收入家庭，就能享受免税和各种补贴待遇。加拿大究竟有多少低收入者，他们的贫困程度和贫困的时间长度如何，用不同的统计方法有不同的结论。有的统计方法用的是人口比例标准，截取收入最低的一部分；有的方法是看纯收入，有的是看市场购买力。学界一般估计加拿大低收入人口至多占全部人口的16%，至少占9%。低收入人口中，单亲家庭尤其是单身母亲、单身老年人、新移民、保留地以外的土著人、残疾人的比例比较高。低收入人口的多少也与经济周期特别是失业率的高低有关。2011年，加拿大有低收入人口300万人，约占全部人口的8.8%。

贫困线标准因地区而有所不同。以1993年为例，一个人在农村地区年收入不足10520加元，或在50万人口以上的大城市收入不足15452加元，即被视为贫困者。1996年这样的贫困者有529万人，比1989年增加了40%。同年有150万儿童生活在低收入家庭中，比1989年增加了45%，65岁以上的老年低收入者有72万人。低收入家庭多数是单亲家庭，尤其是单身母亲为主的家庭。低收入家庭享受免税或税收折扣，而且还享受各种社会救济，但自20世纪90年代以来，政府大幅削减各项福利性开支，影响了这些家庭的实际收入。1996年，全国约有23.7万个低收入家庭，有近10%的高收入家庭平均年收入为14万加元的，这个高收入群体的成员多是医生、律师、公司经理和高级管理人员。

1996年，在全国831.7万个家庭中，收入在2万加元以下的占12%，2万~4万加元的占26.3%，4万~6万加元的占24%，6万~8万加元的占17.5%，8万~10万加元和10万加元以上的各占约10%。在10个省中，安大略省有10万加元以上收入家庭的比例最高，占13.2%；新斯科舍省这类家庭的比例最低，只占4.2%。纽芬兰省2万加元以下收入家庭的比例最高，有19.2%；阿尔伯塔省这种家庭的比例最低，占9.1%。

2006年，99.9%的家庭有冰箱，约20%的家庭有两台以上冰箱；98.9%的家庭有彩电，半数以上的家庭有两台以上彩电；99.1%的家庭有电话，拥有移动电话的家庭为 71.4%；83.2% 的家庭有汽车，20% 的家庭有两辆以上汽车；电脑的家庭拥有率为 78.4%，72.7% 的家庭使用互联网。此外，80% 以上的家庭还有微波炉、录像机、录音机、洗衣机和衣物烘干机，50% 以上的家庭有洗碗机和冰柜。93.5% 的家庭做饭用电，5.5% 的家庭用管道煤气。在上班族中，自己开车上班的占 73.2%，使用公交系统的占 10.1%，步行者占 7%。

2014 年 6 月，加拿大统计局公布的居民消费价格指数（CPI）比 12 个月前上升了 2.4%。上涨的主要商品及上涨幅度分别是：汽油 5.4%、肉类 9.4%、天然气 19.4%、卷烟 10.3%、住房 2.9%、饭馆的食品 2.3%。同期下跌的主要商品及下跌幅度分别是：空运、数字电脑设备 4.5%、家具 2.2%、电视设备 6.1%、个人护理设备 1.4%。基本保障食品仍然很便宜，如面粉、面包、鸡蛋、牛奶、土豆、胡萝卜和洋葱的价格，都比中国国内的便宜。很多海产品、水果的价格也比中国国内的便宜。

## 第二节 社会生活

### 一 就业与福利

2014 年 6 月，加拿大就业人数 1782 万，失业率 7.1%，相比 2009 年 6 月就业人数 1675 万人，失业率 8.6%，经济情况无疑好了很多。2013 年失业率平均为 7%，说明加拿大就业市场在 2008 年金融危机后已趋于稳定，但还没有明显的上升迹象。毕竟加拿大经济繁荣要依赖美国经济的向好。

各行业收入有很大差距。2012 年，住宿和餐饮业平均工资最低，每周收入 372 加元；建筑工人每周收入 1143 加元；零售业从业人员每周收入 528 加元；行政人员每周收入 1161 加元。

2014 年，加拿大有 473 万劳动者加入工会，占全国非农业就业者的 30%，其中公共部门雇员 277 万，私企雇员 196 万。虽然公共部门雇员占

全部就业者的比例小，但他们加入工会的比例高达70%以上，是私企雇员工会率的几倍。工会率是工会会员在全国就业者中的比例。加拿大工会率在20世纪80年代时是38%，之后开始下降，90年代持续缓慢下降，2000年下降到30%，但此后一直稳定在这一水平。各省的工会率都在下降，但下降的幅度不同。马尼托巴省下降幅度较小，目前工会率为35%左右。

加拿大工会依据有关法规以集体谈判的形式为会员争取权益或福利，教师包括大学教师、护士甚至警察工会以罢工要求增加工资的事很正常。有一次，在哈利法克斯警察罢工期间，出现了抢商店的事件，引起市民不满。议会不失时机地通过一项立即复工的条例，指出治安工作不得停止，应先复工再商议工资问题。警察工会立即照办了。在经济繁荣期，工会的要求往往会得到满足，而在经济萧条时，工会活动就受到许多限制，即使罢工也难以达到要求。加拿大劳资关系的对立程度在西方国家中属中等，每年都有罢工，但工会罢工活动都是在法律范围内进行，对社会生活影响有限。一定程度的罢工、怠工或在公余时间表示不满和抗议，已经成为加拿大社会生活的一部分，是民众表达意见的一种正常方式。

加拿大人的工作方式很灵活，除正式的工作外，还有多种上班方式。2008年，加拿大有177.5万人做零工，其中有2/3的人是自愿的，他们因为要上学或家有小孩需要照顾。打零工大多在服务业，如餐馆和加油站等，可以是正式工作，也可以与别人分担。还有很多人因各种原因同别人分担同一份工作，女护士和女教师领导了这一潮流，因为她们需要照顾家庭，又不愿放弃工作。实际上，这些合作工作者都有很好的教育背景，他们也不同于零工，都有相当的专业技术。合作工作制已得到工会的认可。合作者按实际工作时间得到应有的工资与福利待遇。

加拿大人不分性别一般在65岁退休，但近年来因经济不景气，退休年龄有提前的趋势。20世纪90年代与70年代相比，60岁以下的退休人数增加了一倍，有1/4的退休人员年龄在55~59岁之间。许多行业调整时，将提前退休作为裁员的手段之一。为使提前退休工作顺利进行，一些退休福利和养老金的发放年龄标准也做了相应调整。

　　加拿大人在就业机会方面基本上实现了性别平等。1996 年妇女就业人数已占总就业人口的 46%，而男性的失业率还高于女性。当然，在男女的平均收入方面还有相当大的差距，尽管自 20 世纪 70 年代以来，妇女平均工资一直在提高。从表 5-4 可以看出，2013 年女性就业人数约占总就业人数的 48%，在服务业中，女性整体上已超过男性，在医疗教育方面大幅超过男性，在公共行政领域也与男性相当。

表 5-4　2013 年加拿大各行业就业（性别）统计

单位：千人

| 行　业 | 总计 | 男性 | 女性 |
|---|---|---|---|
| 全行业 | 17731.2 | 9295.7 | 8435.4 |
| 商品生产行业 | 3838.4 | 3060.0 | 823.4 |
| 　农业 | 3146 | 222.7 | 92.0 |
| 　林、渔业和矿、油、气开采 | 367.6 | 300.2 | 67.2 |
| 　公用事业 | 143.5 | 109.4 | 34.1 |
| 　建筑业 | 1323.7 | 1168.2 | 155.5 |
| 　制造业 | 1734.2 | 1259.5 | 474.7 |
| 服务业 | 13847.7 | 6235.7 | 7612.0 |
| 　贸易 | 2705.2 | 1386.4 | 1318.8 |
| 　运输仓储业 | 863.2 | 650.4 | 212.9 |
| 　金融、保险、房地产及租赁 | 1122.3 | 496.6 | 625.7 |
| 　专业、科技服务 | 1347.7 | 767.9 | 579.9 |
| 　商业、房屋及其他辅助性服务 | 713.9 | 387.9 | 325.9 |
| 　教育服务 | 1289.0 | 430.8 | 858.2 |
| 　医疗护理社会救助 | 2176.5 | 388.7 | 1787.8 |
| 　信息、文化、休闲 | 782.8 | 422.7 | 360.1 |
| 　住宿餐饮业 | 1131.8 | 474.0 | 657.9 |
| 　其他服务 | 769.5 | 358.6 | 410.8 |
| 　公共行政 | 945.8 | 471.7 | 474.0 |

　　资料来源：http：//www. statcan. gc. ca/tables - tableaux/sum - som/101/cst01/labor10a - eng. htm，2014 年 7 月 20 日。

近年来，加拿大平均每年约有1000人因工死在岗位上，工作死亡率约为十万分之六。2011年因工死亡率略低，约为十万分之五。因工致死最多的行业是装卸工、陆路和空中运输；因工致残率大致在1.73%，最容易受伤的行业人员是装卸工、邮递员、水陆空运输人员。由于加拿大目前的因工伤亡统计没有包括农业，所以因工伤亡率在实际上还要高一些。

加拿大劳动者享受多种福利，就业保险（Employment Insurance，EI）是其中之一。就业保险在1997年以前称失业保险（Unemployment Insurance，UI），规定收益人凡因解雇而在一定时间内没有找到工作，可以得到原工资额55%的补助金，期限为14~45周。因怀孕、患病或抚养婴幼儿而无法工作者，也可享受这一待遇。1996年，加拿大政府为此付出130多亿加元，平均每月有60万人领取这笔保险补助。不过目前的就业保险补助比20世纪70年代还是降低了许多，那时的补助是原收入的75%，期限是51周。劳动者还依法享受带薪休假的权利，除每年法定的9~10天（各省不同）的休假日外，工龄在3个月以上一年以下的，每月可休假一天；工龄在1~8年的，每年可休假2周；工龄在8年以上的，每年可休假3周。雇员放弃休假，可领取休假津贴。如雇员未休假就辞职或被解雇，仍可领到休假津贴。

劳工法还规定，雇主解雇员工必须以书面形式提前通知，提前通知的时间与雇员的工龄相关，一般工龄在3个月至一年的，要提前一星期；工龄在1~5年的要提前两星期；工龄在5~10年的要提前4星期；工龄在10年以上的要提前8星期。工作未满3个月，或犯有严重错误的雇员，解雇时不需提前通知。此外，劳工法对无理解雇有明确的界定，雇员如对被解聘不满可依法投诉，劳工部门一旦判定属无理解雇，有权要求雇主取消解雇决定并赔偿雇员的工资损失。

加拿大人退休后的生活是有保障的，从1966年起开始实行的退休金制度是这一保障的基础。这一制度包括加拿大退休金计划（The Canada Pension Plan，CPP）和魁北克退休金计划（Quebec Pension Plan，QPP），前者在包括除魁北克省以外的全国各地区实施，后者仅是在魁北克省实施。这两项退休金计划，均依据收益人以前的收入和收入中为此计划扣除部分的多少来确定各自的退休金标准。

加拿大政府对老年人还有其他补助项目，如联邦政府规定的老年人保障津贴（Old Age Security，OAS）、收入保障补助（Guaranteed Income Supplement，GIS）和配偶补助（Spouse Allowance）等，各省和地区政府还有各自的有关老年人收入保障的福利政策。

## 二　妇女地位

当今加拿大的妇女地位得益于社会进步和妇女运动。加拿大妇女运动最初兴起于 19 世纪末，当时以争取选举权为中心。至 20 世纪前期，各省妇女陆续获得选举权，其中马尼托巴省、阿尔伯塔省、萨斯卡彻温省和不列颠哥伦比亚省是在 1916 年，安大略省在 1917 年，新斯科舍省在 1918 年，新不伦瑞克省在 1919 年，爱德华王子岛省在 1922 年，魁北克省最晚至 1940 年。

第二次大规模的妇女运动发生在 20 世纪 60 年代末 70 年代初，其目标是消除在社会方面的性别歧视，尤其是就业和收入上的性别歧视。1967 年加拿大妇女地位皇家特别调查委员会成立，1970 年，该委员会就改进妇女在教育、就业、法律、家庭等方面的问题提出了 167 条建议，成为以后解决妇女问题的蓝图。联邦政府在内阁中新设了一位部长负责妇女问题，许多政府部门都增设专管妇女问题的机构。立法部门重新审理有关法律，剔除有性别歧视的条款。1978 年《加拿大人权法案》中列入了禁止性别歧视、男女同工同酬的内容。第二次妇女运动取得了很大成效，奠定了今日妇女权益保障的法律基础，从上而下地引起了全社会对妇女问题的关注和重视。现在，各省、地区政府中都有分管妇女问题的部长，加拿大全国性妇女组织约有 70 个，省和地方性的此类组织有几千个。

近一个世纪中，妇女在全国就业人口中的比例不断提高，1901 年妇女仅占 13%，1951 年占 22%，1975 年为 36%，1986 年为 43%，1993 年达到 45%。传统的男主外、女主内的家庭模式正在消失。1992 年，加拿大仅有 16% 的家庭收入全部来自丈夫，双职工家庭成为主流家庭模式，在 20 世纪 90 年代，有 60% 的妇女就业，但妇女的就业仍不如男子稳定，在就业的妇女中有 1/4 是部分时间工作。

男女劳动者的收入差距一直较大，1911 年妇女的平均工资是男性的 52.8%，1971 年是 58%，1986 年为 66%，1996 年达到 72%，2007 年为 65.7%。有关统计不仅显示妇女比男子的平均工资低，还表明妇女比男性的平均受教育程度高。1920 年，女大学生只占入学人数的 16%，20 世纪 60 年代以后女大学生的比例大幅提高，1986 年已接近 50%，1994 年达到 55%，明显超过男生。在社区学院全日制和半日制入学的女生数都比男生多，分别为 53% 和 63%。一般认为，教育水平同就业机会成正比。但这主要表现在同性竞争中，在异性对比中，这一规律的有效性被打了折扣。同等学力的女性比男性收入低，甚至高学历女性的收入低于比其学历低的男性也是正常的事。

现在男女平等虽有法律保障，公开的性别歧视要受到指责和惩罚，但传统的职业性别观念仍在发挥作用。在社区学院，女生在护理、康复、秘书等专业学生中的比例达 90% 以上，在图书馆、社会工作等专业占 80%，在教育、美术等方面占 50%，而在法学中只占 1/3，医学中占 40%。当前男性仍然是高收入行业就业者的主体。

政治领域在传统上是男性的职业舞台，但随着妇女获得选举权，她们开始进入这一领域。1921 年，A. C. 麦克费尔成为第一位联邦众议院女议员。1982 年，B. 威尔逊被任命为联邦最高法院女法官。1993 年，K. 坎贝尔成为加拿大第一位女总理。在 1993 年大选中，联邦众议院 295 个席位中的 53 席为女议员占据，创造了加拿大妇女从政史上的最高纪录。1999 年 11 月，贝弗利·麦克拉克林女士被任命为联邦最高法院首席法官，成为历史上担任这一职务的第一位女性，此前她是不列颠哥伦比亚省最高法院首席法官。1999 年，A. 克拉克森（伍冰枝）成为加拿大首位华裔女总督。她的继任者米歇尔·让是加拿大首位黑人女总督。

加拿大政府负责妇女权利的机构是加拿大妇女事务部，现任女部长 K. K. 雷切尔还担任劳工部部长。自 1971 年开始，妇女事务就由联邦政府的一位部长负责，但妇女事务部的正式成立是在 1976 年。这是妇女运动的成果之一。妇女事务部的宗旨是：通过落实性别平等，增进妇女的经济安全和成功，鼓励妇女发挥领导才能和民主参与，终止针对妇女和女孩的暴力。

三　社会治安

加拿大没有户籍和身份证管理制度，也没有城镇和农村户口之分。加拿大人只是借助社会保险卡来作为个人的身份证件，卡上有 9 位数字，代表个人的社会保险号码（Social Insurance Number）。加拿大人用社会保险卡开银行账户、申请各种社会福利、纳税和求职等。社会保险卡遗失后可以补办，但原号码不变。利用社会保险卡的各种欺诈行为，如伪造、出售或申请一张以上的社会保险卡，以及冒用别人的号码进行欺诈，都要被处以 1000 加元的罚金或一年监禁。加拿大人的另一种身份证明是驾驶执照，因为驾照号码也是因人而异的。加拿大人一般总要随身携带这两种证件，尤其是去外地。

社会治安问题，不仅涉及罪犯和受害者，社会影响很广泛，甚至影响到国家形象。加拿大统计局自 1962 年起，依据警察局每年公布的犯罪情况报告（Uniform Crime Reporting），以及每五年一次的对治安问题社会调查（General Social Survey on Victimization）数据进行统计分析，在其基础上计算出犯罪率。犯罪率是每 10 万人口在一年中发生违法案件数量的比例。但犯罪率不能准确地反映治安状况的程度，因为它只统计数量，而没有反映案件的性质。例如，杀人案和盗窃案是等同的。自 1998 年起，加拿大统计局公布"犯罪严重程度指数"（The Crime Severity Index）。这个数据是在各地将犯罪案件分类统计的基础上计算出来的，相关的还有其他犯罪情况指数，如青少年犯罪严重程度指数等。这些指数反映的情况比犯罪率要细致和准确些。这些报告和数据是了解和研究加拿大社会治安情况的基本资料。

依据这些资料，2013 年，加拿大犯罪严重程度指数为 68.7，比 2012 年下降 9%。这是该指数连续下降的第 10 年。警察报告的犯罪率为每 10 万人 5190 起，是 1969 年以来最低的，见图 5-5。

2013 年，加拿大总共发生犯罪案件 180 万起，比上年减少 13.2 万

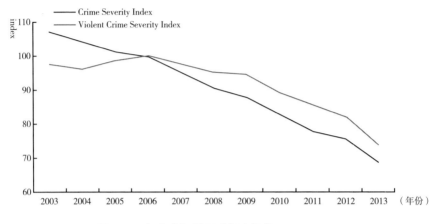

图 5 – 5　加拿大犯罪严重程度指数：2003～2013

注：以 2006 年加拿大犯罪严重程度指数为 100 计算。

资料来源：http：//www5. statcan. gc. ca/access_ acces/alternative_ alternatif. action？
l = eng&loc = /pub/85 – 002 – x/2014001/article/14040 – eng. pdf。

起。这比 2003 年犯罪率降低了 33%。虽然案件总数在减少，某些犯罪案
却在增加。例如，敲诈案（ + 32%），造假案（ + 30%），儿童色情出版
物案（ + 21%），严重性侵犯案（ + 9%）都增加了，对儿童性侵犯和身
份诈骗也分别上升 6%。

　　2013 年，全国的犯罪率，除育空地区以外，程度不同的都有所下降。
育空地区的犯罪严重程度指数增加了 6%，犯罪率上升了 14%。另外，纽
芬兰和拉布拉多省犯罪严重程度指数增加了 1%。暴力犯罪严重程度指数
（Violent Crime Severity Index）比 2012 年下降 10%，主要是抢劫案大量减
少，该指数已是连续七年降低了。杀人案 505 起，比 2012 年减少了 38
起；试图杀人案同比也减少 23 起。2013 年杀人案比例相当于每 10 万人
1. 44 起，是 1966 年以来最低的；试图杀人案的比例是 1971 年以来最低
的。

　　近十多年来，加拿大治安情况是整体向好的趋势是明显的。自加拿大
使用犯罪严重程度指数以来，所有大中城市的指数都在下降。只有埃德蒙
顿的指数持平，是唯一没有下降的城市。

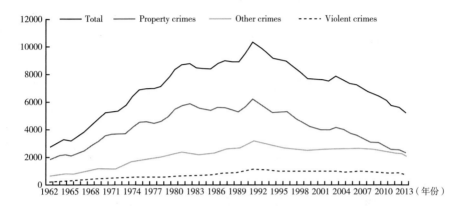

**图 5 - 6　加拿大犯罪率：1962 ~ 2013**

注：以平均 10 万人口基数统计。

资料来源：资料来源：http：//www5. statcan. gc. ca/access_ acces/alternative_ alternatif. action？

l = eng&loc = /pub/85 - 002 - x/2014001/article/14040 - eng. pdf。

2013 年，非暴力犯罪程度指数比上年减少 66.8% ，主要是入室盗窃价值在 5000 加元以下的案件和轻微伤害案减少了。但是，管控药物（毒品）持有和使用的案件增加了。其中，非大麻或可卡因案增加了 4% ，大麻案增加了 1% 。绝大多数（67%）与药物相关的案件涉及可卡因。

2013 年，年轻人犯罪 10.4 万例，比 2012 年减少 16% 。减少的主要是抢劫和入室盗窃。然而，年轻人杀人案次数由 2012 年 35 起，增加到 2013 年 40 起。约有 55% 的年轻人违法案件是通过法庭以外渠道解决的，被警方正式指控的只有 45% 的案件。

由于每年都有大量移民进入加拿大，移民中难免有各国犯罪组织和团伙的成员，这给社会治安造成危害。1999 年，加拿大警方曾进行了有史以来最大规模的缉拿犯罪组织的活动，在多伦多、蒙特利尔、渥太华和温莎等市同时出动，捕获大批犯罪分子，有的判刑，有的被驱逐出境。

四　环境保护

加拿大最早的环境保护主义者是当地的土著居民，他们认为万物有灵，万物都是自然环境中的一分子，因此崇拜山川、植物和动物。加拿大对保护环境和自然资源的态度经历了几个阶段：最初是保护树木草场，随后是保护土地，再后来是保护人文景观，1960年至今是保护自然。1945年前，加拿大将环保的注意力集中于边远地区的国家级和省级公园。第二次世界大战以后，环保重点转移到建立人文景观为主的公园。从20世纪60年代起，环境污染成为大众关心的主要问题，许多环保组织成立起来。联邦和地方政府都设立了环境部，通过环保法律，完善环境评估制度。

1969年，加拿大制定了《净化空气法》；20世纪70年代初又制定了净化空气的标准，对空气中的悬浮颗粒、二氧化硫、一氧化碳、二氧化氮等成分的最高标准做出规定，由加拿大的空气污染监测机构以"良好、一般、不好、很不好"四级评价标准予以公布；后来又制定了空气质量指数，从0~125，分别所指四级标准的范围。权威部门报告显示，1974~1992年，加拿大17个主要城市的空气污染程度有较大的改善，其中空气中的悬浮颗粒、二氧化硫、一氧化碳和二氧化氮等有害成分分别下降了54%、61%、70%和38%，达到或略微超过净化空气的许可标准。

绿色计划（Green Plan）是1990年12月联邦政府公布的一项综合环境行动计划，包括一百多项政策、方案和标准。该计划表明经济发展必须同环境的承受能力相适应，必须净化和保护加拿大的水、空气和再生资源。该计划包括北极环境战略、五大湖防污计划、扩大国家公园系统和野生动物保护条款，以及包括气候变化、臭氧耗竭、向海洋倾倒废物和破坏森林等全球环境问题的解决措施。根据该计划，联邦政府在5年内额外拨款30亿加元用于治理环境。该计划有具体的目标和落实的时间表，政府每年都要就计划征求意见，以使其适应新的议题，并监督目标的落实。

加拿大有四级环境保护机构：国际级、国家级、省级和市级。国际级环保机构主要负责对鲸鱼的保护、酸雨控制、水质问题等。其他三级机构相互配合，没有明确的分工范围。环境问题通常会牵涉如农业部、交通部等部门，解决问题通常是由政府的三级环保机构与有关部门共同负责。

加拿大联邦政府制定的环保法有《北极水域污染防治条例》《环境保护法》《渔业法》《危险物品运输条例》。许多省还制定了防止水污染和保护野生动物的法律。但对酸雨、有毒物品、危险品和废物的处理措施仍显乏力，还面临财产私有制与公共利益相矛盾这一最大的环保立法障碍，一些工业集团认为环保侵犯了企业自主且耗资过大。

加拿大环保的出发点不仅是为了保护环境和资源的可持续利用，而且也是为了充分尊重公民环境权。"公民环境权"是指公民有在良好适宜的环境中生活的权利，这项权利是以《联合国人类环境宣言》中的有关规定为基础的。

加拿大《环境保护法》于 1988 年通过，其宗旨是为了保障人们的环境权，它从以下几方面规定了国家对环境的监管：控制引进国内从未使用过的新物品；对有毒物品的研制、生产、运输、贮存等各个环节实行控制；制定环境质量标准，由各级政府有关部门实施监督；建立向海洋、河流等水源排放和倾倒废弃物的许可证制度；等等。联邦政府与省政府签订环保公约，省政府与各级地方政府都承担对环保的执法责任，做到违法必究。

加拿大人对环保的宣传达到无孔不入的程度，如商品的包装纸盒上无一例外地印有提醒回收的字样，连牙膏盒也不例外。加拿大人的环保意识也达到了比较自觉的程度，垃圾实行分类，大致有生活垃圾、塑料和废纸三种。如在多伦多地区万锦市某小区，每户（住公寓内的除外）要自备三个垃圾桶，分别为绿、蓝、黑三色。厨余垃圾要装在塑料袋内，放在绿桶里；蓝桶内是可回收的玻璃、塑料或纸制的饮料瓶、废报纸等；黑桶代表不可回收垃圾，如废墩布、破电器等。此外，还有一种后院垃圾，如枯枝败叶、碎石等。每周三是收垃圾日，但不是每次都收所有的垃圾。如果这周三收所有的垃圾，那么下周三就只收绿桶、蓝桶内的垃圾。也就是说，黑桶内的垃圾和后院垃圾每两周一次，后院垃圾每次限三袋，而且，11 月下旬的那个周三是全年最后一次，如果没在此前清理好院子，这种垃圾就要留到来年了。经常有被拒收的垃圾，要么是居民记错了日子，要么垃圾整理得不符合要求，如硬纸箱要拆开后捆在一起。市里为垃圾回收专门印有小册子，对危险品（如各类清洗剂、油漆、除草剂、杀虫剂等）、可回收物品、一般垃圾、捐献物品等，都有非常详细的说明。每年还专门有一天回收用过的圣诞树。总之，加拿大环境部门不仅注意宣传，

而且提供必要的物质设施，使环境卫生能落到实处。

去过加拿大的人，一定会对那里天蓝、水清、草绿的优美环境留下深刻的印象，而加拿大人也始终对环境保护保持高度警惕的态度。1999年底，加拿大自然联合会向联邦政府递交的一份研究报告指出，在39个国家公园中，有10个已"处于危险状态"，只有育空地区的温图特公园的生态状况完好。因森林砍伐、空气和水污染、农业和旅游业的过度开发，在爱德华王子岛省的国家公园、阿尔伯塔省的班夫国家公园、不列颠哥伦比亚省的环太平洋国家公园等10个国家公园内，一些物种和珍稀动物正在减少，尽管这些公园表面仍很美丽。报告呼吁政府尽快采取措施，恢复这些公园的原有生态环境。

2002年，加拿大一个官方委员会详细列举了一份生存状态受到威胁的野生动植物种群的名单。该委员会将动植物受到危害的程度分为四个等级：在地球上已灭绝的；已在加拿大消失，但还生存在世界其他地方的；已受到直接危害，很快会在加拿大消失的；如果不采取措施将受到危害的。这相当于一份详尽的加拿大野生动植物的档案，有关部门据此就可以有针对性地采取相应的保护措施。截至2014年，这份名单上的濒危动植物有345种，从大型动物到苔藓，种类全面。专家委员会每10年要重新审核名单，生存状况恶化的物种要提高其危险级别，而情况改善的物种则有可能从名单中删除。艾草松鸡（Greater Sage-Grouse）在这份名单上。这是一种北美最大的松鸡，主要生活在阿尔伯塔省和萨斯卡彻温省南部有三齿蒿的地方。目前加拿大全境只有约100只艾草松鸡。2013年底，联邦政府发布紧急命令，将两省1700平方公里的皇室土地作为艾草松鸡的栖息保护地。2014年，联邦政府环境部部长宣布拨款210万加元给卡尔加里市的动物园，与阿尔伯塔省政府合作，用于艾草松鸡的人工孵化和饲养的研究项目。这项研究预计持续10年，总计费用达500万加元。这是联邦政府在2012年决定的每年拨款2100万加元用于保护濒危物种项目的一部分。从保护艾草松鸡的例子，可见加拿大政府对保护物种多样性的态度和措施。

2010年，加拿大环境部可持续发展办公室制定了加拿大可持续发展战略。该战略为三年一期的连续性计划，每年有年度报告，每年召开环境与经济圆桌会议（非营利民间组织），由政府、企业、劳工和环境组织、学术界、土著组织的代表参与，广泛听取建议，充分协商，制定政策，跨部门协调合作。可持续发展的定义是：满足当代人需要，而不牺牲后代人并满足他们需要的能力。2013～2016 年是第二个计划执行期。

这项战略综合和整体地展示政府在实现环境可持续发展战略方向中的行动和结果，经济和社会发展都必须坚持环境可持续发展原则。也就是说，经济、社会和环境是"三位一体"的，必须在可持续发展的前提下整体地予以考虑。加拿大人首次在一个文件中看到加拿大政府在环境可持续发展方面的战略和实际取得的进展，政府各部门（33 个）首次在这个方向下协调合作。政府各部门依此制订了相应的短、中、长期计划，企业据此调整各自发展方向，社区、家庭都被动员起来力所能及地实行节能减排，如政府设立家庭环保补助，居民更换保温门窗、屋顶、节水马桶等，享受一定的补贴。

联邦政府将战略环境评估作为重要的决策工具，所有送交联邦机构批准的项目，涉及环境问题的都要受此评估，包括短、中、长期影响，潜在影响等，作为决策依据。这种评估不同于项目论证层次的环境评估，考虑范围更广、时间更长。根据《哥本哈根协定》，2020 年加拿大要使温室气体排放量低于 2005 年水平的 17%。2005～2011 年，加拿大经济增长了8.4%，温室气体排放减少了 4.8%，显现了增长与环保的双赢。2012 年，联邦政府设定经济可持续发展指数（CESI），有 40 多个指数，以此监督衡量与实现目标的差距。

## 第三节　社会保障

社会保障是维护和提高基本生活标准的公共计划，特别指因怀孕、疾病、事故、伤残失去生活来源的人接受政府资助的计划。加拿大社会保障的发展经历了殖民地时期、第一次世界大战前后和二战后三个时期。殖民地时期，多数人生活在小范围的农村社区，遇到紧急困难时相互救助。没有亲朋的人向慈善机构求助，但人们一般不会接受这种施舍，因为这意味着个人的失败。工业化使人们大量涌入城市，人们靠固定收入生活，失去收入生计就没有保障。为了不依赖慈善机构，工人们组织了互助会、工会，在会员内部互相帮助。1914 年，加拿大实施第一个现代社会保障计划《安大略工人赔偿条例》，工人有权因工伤而得到固定的收入。各省很快效仿这种做法。1916 年马尼托巴省通过的《母亲津贴条例》，为寡妇、离异或遭丈夫遗弃的妇女提供基本的生活保障。此后 5 年内，各省都通过了类似的法律。1927 年，加拿大首次实施老人津贴计划。20 世纪 30 年代的经济大萧条使成千上万的人失去生活来源，加拿大政府不得不应付大规模的失业救济问题。1939 年大多数人已认识到，多数人的贫困不是个人的失败，而是社会经济制度的失败。1940 年联邦通过《失业保险条例》；1944 年通过《家庭津贴条例》，使所有的母亲在孩子不满 16 岁时都可得到津贴。1945 年联邦政府推出社会保障计划；1951 年建立了广泛的老年津贴制度，所有 70 岁以上的老人都可享受津贴。1957 年联邦与各省共同分担医疗保险。萨斯卡彻温省率先实施全体公民都可享受的、靠税收支持的、由公众参与管理的医保计划。1960 年，所有 10 个省都已推行医疗保险计划。1966 年联邦通过《医疗保险条例》。1965 年，联邦实施《加拿大老年津贴方案》，为退休和丧失工作能力的人提供福利。1969 年，有 1/4 的加拿大人生活在贫困线以下。1975 年联邦实施配偶津贴；1978 年实行儿童津贴，每年为生活在年收入不满 1.8 万加元家庭中的每个不满 18 岁的孩子补助 200 加元。20 世纪 80 年代，加拿大面临 30 年代以来最严重的经济衰退，税收大幅下降，财政赤字增加，各级政府开始紧缩社会保障开支，推行有偿服务，医保方案、养老金制度、家庭津贴制度、失业保险制度受到冲击，引起社会争议。1984 年联邦实施《加拿大健康条例》。

加拿大社会保障制度经过了近一个世纪的发展，已经覆盖了所有社会群体，以下介绍其中的主要内容。

## 一　老年人福利

在加拿大，65 岁以上算老年人，不分男女年满 65 岁（以后将调整为

67 岁）退休、领养老金。退休概念是在养老金和退休金制度出现以后才有的。1921 年，65 岁以上的男性老年人中有 60% 以上还在工作。1952 年，由于有了养老金和退休金制度，这一比例下降为 40%，至 1986 年只有 12%。现在许多老年人参加工作不再是为了收入，而是出自兴趣或习惯。规定 65 岁退休，但不是必须退休，只要工作单位和个人双方愿意，可以工作到 70 岁甚至更年长。

加拿大老年人的生活保障有三大支柱：一是老年保障计划（OAS），也称基本养老金，凭年龄获得的基本收入；二是退休金计划（CPP），领取在就业时缴纳、退休后返还的退休金；三是个人自愿根据就业时每月收入的一定抵税比例注册退休储蓄计划（RRSP）而得到的收入和商业保险，作为以上两项收入的补充。

1927 年，加拿大制定了第一个《养老金法》，但它的适用范围有限，如年龄必须在 70 岁以上，必须在加拿大居住 25 年以上等。1952 年的《老年人保障法》将受益人的年龄放宽到 65 岁以上，将居住年限降到 20 年，扩大了保障范围，但其提供的养老金数额很少，每月只有 40 加元，并不能真正解决养老问题。1967 年，联邦政府实行《收入保障补助计划》，将老年人的月最低收入补助提高到 105 加元；1972 年，为防止养老金因通货膨胀而缩水，规定各地养老金数额每年随物价指数调整；1973 年又规定，养老金每季度（分别在 1、4、7、10 月）随物价指数调整。养老金属于应纳税收入，2012 年养老金最高为每月 544.98 加元，高收入者（2010 年标准线是年收入 67668 加元）要退还部分或全部养老金。不过，目前超过此标准线的老人只有约 5%，绝大多数老人不同程度地享受养老金福利。

不管是否曾经就业，凡 18 岁以后在加拿大居住 10 年以上年满 65 岁的老人皆可申请领取养老金，18 岁以后在加拿大居住 40 年以上者可领全额养老金，居住不足 40 年的可得到部分养老金。但养老金要按收入所得上税，所以高收入者实际上要退回部分乃至全部养老金。养老金一经批准终身受益，不需年年申请。18 岁以后在加拿大住满 20 年者，无论出国居住在哪个国家都可以得到养老金；不足 20 年者，则在出国半年后停发，但回国后可重新领取。

1966 年制订了《加拿大退休金计划》。次年，加拿大人在退休后都可以领到退休金，退休金的多少取决于受益人的工龄、退休前 3 年的退休金计划缴纳额。近年来因失业率高、行业调整减员等原因，领取退休金的年龄放宽到 60 岁。凡年满 60 岁且缴纳过退休金税者，都可以领到退休金。因疾病伤残等原因提前退休者，可以提前领取退休金。如退休人去世，其65 岁以下配偶还可以领取一定数量的退休金。退休金来源于雇员和雇主的缴纳，2003 年退休金缴纳费率为个人收入的 9.9%，法律规定这一费率要维持到 2030 年，由双方平均分担。这个费率比较高，每年都有节余，由加拿大养老金计划投资管理局负责投资管理。在西方福利制度普遍出现赤字危机的情况下，加拿大是世界上少有的能在联邦退休金计划收支上实现平衡的国家。

1975 年实施的《配偶补助法》是对《收入保障补助计划》的补充，即对已领取收入保障补助但仍生活困难的老年人的配偶的补助。1985 年，其范围扩大到所有年龄在 60～64 岁的老年人，不论他们有没有配偶，也不管他们的配偶是否已得到收入保障补助。但一对老年夫妇的年收入高于30576 加元，则不能领取这项津贴。配偶补助金的具体数额根据实际收入计算，《配偶补助法》的领取人年满 65 岁后，可以直接领取养老金，就不再享受这项补助了。

收入保障补贴发给那些有全部或部分养老金，但收入仍在一定水平之下的老年人。这种补贴需要每年申请，在每年 4 月 30 日以前，用收入证明和退税单申请。收入保障补贴基本有两种：一种是给单身老人，一种是给有配偶的老人，前者补贴高些，但后者两人补贴加在一起仍多于前者。收入保障补贴在领取人出国半年后一律停发。

退休金计划（CPP）的资金来源是劳动者就业时所缴纳的养老金税，该税率为 9.9%，由雇员和雇主平均分担，自谋职业者缴纳 9.9%。缴纳过养老金税的劳动者到退休年龄后可以享受养老金。养老金的计算方法很复杂，主要根据个人的缴纳年限和平均工资，按一定比例，一般按 25% 发放。

注册退休储蓄计划（RRSP）的资金全部是个人在就业时期的储蓄，

国家为鼓励个人养老储蓄有一定比例的免税政策，一般是不超过工资的18%，购买储蓄计划的年龄不超过 71 岁。个人达到退休年龄后可以支取自己的储蓄，但支取部分要作为当年收入报税。这项政策对个人和国家都有好处。劳动者在收入高时，将一部分收入免税储蓄起来，等退休后收入低时，根据需要有计划地使用自己的这些存款，尽管需要纳税，但这时的纳税率已不同于工作时那么高了。而老人退休后生活有保障，政府自然省了很多福利。这项计划完全是自愿的，并非所有就业者都能储蓄，而没有就业经历的老人就不能享受这项政策。

总之，养老金是普惠性的、保底的福利；退休金是政府用税收方式强制性建立的；退休储蓄计划是政府鼓励、个人自愿的。当然，经济条件好的人还可以选择各类商业养老保险，作为这三项以外的养老补充。

老人去世后还享有最后的一项福利——安葬费。安葬费一般相当于半年的退休金，具体数额与其缴纳工薪税的时间长短有关。凡已缴纳工薪税3 ~ 9 年的人，不仅生前可以享受福利，死后还有惠及其配偶和子女的福利。家属抚恤金的具体数额取决于死者配偶和子女的年龄，与死者生前同居一年以上者也可以享受配偶抚恤金。如死者无配偶，其子女在 18 岁以下或在 18 ~ 25 岁之间，是全日制学生，可以领取孤儿抚恤金。2012 年，各级政府拨给每位老年人各类福利的中位数为 1.6 万多加元。

除以上联邦政府给予的老年人福利外，各省政府还有自己的老年人补助政策。如安大略省对领取联邦养老金和收入保障补助的老年人发放省政府补助，该补助根据联邦福利自动计算、发放，不必申请。此外，65 岁以上的老年人还有退税优惠，包括房费和购物退税。65 岁以上老年人还有药物福利卡，老年人凭卡可以免费在药店领取医生的处方药，也可以在购买健身器械时得到减价优惠。

总之，60 岁以上的加拿大老人，无论以前是否工作，基本生活都是有保障的。残疾老人除享受一般老年人的福利外，还有专门的福利。65岁以上老年人还可以凭老年卡享受一些福利和优待，如买公交月票半价，上公园、看电影等娱乐活动半价或减价，一些商场和自助餐厅也对持老年卡者给予优惠等。

## 二　成年人福利

**就业保险（Employment Insurance）**　　加拿大劳动者享受多种福利，就业保险是其中之一。就业保险在 1997 年以前称失业保险（Unemployment Insurance），改名后性质没有变，但增加了鼓励再就业的内容。凡工作满 52 周的非自愿失业者，包括因怀孕、疾病和被解聘者，都可以享受这一福利。申请者根据以前工作时间的长短和所付失业保险税的多少，可以领取 14～45 周的就业保险金，一般是其此前收入的 55%，但每周不超过 413 加元。小时工、临时兼职工作，如果累计时间在高失业地区超过 420 小时，或在低失业地区超过 700 小时，也有资格领取。补助的具体数额取决于失业前工作时间的长短和所在地区失业率的高低。因辞职或行为不端而失业的人不能享受此项福利。在领取就业保险金期间，无故拒绝新的就业机会者也会被减少领取就业保险金的时间和数量，甚至被取消资格。如果是因为上学而无暇找工作，则不受影响。加拿大就业保险政策也体现出鼓励学习的精神。如果失业者有抚养孩子的负担，且家庭年收入低于 25921 加元，可以申请加拿大儿童税收补助（CCTB）。这样，失业者的补助就可能超过其原工资的 55%。

加拿大各级政府年年拨款，免费为失业者进行再就业培训，因为多一人工作就多一份税收，少一人失业就少一份补贴，与其消极地发补贴，不如让补贴发挥更积极的帮助就业的作用。另外，政府发放就业保险金的具体数额还要看失业者以往领取就业保险金的次数和时间，次数越多、时间越长，得到的金额就越少。例如，每领取 20 周的就业保险金，保险金就会降低 1%。领取就业保险金期间，领取者可以打零工，但收入情况要报告，如果临时收入超过保险金的 25%，超出部分就要被如数扣回。一般每周收入 100 加元不影响保险金领取。失业者每两周都会收到政府人力资源部门寄来的表格，要求填写这两周的收入或学习培训情况，一旦发现表格填写不实，将停发甚至追回已发放的保险金。

**加拿大救济计划（Canada Assistance Plan）**　　这是加拿大全民性的社会保障，也可为社会最低收入者提供基本生活保障。凡年龄在 18～

64 岁的加拿大公民，没有工作能力、没有收入来源且个人财产不超过一定标准的，都可以申请，最低财产标准是：单身成年人财产不足 2500 加元；带一个孩子的成年人财产不足 5000 加元；孩子多或孩子残疾，或成年人残疾，最低财产标准可相应减低一些。同时，因地区经济差异，各地救济金的数额不等。

## 三 儿童福利

1893 年安大略省颁布了第一部《儿童保护法》，随后各省陆续通过类似的法律，还建立了各类儿童福利机构。各省法律明确规定：儿童若得不到父母或监护人的充分照管，政府有权进行干预。父母或监护人发生忽视、遗弃或虐待儿童的行为时，都会受到法律的指控和制裁。若导致儿童死亡，则会以谋杀罪论处。父母打孩子是很罕见的事，如果幼儿园或小学老师发现孩子有被打的迹象，或邻居发现不满 12 岁的孩子独处家中无人看管，他们的第一反应是报警。警察会根据情节进行处理，有时会立即将孩子移送儿童福利机构，家长或监护人在认错并保证不再重犯后，才能将孩子领回。屡教不改者将失去对孩子的抚养权或监护权。

加拿大儿童福利有以下几项。

**儿童税务优惠** 凡未满 18 岁的孩子，家长报个人所得税时可以从收入中抵减 2101 加元，或从应交税款中抵减 315 加元。7 岁以下儿童的托儿费可以在家庭收入报税时抵减，每年最高可以抵减 7000 加元。但这项优惠必须是在托儿费已经在加拿大境内支付的情况下，支付给私立托儿机构的费用不享受该优惠。儿童文体活动税务优惠，未满 18 岁的孩子参加文体活动，如足球、舞蹈、游泳、钢琴等，凭收据当年在家庭收入报税时可从收入中抵减 500 加元，或从应交税款中抵税 75 加元。

加拿大儿童税收福利（Canada Child Tax Benefit，CCTB），俗称"牛奶金"。政府对有 18 岁以下子女家庭的补助，补助标准根据家庭收入和 18 岁以下子女的多少，一般家庭收入低于 10 万加元，都能享受这项补助。

**联邦托幼福利（Universal Child Care Benefit，UCCB）** 2006 年 7

月 1 日实行，帮助家长支付托儿费，无论家庭收入高低，每个 6 岁以下的孩子每月有 100 加元托儿费补贴。但与"牛奶金"不同，这项福利要纳入报税收入。因此，这是一种补助低收入家庭的福利。

**儿童残疾福利（Child Disability Benefit，CDB）**　　是对有残疾孩子家庭的补助，残疾的定义很广，需要医生证明。

**儿童特殊津贴（Children's Special Allowances，CSA）**　　是对托幼机构的补贴，进入这些机构的低收入家庭儿童通过申请津贴，得到减免托幼费的福利。

各省还有自己的儿童福利政策。例如，安大略省儿童福利金（Ontario Child Benefit，OCB），年收入 2 万加元以下家庭，每个 18 岁以下孩子每年最高可领取 1310 加元；收入 2 万以上的家庭也可领取部分福利。安大略省有 50 多万个家庭、100 万儿童因此受益。安大略省还有儿童牙齿免费治疗和眼睛验光的福利。牙齿免费治疗是照顾低收入家庭的福利，如有一个 17 岁以下的孩子，家庭年收入在 21513 加元以下，有两个孩子的家庭年收入在 23025 加元以下，父母没有包括孩子的牙科保险的才能享受。

加拿大婴儿可以得到出生津贴，这种津贴是对新生儿家庭的一次性补助，补助的具体金额因各省和地区以及家庭中孩子的多少而不同。如在魁北克省，第一个孩子的出生津贴为 500 加元，第二个孩子为 1000 加元，第三个及以上的孩子可以在 5 岁内每季度领取 375 加元，5 年共计 7500 加元。领养新生儿也可以享受这一福利待遇。

许多成人或家庭福利项目也都与儿童有关，如有儿童的贫困家庭可再申请附加补助。加拿大儿童福利政策不仅保护儿童，还体现出鼓励生育的精神。

加拿大的福利项目很多，可以说从出生到逝世都有政府补助。许多福利相互覆盖甚至重叠，加之福利条款经常变化，加拿大人自己也不一定都清楚。为此，加拿大福利部门做了很多宣传和服务工作，尽量让更多的人知道自己的福利权益，如将各种福利政策上网公布，并印成各种文字的小册子或卡片。这些印刷品一般通俗易懂，有的还图文并茂，不仅放在政府福利部门，还放在各种公众场所、慈善机构、医院、幼儿园、老人公寓等地。在这些印刷品的旁边，还准备了有关的申请表和信封。福利部门为方便残疾人，还准备有录音电话、磁带和印刷资料。此外，还设有 800 部免费咨询电话，有专人接待来访者。福利的申请手续也是简便的，甚至不需去福利部门，只需将填好的申请表和有关材料寄出，一经批准，福利支票就会按时寄来。

　　加拿大是一个法制社会，也是一个讲究个人信誉的社会。福利法在规定了人们的权利的同时，对在福利申请方面的欺诈行为也有详细的处罚措施。如在就业保险申请中作弊，冒领金额在 1000 加元以内，要将此人符合申请资格的最少工作小时增加 25%；如冒领金额超过 5000 加元，则其所需的最少工作小时增加 75%；对第二次作弊的处罚是申请资格所需的最少工作小时提高一倍。

　　四　健康保险

　　健康保险计划是加拿大社会保障体系中的重要部分，它保证每个加拿大人不论其收入状况如何，都能得到所需的医疗和护理。加拿大医疗保险经费的来源是联邦政府和省政府的财政收入，只有少数省份，如阿尔伯塔省和不列颠哥伦比亚省，向居民收取少量的健康保险费，但即使在这些省，对低收入家庭和老人也实行免费医疗。一般省份是通过向雇主征收工薪税或保健税的形式筹集部分医疗保险金，但这些钱远不够支付实际所需的医疗费用，更多的钱还是来自政府的税收。

　　加拿大人都有一个健康卡（Health Card），此卡全国通用，每年需要重新注册，跨省迁居者需在当地重新注册。加拿大人凭卡可以在任何地方的任何医院、诊所免费看病。免费看病指不需付挂号费、检查费、化验费和治疗费，每两年还可以做一次全面的眼科检查，但拿医生处方到药店取药时要交钱，只有 65 岁以上的老年人可以免费取药。如果是住院治疗则一切费用全免，不仅手术费、药费全免，伙食和病床费也不收。健康卡没有金额上的限制，只要治疗需要，无论多昂贵的检查和手术，患者费用全免。对一些保健项目，健康卡担负不同的费用份额，如包括按摩在内的理疗项目和心理咨询，健康卡每次只能承担一部分费用，而且每年对这类费用有一定限额。

加拿大医生凭患者的健康卡号和诊断记录，定期向医疗保险机构收取诊疗费用；药店则靠药品批发和零售之间的利润盈利，医生和药店之间没有必然的联系，因为医生包括其诊所无权向患者出售药品，患者可以凭处方到任何一个药店买药。实际上，加拿大医生对处方很慎重，对小病不开药或只开几片药是很经常的事。这样不仅减少了病人的开支，而且更重要的是减少了药品对病人不必要的损害。加拿大药品很贵，对药品管理也很严，连服避孕药也要经医生许可。

加拿大的健康卡不包括下述医疗费支出，如牙科治疗、配眼镜和保健项目中的自费部分，患者或其就职单位为此要买专门的保险。大多数省规定，一般药品费每年800加元以内由个人负担，超过800加元后免费。低收入家庭还可以申请800加元以内的药品费减免。一般政府部门或较正规的公司都为员工提供健康卡之外的医疗保险，保险金由单位和个人分别承担，一般是单位多付一些，如60%，职工每月大约付40～50加元。保险分个人保险和家庭保险两种，已婚职工一般都买家庭保险。家庭保险的受保者包括员工的家属，享受保险的人每年看病只交50加元，其余部分全部由保险公司承担；每两年可以免费配一副眼镜（约200加元）；看牙医每次自费20%。看牙医按单位时间收费，计价单位为15分钟收费40～50加元，补一颗牙花200加元是很正常的。牙医最愿意、也最有耐心为有保险的患者看病，这也是他们收入高的原因之一。

加拿大医疗保障制度也有不少问题，近20多年来要求改革的呼声不断。人们抱怨最多的是看专科医生、等待核磁共振、CT检查和一些外科手术的时间过长。在加拿大看病有两个级别，一是家庭医生，也称全科医生，负责日常健康问题、疾病预防，对某些病人初步诊断后，转专科医生。加拿大人一般有自己的家庭医生，病历存放在家庭医生那里，看医生打电话预约。病人想看眼科、骨科医生，需要仪器检查，要通过家庭医生转诊、要排队等候，核磁共振、CT要等一个多月，看专科医生等一两个星期，都是很正常的。有些外科手术如换关节要等半年到一年。安省卫生局网站上公布着各种检查和手术要等候的时间。一些病人等不及就出国看病，一些华人甚至专程回国看病。加拿大医疗水平和护理水平都是一流的，如换关节手术后，康复人员会定期上门指导病人恢复，这一切都是免费的，唯一需要的是耐心等待。另外，一些很明显的专科疾病，如眼科和五官科疾病，也要先经过家庭医生，对病人是一种不必要的程序。

加拿大华人很多，唐人街的中医诊所包括针灸和按摩诊所也很多，主要中药尤其是补品都能买到。但中医目前还得不到医疗卫生部门的认可，不属于医疗保险范围，看中医都需自费。虽然加拿大华人要求将中医纳入医疗保险，中医的声誉和影响也呈逐渐扩大之势，但中医、中药如何适应加拿大医疗管理的各种规定仍是个有待研究的问题。如鹿茸、虎骨、熊胆之类的中药与野生动物保护法格格不入，一些中药的有效成分还难以鉴定。

# 第四节 医疗卫生

加拿大的医疗制度对所有公民一视同仁，实行免费医疗被加拿大人视为政府的职责。加拿大的医疗保障体系是以一种国家税收为资金来源，由政府管理的全民医疗保险制度，被认为是世界上最好的医保模式之一，是很多国家效法的榜样。然而，加拿大医疗保险制度也有一些问题，尤其近20多年来，呼吁其改革之声越来越高。

## 一 制度发展概况

1947 年，萨斯卡彻温省率先为省内居民建立普遍的医院治疗服务。至 1961 年，各省和地区都建立了医院治疗保障制度。1966 年，全国性医疗保障计划成立，联邦与省政府各担负 50% 的医疗费用。至 1972 年，所有省和地区都加入了这一计划。1984 年出台的《加拿大卫生法》成为加拿大医保体系的法律基础，该法确立了医保的五大原则：公共管理的、综合的、普遍的、便携的和易接近的。也就是说，医疗服务必须由政府管理；医疗服务要包括医生和医院服务、心理卫生和防病服务；医疗保障要包括所有公民；无论公民在国内哪里看病都可以；医疗服务必须是方便的。各省和地区的医疗保障必须遵循这五条原则，才能得到联邦政府的医疗经费。

2005 年，加拿大有医院 1000 多所，医生近 6 万人。1951 年，加拿大平均 976 人有 1 名专科医生，每 325 人有 1 位护士；2005 年，这两项统计数字分别为 529 人和 129 人。再考虑到加拿大人口是逐年增加的情况，50 多年来，加拿大的医护资源显然增加了，目前医疗资源紧张的情况主要是因为人们对卫生和医疗水平的需求增长得更快。

2007 年，加拿大全部医疗费用为 1610 亿加元，2008 年和 2009 年大致为 1736 亿加元和 1831 亿加元。除去通货膨胀因素后，1975 ~ 1991 年，医疗费用年均增长率为 3.8%。1991 ~ 1996 年，医疗费用年均增长率为 0.9%。1996 ~ 2007 年，这一费用的年均增长率为 4.7%。用 1997 年加元价值标准来衡量，2008 年医疗费用增加了 5.4%，2009 年增加了 3.3%。

1997 年，全部医疗费用占 GDP 的 8.9%。从 1998 年开始，医疗费用的增长幅度超过 GDP 增长幅度，2007 年达到 10.5%，2008 年为 10.8%，2009 年为 11.9%。2009 年增幅较大的原因是经济危机使 GDP 增长放缓了。各省的医疗费用占其 GDP 的份额也不相同，从阿尔伯塔省的 8.2% 到新斯科舍省的 16.7%。在三个地区当中，努纳瓦特地区高达 25.8%。

从 1997 年起，全部医疗费用中的公费部分约占 70%，如 2007 年占 70.3%，2008 年和 2009 年均占 70.2%。2007 年私人医疗花费主要在私人保险和个人负担的非处方药费以及牙医的费用。这些私人医疗费用 2007 年为 478 亿加元，2008 年约为 518 亿加元，2009 年约为 545 亿加元。

就全国而言，医院和专业医生主要是由公费资助的，药品和其他医护人员主要属于私有部门。2009 年，在全部医疗开支中，医院开支最多，占 27.8%，药费次之，占 16.4%，专业医生诊疗费占 14%。

2007 年加拿大平均每人医疗费用 4889 加元，2008 年和 2009 年分别约为 5211 加元和 5452 加元。实际各省的人均医疗费用不同，2009 年阿尔伯塔省和纽芬兰省人均费用分别约为 6072 加元和 5970 加元，魁北克省和不列颠哥伦比亚省分别约为 4891 加元和 5254 加元。不同年龄阶段的人所需医疗费用也有很大差异，不满周岁的婴儿和老人的医疗费最高，不满周岁婴儿的平均费用为 8239 加元，65～69 岁的为 5589 加元，70～74 岁的为 7732 加元，75～79 岁的为 10470 加元，80 以上的为 17469 加元，而 1～64 岁的人均只有 3809 加元。

2007 年，在世界经合组织的 26 个国家中，人均医疗费最多的是美国（7290 美元），加拿大居第 5 位（3895 美元），与法国、德国、荷兰和奥地利等国差不多。人均医疗费最低的是土耳其（618 美元）和墨西哥（823 美元）。

## 二　存在的问题

老龄化、平均寿命增长、慢性病增多、候诊时间长、医护质量不稳定、诊疗技术需更新、诊疗费用昂贵都是加拿大医疗机构需要面对的问题。尽管有医疗服务标准，但各地的实际标准在变化。一些设备被闲置，很多病人没有得到必要的治疗，引起并发症，反过来又增加了医疗成本。一些病人被过度治疗，不仅增加了不必要的成本，甚至危及了他们的健康。

过去 20 年间，加拿大医保费用的增长比 GDP 的增长快 2 倍多，近 10 年几乎是通货膨胀系数的 4 倍。萨斯卡彻温省 2008 年人均医疗费用 5393 加元，高于全国人均 5170 加元。1996 年至今，医疗费用年均增长 7%，超过省年度预算的 40%。尽管投入增加，医疗仍不能满足需求，医护质量方面也令人担忧。不充分的医疗条件会增加疾病和死亡率。

2000～2009 年，不列颠哥伦比亚省医疗费用增长了 70%，从 97 亿加元增加到 157 亿加元，2012 年达到 175 亿加元。30 年前，不列颠哥伦比亚省卫生局预算占省预算的 26%，20 年前占 32%，10 年前占 35%，现在占 44%。这种发展速度不能不令专家和政府感到忧虑。越来越多的人担心，加拿大的医疗保障制度是否是可持续的，是否已经挤占了其他公共服务的经费，如教育、环保。

医生和护士抱怨工作时间长、收入低。近年来专科医生罢工事件屡见不鲜，在不列颠哥伦比亚、阿尔伯塔、纽芬兰、安大略、魁北克和马尼托巴等省都有，几乎所有事件都以加薪解决。其实，相比其他行业而言，医生的收入已经很可观了，如萨斯卡彻温省的家庭医生平均年薪高达 20 万加元，至于专科医生年薪 50 万~60 万加元很平常。但相对于长时间的工作、各种压力和责任，他们还是有抱怨的理由。

病人不满等候时间长。2009 年 5 月 31 日，在萨斯卡彻温省等候各种手术的有 2.7 万人，其中有 4000 人（16%）已经等候 1 年以上了。麦吉尔大学（McGill University）的一项研究表明，如果病人要等 12 周以上时间才能手术，则病情恶化的可能性就会加大。等候 CT 的时间，因地区不同而不同，从 20 天到 190 天不等。等待核磁共振检查的在省会里贾纳为 150 天，在省人口最多的城市萨斯卡通竟为 390 天。2007~2008 年度，在不列颠哥伦比亚省，各种手术的等候时间平均为 4.4 周，其中白内障手术 8.3 周、开胸手术 9 周、换膝关节 16.9 周，换股关节 11 周。应该说明，在加拿大急诊的就诊次序是按照病情的轻重缓急，如果病人只是感冒引起的发烧，等 4~6 小时是很正常的；但有病情恶化或危及生命的病人都能得到及时救治。

## 三　改革措施与思考

加拿大看病难的原因有很多，其中一些是西方国家中普遍存在的，如老龄化、平均寿命增长、慢性病增多、诊疗技术需更新和诊疗费用昂贵等；但有一些问题是制度性的，需要通过改革来调整。

（1）医改定位。学者们对医改有许多议论，各省医疗部门也都有医改的设想和措施。在各种医改文件中，2003 年联邦政府委托专家撰写的《罗曼诺夫报告》对后来的医改趋势影响最大，报告认为：①加拿大医疗保障体系基本上能够满足人民的需要，但有改善的余地；②医保制度改革仍要以普遍的公共资助为基础；③对医保制度的某些负面报道言过其实。但报告也认为，医疗制度需要改革，以适应新的社会情况和问题。

有调查显示，4/5 的加拿大人基本满意于目前的医疗制度，他们不愿走市场化道路。2009 年，萨斯卡彻温省提出，"病人第一"要作为医疗制度改革的核心，不能仅作为一种标语口号；医疗制度要发挥社会凝聚力功能，要让国民因享有优越的医保体系感到骄傲和自豪。目前医疗体系整体是好的，但"好并不一定意味着足够好"，改革的基调是"保留好的，改革其余的"。

（2）公有制问题。加拿大人从医疗保障体制建立之初就认为，医疗是一种特殊服务，不能任其市场化或私有化。也就是说，享受医疗服务只能根据病情的需要程度，不能根据社会地位或贫富。在很大程度上，加拿大做到了这一点。无论教授、官员，还是工人、服务员一律按初诊先后排队，等候专家看病。能改变排队次序的原因只有一个，即病人在等候期间病情发生了变化。当然，这并不排除个别人"走后门"的现象，但一般情况下，排队次序是很公平的。但公平的排队并不能缓解病人在等待中的痛苦和不满，所以，不断有人建议，采取公私双轨制，满足那些希望得到及时诊疗、又愿意多付费的病人。但这种呼吁目前并不能实现，因为它与大多数省内的医疗立法是矛盾的。

2005 年，魁北克省一位病人为换关节手术等了一年多，他将省政府起诉到联邦最高法院，声称如此等待剥夺了他关于生命、自由和人身安全的宪法权利。最高法院支持原告，认为进入等候名单并不等于接受治疗，因此，魁北克政府必须容许等待换关节手术的病人以私人医疗保险的形式得到及时治疗。此前该省并不容许私人医疗保险提供这样的服务。这一判决似乎为医改的私有化开了绿灯。

2006 年，阿尔伯塔省要试行"第三条道路"医改，即在公私两条道路之间，走一种公私兼有的道路。其中要点是允许医生在公私两种制度下执业，病人可以付费缩短等候时间。但民意调查显示，大多数人对此表示不理解或不满。反对者认为，这将形成贫富两个医疗系统。哈珀总理写信，对所谓的医生"双轨制工作"和"付费通道"提出明确的警告，认为这首先是一个人权问题，在生命权利面前必须人人平等。有一位同时在美国和加拿大高校任教的华裔经济学家对这两个国家的医疗制度这样评价："在加拿大看病免费或很便宜，但就是要等（急诊除外）；在美国看病方便，就是太贵。"

（3）公费范围问题。加拿大目前公费医疗范围包括：初诊费、专家诊断费、化验检查费、手术费、住院费。住院病人不仅治疗免费，所需的各种"特护"服务和食品也免费，因为医院不准病人家属陪床或送饭。这种医疗服务标准也给医院带来压力，多一张病床就要多配备相应的护理和饮食服务人员；而且，一旦病人对医院服务不满而投诉，医院还会有更多的麻烦。因此，尽管等候住院的名单很长，医院病房并没有全部投入使用。医院的预算费用每年是有定额的，超支可以申请追加，但省里并不予保证。因此，医院不会冒亏空的危险，而且医院也有控制总费用的责任，有权控制床位数量和医护人员比例。可以设想，如果能降低一些住院病人的服务标准，就会使医院能够为更多的病人服务。实际上，有的医院已经为病人提供付费病房和饮食。按照公费住院标准，病房是四人的或两人的，但一些医院已经设立了单人病房，这是需要另外交费或私人医疗保险的项目。有人抱怨，私有因素正在侵蚀医保制度的公有基础，认为高质量的医疗并不一定意味着高花费。

（4）如何控制医疗费用中的公费部分。按照医疗费用近年来的增长趋势和速度，加拿大财政难以支持公费医疗只是时间早晚的问题。很多专家认为，医疗费用增长与经济发展不协调，因此是不可持续的。减轻医疗领域的财政负担，一是要提高医疗单位的效率，各医院在公有条件下也可以开展竞争。如果改变目前的定额拨款制度，将拨款与医疗服务的数量和质量挂钩，让病人的选择与医院的效益结合起来，可以调动医院和医生的积极性。二是容许病人自费获得更加及时和良好的服务。在医疗领域引入私有成分，并不必然使低收入者的医疗服务质量下降，因为医院可以用这部分增收扩大病房数量、增加医护人员，这会缩短其他病人的等候时间，只要有相应的政策将自费部分控制在一定的程度内。笔者参观的一家医院内有单人病房，但这种自费病房数量也是有限的。有人做过医疗双轨制的数理模型，认为从长期看这种制度是可行的，对低收入者也是有利的。目前加拿大很多学校已要求国际学生自己购买医疗保险，而十几年前笔者上学时这笔钱包含在注册费中。

（5）医生的自主权问题。主张限制的人认为，有些医生和医院滥用昂贵的设备，没有控制成本的内在动力。一位有影响的加拿大医疗经济学家甚至说，一个由专科医生来控制成本的医疗制度，不出现财政危机几乎是不可能的。相反的意见认为，医生需要更多的独立自主权，任何控制都在否定他们的职业宗旨，不能因为钱而限制他们的治疗方案。如何发挥医生的能动性，又限制其向不良方向发展的可能性，也是医改必须要考虑的问题之一。

（6）如何看待等候现象。消除等候现象的唯一方法是保持过剩的医疗能力，但这会增加医疗成本，刺激不必要的医疗服务。加拿大医疗程序遵循按病情严重程度优先的原则，有等候时间并不必然与不良后果相关。有的人没有什么病，却常去医院，这些人提高了成本，降低了医疗效率。对这些人而言，等候时间似乎是医保制度的一种自我保护功能。

同时，缩短等候时间一直是近年来医改的目标之一。2007年哈珀总理与各省和地区政府达成协议，在2010年以前，对特殊病人的等候时间必须做出承诺，遵守这种承诺才能得到联邦的资助。确定优先的病症有：癌症、换股和膝关节、心脏病、成像诊断、白内障手术和初诊。也就是说，医疗单位对这些项目的等候时间要公示并需严格遵守承诺。加拿大政府也努力提供更多的医疗资源，如培养医生护士的教育培训机构要扩大招生名额，新建扩建更多的医院。

（7）医疗保障不等于健康，国民健康并不能用医保来解决。研究显示：医保制度只对15%的人的健康有益，影响健康的还有很多社会因素，如贫穷、住房、教育、环境、社会地位、社会歧视等。医保针对的主要是疾病本身，医保只是社会政策的一环，它要与其他社会政策协调发挥作用，任何一环出现问题，其他环节就都要加重负担。

预防疾病和宣传科学健康的生活方式都成为医改系统工程中的内容，由于医疗费用的上涨，立法增加了禁烟力度，所有公共场所禁止吸烟，私人汽车内有16岁以下孩子时也禁止吸烟。再如，至2010年，所有饭馆和学校食品供应单位禁止提供含有反式脂肪的食品。

加拿大医改留给我们很多思考和启示。全民的高标准医保与医疗费用难以控制的上涨、效率降低、医护资源紧张究竟是一种什么关系？医疗保障是一种普遍权利，还是在某种程度上是一种特权？如果容许人们付钱，以得到更快、更好的治疗，这对公费医疗制度有什么影响？我们正将医疗

保障网覆盖全社会，这是一种历史性的社会进步，但它也必然会稀释城市里原本就紧张的医疗资源，对因此可能出现的问题，我们应有足够的准备。

四　加拿大人卫生健康概况

除医疗外，加拿大政府十分重视公共卫生事业，各级政府都制定了严格的健康卫生法规，对饮用水、食品、饮料、药品和化妆品的质量都有明确的规定和有效的监督，对生活垃圾和工业废物的处理也有法可依。各级卫生部门各司其职，负责街道卫生、流行病和传染病预防、中小学生健康、职业病预防、防疫注射、卫生教育等事务。

2006 年加拿大人均寿命超过 80 岁，其中妇女为 83 岁，男子为 78.4 岁。据 1994～1995 年的一项统计，6/10 的加拿大人认为自己的健康状况良好，1/4 的人甚至说自己的身体非常棒，只有 1/10 的人健康状况一般或较差。当然，加拿大人身体好的原因并不仅是因为有便捷、先进和免费的医疗体系。越来越多的专家指出，靠治病来维持健康既不是唯一的也不是最重要的方法。良好的生态环境、安全的社会状况、富裕而稳定的收入、宽敞的住房、充足的营养、科学合理的生活方式、完善的教育和社会保障系统，都是维持人体健康所必需的。加拿大人健康水平普遍较高的一个特殊原因是移民的不断补充，敢于离乡背井到异地谋生的人大多年轻而有朝气，而且移民事先都要经过严格的身体检查。

人们通常将人的一生分为儿童、青少年、成人和老年阶段，我们下面分别看一下各个阶段的加拿大人的健康状况。儿童尤其是婴儿的健康水平有显著的改善。1920 年，周岁以内的婴儿死亡率接近 1/10，而 1995 年这一数字已降为 6.1‰，虽然仍略高于日、德、法、英等国，但比美国和新西兰低。1994 年，半数以上的新生儿的体重在 3400 克以上，而 20 世纪70 年代是 3316 克。1995 年出生的婴儿体重不足 2500 克的占 6%，而在20 世纪 70 年代是 7%。1～9 岁儿童的死亡率也明显下降，目前约为0.23‰，而且 4/10 的死亡是因为偶然性的外因，如车祸。癌症和各种先天性疾病在 1～9 岁儿童死亡原因中排第 2 位和第 3 位。

对青少年生命和健康的威胁主要不是来自疾病，而是各种事故或自杀，因为这一时期本身就是青少年情绪骚动、易于冒险的阶段。外部原因主要是车祸，它仍是青少年的头号杀手，占死亡人数的 4/10 或 1/2。导致 15～19 岁青少年死亡的第二大原因是自杀。1986～1990 年，15～19 岁青少年中有 0.13‰ 的人自杀；近 30 年来这一年龄段男女青少年的自杀率分别增长了 5% 和 3%。青少年自杀的原因很复杂，与社会和家庭压力、个人性格、宗教影响力的减弱、影视媒体对自杀手段和细节的暴露等有关。影响青少年健康的另一个因素是吸烟和吸毒。1994 年，加拿大 19 岁的青年中有近 1/3 的人吸烟，其中 3/4 以上的人每天都吸烟。性生活比较普遍，但缺乏性卫生和性安全意识、少女怀孕也影响青少年健康。1994 年，15～19 岁女孩的怀孕率为 48.8‰，尽管由于堕胎使实际做母亲的人数比 1974 年少了很多，由 45% 降至 26%。

成人健康的最大威胁是吸烟，在加拿大吸烟致病几乎占死亡原因的 1/5，比自杀、车祸、艾滋病和谋杀合计造成的死亡人数还多。虽然自 20 世纪 70 年代以来烟草的消费总体上有所下降，但 1994 年仍有近 700 万人吸烟，占 15 岁以上加拿大人的 31%，而且其中的绝大多数人每天都吸烟。近年来吸烟人数明显下降，2007 年，12～19 岁群体中有 13% 的人经常吸烟，而 1998～1999 年，这个数字是 17%。同期，年轻妇女的吸烟率也由 22% 下降为 12%。2007 年，在 20～44 岁群体中的吸烟者占 28%，比以前也有所下降。

2007 年，肥胖者占全国成人人口的 16%，约 400 万，其余还有 800 万或 32% 的成年人身体超重。1994～1995 年只有 43% 的成年人体重适中，有 25% 年龄在 20～24 岁的女性体重未达标准，而这一年龄的男子只有 10% 的体重不足。越来越多的人认识到饮食结构和营养成分对健康的意义，他们减少了牛羊猪肉类、奶油和糖在食品中的比重，增加了谷类、禽类、鱼类、低脂蛋白、水果和蔬菜。但只有 43% 的人，主要是妇女和老人，对目前的饮食习惯比较满意。

1994 年，3/4 的老年人认为自己的健康状况好或非常好，甚至 3/4 的 85 岁以上的老年人认为自己身体好或很好。但同期有 3/4 的 55 岁以上的人承认自己有慢性疾病或身体不适，主要是患有关节炎、风湿病、后背疼和高血压等症。循环系统疾病尤其是心脏病是老年人死亡的最常见原因，约占 1993 年老年人死亡的 1/2。加拿大正在走向老龄化社会，预计 2041 年全国 23％ 以上的人口将是老年人。

对加拿大人生命威胁最大的是癌症，每 10 万人中有 170.3 人死于癌症，致死率最高的是气管和肺癌，心血管疾病是加拿大人的第二大杀手，每 10 万人中有 121.5 人死于心血管疾病。乳腺癌发病率增长很快，1996 年已达 1‰，而且每年还以一个多百分点的速度上升，但它的死亡率自 20 世纪 80 年代末以来逐渐下降，目前已降至 40 多年来的最低水平。脑血管病是导致加拿大人病故的第三类疾病，每 10 万人中因脑血管病去世的有 32.5 人。艾滋病自 20 世纪 90 年代以来平均每年增加 1000 多例，1994 年以前男女艾滋病患者的比例约为 15∶1，1995 和 1996 年变为 10∶1 和 8∶1，女患者人数增加很快。

# 第六章

# 文　化

## 第一节　教育

### 一　概况

加拿大的教育特点与其移民母国的教育传统和教育制度有很大关系，早期受到法英两国教育思想和教育制度的影响，坚持英才教育，学制单一。教育的唯一目的就是上大学，毕业后成为牧师、绅士或政府官员。因此，在重视智力培养的同时，神学和社交礼仪也是教育的重要内容。20世纪尤其是二战以来，由于受美国教育的影响，加拿大开始重视大众教育、生活教育、综合教育、职业教育和社区教育，教育由贵族化转向平民化，并且将发展学生适应社会的能力放在与追求学业成功同等重要的位置上。加拿大早期教育的另一个特点是教会办学，牧师和传教士是最早的老师，教堂就是学校，《圣经》就是教材。这一特点甚至延续至今。目前，除以往的教会大学都转成公立的以外，教会仍保持着从幼儿园、中小学到学院的完整的教育体系，当然在教学内容上早已今非昔比，教会学校同样要按照有关法规的标准办学。但教会对教育的影响逐渐减小则是大势所趋。天主教在魁北克省的影响自20世纪60年代改革运动以来明显减弱，纽芬兰省73%的居民在1997年的投票中赞成取消已在该省存在了近300年的教会学校。

1633年，当新法兰西居民尚不足500人时，耶稣会教士在魁北克创办了魁北克学院和第一所小学。一个世纪以后，这所小学成为加拿大唯一的中学。1663年，魁北克神学院成立，后来成为加拿大最早的法语大学——拉瓦尔大学的前身。截至1760年，天主教会已在这块法属殖民地上建立了教区学校体系。这个法语教会的教育体系与后来的英国新教移民以及美国独立后迁来的效忠派的教育体系产生冲突。安大略省仿照英国教育模式开始建立中小学。1816年《普通学校法》规定，凡有25名学龄儿童的地方必须选出一个委员会，负责筹建学校，招募一名教师。1838年，安大略省已有这样的学校651所，有14700名在校学生。安大略以法律形式规范的教育成为加拿大现代公共教育的起源。1789年，加拿大第一所大学——国王学院大学就是在教会资助下建立的。加拿大自治领成立时已有17所大学，绝大部分属于教会，只有4所例外。这些大学的规模很小，人数多在100人左右，资金来源没有保障。

现行的大学体制源于1906年《多伦多大学法案》中的双重管理体制。该体制由负责学术政策的评议会和负责财政与其他事务的董事会组成，董事会任命的校长则起协调作用。1938年，加拿大有学位授予权的大学已增至28所，在校学生4万人，占18~24岁人口的5%。除麦吉尔大学和多伦多大学享有一定的国际声誉外，多数大学为地方性的。全国没有一个系统的高等教育政策，获财政资助的数额也是逐年确定的。

联邦政府参与高等教育是在20世纪初。1916年，联邦政府成立了国家研究委员会，1919年出资安排退伍军人入大学学习，但联邦政府正式介入大学是在二战以后。二战激发了全社会的科研热情和对人才的需求，政府对大学给予更多的关注。二战后退伍士兵被大量安置在大学学习，1945~1951年有5.3万名退伍军人进入大学。从1951年开始，政府向大学提供常规性资助，通过资金安排退伍军人上学。1955~1962年，大学生人数增加了一倍；1962~1969年大学生人数又翻了一番，同时新增了19所省立大学。许多大学在这一时期建立，如维多利亚大学、卡尔加里大学、温尼伯大学、里贾纳大学、卡尔顿大学、约克大学和滑铁卢大学等。60年代高等教育的迅速发展得益于美国的教育理念，即认为高等教育是经济发展的一个重要因素，对个人和社会都会产生很高的经济效益。

60 年代，社区学院的涌现和发展是加拿大高等教育史上的一件大事，它不仅促进了高等教育大众化，而且在教育与经济社会发展紧密结合方面做出了很大贡献。

从 20 世纪 60 年代到 80 年代，大学生人数不断增长。80 年代以来新增大学生有很多是女生，至今女生已占全日制大学生人数的 1/2 以上。

按照《英属北美法案》，各级教育立法和批准学校的设立由各省负责，联邦政府只负责土著居民、海外留学生、军人及其子女和劳改犯的教育。联邦政府不设教育部，全国没有统一的教育管理体系，也没有统一的教学大纲和统编教材。加拿大的教育立法同联邦一样是妥协的产物，它有一条重要的限定，即各地已被法律认可的教会学校必须受到保护。这是希望英法两种文化、新教与天主教不同的教育体制能在自治领内和平共处。教育在发展过程中体现出加拿大试图缓解宗教与世俗、多样性与经济实用主义矛盾的努力。

后来加入联邦的省份的教育也照此办理，由此开始了各省独立办教育的发展历程，从制定教育法规和政策、提供教育经费到负责监督评估各级教育机构，都是省和地方政府的事。但省和地方政府对教育的领导主要通过宏观的政策法规和拨款，具体的办学形式、办学规模、教学活动和行政安排等都由学校董事会授权下的校长负责，使各级学校有充分的自治权。教育的地方分权制和学校自治使加拿大各地和各类教育有很大的差异。加拿大人也认为，他们的教育体制是由各省和地区组成的。教育既然主要由省政府办，教育资金也主要由省里出。一般而言，省和地方政府的教育拨款要占当地教育资金的 70% 以上，联邦政府拨款约占 20%，而学校所收的学费和各种创收以及企业赞助约占 10%。

虽然联邦政府没有类似教育部那样的统管全国的教育机构，但实际上联邦政府仍对各省的教育发展发挥引导作用，它主要是通过教育立法和经费拨款来影响教育。另外，联邦政府直接管理土著居民和军人及其子女的教育。联邦政府处理的教育事务主要由其下设的几个部门兼管："国务秘书处"负责向各省的大学拨款，实施"加拿大学生资助计划"；各省之间的教育交流由各省教育部门负责人组成的"加拿大教育部长理事会"计

划安排；对土著居民的教育由联邦印第安人事务和北方发展部负责；军人及其子女的教育归联邦国防部管理；为犯人开办劳改学校是联邦司法部的事。此外，联邦政府还为失业者的职业技术培训、移民语言学习等提供资金。一句话，每年全国教育经费的 1/5 是由联邦政府提供的。加拿大有一些全国性的教育组织，如"加拿大教育协会""加拿大社区教育协会""加拿大教师联合会"，但它们都是非官方组织，对教育发展决策的影响很有限。

各省的教育体制不尽相同，但普遍设有教育委员会或类似的机构作为本省教育的领导和决策机关，并设有教育部（厅）负责教育管理工作。省教育部（厅）下设若干处，分管初、中、高等教育，广播电视教育，教科书与图书馆，考试与评估，以及函授与成人教育，等等。省教育部（厅）的主要职责是监督各学校按照《学校法》办学和治校，审定教师资格，监督教学大纲的实施，检查课程设置，指导各种考核，等等。省教育部（厅）下设学区教育局，负责聘任教师、学校人事、课程安排、财政、基建等事务。学区教育局的领导机构不是地方政府，而是由学区居民选出的学区董事会。学区教育局依据《学区法》、《校长法》和《教师法》等规定管理学校，受学区董事会监督检查。地方政府只按照规定划拨经费，不参与具体管理。学区董事会权力很大，在许多省甚至有权征收地方教育税，但近些年来随着省地各级政府对教育控制的加强，许多学区董事会的人数被削减，作用也受到限制。

加拿大的中小学实行义务教育，免收学费。加拿大认为，教育的目的有两个：一是向人们提供发展自己的机会，满足人们各种求知的需要；二是满足社会发展所需要的各种人才。加拿大政府提出，教育的质量直接关系到人们生活的质量，充分显示出对教育的重视和对教育本质的理解。受教育程度高的人，获得好工作、高收入的机会就多，可以改善人们的生活质量，而受教育过程本身也是充实和丰富人生、提高人们精神生活质量的过程。加拿大现代教育体系除了正规的大、中、小学教育外，还有社区教育、远程教育、成人教育、职业教育、特殊教育等多种形式，形成全民教育、终身教育，使教育真正成为丰富人生的一项内容，而不只是年轻人的功课。一句话，任何人只要想学习，就有适合他的学习条件和内容。

普通教育学校按组织形式可分为公立学校、联邦学校、私立学校或教会学校三类。2011～2012年，全国公立中小学入学人数共有503万。公立学校由学校理事会按照省政府的教育法规管理，经费来自地方税收或联邦和省政府的拨款，男女生同校，从幼儿园到中学毕业全部实行免费义务教育。全国约有94%的中小学生在公立学校学习。

联邦政府开办的学校称联邦学校。直属联邦政府的学校有两类：一类是由联邦印第安事务和北方发展部管理，专门为各省和地区的土著子女而设的学校，课程与学校所在地的学校大致相同；另一类是联邦国防部在国内外军事基地内，为军人子女开办的学校，其中国内学校的课程按照所在地区公立学校的标准设置，国外学校仿照安大略省公立学校的课程标准设置。

私立学校指非政府团体或个人办的学校。教会学校也是一种私立学校，由宗教团体管理。全国有800多所教会学校和私立学校。教会学校或私立学校虽由宗教团体或其他团体管理，但办学原则仍要遵循省的教育法规；它们也能得到省和地方政府的拨款，但拨款额少于公立学校。

加拿大教育按照教学内容，可分学前教育、初中等教育和高等教育三级。一般而言，初中等教育是免费的，学前班以外的幼儿教育和高等教育是收费的。

加拿大的各级学校，对教师的聘任是严格的。幼教除了有师范学院的学历外，还要取得幼教资格证书。中小学教师至少要有大学教育学士学位和省教育部门颁发的教师资格证书。无论是大学或研究生毕业，必须通过教师资格考试并获得证书后，才有应聘教师的资格。公立学校中小学教师和学生的比例约为1∶18。中小学教师的年平均收入为4万加元左右，小学教师收入要低些。

大学教师的聘用更为严格，教职出现空缺后，必须通过国内主要报刊进行公开招聘，应聘者往往来自世界各地，用人单位要组成一个评选委员会决定是否录用。博士学位是大学教师聘任的起码资格，但博士生毕业后一般要去外校谋职，以避免学术上的近亲繁殖，也可保证教师招聘中的公开与公正。如果博士生要留在母校任教，公开招聘选拔程序也是少不了的。大学专职教师有 3.6 万人，其中 70% 是教授和副教授。

教师是令人羡慕的职业，收入在社会上属中上等水平。1994～1995年，他们的年平均收入为 57600 加元，而国内年平均工资水平只有 36235加元。大学教授每人有一间办公室，不需坐班，除每年的假期外，每 7 年中还有半年或一年的休假，用于学术访问、进修，以进一步提高教研质量。

目前加拿大有中小学校 1.6 万所、各类学院和大学 300 所，构成了完整的教育体系。2011～2012 年度，中小学校有全日制教师员工 30.2 万人，各类高等教育机构有全日制教师 6 万人，两者合计占加拿大总人口的1.2%。2011 年，在全国 25～64 岁的人口中至少有高中文凭的占 89%，高于经合组织国家 75% 的平均水平。在这个年龄组中，有大学学位的人的比例，在经合组织国家中也偏高。其中，64% 的人接受过高中以上的教育，有大学以上学历的占 27%，在经合组织 30 多个国家中，有 9 个比加拿大的比例高。接受在高中和大学学士之间各种教育的人的比例为 37%，这表明加拿大有广泛的大专教育体系，是经合组织国家中很罕见的。2011年，在大学和大专学校的注册生中，有 10 多万国际学生，占全部大学生的 7.5%。在国际生中，有 72% 在读大学的学士和硕士学位。其中，来自中国的学生最多，占 26.9%，其余来自美国、法国、印度和韩国等。

## 二 学前和中小学教育

学前教育大致有两种形式：一是托儿所或日托中心；二是幼儿园（学前班）。虽然托幼机构在加拿大出现得很早，如魁北克省天主教会很早就开办了日托中心，为白天工作的父母减少后顾之忧。在 1898～1902年，这些中心先后接纳了 1 万多名儿童。但绝大部分日托中心还是在 20世纪 70 年代以后开办的，这是与妇女大规模就业相适应的。1971 年，加拿大只有 1 万多所日托中心，但 20 年以后，就增加到近 40 万所。目前，一些地方的日托中心仍不能充分满足需求，如多伦多市一些日托中心对入托时间有严格的限制，超时要额外收费。

日托中心有公立和私立之分，一般是由团体和单位如教会和医院办的，个人也可以开办家庭托儿所。但无论哪种形式的托儿机构，都要先取得政府的执照，遵守有关的法规，除场所、安全、卫生条件达到标准外，还有教师与幼儿的人数也要达到一定比例。有些日托中心除接受学前儿童外，也在假期或小学放学后、家长下班前的时间里看管小学生。因加拿大法律规定，12 岁以下的孩子不许被单独留在家里，必须有成人或更大的孩子陪伴，所以一些小学内就有这样的日托中心，专门看管 12 岁以下的小学生。这样，托儿机构一般接收出生 18 个月以上（也有接收出生 6 个月孩子的）至 12 岁的孩子。按年龄段分组：18 个月～2 岁半为幼儿组，教师与孩子的比例为 1∶5，因这一年龄组的孩子需要更多的照顾，管理部门根据每个托儿机构的情况，对招收幼儿组孩子有数量限制。2 岁半～4 岁为学前组，每位教师最多照看 8 名儿童，每班通常为 15～20 个孩子。4～5 岁为学前班。6～12 岁为学生组。托儿机构的收费因不同年龄组而不同，年龄越小费用越高，如安大略省学前组每月为 650 加元，学前班每月为 500 加元，学生组每月为 300 加元。但联邦和省政府对低收入家庭的托儿实行补贴，使这些家庭可以得到免费或部分免费的优待，补贴直接发放到日托机构，而不是交给低收入家庭。

许多加拿大的幼儿园也称为学前班，是小学的一部分，学前班是免费的。在公立小学内办幼儿园的尝试始于 1883 年的安大略省，1887 年安大略省正式将幼儿园并入公立学校系统。马尼托巴省很快效法。1992～1993 年，加拿大有 50 多万 6 岁以下的儿童进入幼儿园或小学的学前班。除爱德华王子岛和新不伦瑞克两省外，其他各省的小学一般都设有学前班，许多省还要求 5 岁的幼儿在上小学前必须先入学前班一年。安大略省和马尼托巴省的小孩从 4 岁起就可以上学前班，至 6 岁上学时已在学前班学习两年了。

学前教育的内容主要是教孩子游戏、唱歌、跳舞、绘画，培养他们具有简单的生活自理能力和与人协作的意识。如果说与中国的幼教机构有什么不同，很明显的一点就是，加拿大孩子的户外活动时间较长，除零下

20 摄氏度以下天气和大雨天外，孩子们每天都有很长时间的户外活动。教师和家长不会担心孩子玩时弄脏了衣服，更不会因此而责备孩子。另外，学前教育没有硬指标，如认多少字，数多少数，就是到 6 岁上学时还不会数数，教师和家长也不会抱怨。孩子除吃饭外没有固定的椅子或位子，听故事或做游戏时随便围成圈坐在地上，不限制姿势。教师不会轻易训斥孩子，以表扬和鼓励为主。日托中心和幼儿园的教师都受过专门的教育和培训，绝大多数接受过高等教育。

初中等教育是义务教育，包括小学、中学（包括高中）。各省学制不尽相同，甚至同一省内不同学校之间的学制也不一样。有小学 6 年、初高中各 3 年的 6 - 3 - 3 制；有小学和初中 8 年、高中 3 年的 8 - 3 制；还有 6 - 5 制和 8 - 5 制。因此，从小学到高中毕业有 11、12 或 13 年级。中、小学普遍由地方选出的学校董事会和相应的委员会负责管理，它们的主要职责是遵照省教育部（厅）制定的方针确定学校的课程设置，制定经费预算，聘请和管理教师等。目前全国有中、小学 1.6 万多所，共有专职教师约 30 万人。

小学的基础课程有语言、阅读、写作、数学、社会、音乐、体育、美术等，高年级还开设职业课程、历史和外语（通常是法语，法语学校则学英语）。所谓职业课程是指生活知识和科学常识课，如了解家庭常用设备如电扇、空调、暖气、烤箱、电炉、洗衣机、冰箱、汽车的功能、保养和清洁方法等，并练习操作。加拿大小学课程很注意直观性和实用性，学生经常有校外参观实习课，如参观农场、植物园、博物馆等。近年来，许多省公立中小学认可少数民族语言为外语，如华裔子弟除了用英语作为教学语言外，外语课可以选学中文。

中学大多是公立学校，学制多数为 6 年（含初高中）。魁北克省的中学是 5 年制，学生如打算进大学，还要先在大学预科学校学 2 ~ 3 年，预科学校是收费的。中学的课程有外语、数理化、生物、家政、工业或农业教育、体育、音乐、艺术等，许多学校还结合当地文化和经济特点选学有关课程。体育课不是简单的锻炼身体，而是通过传授具体的运动技能，如讲解篮球、足球运动的基本动作、战术配合等，以提高学生的竞技水平和运动兴趣。除规定的必修课外，学生可在大量的选修课中选择感兴趣的课程。有的学校还实行学分制，为学生提供了更多选学课程的自由，毕业的时间也不是取决于学习年限，而是依据学分的完成。

公立高中有两类：一类是普通高中，毕业后进入大学或社区学院；另一种是职业高中，毕业后进入高等职业学校或就业。前者学习的课程有英、法语和其他外语，数学，物理，化学，历史，地理，等等；后者则可选择如烹饪、缝纫、木工、汽车修理、电工等方面的课程。两类高中都要通过考试，才能毕业。中学教育强调实用性和社会参与意识，如地方选举或人口普查时，有关机构都要请高中学生去帮忙，学校对此积极配合，并将其纳入教学计划。学校还有针对性地组织学生去各级议会和法庭旁听，增进学生对立法和司法程序的了解。

加拿大中小学教师每年的平均工作时间要长于经合组织国家的同行。2010～2011年加拿大小学教师平均工作799小时，经合组织国家的小学教师平均工作790小时；加拿大7～9年级的教师平均工作743小时，经合组织国家的同行平均工作709小时；10～12年级的加拿大教师平均工作747小时，经合组织国家的教师平均只工作646小时。

## 三　高等教育

高等教育不属于义务教育，可分为大学和学院两类。加拿大的大学有77所，可授予学位的综合大学和学院近百所。著名的大学有多伦多大学、蒙特利尔大学、麦吉尔大学、渥太华大学等。综合大学设有文、理、工科多种专业，可授予学士、硕士和博士学位。学院约有216所，包括魁北克省大学预科学校、实用艺术和技术学院以及其他可以提供转学大学课程的高等教育机构。社区学院就是其中最普遍的高等教育机构，这类院校只发学历证书，不授予学位。高等院校承担国家大多数基础研究和部分应用技术研究项目，同时，大多兼办全日制和半日制成人教育。加拿大的大学与国外100多所大学签有交换学生和教师的协议，现有3万多名国外学生在加拿大读本科学位。

在经合组织各国中，加拿大是拥有大学或大专学历比例最高的国家。

2011～2012 年度，各类高等教育学校中约有 200 万学生注册，其中加拿大学生占 90.7%，国际学生占 9.3%；56% 的学生是读本科或以上学位；女生占全部注册生的 56%，男生占 44%。

上大学不需要入学考试，但申请进入大学必须是高中毕业生，在魁北克省是两年制大学预科学校毕业。录取学生主要依据高中的学习成绩，即平均成绩点数（grade point average），一般分 4 级：A 级或 4 点，相当于平均 90 分以上；B 级或 3 点，80 分以上；C 级或 2 点，70 分以上；D 级或 1 点，60 分以上。一般大学录取学生各科成绩为平均 70 分以上即可，热门专业对成绩的要求高一些；较好的大学要求 2.5～3 点，即 75～80 分；名牌大学要求 3 点以上，即 80 分以上。有些省份大学的某些专业录取要进行专业考试。加拿大大学实行"宽进严出"的原则，即入学门槛低，但在学习过程中严格要求，毕业时认真把关。

高校普遍实行学分制，凡学分达到规定标准即可获得毕业证书。学分制有利于学生选择课程，所得学分不会因中途休学而失效，只要再入该校学习，学分可继续累计。在一些高校之间，学分被相互承认，学生不致因转学而重复学习。

硕士研究生一般学习 2 年，最少也需 1 年。硕士分为学分硕士和论文硕士两种：前者只要完成规定的学分即可获得学位；后者需在修满一定学分后再完成一篇论文，以通过论文答辩为正式毕业。博士生至少要学习 3 年或更长的时间，这取决于所学专业和就业环境。博士生通常要有硕士学位，但优秀的大学毕业生也可以直接读博士。许多博士生在准备论文的同时就开始联系工作，在未找到满意的工作前，不进行论文答辩的准备，否则一旦毕业就成为失业者。延期读书虽不再能申请奖学金，但还可以申请助学金或助教金。助教金是研究生特有的一种勤工俭学方式，因协助教授工作而得到报酬，一般是辅导本科生或在实验室工作等。另外，用人单位更愿意接受在校博士生就业，所以博士生读 5～6 年也是常事。有的博士生在完成基本学分后，进入论文准备阶段，忽然找到了好工作，他还可以先去上班，只要在学校为他保留学位的时间里完成论文答辩，就可以获得学位。

　　加拿大哪所大学最好？加拿大人的说法不一。从 1991 年起，加拿大发行量最大的杂志《麦克林斯》（*Maclean's*）开始评选和公布加拿大大学的排行榜。《麦克林斯》依据研究经费、课程种类和专业设置等因素，将高等院校分为三类：第一类是医学和博士类大学，也是规模较大的综合性大学；第二类是综合性大学，一般为中等规模的大学；第三类是普通四年制院校，也是小型大学。同类大学之间的排名主要依据学生质量（高中成绩、大学毕业率、外省学生比例、外国学生比例、奖学金比例）、教师（博士生教授人数、教授获奖人数、研究基金数目）、财政（经费预算、奖助学金占预算的比例、学生服务经费比例）、图书（藏书总量、学生人均图书量、购书量和经费）和声望（校友赞助、社会声望）等 6 大项 20 多个指标来决定。

　　第一类大学规模大、学科全、医学和博士类专业强，麦吉尔大学连续九年稳居榜首。多伦多大学成立于 1827 年，是加拿大规模较大的综合性大学，有 120 多个学院、系和研究所，其中有 80 多个系、研究所招收博士研究生；有学生 6 万多人，教师和科研人员 6300 多人；共有 50 个图书馆，馆藏图书 1000 万册、期刊 15000 多种。

　　属于第二类的综合性大学，在博士和硕士专业设置上相对少于前一类。2014 年排名第二的西蒙弗雷泽大学是成立于 1963 年的新型大学，以前曾长期蝉联这类大学榜首，现有学生 3.5 万人，教师 6500 多人，图书馆藏书 120 多万册、期刊 9700 多种。排名第三的滑铁卢大学，以数学、电脑、工程等学科闻名，有"加拿大麻省理工"之称，尤其独特的半工半读（Co-op）学制很受学生和用人单位的欢迎。

　　第三类院校以培养本科生为主，很少培养研究生。蒙特爱立森大学多年排名前列。这所著名的袖珍大学位于新不伦瑞克省东部的一个只有几条街道的萨克维尔小镇（Sackville），建立于 1839 年，现有学生 2200 多人，教师 150 多人，图书馆藏书 34 万册、期刊 1700 种。该校可开设 600 多门课程，其中生物学、村镇研究和加拿大研究有较高水平。自建校以来，已有 40 多名学生获得英国罗兹奖学金。罗兹奖学金是英国牛津大学的一种奖学金，从 1904 年起对加拿大优秀的年轻学者开放，专业不限。申请人必须是 19～25 岁、品学兼优且具有组织能力的学生。

大学图书馆的藏书量及其阅读条件是评价一所大学的重要因素之一，藏书量排名前 5 位的大学是：多伦多大学、女王大学、西安大略大学、不列颠哥伦比亚大学、萨斯卡彻温大学。大学图书馆都实现校际和国际联网，如果学生要借阅本校图书馆没有的书和杂志，图书馆根据网上检索会为他向国内外其他高校图书馆借阅，免收邮费和杂志复印费。借自校外图书馆的图书必须按时归还，不能续借。需要借本校图书馆没有的书或杂志时，要填一张专门的单子，图书馆借到书或资料后会立刻通知借阅者。

表 6－1　2014 年加拿大大学排名

| 排名 | 医学和博士类大学 | 综合性大学 | 普通院校 |
| --- | --- | --- | --- |
| 1 | 麦吉尔大学 | 维多利亚大学 | 蒙特爱立森大学 |
| 2 | 不列颠哥伦比亚大学 | 西蒙弗雷泽大学 | 阿卡迪亚大学 |
| 3 | 多伦多大学 | 滑铁卢大学 | 莱斯布里奇大学 |
| 4 | 女王大学 | 新不伦瑞克大学 | 北不列颠哥伦比亚大学 |
| 5 | 阿尔伯塔大学 | 圭尔夫大学 | 圣玛丽大学 |
| 6 | 麦克马斯特大学 | 纪念大学 | 特伦特大学 |
| 7 | 达尔豪斯大学 | 卡尔顿大学 | 爱德华王子岛大学 |
| 8 | 渥太华大学 | 里贾纳大学 | 圣弗朗西斯泽维尔大学 |
| 9 | 卡尔加里大学 | 约克大学 | 毕晓普大学 |
| 10 | 西安大略大学 | 瑞尔森大学 | 湖首大学 |

资料来源：http：//www.liuxue86.com/a/1785645.html。

加拿大人对高校排名的客观性始终有不同看法，但排名方式对了解各所大学、选择专业仍起一定程度的导向作用。由于排名依据的是一些量化指标，也会促使各高校不断改善办学条件、吸引资金和人才，以提高知名度，通过竞争促进高教事业的发展。

2011 年有 46 万多人获得了加拿大高等教育学位或文凭，比上年增加了 3.4%，其中有 51.7% 完成了学士或以上的学位的课程。有三个领域的毕业生占当年毕业生的 50.3%：商业、管理和行政方面的占 21.8%，社会和行为科学、法律方面的占 14.5%，卫生、公园、休闲和健身方面的占 14%。在当年毕业生中，女生占 58.2%，在很多学科领域都多于男生，继续保持在整体上超过男生的趋势。

大学学费近几十年来持续上涨，2013～2014 年度，大学平均学费 5772 加元。各专业费用差别很大，如牙医和其他医学较高，平均每年为 17324 加元和 12428 加元；人文学科和教育则最低，分别为 5079 加元和 4378 加元。各省的费用也不同，纽芬兰和拉布拉多省及魁北克省的费用最低，分别只有 2644 加元和 2653 加元；安大略省最高，为 7259 加元。读研究生的平均学费为 6053 加元，纽芬兰和拉布拉多省及魁北克省的费用最低，分别只有 2473 加元和 2792 加元；安大略省最高，为 8456 加元。

为帮助大学生家长解决学费问题，加拿大自 20 世纪 60 年代起就有教育储蓄计划和学生贷款法案。家长每年可为每个孩子在银行存入限额为 1500 加元的教育储蓄，这笔钱从税前收入中扣除，或不上税，而且免利息税，到子女上大学时，才可将这笔钱取出。学生贷款是联邦政府向大学生或研究生提供的低息担保贷款，由各省政府负责管理，在学生毕业 6 个月后开始偿还。如果贷款人残疾，可免于偿还；遇贷款人死亡，由联邦政府承担损失。印第安人或因纽特人如被高等教育机构录取，联邦政府则无偿为他们提供学费，甚至生活补助费。

加拿大大学的经费来源主要有三个渠道：政府拨款、学费和其他收入。2011～2012 年，各大学收入中，政府拨款平均占 53.7%，学费占 23.5%；在其他收入中，非政府的捐助赠予占 9.8%，销售、杂费和投资收入占 13%。

社区学院教育是一种新型的教育理念和教育制度，20 世纪 50 年代后期受美国影响在加拿大逐渐兴起。社区学院产生于 20 世纪 60～70 年代，它与正规大学和学院的教育不同，不能授予学位。与早期的技术学校也不同，技校的教学内容完全是在技术领域，教育目的倾向于就业，使学生毕业后能胜任有关的专业技术工作。社区学院是一个统称，包括了公立和私立的技术学院、师范学院、农业学院和艺术学院等，但不包括大学内的直属学院。各省对社区学院的称呼也不同，有的称"应用艺术和技术学院",有的称"普通教育与职业教育学院"。社区学院的课程是综合性的,既有就业前的技术训练,又有大学预科式的教育,开设的课程有大学基础课程、职业课程和技术课程,包括外语、商业、金融、会计、医疗保健、社会服务、文化艺术、公共安全、心理卫生、身心修养等。阿尔伯塔、不列颠哥伦比亚和魁北克等省有专门提供大学前两年教育的社区学院,为学生毕业后上大学提供帮助。社区学院的毕业生可以上大学深造或就业,也可以两者兼顾半工半读。

社区学院发展迅速,在 1965～1975 年成立了 170 多所,初步形成了社区学院体系。但其发展并非一帆风顺,20 世纪 80 年代还有关于社区学院性质的疑问:它是中学的延伸还是初级大学?教育质量如何保证?尽管这些问题到现在也没有得到彻底解决,但社区学院的存在及其作用已得到政府、社会、学生及其家长的认可。

社区学院能迅速发展有以下原因。一是对教育需求量的增大,正规高等学校无法满足这种需求,而政府认可了这种相对投资少、见效快、普及面广的教育形式,于是迅速立法予以财政支持。魁北克省一些社区学院还对全日制学生免除学费。二是经济转型导致对技术人员的需求增加,迫使就业者和谋职者不断接受教育。社区学院学费低、学制灵活、课程实用性强等特点,吸引了广大学员。

社区学院的学生同正规高校学生一样,可以申请奖学金、助学金和学生贷款。奖学金一般授予学习成绩优异或有特殊才能的学生。助学金则要求学生在校内做一些公共服务性工作。学生贷款则要求以后偿还。加拿大学生依靠家庭以外各种资助上学的比例很高,这并不是学生家长付不起学费,而是加拿大人认为孩子 18 岁就应自立了,而学生也以自立为荣,尽量减少家庭负担。

社区学院容易引起误解,似乎它是社区办的。社区学院的宗旨虽是面向社区,为社区服务,但实际上社区学院同其他公立高等教育机构没有本质的区别,它的资金大部分来自联邦和省政府的教育拨款,管理都在省政府教育部门的规范下依法进行。社区学院是中学后教育的一部分,是与大学体系并行的、相对独立和自成体系的教育系统,它主要依靠政府拨款,但也依靠社区的支持。社区学院的管理由一个董事会监督下的院长负责，董事会通常由当地政府官员、企业家和社会知名人士组成。董事会聘任学院院长，院长提名几位副院长，经董事会同意后，组成学院领导班子，分管教学、行政、院外关系等事务。社区学院的学生大多来自学院附近，基本上以走读为主，因此各方面的工作要适应本地生活和发展的需要。

社区学院的灵活性表现在许多方面，如注重对就业趋势的研究，随着社会需要的变化而调整课程安排。学制多样化，根据专业的不同，学制1~3年不等。1年或1年以下的称为短训，发给证书，2~3年的授予文凭。不同的学院每年的学期也不一样，有每年1个学期的，也有每年2~4个学期的，依据不同课程的需要而设定。授课时间可以是白天，也可以在晚上。有的社区学院有中心校园和固定的教室，有的在不固定的教室里上课，租用或借用社区的娱乐或办公场所、图书馆或其他学校的教室。目前，加拿大约有社区学院200多所，校园700多处，一所学院往往分几处上课。最大的社区学院有1万多学生，而最小的如在育空地区的社区学院只有几十个学生。所有社区学院的入学政策都很灵活，学费一般都比大学低。实际上，社区学院不仅是当地人容易进入的教育培训中心，而且也是丰富市民生活的文化、艺术和娱乐场所，不仅为青年教育而且为成人终身教育发挥了重要作用。

加拿大全日制社区学院已成为高等教育的重要组成部分。近年来，大学和社区学院的差别没有10多年前那么明显，一些大学的课程和专业设置也向实用性方向调整。

加拿大不仅是移民大国，也是吸引国际留学生的大国。2010年，加拿大有国际留学生21万多人（不算6个月以内短期培训的），其中37%来自中国和韩国，中国学生5.69万人，韩国学生2.46万人。这些留学生年消费77亿加元，产生8.1万个工作岗位，增加政府税收4.4亿加元，为经济贡献69亿加元。此外，短期留学生对加经济贡献7.9亿加元。留学生当年经济贡献总计约80亿加元，同年加拿大出口飞机、航天器材总额69亿加元。教育已成为加拿大经济的重要动力之一。

以安大略省为例。2003 年，安省的国际留学生有 6 万人，2013 年猛增到 12.6 万人，占加拿大全部国际留学生的 43.2%，而 2003 年这个比例是 37.7%。安省政府的一位部长算过这样一笔账：安省每年给每个中小学生投资 1.1 万加元，从小学到中学 12 年就是 13 万加元。安省每接收一个国外大学生，首先省了这笔前期培养费，该生留学四年，学费、衣食住行每年至少 4 万加元，还不算其他消费。这样，安省每接纳一名国际大学生或大专生并使其毕业后移民，至少净赚 30 万加元。所以，加拿大政府在移民政策上倾向于本国大学毕业的外国留学生。

加拿大计划在 2022 年使现有留学生数量翻倍，达到 45 万人，因此至少产生 8.65 万个全新的工作岗位，这些学生年消费将达 161 亿加元，促进经济年增长 100 亿加元。加拿大重点关注的教育市场是巴西、中国、印度、墨西哥、越南等国，以及北非、中东地区。

## 四　职业教育

职业教育始于 17 世纪末。20 世纪以来，联邦政府先后颁布《技术教育法》（1919）、《职业培训协作法案》（1942）、《职业学校资助协议》（1945）、《技术和职业训练支持法》（1960）、《国家培训法》（1982）等，促进和支持各省发展职业教育。职业教育分为中等教育和成人高等教育两个层次。据 1992 年统计，全国接受职业教育的学生有 22 万人。

20 世纪 70 年代以来，职业教育和技术教育得到很大发展。魁北克省有中等专业学校 46 所，占全国中专学校的 50%，设有 120 多个专业，共五大类：卫生福利、生产企业、行政、人文技术、商业服务。其中有与生产、生活和服务密切相关的专业，如烹饪、缝纫、木工、土建、汽车修理、金属加工、市场营销、装饰设计、商贸管理、家政护理等。无论是公立还是私立职业学校，对学生入学年龄都没有严格限制，一般完成 8～12年级学业的人都可入校学习。但中学后技术学校要求入学者必须是高中毕业，在完成 4 年技师课程考核后，获得技术员证书。

职业技术学校（院）中有一些是私立的，1992 年这样的私立职业学校有 700 多所，主要设在安大略省和魁北克省。私立职业学校在注册、课程计划、教师资格等方面要符合《私立职业学校法》的详细规定，如开设的正式专业课都要在管理部门注册并获得批准，只有那些快速阅读、卫生与健身、中学文化补习、娱乐性课程或不超过 24 学时的短期培训课等不必注册。私立职业学校在加拿大有较长的历史和较好的声誉，一些学校已有百年的历史，虽收费很高，但因教学条件好，设备先进齐全，教师认真负责，仍在教育市场上占有一席之地。因为私立职业学校都有自己的特点，在专业设置上既有社会普遍需求的热门专业，如计算机、会计和市场营销，也有稀少和独特的专业，如拍卖、模特、私人侦探、按摩、修指甲等。在教学上突出职业技能和实用性，而不强调学术理论，其毕业生实践能力很强，很受用人单位欢迎。有的职业学校与企业有长期合作关系，负责向学生推荐工作。

## 五 特殊教育

加拿大各省大多有专为残疾人或弱智儿童开办的特殊教育学校。加拿大的特殊教育始于 19 世纪 70 年代出现的聋哑学校和盲校，经过一百多年的发展，逐步扩大为包括弱智儿童、病弱儿童和某些行为障碍儿童的特殊教育系统。学龄前幼儿的特殊教育可以在家里，也可以在特教中心进行，或采取两者相结合的方式。这一阶段特殊教育的一个重要内容是培养父母对孩子的特教能力。学龄儿童和青少年的特殊教育依据不同需要，可以在康复特教中心、特教学校、普通学校的特教班和特教项目中进行。康复特教中心适合残疾较严重的儿童，将治疗、护理、康复和特教相结合。特教学校有半日制、全日制和寄宿制等形式，特教设施完善，教师和管理人员均受过专业训练。但大多数的残疾儿童还是在普通学校的特教班和特教项目中学习，特教班人数一般控制在 10～15 人。

为培养特殊教育师资和研究人员，许多大学设有特殊教育课程，并列入师范专业的必修课。许多教育学院设有特教系或特教专业，培养本科、硕士和博士特教人员，使特教向科学化和规范化方向发展。特教机构的经费不仅靠政府拨款，而且广泛争取各种社会资助，如地方社团、企业、家长协会、宗教和慈善机构的捐献。

## 第二节　科学研究

### 一　自然科学

加拿大由于历史原因，最初在科技方面获益于来自法、英的移民；也由于地理原因，受美国科技发展的影响很大。但总的来说，在第一次世界大战以前，加拿大正式的对外科技交流是非常有限的，限于科学家的个人活动；在研究领域方面，主要限于地质勘探、天文观测和植物考察等。1916年，加拿大国家研究理事会成立，标志着国家科研正规化，它成为加拿大同其他国家科技交流的主要机构。至今，它仍是最主要的科学和工程研究机构，下属16个研究所，约有研究人员3000多人。许多重要的研究机构都是从其中分离出来的，如加拿大空间署、加拿大原子能有限公司、国防研究理事会、医学研究理事会等。

二战期间，加拿大和盟国科学家合作，在原子物理学方面取得突出成就，后来加拿大研制出自己的核反应堆。冷战期间，加拿大与苏联签有科技和工业合作协议，是西方七国中与苏联建立科技交流与合作关系较早的国家。在非官方科技交流领域，加拿大国家研究理事会作为国际科学协会理事会的成员，参与了其下属28个分支学术组织的活动。

1968年，联邦政府提出"加拿大科学外交"的概念，确定了加拿大应积极参与国际科技交流的重点领域，其中包括农业、原子能、通信、地质、水电、轻型飞机制造和污染防治等。1971年，加拿大成立了科学技术国务部，主要任务之一是制定加拿大对外科技活动的政策，并向总理提供咨询。该部专设负责国际科技事务的机构，负责政府间的双边科技协定、重大科技交流与多边科技组织的关系等。同年，在联邦外交部下设立了经济和科学事务局，使对外科技交流在组织结构上更加国家化。20世纪70年代初，加拿大已加入200多个国际科技组织，对外科技交流成为其外交事务的重要组成部分。长期以来，加拿大一直将对外科技交流作为对外文化交流的一部分，主要由外交部负责协调。1975年，加拿大政府跨部门的国际科学技术委员会成立，负责协调各部门与国际科技交流的关系，该委员会主任由外交部领导出任。2008 年，加拿大用于科研与发展的经费约为 291 亿加元，其中企业投入 144 亿加元，联邦政府支出 53 亿加元，高校研究部门出 45 亿加元，其余来自省政府、私人的非营利组织和国外的资助。

科研与发展的投入在 GDP 中的比例被看作一个国家竞争力和创造力的一项重要指标。2006 年，加拿大在这方面的投入为其 GDP 的 1.9%，当年西方七国的平均水平是 2.5%，在经合组织成员中列第 12 位。

加拿大的对外科技交流不限于发达国家，科技交流的目的也不仅是为了提高加拿大的科技水平和其产品的国际市场竞争力，还包括消除国家间贫富差异，提高加拿大的国际声誉。实际上，这两方面有许多一致之处。从 20 世纪 70 年代起，加拿大加强了同发展中国家的科技交流。加拿大国际发展研究中心（CIDA）就是为支持发展中国家以科技解决本地经济和社会发展问题而设立的机构。至 90 年代初，该中心每年获得财政经费 1 亿多加元，资助 100 多个国家的大约 5000 多个项目。

1985～1990 年，除与军事技术和发展援助有关的协议以外，加拿大政府与 50 多个国家的政府签订了约 250 项双边科技合作协议。1992 年，联邦政府及各省政府与世界各国共签订了 370 项科技协议，这还不包括高等院校、城市、企业或个人对外签订的科技交流协议。加拿大高等院校一直是对外科技交流的窗口，目前各高校与欧洲高校之间有 600 多项交流协议或计划，与发展中国家的高校签有 450 多项合作协议。加拿大与美国高校之间的交流最为密切，加拿大出国留学生有 70% 在美国各大学学习。

在 20 世纪 80 年代末和 90 年代初，加拿大各省也普遍开始了自己的对外科技交流，过去只有几个省在这方面比较积极，如魁北克、安大略和不列颠哥伦比亚等省。顺便说，加拿大各省之间的科技关系和贸易往来都不如它们与美国各州之间的关系密切。

1987 年，加拿大政府首次发布全国科技政策，主要内容为：增加工业创新和促进技术转化、发展和促进具有战略意义的技术、对联邦科技资源实行更有效的管理、确保科技所需人力资源的开发、促进对科技及相关文化的普及和公共教育等。

1988 年，原来的科技国务部和地区工业发展部合并为工业、科学和技术部，其任务是增强加拿大的国际竞争力和工业水平，是全国科技工作的领导、协调和决策机构。该部特别重视扶植有本国特点的、有国际竞争力的工业科技部门，如医疗仪器、信息、环保、汽车等，并在全国范围确定了 15 个单位，给予特殊的经费支持，这些单位涉及空间技术、机器人和人工智能、电信、医学、生物等高科技领域。该部的主要工作是：负责联邦与各省政府在科技活动方面的协调，通过由各省科技部部长所组成的理事会在各地实施全国科技政策；协调加拿大政府各部门对科技活动的拨款，制定政府对私人科技活动的投资政策；以合同形式请加拿大统计局和国际统计机构编纂加拿大科技指标并进行分析。

2012～2013 年度，加拿大各界对高等教育主要是大学及其附属医院的研究部门的总投入为 121 亿加元。扣除通货膨胀因素，比上年度增长了0.6%。投资来源主要有：高教机构基金、企业、私人非营利组织、联邦政府、省政府、国外资金。其中高教机构基金最多，为 54 亿加元，其次是省政府、私人非营利组织、企业、国外资金，绝大部分研发资金用于自然科学。

表 6 - 2　2012～2013 年度高等教育研发资金来源

单位：百万加元

| 研发资金来源 | 自然科学和工程 | 社会科学和人文学科 |
| --- | --- | --- |
| 总计 | 9653.7 | 2445.7 |
| 高教机构基金 | 3992.9 | 1423.6 |
| 联邦政府 | 2570.6 | 515.0 |
| 省政府 | 1072.4 | 268.1 |
| 私人非营利组织 | 954.8 | 194.4 |
| 企业 | 935.6 | 44.5 |
| 国外资金 | 127.5 | 0 |

资料来源：http：//www.statcan.gc.ca/daily - quotidien/140725/dq140725b - eng.htm。

加拿大科学家多次获得诺贝尔奖。其中，诺贝尔生理和医学奖获得者有 F. H. 班廷和 J. J. R. 麦克劳德（1923），R. M. 斯坦曼（2011）；诺贝尔化学奖获得者有 G. 赫茨贝格（1971），H. 陶伯（1983），J. C. 波拉尼（1986）；B. 布罗克豪斯与人分享 1994 年诺贝尔物理学奖；等等。

## 二 人文社会科学

加拿大人文社会科学各学科的发展很不平衡，当历史学、经济学、政治学、心理学等学科走向成熟之时，人类学和社会学还处于起步阶段。如1960 年只有 4 所大学设有社会学的研究机构，有学生 61 人，博士生 2人。1940 年，加拿大社会科学研究会成立（1977 年后改名为加拿大社会科学联合会），第一次将全国社会科学工作者统一在一个组织之下，从事组织研讨会、出版研究成果、培训研究人员等活动，经费主要来自美国。社会科学的大发展时期是在 20 世纪 50 年代以后，尤其是 1957 年加拿大文化委员会的建立，开始了政府对社会科学和人文学科研究的资助，陆续出现了许多全国及地区性协会和杂志，至 80 年代末有 37 个相关协会和32 种社科杂志。

社会科学在 20 世纪 50～60 年代还得不到应有的重视，许多大学的社会科学毕业生到国外去深造或谋职。60 年代末和 70 年代的民权运动、学生运动和妇女运动促进了社会科学的发展，大批社会科学工作者进入政府和私人部门工作，社会科学的观点和方法被广泛应用于社会领域，社区学院和中学增设了有关课程，皇家双语与二元文化委员会成员中就有经济学家、人口学家、历史学家、语言学家、政治学家和社会学家等。加拿大公共政策研究协会打开了社会科学研究为公共政策服务的大门。政府部门、私人公司、基金会等委托的研究项目和学者个人申请的课题构成研究的主要领域。1977 年，联邦政府的社会科学和人文学科研究委员会（Social Sciences and Humanities Research Council）成立，负责加拿大政府对社会科学和人文学科的资助，总部设在渥太华，委员会委员十余人，大多来自各学术科研部门和公司高管。加拿大社会科学和人文学科研究委员会公布将得到资助的研究课题，并提供相应的咨询。2012～2013 年度，加拿大社会科学和人文学科研究委员会批准各类研究项目 8674 个，共发放各类研究津贴、资助和奖学金 3.37 亿加元。其中人类发展类项目最多，有 1756 个，占全部科研资助经费的 19.5%，其次为艺术和文化类项目 1639 个，占 15.7%。

2013～2014 年度加拿大社会科学和人文学科研究委员会资助情况见表 6 - 3。

表 6 - 3　2013～2014 年度社会科学和人文学科研究委员会资助情况

| 研究项目类别 | 项目数量 | 资助额（加元） | 占全部资助（%） |
|---|---|---|---|
| 环境科学与技术 | 473 | $24306299 | 7.2 |
| 自然资源与能源 | 39 | $1386717 | 0.4 |
| 健康及相关生命科学与技术 | 106 | $10583535 | 3.1 |
| 信息与通信技术 | 536 | $23746297 | 7.0 |
| 管理，商业和金融 | 585 | $19283683 | 5.7 |
| 艺术与文化 | 1558 | $52294127 | 15.4 |
| 经济，就业与市场 | 689 | $31755776 | 9.4 |
| 教育与学习 | 772 | $29089023 | 8.6 |
| 人的发展 | 583 | $23184789 | 6.8 |
| 社会发展 | 1714 | $67302779 | 19.9 |
| 社会和组织管理 | 950 | $34868612 | 10.3 |
| 其他研究项目 | 459 | $20956858 | 6.2 |
| 总　　计 | 8463 | $338758495 | 100 |

资料来源：http：//www. sshrc - crsh. gc. ca/about - au_ sujet/facts - faits/index - eng. aspx。

2013～2014 年度，加拿大高等教育和科研机构中从事社会科学和人文学科的全日制研究人员有 2.25 万人，研究生 6 万人。但总的来说，社会科学和人文学科的社会影响和获得的资助远不能和自然科学相比，除客观原因外，主要是因为社会科学和人文学科的研究成果不可避免地带有研究者的偏见，结论往往相互冲突，一些预见的准确性也不同于自然科学。其实这些问题正是社会科学和人文学科的特点，是由社会问题本身的复杂性决定的。不过，加拿大政治家绝大多数出自人文社会科学相关专业，有律师背景的尤多，在20世纪的13位加拿大联邦总理中有7位出身于律师。

# 第三节 文学艺术

## 一 文学

加拿大文学反映了加拿大各个历史时期的社会生活、加拿大人的创业历程和思想感情。加拿大文学有自己的民族特点，它不是英、法文学的北美分支，也不是美国文学的翻版，尽管它受上述三国文学的影响很大。加拿大有不同的地理区域，各地区的自然条件、居民成分、生活方式等均有很大差异，加拿大文学是由不同区域的文学构成的，有着明显的区域特点和多元文化色彩。由于英语和法语是加拿大的两种官方语言，加拿大文学主要由英语和法语文学构成，尽管作者们并不一定就是英裔或法裔。

**法语文学** 加拿大法语文学可以追溯至新法兰西时期，最初的作品主要是游记，主要描述土著居民的生活习惯和风土人情、法国殖民者的开拓和冒险精神、新法兰西的自然风光等内容。但当时法国政府不容许殖民地经营出版业，这些作品一般在法国或其他欧洲国家发表。七年战争后，新法兰西成为英属殖民地。一些法裔知识分子兴办报纸，维护法兰西文化传统，号召民众反对英国殖民者。1764年，第一家双语期刊《魁北克文学报》创刊。1804年《加拿大人报》出版，标志着殖民地时期法语文学的诞生，其显著特点是以文学抒发强烈的民族感情。

19世纪中期，加拿大第一部历史著作《加拿大历史》3卷本陆续出版，被称为"加拿大法语民族的圣经"，记述了法国移民在北美开发创业的艰难和法裔民族在加拿大的形成与发展，对法裔早期民族意识的觉醒和法语文学的发展起了很大的促进作用。魁北克法裔民族诗人O.克雷马齐的《加拿大老兵之歌》《卡里永堡的旗帜》《亡者》是这一时期诗篇的代表作。弗雷歇特是联邦成立后的第一位法语作家，他的诗集《人民传说》以加拿大历史为主线，以法裔的创业生活为内容，塑造了一个新兴的法裔民族形象。但这一时期的文学还是法国文学传统在加拿大的延伸，作家们借鉴、模仿法国著名文学家的作品，如弗雷歇特就被称为"小雨果"。

20世纪30～40年代，魁北克文学才形成自己的风格。这一时期出现了一批优秀文学作品，如郎日万的三部曲《逃出黑夜的人》（1951）、《城市上空的尘埃》（1953）和《人们的时代》（1956）。女作家鲁瓦的长篇小说《转手的幸福》（1945），后来被译成多种文字发表，成为加拿大法语文学史上的一个重要标志，加拿大法语文学开始走向世界。50年代还出现带有明显政治色彩的《国家诗》，诗中的国家不是加拿大，而是魁北克。

经历了20世纪60年代"平静革命"的法语文学发生了深刻的变化，更加注重小说的形式、结构甚至语言的创新，内容上要求独立和进步，反对教会愚昧的思想束缚。1970年，G. 米隆的诗集《寻觅到的人》一举荣获4项文学奖，其影响超过魁北克以往的诗集。70年代，魁北克人党执政和女权主义运动为文学作品增添了新的内容。代表作有女作家A. 马耶的小说《拉小车的贝拉吉》（1979）、女诗人N. 布罗萨尔的诗集《以偏概全》等。80年代以来，法语文学广泛吸收欧美现代文学作品的特点，出现了后现代主义倾向。这一时期的著名作品有《第一座花园》（1981）、《公猫记》（1981）、《白鲣鸟》（1982）、《荒漠》（1987）、《背信弃义》（1990）、《北方的十字架》（1991）等。

现有的三大法语文学学术性刊物是《法国研究》（蒙特利尔大学）、《文学研究》（拉瓦尔大学）和《声音与形象》（魁北克大学）。

**英语文学** 加拿大英语文学始于英属殖民地时期。美国独立战争后，原美国13州中大批效忠英国的居民北迁加拿大，他们中有许多人的文化程度很高，成为加拿大英语文学的开创者。这一时期的作品既有北国风光、殖民拓荒的生动描述，也有对故国的离愁别绪，其中《新斯科舍概况》（1829）、《钟表匠》（1835）、《加拿大的丛林区》（1836）、《丛林中的艰苦岁月》（1852）、《拓荒生活》（1853）、《加拿大移民手册》（1854）、《移民诗集》（1861）、《加拿大诗人作品选》（1864）等作品，是这一时期的代表作，明显带有清教徒色彩和忠诚派传统。

文学是一个民族意识的灵魂。加拿大民族意识在三个历史时期出现高涨，相应地，文学也获得生机：一是联邦建立时期。一批年轻知识分子感受到只有加拿大的民族精神才能使联邦真正获得生命，他们以"加拿大第一"为座右铭和团体名称，兴起了第一次可称为全国性的文艺运动，促进了文学创作。联邦成立后，文学作品中的国家意识在增长，对加拿大的感情通过对自然风光和风土人情的讴歌和描述而流露出来。《加拿大联邦颂》《加拿大》等诗歌，呼吁加拿大人认识自己的共同命运并为此努力。《大普雷的退潮》《阿尔的风笛手》《春天的歌》《世界之声》等都是这一时期代表性的诗篇。19 世纪末 20 世纪初小说中流行乡土文学，较优秀的作品有《黑岩》（1898）、《海之路》（1903）、《绿檐屋的安妮》（1908）及其续集等。这一时期涌现了许多著名的加拿大女作家，如安妮·夏洛特·道尔顿的诗集代表作《婚礼的音乐》《圣诞节之歌》《寂静的地区》等，以技巧高超和语言优美受到赞誉。马乔里·皮克霍尔的小说《小小的心》《桥》和诗集《木雕者的妻子》，都引起广泛的关注。L. M. 蒙哥马丽的安妮系列小说，尤其是其中的第一部《绿檐屋的安妮》获得巨大成功，该书被不断再版，还被译成多种文字，改编成电影、歌剧，成为加拿大小说的经典。这一时期还出现了文学杂志，被一些加拿大人称为"首次文艺复兴"。

二是第一次世界大战之后。战争促进了加拿大经济的发展和民族意识的觉醒，也激发了作家们的创作激情。他们组建了作家协会，开展各种活动推动文学发展，如举办讲习班、设立文学奖等。1920～1940 年出版的小说达 700 多部，现实主义的创作手法是这一时期文学发展的重要特点。A. 斯汀格的"草原三部曲"、L. 斯特德的《粮食》和奥斯腾索的《野鹅》，都具有浓郁的民族生活气息，标志着西部草原现实主义文学的形成。但接踵而至的大萧条结束了这一短暂的文学繁荣时期。

三是第二次世界大战以后。二战使加拿大人再次认识到自己的力量，进一步增强了自信。随着民族意识高涨的是文艺的再次繁荣。这一时期的作家们一方面感受到加拿大人的民族感、国家意识和对前途的信心；另一方面也对经济危机和战争的社会根源进行深思，严肃的和现实的主题更能引起社会的关注，也自然成为他们作品的主要内容。这一时期优秀的小说有《气压计上升》《舷下风暴》《栋梁》《富人》《死亡边缘》《火山下》《牺牲》《可食用的女人》《两种孤独》等。小说的创作形式和技巧都有很大变化，作家们更注意印象和感受，而不拘泥于情节。这一时期还出现了文学批评杂志，其中著名的是《加拿大论坛》。这一时期是加拿大英语文学的成熟时期，一些优秀的作品被陆续介绍到国外，引起国际文学界的重视。加拿大高校也陆续设立加拿大文学课程。

**文学的多元化**　现代加拿大文学日益显示出多元化特点，它体现在许多方面。英语和法语文学摆脱了早期彼此隔绝的状态，呈现出互相借鉴的局面。在作家群体方面，包括土著民族在内的越来越多的少数民族作家涌现出来，改变了作家群体的民族构成。在创作内容上，少数民族作家以各自熟悉的文化视角，在深层次上揭示了不同民族群体在加拿大现代化过程中的经历和感受，丰富了加拿大文学的内涵。大量民族语言、俚语的使用，也丰富了文学语言。很大程度上正是由于不同群体的参与，加拿大文学才呈现出其"马赛克"民族性的特点。在创作技巧方面，多种流派兼收并蓄，有荒诞文学、幽默文学、超现实主义文学、后现代主义文学，也有传统的现实主义文学。

20世纪70~80年代，加拿大优秀文学作品不断涌现。70年代的优秀作品有城市题材的小说《白菜城日记》（1970），反映移民社会问题的《互相拥抱的年轻人》（1977），女性题材的小说《伊芙传奇》（1973）、《两个女人》（1975）、《朱迪丝》（1978）等。80年代的文学佳作有《圣诞节的故事》（1983）、《今昔约书亚》（1980）、《反叛天使》（1981）、《给朋友的忠告》（1983）、《犹大的时代》（1983）、《西班牙医生》（1984）、《尊敬的恩主》（1987）等。90年代更是加拿大文学的丰收时期，如女作家安娜·迈克尔斯的小说《漂泊的碎片》（1996）获得英国橙橘奖、美国兰南文学奖和加拿大本国的一些奖项。迈克尔·翁达杰的《英国病人》（1992）获得世界顶级英语文学奖——布克奖，小说被改编成电影后获得多项奥斯卡金像奖。多产作家玛格丽特·阿特伍德享有

"加拿大文学女王"的美誉，她的作品多次获得加拿大总督文学奖，她的《盲人刺客》2000 年获得布克奖。扬·马特尔 2002 年以《少年派的奇幻漂流》荣获布克奖；这部作品被李安导演改编成电影，在 2012 年获得多项奥斯卡金像奖。

**文学奖**　为促进文学事业的发展，加拿大设有多项文学奖，其中最重要的加拿大总督文学奖，1937 年由加拿大作协设立，奖励英语文学作家；1957 年由加拿大艺术委员会负责评选后，也奖励法语作家。该奖分小说、论著、诗歌与戏剧 3 项，奖金 5000 加元。其他奖项还有：青年文学奖，1976 年由加拿大艺术委员会设立，奖金 5000 加元，每次奖励英语和法语作家各一人；阿塔纳斯·大卫奖，是魁北克省最受重视的文学奖，设立于1968 年，奖金 1.5 万加元；加拿大艺术委员会翻译奖，设立于 1974 年，每次奖励优秀英、法文学翻译作品各一部，奖金 5000 加元。此外，还有法语加拿大诗人协会诗歌奖、法国–加拿大奖、魁北克–巴黎文学奖、魁北克奖等。加拿大作家 I. 莱顿和 R. W. 戴维斯曾分别获诺贝尔文学奖提名。后者在 1980 年当选美国文学艺术院荣誉院士，成为获此荣誉的第一位加拿大人。

2013 年，女作家爱丽丝·门罗（Alice Munro）荣获该年度诺贝尔文学奖，为加拿大文学赢得了世界性荣誉。其实，此前门罗已经在 1968 年、1978 年和 1986 年三次获得过文学最高奖——加拿大总督文学奖，2009 年获得英联邦文学布克奖。门罗被认为是当代世界上最优秀的短篇小说大师之一。她的创作题材大多是乡镇中平凡女性的日常生活，看起来是平淡的故事，但她却能从中发掘出人性尤其是女性的复杂性，使人回味无穷。门罗出版了十多本短篇小说集，主要有《快乐影子舞》《你以为你是谁?》《爱的进程》《逃离》等。

## 二　电影

加拿大电影的历史已有一百多年。1898 年，一位农场主拍摄了加拿大的第一部电影，但电影事业的发展却很缓慢，直到 1964 年，总共只生产了 100 部左右的长片。换句话说，加拿大在 66 年中的电影总产量，还比不上一个发达国家一年的产量。更奇怪的是，在西方国家中，加拿大是唯一没有对电影业实行监督的国家，即政府对电影的摄制、发行、放映、资金均不过问。加拿大电影市场被美国长期垄断，国产片少得可怜，而且没有市场。

加拿大国家电影委员会是政府主管电影业的部门，成立于 1939 年，初期只从事一些政府宣传片的生产，而且这些片子也不在商业渠道发行。目前国家电影局已成为电影制作和影视技术发展中心、影视资料馆，集生产、发行、研究和收藏为一体。其拍摄的电影曾获得 10 多项奥斯卡奖，3000 多项其他的国际电影奖。获奥斯卡奖的电影有《丘吉尔岛》《邻居》《如果你爱这个行星》《鲍伯的生日》等，多为纪录片和动画片。

美国好莱坞电影从 19 世纪 20 年代就称霸世界影坛。1920 年，美国派拉蒙公司在加拿大建立了发行分公司，9 年后就占领加拿大放映市场的 1/3。至今，加拿大的影院尤其是大城市的首轮影院，有很多仍为几家美国公司所控制。加拿大是除美国之外的美国影片的最大消费国。

直到二战前，加拿大法语居民只能看法国影片。二战中断了法国影片的进口，而美国影片没有法语字幕，促使了他们拍摄法语电影的想法。魁北克一些业余电影制作者在天主教会的资助下拍摄了几部影片，虽然这些影片在内容上有宗教色彩，但毕竟开始了加拿大法语电影的历史，也培养出一批法语电影导演。至 20 世纪 60 年代，法语电影已成为加拿大电影的主流。1967 年上映的《来往于海水和淡水之间》是加拿大第一部经典影片，并开启了加拿大影片的纪实主义传统。80～90 年代，优秀的法语影片有《图克战争》《美洲帝国的衰落》《蒙特利尔的耶稣》《午夜动物园》《大众故事集》《公寓》，以及动画片《克拉克》《种树人》等。蒙特利尔是法语电影的发展中心，1977 年首次举办蒙特利尔国际电影节，现在该电影节已成为国际上最有影响的电影节之一。在魁北克电影事业的发展中，加拿大电影发展公司和加拿大电影局的贡献很大。

1967 年，为了保护民族文化事业的发展，联邦政府成立了加拿大电影发展公司。与国家电影局不同，该公司并不制作和发行电影，而只向国产影片提供资助，实际上是一个电影基金会。30 多年来，该公司共向 600

多部反映加拿大特点的电影、1500 多部电视剧提供资助，其中绝大部分为加拿大人独立制片。电影发展公司还资助加拿大影视作品去国外评奖，通过参与国际竞争，宣传加拿大文化，提高和改善加拿大影视作品的质量。加拿大影视作品先后在 35 个国家获得 1600 项奖。1977 年，加拿大政府还通过鼓励性税收政策刺激国产影片的发展。虽然加拿大的故事片产量每年达到几十部，也出现了一些优秀的电影作品，如《灰狐》《我的美国表兄》《美人鱼之歌》《美洲帝国的衰落》等，尤其是 1986 年制作的《美洲帝国的衰落》在一系列国际电影节上获奖，并向 30 多个国家出售，成为加拿大电影的骄傲。但整体而言，由于多方面原因，加拿大电影上座率低，没有相应的经济效益，倒是一些反映加拿大风光的纪录片更能得到本国和国外观众的认可。

20 世纪 90 年代以来，加拿大电影业有了较大的发展，生产能力提高了 5 倍。温哥华地区已成为加拿大电影业中心，在 1999 年创利 10 亿加元，比上年提高了 32%。马尼托巴省和新斯科舍省的电影业也在迅速崛起。但加拿大电视电影制片协会承认，这些尚不能扭转外国电影主要是美国电影在加拿大的垄断地位。

加拿大有许多电影节，分竞赛性和非竞赛性两类。前者如蒙特利尔国际电影节、温哥华国际电影节、加拿大国际动画片节、班夫山区电影节、加拿大学生电影节、蒙特利尔国产片电影节等，后者有蒙特利尔国际影视新片节、格里尔森纪实片电影节、魁北克电影展播节、大西洋电影节、女性专题影视节等。1948 年加拿大设立了第一个电影奖，1979 年加拿大电影学院成立后接管该奖的评选工作，每年向优秀电影颁发神兽奖，并向优秀电视片颁发双子星座奖。加拿大电影发行协会每年给上座率最高的影片颁发金卷盘奖。此外，还有魁北克评论家奖、阿尔伯塔影视奖等。

## 三　舞蹈、音乐

舞蹈是土著人生活的重要部分，在他们的社会和宗教活动中有重要意义。但土著人的舞蹈对后来加拿大舞蹈的发展影响很小，加拿大舞蹈的发展主要受欧洲和美国的影响。虽然早在 18 世纪加拿大就有舞蹈教育，但对专业演员的正规训练始于 20 世纪 50 年代，发展于 70 年代。由于政府认识到文化艺术的发展有助于民族形象的塑造，开始支持包括舞蹈在内的文化艺术活动。许多舞蹈团和舞剧团都是在 70 年代建立的。虽然 70 年代中期开始的经济停滞影响了政府的投入，加拿大文化委员会只向三大芭蕾舞团、现代舞团和国家芭蕾舞学校等八家舞蹈团体提供赞助。三大芭蕾舞团是温尼伯皇家芭蕾舞团（成立于 1941 年，是加拿大最早的芭蕾舞团）、加拿大芭蕾舞团和加拿大国家芭蕾舞团，古典芭蕾舞在加拿大始终受到欢迎。加拿大的舞蹈学校很多，除国家芭蕾舞学校培养出许多世界著名的演员外，各舞蹈团体都有自己的附属舞蹈学校，还有独立于舞蹈团体的专业舞蹈学校如班夫成人教育中心。一些大学也开设了舞蹈教学、舞蹈表演和舞蹈评论课程，并授予学位。其中的约克大学在国际上首先设立舞蹈史和舞蹈评论的硕士学位，加拿大舞蹈学院则专门培养舞蹈师资。

有专家认为，舞蹈是促进儿童身心健康发育的教育手段，舞蹈是成人交际、娱乐和锻炼的极好方式，因此应为普通人提供更多的舞蹈训练的机会。加拿大各种健身、体育和娱乐协会都开办舞蹈训练班，几乎每个社区都有舞蹈馆，人们在那里学习交际舞、芭蕾舞、踢踏舞、爵士舞、现代舞等各种舞蹈。虽然各种现代舞很时髦，但加拿大人对古典芭蕾的兴趣一直不减。加拿大舞蹈协会于 1973 年成立，汇集了全国众多的舞蹈团体，出版季刊《加拿大舞蹈》。1977 年，八家舞蹈团体从加拿大舞蹈协会分出，单独成立加拿大专业舞蹈组织协会。加拿大专业舞蹈组织协会是加拿大舞蹈界重要活动的策划者和组织者。加拿大有许多优秀的舞蹈演员在国际著名舞蹈大赛上获奖。

加拿大音乐在西方音乐史上是平淡无奇的，缺乏经典音乐作品，甚至很多人说不出什么是加拿大音乐，但这些并不妨碍加拿大音乐的发展。土著人的音乐活动有悠久的历史，17 世纪时最初的欧洲殖民者对此曾有记录。加拿大音乐在近代早期的发展与欧洲移民的民间音乐经验，尤其是与教堂合唱和宗教音乐的演奏有直接的联系。早在法属殖民地时期，小学生们就学唱歌和演奏欧洲乐器。音乐使劳动变得轻松，还使人保留着对家乡故土的美好回忆。19 世纪中期以来，音乐成为许多公立学校的课程，对女子学校尤为重要。

加拿大专业音乐发展较晚，直到 1868 年才有音乐学院，19 世纪末才出现专业室内乐队，1903 年有交响乐团，全国作曲家协会于 1951 年才成立。但加拿大专业音乐发展较快，19 世纪末，各大城市都出现了大型合唱团体，如多伦多宗教合唱团、哈密尔顿巴赫合唱团、蒙特利尔爱乐交响协会等。在 20 世纪初期和中期，已经有很多音乐学校和学院，如加拿大皇家音乐学院、麦吉尔音乐学院、蒙特利尔国家音乐学院、里贾纳音乐学院、魁北克音乐学院、西安大略音乐学院等，培养出了许多音乐人才。中小学音乐教育逐步规范化，一些中学开始教乐器演奏，组织自己的乐团。大学在专业音乐发展中的作用很重要，许多大学有附属音乐学院、音乐系或开设音乐课。传统节假日的音乐活动和各种音乐竞赛更刺激了人们对音乐的爱好。

加拿大出现过许多著名的作曲家、指挥家、歌唱家、小提琴家、钢琴家和其他乐器演奏家，在国内外获得许多奖项。但加拿大音乐发展一直受外来音乐的影响。一是受移民中民间音乐的影响，加拿大各民族都有自己的音乐传统，这些民族音乐在长期生活中相互影响，使加拿大音乐逐渐多元化。二是受欧美专业音乐的影响，尤其是英、法、美三国音乐的影响。这些外来音乐的影响，使人很难感觉出哪些可以被称作是加拿大的音乐。加拿大音乐同其国民和文化一样，也是丰富多彩的。

加拿大表演艺术的经济收入有 1/2 来自剧场，20 世纪 50～60 年代是加拿大剧场的发展时期，各大城市都建立了剧场。多伦多剧场是世界第三大英语剧场，排名在美国百老汇和英国西区之后。1994～1995 年，全国有 293 个非营利性剧场演出公司，总收入 1.83 亿加元，其中 1/2 来源于票房，1/3 来自政府的资助，其余是个人和公司的捐赠。如果算上音乐、歌剧和舞蹈的演出公司，各类非营利演出公司有 500 个。近 20 多年来，这些演出公司从政府方面得到的资助在其总收入中的比例逐渐减少，从 70 年代的 40% 减至 90 年代的 27%，来自基金和各种捐款的收入却逐步上升。90 年代初，这些演出公司共亏损 650 万加元，90 年代中期，亏损减少至不足 100 万加元。演出公司的维持在很大程度上得益于志愿者的工作日奉献，1994～1995年有26500位志愿者服务于表演艺术演出公司。

1994～1995年，各种音乐团体举办了4000多场演出，观众有320万人之多。这些团体的总收入1.14亿加元，其中42%是票房收入，37%来自政府补贴，剩下的21%来自各种捐款。舞蹈演出公司演出了2100多场舞蹈，观众110万人；歌剧演出公司奉献了900场歌剧，观众75万人。这些演出公司和团体（其中有18个歌剧演出公司、71个舞蹈演出公司和111个音乐团体）全部是非营利性的，其收入来源除票房收入外，至少有1/2要依赖政府补助和各种捐款，其中歌剧演出的经济状况相对要好一些。

加拿大各级政府通过奖金、税收政策和各种项目支持文化事业：1989～1990年以来，联邦政府每年投入29亿加元，平均每个加拿大人每年100加元；1995～1996年，各省和地区政府共支付文化产业18亿加元，各市政府共花费14亿加元，加上联邦政府的29亿加元，各级政府对文化的支出达61亿加元。

在加拿大从事诸如写作、绘画、表演、设计等工作的艺术家有60%是个体劳动者，他们的平均年收入只有24000加元，低于全国平均收入的29000加元，尽管他们中的1/2有大学以上的学历。视觉艺术家的收入更低，如画家和雕塑家的平均年收入只有7800加元，许多人不得不以其他收入为生。

## 第四节　体育

加拿大体育的主管单位是加拿大体育局，加拿大遗产部的下属单位，该局有体育项目处和体育政策处，负责联结政府和社会力量，促进加拿大人欣赏、参与体育运动和国内外赛事。它主要以三个项目资助体育事业。

一是运动员资助项目（Athlete Assistance Program，AAP）。联邦政府对有国际水平的优秀运动员、教练员和体育行政人员提供资助，使他们在参与体育活动的同时能维持他们的学习和工作。优秀运动员一般指进入或有潜力进入世界前16名的运动员；教练员和体育行政人员指代表加拿大参与奥林匹克运动会、世界锦标赛等重大比赛而选拔、组织国家队的体育人才。实际资助分三个等级：国际级、国内级和发展级。国际级是已经达到国际水平的；国内级是尚未达到国际水平但已在国内比赛中显示有此实力的；发展级是被认为有潜力达到国际水平的年轻运动员。每年，这个项目资助 80 多个体育项目下的 1800 多名运动员。选拔条件、程序和资助名单公布在体育局官网上。省、地区和地方政府也有类似的计划，资助那些还没有达到国际比赛水平的体育人才，使不同水平的有潜力的体育人才得到帮助，形成体育人才发展体系。

二是体育支持项目（Sport Support Program，SSP）。主要资助能直接影响体育及其发展的项目和服务，能为全体公民尤其是儿童和青少年提供体育经验的项目。这个项目既资助参加各种国际体育比赛的国家队，也资助支持体育事业发展的非营利组织和各级政府中负责体育的部门。

三是主办比赛项目（Hosting Program，HP）。通过资助主办各类体育赛事来促进加拿大体育事业，扩大加拿大经济、社会和文化的影响。该项目主要资助四类比赛：国际重大综合性比赛；国际重大单项比赛；土著人和残疾人的国际多项比赛；加拿大国内比赛。前两类比赛一般人都了解。第三类比赛有北美土著人运动会、北极冬运会等。第四类是指加拿大国内最大的综合性体育比赛，每两年分冬夏季交替举行一次。

加拿大体育政策的特点是：（1）充分利用社会组织和市场机制推动体育事业，政府不包办，没有常设的国家和省级运动队。（2）以大众体育、健身休闲为中心，重视学校、社区等基层单位的体育普及。（3）有完善的体育人才选拔和激励机制，有完备的体育仲裁法规制度。总之，政府是用政策和资金影响、引导和推动体育运动的普及和提高。各省、地区和市都有非政府体育运动组织，有单项运动组织如排球协会，也有综合组织如加拿大教练员协会、加拿大轮椅体育协会。这些组织都得到政府资助。地方体育组织如游泳俱乐部也得到市政府的拨款。这些组织还从其他渠道获得资助，如赞助商、广告商和俱乐部会员费等。

加拿大中小学都有运动场馆，一些中学还有游泳池。加拿大各大学都有完备的体育运动场馆及设施，它们不仅供各专业队员训练，而且每周都有很多时间对普通学生免费开放。由于体育场馆多，开放的时间长，可供选择的项目多，在加拿大健身锻炼是很容易和方便的事，许多场馆的管理人员是由学生或社会上的志愿人员无偿承担的。

提起加拿大的体育，人们首先就会想到冰球。冰球对加拿大人生活的意义如同中国的乒乓球，加拿大人在国际冰球比赛中的出色表现，极大地提高了加拿大的国际声誉。冰球是加拿大的国球。加拿大有 3000 多座冰球馆，比全世界其余冰球馆的总和还多。正式注册的冰球俱乐部中有 45 万会员，在家庭院子里、街道上等非正规运动场的冰球爱好者更是不计其数。全国冰球联合会（National Hockey League，NHL）始建于 1917 年的蒙特利尔，是加拿大冰球运动的最高权威组织。该组织的冰球联赛，最初只有蒙特利尔加拿大人队和万德雷斯队、渥太华参议员队、魁北克哈巴狗队、多伦多竞技队（后改为枫叶队）等队参加，但比赛很快引起了美国人的兴趣，在目前参赛的 30 支球队中，绝大部分是来自美国的。每年 10 月至次年 3 月是加拿大的冰球赛季，各队先参加分组预赛，每组前 4 名进入第二轮淘汰赛，冠军获得斯坦利杯。冰球的另一大国际赛事是加拿大杯（Canada Cap）冰球联赛，参赛的是北美和欧洲的冰球队，每 3 ~ 4 年举行一次。

加拿大为鼓励冰球运动和优秀冰球运动员设立了各种运动竞技奖，例如，哈特奖（Hart Trophy），1923 年设立，奖励最佳冰球运动员，每年颁发一次；宾夫人奖（Lady Byng Trophy），1925 年由加拿大总督宾夫人捐款设立，每年向国家冰球联合会优秀的球员颁奖；考尔德奖（Calder Trophy），1936 年由加拿大国家冰球联合会负责人 F. 考尔德提议设立，以表彰国家冰球联合会优秀球员，每年评选一次，1943 年考尔德逝世后改名为考尔德奖；斯迈斯奖（Conn Smythe Trophy），1964 年为纪念多伦多枫叶队教练科恩·斯迈斯而设立，奖励每年冰球联赛中的最佳球员。

在加拿大政治、经济、文化各方面日益受到美国影响的今天，能唤起加拿大人自豪感的日常话题就是冰球了。即使美国冰球队赢了加拿大队，加拿大人也会说，美国队是靠原加拿大球员赢的。重要的国际冰球比赛有冬季奥运会、加拿大杯冰球联赛和国际冰球联赛。加拿大少年男子冰球队曾连续 5 次获得世界少年冰球锦标赛冠军。在 2010 年温哥华冬奥会上，加拿大以 14 枚金牌位于金牌榜之首，其中包括男女冰球、男女冰壶四个集体项目的金牌，显示了在冰雪体育项目中的实力。这也是加拿大男子冰球队在冬奥会上第七次夺冠。

篮球运动也许更值得加拿大人骄傲，因为它是在 1891 年由加拿大人发明的。加拿大人 J. A. 纳斯密斯当时在美国马萨诸塞州斯普林菲尔德基督教青年会国际培训学校（现为斯普林菲尔德体育学院）学习心理学，后任教于该校。学校提出开展一项能在冬季室内进行的集体活动项目，纳斯密斯设计出由两队参加，向离地 3 米高的篮子里投球，以进球多少决定胜负的运动。后来该校的学生将这项运动传播到世界各地。此后，篮球、球场和比赛规则等也不断完善。20 世纪 30 年代，有 50 多个国家开展篮球运动。从 1936 年奥运会开始，篮球被列为奥运会正式比赛项目，加拿大队首次参赛获得亚军。1976 年以来，加拿大男队始终是世界男篮六强之一，1984 年获洛杉矶奥运会第 4 名。此外，轮椅篮球是加拿大残疾人最喜爱的运动之一，加拿大女队曾获得世界轮椅篮球赛冠军。

加拿大人喜欢体育运动，最普及的体育项目依次为冰球、高尔夫球、垒球、游泳、篮球、排球、足球、网球、滑雪、越野自行车、举重、羽毛球、橄榄球、冰壶、保龄球等。加拿大中小学有各种体育运动队，经常或定期参加校际或地区性比赛。体育成绩优秀的学生在大学录取和奖学金申请方面有明显优势。

加拿大男性比女性参加体育锻炼的比例高，分别为 43.1% 和 25.7%。在体育项目中，女性在体操、游泳和保龄球上的平均参与比例超过男性，喜欢羽毛球的女性比例与男性相等。在其他体育项目上，男性参与的比例均高于女性，尤其是冰球，有 6% 的加拿大成年人经常参加冰球运动，其中 97% 是男性。女子冰球在 1998 年正式成为冬季奥运会的比赛项目，目前世界上约有 26 个国家开展女子冰球运动。加拿大女子冰球运动的水平很高，多次在世界女子冰球锦标赛上夺冠。游泳在加拿大是一项室内运动项目，他们在国际游泳比赛中成绩一直很好，自 1912 年以来已获得 50 多枚奥运会游泳奖牌，并保持着多项世界游泳纪录。在 1998 年世界杯游泳

比赛中加拿大获 8 枚奖牌、其中 1 枚金牌。加拿大花样游泳项目在 1988 年奥运会上获 2 枚金牌，1992 年奥运会上获 1 金 2 银，1996 年奥运会上获团体亚军。加拿大划船项目在 1996 年奥运会上获得 6 枚奖牌。

除以上常见的体育项目外，加拿大人还热衷于一些刺激性强的体育娱乐活动，如蹦极、跳伞、赛车、滑翔等。有专家估计，每年有 1.5 万多人玩蹦极，有 1 万多人第一次跳伞（但其中只有 2% 的人还打算跳第二次）。加拿大跳伞运动协会在全国各地有 100 多个分会，会员 6000 人，协会出版《加拿大跳伞运动》双月刊，每年为优秀运动员颁发 G. R. 马斯特森纪念奖。滑翔运动热是在近 20 年兴起的，分悬挂滑翔和降落滑翔两种，加拿大现有 2000 多名滑翔爱好者。加拿大有两位值得骄傲的赛车手，G. 维尔纳夫和他的儿子雅克·维尔纳夫。前者曾 6 次获得世界赛车锦标赛冠军，在 1982 年的一次比赛中不幸身亡，年仅 32 岁。雅克子承父业，在 1997 年夺得世界一级方程式赛车冠军。

加拿大有一项土生的运动项目——兜网球（Lacrosse）值得介绍，因为它是圣劳伦斯河谷地区土著阿尔冈昆人的体育活动，也被称作北美最古老的体育项目。这是一种类似曲棍球的运动，不过球棒上有一个小网兜，更便于控球。法国殖民者最初见到这种球棒，觉得它很像主教的权杖（crosse），便称其为兜网球。现在这种运动已流行于加拿大、美国、英国、澳大利亚和新西兰等国。比赛分室内和室外，室内比赛场地与冰球场大小相同，每队 7 人；室外比赛场地有 110 米长、64 米宽，每队 10 人。

加拿大举办过许多重要的国际体育比赛，如冬奥会和夏季奥运会、英联邦运动会、泛美运动会、世界大学生运动会、残疾人奥运会、法语国家运动会等。

1955 年，由加拿大政府和企业出资，在多伦多建立了加拿大体育荣誉馆（Canada's Sport Hall of Fame），并组成一个 12 人的评委会。每年选出当年最佳运动员和教练员，并将他们的事迹在馆内展出。目前，该馆已收藏了大量体育运动的资料和照片，成了展示加拿大现代体育事业发展的纪念馆。加拿大人喜欢体育的深层次原因是体育体现了他们的价值观念：追求卓越、平等参与、公平竞争。体育运动会产生的凝聚力，将不同种族和文化群体联系在一起。

　　加拿大在 1908 年首次派出 84 名运动员参加在伦敦举行的奥林匹克运动会。加拿大主办过一届夏季奥运会（1976 年在蒙特利尔）和两届冬季奥运会（1988 年卡尔加里，2010 年温哥华）。在 1996 年亚特兰大奥运会上，加拿大获得 3 枚金牌、11 枚银牌和 8 枚铜牌。在 2000 年悉尼奥运会上，加拿大获 3 枚金牌、3 枚银牌和 8 枚铜牌。在 2004 年雅典奥运会上，加拿大获得 3 枚金牌、6 枚银牌和 3 枚铜牌。在 2008 年北京奥运会上，加拿大获 3 枚金牌、9 枚银牌和 6 枚铜牌，其中金牌项目为女子 48 公斤自由式摔跤、男子八人单桨有舵手赛艇和混合个人马术障碍赛。在 2012 年伦敦奥运会上，加拿大获 1 枚金牌、5 枚银牌和 12 枚铜牌。在 1998 年日本长野举行的冬奥会上，加拿大队获得 15 块奖牌（6 枚金牌），在 72 个参赛国中名列第五，显示出加拿大人在冰雪运动项目上的雄厚实力。

　　加拿大在冬季奥运会上的成绩一向很优异。2010 年温哥华冬奥会上，加拿大以 14 枚金牌、7 枚银牌和 5 枚铜牌名列奖牌榜第一。2014 年索契冬奥会上，加拿大获得 10 枚金牌、10 枚银牌和 5 枚铜牌，名列奖牌榜第三。冰球决赛是冬奥会的压轴戏和最后高潮，在这两届冬奥会上，加拿大男女冰球队均获冠军。

# 第五节　文化媒体

　　加拿大地广人稀的特点决定了广播、电视和电信业的重要性和发展前景，加拿大电信业技术发达与广泛的社会需求有直接关系。管理广电和电子通信业的机构是加拿大广播 – 电视和电子通信委员会，属加拿大遗产部的下属部门。该委员会的管理不涉及报纸、杂志、电视广播节目的内容，只是依据《广播法》、《电子通信法》和《加拿大反对垃圾邮件法》，规范 2000 多个提供这些服务的运营商和设备公司。

## 一　广播与电视

　　加拿大的广播与电视技术一直居世界先进水平。1920 年，蒙特利尔

的一家私人电台第一次对公众广播。3 年后，加拿大的国营广播才由加拿大国家铁路公司开始经办，当时全国已有 30 多家私营电台了。私营广播和电视始终是加拿大广电业中的重要组成部分，实际上早期的广播电台都是私营的。据统计，到 1984 年，全国有 446 个广播电台、81 个电视台、747 个有线电视台，都是私营的。这些私营广播和电视台都是地方性的，规模不大，依靠外国（主要是美国）的节目和广告费维持。最大的私营电视台是加拿大电视公司（CTV），拥有全国电视联播网。私营电视台主要经营收费的有线电视，有线电视中最多的节目是播放故事片，加拿大绝大部分家庭都收看有线电视。

互联网诞生以来，广播电视业面临很大挑战，但仍有相当大的生存空间。2014 年，仍有 60% 多的加拿大人用广播收听音乐。无论在工作和业余时间，加拿大人都离不开广播、电视和电子通信。电子通信业在逐年增长，2011 年，通信服务业收入比上年增长了 3.3%，达到 574 亿加元。加拿大家庭平均每月花费 180 加元用于广电和电子通信，其中有一半是手机和互联网，另一半是固定电话和电视。

加拿大 99% 以上的家庭都有电话，但手机逐渐替代固定电话。过去 4 年中，固定电话占家庭电话的比例从 27% 下降到 21%，同时，手机却从占家庭电话的 72% 上升到 78%。目前只用手机的家庭已超过 15%。2014 年，几乎所有家庭都使用宽带上网。

按照加拿大法律，广播电视和电子通信领域必须保持一定程度的竞争，但该行业垄断程度还是比较高。2011 年，五家最大的通信公司占行业收入的 83%，另五家占 10%。但近年来，这种垄断的程度在缓慢降低。

加拿大现在有 1100 多家广播服务商，其中 76% 是对英语听众的，21% 是对法语听众的，还有 3% 是对其他语言听众的。另外，还有新的广播电台进入这个行业。

广播电台近年来一直亏损，1996 年包括 290 个调幅台和 196 个调频台在内的私人电台共亏损 300 万加元。前几年亏损得更多，如 1993 年亏损 0.48 亿加元，1994 年亏损 0.31 亿加元。调幅台比调频台情况更差，主要原因是音质不好，虽然这些台增加了语言节目，如新闻和脱口秀，但仍然不能吸引听众。数字化广播技术在很大程度上改变了广播的音质，因为数字化广播的接收基本上不受各种干扰。目前广播电台主要靠参股电视或其他媒体来平衡预算。1998 年，私营广播电台有雇员 8650 人，收入经费 9.42 亿加元，税前净利润 0.92 亿加元，已经扭亏为盈。

1958 年，加拿大修建了世界上最广即从太平洋沿岸到大西洋沿岸的电视接收装置，在西方国家中较早地建立了有线电视网。加拿大还是世界上第一个将地球同步卫星用于电视广播的国家。1996 年，加拿大有 95 个电视台，加拿大人为收视有线电视支付 20 亿加元，为其他特殊需要的电视频道花费 7.75 亿加元。私营电视台税后利润 0.3 亿加元，有线电视台税后利润 1.48 亿加元。加拿大人看电视的选择很多，而且这种选择还在扩大。1997 年，加拿大广播电视和电信委员会授权 5 家电视台提供点播服务，在电脑内贮存的电视节目中大部分是故事片，同时规定在播放的节目中必须有 5% 的内容是有关加拿大的，而且这些电视台每年必须拿出年利润的 5% 资助加拿大的电视节目制作。点播电视服务是数字化电视的第一步。

数字化电视的另一渠道是通过卫星发射数字化压缩信号，在收视者家中或附近地区安装一种比萨饼大小的圆盘，用以接收信号并转播成电视节目。这种直接到户的卫星电视可以提供高质量的音响和图像。1997 年，这种数字化电视可以接收 70 多个电视频道和 30 多个类似 CD 效果的音乐频道。电视业的发展不仅受技术的影响，也受到经费的制约，1996～1997 年，联邦政府对加拿大广播公司的拨款比上一年减少了 1.1 亿加元。

占加拿大人休闲时间最多的是看电视。1998 年加拿大 10 个省中，人均每周看电视 22.3 小时，其中 11 岁以下儿童人均每周 16.6 小时，12～17 岁的青少年每周 15.9 小时，18 岁以上男性 21.4 小时，18 岁以上女性 26.4 小时。从各省的情况看，魁北克人最爱看电视，人均每周 25.5 小时，其中法裔人均 26.2 小时，特别是法裔女性高达 31.3 小时。阿尔伯塔省人看电视最少，每周平均 19.7 小时。总的说，各省女性比男性在电视机前消磨的时间更长，法裔比其他民族的人爱看电视。看电视这一日常生活中最普通的现象，也反映出明显的性别差异和文化特点。

二　报纸、杂志和图书

**报纸**　加拿大的第一家报纸是由美国人在 1752 年创办的《哈利法克斯新闻报》。到 18 世纪末，加拿大已有 9 家报纸。19 世纪是报业繁荣发展的时期，由 1824 年的 19 家猛增到 1857 年的 213 家。殖民地改革和政党政治的发展为报业发展提供了机遇，报业的发展又促进了新闻自由和殖民地自治运动。到 1900 年，加拿大全国有上千家报纸，其中有日报 100 多家、月报 200 多家、周报 800 多家。报业的竞争导致报社的合并和垄断，20 世纪初，一些通讯社和大报业集团开始形成。至 20 世纪 80 年代，加拿大全国性日报基本控制在 12 家报业集团手中，报纸数量减少，发行量增加。发行量较大的有《多伦多星报》、《环球邮报》等。法文报纸主要有《蒙特利尔日报》。广播、电视和互联网的发展都曾对报纸构成竞争和压力，但报纸也通过如传真、激光照排等科技手段，降低了运营成本，站稳了一席之地。

2010~2012 年，报纸运营收入 47 亿加元，利润率下降了 4.5%，主要是广告收入减少。报纸收入的 2/3 来自广告，2010~2012 年，各类广告收入下降 9.3%。报纸的最大开支是员工的工资和福利，2012 年占全部运营费 39%。尽管报纸通过包括裁员在内的各种措施减少开支 3%，仍不敌收入的下降。2010 年报纸利润率为 12.5%，2012 年为 11.1%。互联网通讯的普及和成本降低，极大地挤压了报纸的生存空间。一些报纸改为电子报纸，依托互联网生存。

2013 年，加拿大全国性报纸有 26 种，各省报纸有近百种。省报最多的是安大略省，有 28 种；最少的是爱德华王子岛省，只有两种。此外，各高校都有自己的校刊，专业协会一般有自己的会刊，宗教团体也有自己的报刊；很多少数民族有自己文字的报纸，如加拿大有多种中文报纸。

**杂志**　加拿大杂志业的发展过程中始终存在保留自身文化特点和外来文化渗透的冲突，尤其是受到美国人的影响。加拿大最早发行的杂志是 1789 年由来自美国的移民创办的《新斯科舍杂志和文学、政治、新闻回顾》，第一份双语杂志是 1792 年发行的《魁北克杂志》。1943 年，美国的

《时代》和《读者文摘》落户加拿大，发行加拿大版。至 60 年代，在加拿大销售的杂志有 3/4 是美国的。美国文化影响在 70 年代曾引起"加拿大化"运动。

加拿大杂志出版商协会成立于 1973 年。2005 年更名为加拿大杂志协会（Magazines Canada）。加拿大杂志数量一直在增加。1960 年约有 660 种；90 年代中约有 1500 种；2013 年约有 2300 种，年发行总量 7.7 亿本。加拿大杂志同样面临国外杂志的竞争，长期以来，只占有国内市场份额的 20%。

加拿大热门杂志有：《加拿大房屋与家居》（*Canadian House and Home*）、《加拿大生活》（*Canadian Living*）、《加拿大商务》（*Canadian Business*）、《生活》（*Alive*）、《麦克林斯》（*Maclean's*）、《多伦多生活》（*Toronto Life*）、《加拿大艺术》（*Canadian Arts*）、《选择》（*Alternative Journal*）、《大西洋汽车》（*Auto Atlantic*）、《加拿大历史》（*Canadian History*）、《色彩》（*Glow*）、《你好》（*Hello*），等等。

《加拿大房屋与家居》内容包括房屋装修理念、最新家具款式、家居装饰等。《加拿大生活》介绍各种时尚，提供从食品、工艺品到健康生活方式的各类建议。《加拿大商务》评析财经新闻、个人财务管理、小企业发展、投资等各种内容。《生活》是健康与健美杂志，提供健康运动、食谱、减肥、营养、美容、发式等方面的时尚方式。《麦克林斯》是国内外时事评论周刊，涉及政治、经济、文化、环境、卫生等多方面内容。《多伦多生活》有娱乐、购物、政治、吃喝、家居、生活方式等最新信息。《加拿大艺术》是加拿大艺术基金会的刊物，介绍从古至今的艺术。《选择》由加拿大环境研究协会主办，评论国内外环境问题，最新环境新闻和观点。《大西洋汽车》是加拿大汽车产业协会的杂志，介绍有关汽车的一切，从汽车产业、各种汽车特点到汽车修理、保养等。《加拿大历史》在 2010 年前的刊名是 1920 年创刊的《河狸》（*Beaver*），现由加拿大历史协会主办，刊登各种历史题材的文章。创刊于 1911 年的《麦克林斯》新闻周刊，目前仍是加拿大最有影响的时事类杂志。加拿大杂志的发展趋势是生活化和专业化，主要面向职业妇女、家庭主妇、旅游者、律师等有明显消费倾向的读者。

杂志业 2011 年收入约 21 亿加元，利润率下降至 7.1%，2010 年利润率为 8.5%。杂志业也需要开源节流，降低成本过日子。加拿大杂志商的地域分布很不平衡，2011 年，安大略省比例最高，为 56.5%；魁北克省次之，为 22.8%；草原三省占 11.2%；海洋省共有 2%；剩余 7.3% 属于不列颠哥伦比亚省和三个地区。

**图书** 1764 年，魁北克有了第一家出版社，它在印报纸的同时也出版书籍。从 19 世纪末到第一次世界大战以前，出版业经历了初步繁荣时期。二战后，随着教育的发展，出版业也获得较大发展。1987 年，全国有 266 家出版社。1997 年，全国有英、法文出版社 511 家。近年来，出版业竞争激烈，利润下降，同行兼并时有发生，出版社数量呈减少趋势。2014 年，加拿大出版商协会有公司会员 115 名。在图书销售份额中，加拿大版的图书只占约 3/10，美国图书的市场份额最大，英国和法国的图书也占有相当的比重。加拿大文化产业在与欧美国家的竞争中尚处于弱势地位，图书的发行与销售只是这方面的一种表现。

1970 年，加拿大瑞尔森出版公司被美国公司收购，引起社会强烈反响。1971 年，加拿大出版商成立"独立出版商协会"（IPA），呼吁政府扶植文化产业。1972 年，联邦政府决定在工业、贸易和商业部支持下，由加拿大委员会直接向出版商提供资助。1974 年，政府出台限制、规范外国投资书籍出版业的措施。自此出版业逐渐成为受政策保护的特殊行业。加拿大政府意识到，一个能自立发展的文化出版业，对于促进加拿大认同是至关重要的。在北美环境下，没有政府干预，加拿大出版业在市场竞争环境下难以生存。此后，加拿大政府不断加大对国内出版业的资助力度。这意味着，出版业是一个必须加拿大化的经济部门。

1976 年，"独立出版商协会"更名为"加拿大出版商协会"（ACP）。该协会一直延续至今。在 1985 年图书出版市场份额中，外资占 69%。同年，加拿大政府规定，所有新投资出版业的外资必须采取合资方式，并且由加拿大公司控股。1985 年，主要西方国家出版市场留给国外资本的余地都很小，例如，法国 17%，英国 7%，美国 6%。

加拿大目前每年出版约一万种书。出版业基本上（94.2%）由安大略和魁北克两省的公司所支配，其中安省占65.7%，魁省28.5%。多伦多和蒙特利尔也分别是加拿大英语和法语出版中心。尽管有政策支持，加拿大出版业经营状况仍不景气。2010~2012年，尽管压缩运营成本，出版业营业利润仍从11.2%减少至9.4%。2012年，出版业利润的3/4来自国内市场，出口利润只占12.2%。在国内利润中，出版教材占45.4%，其他商业书占35.6%，儿童书占14.5%。

### 三 文化产业保护措施

加拿大文化产业近年来发展较快，但面临严重的国外竞争，例如：2012年，在加拿大销售的45%的书、81%的英语杂志、63%的订阅杂志、79%的磁带和CD，加拿大电影发行收入的85%，加拿大影院94%~97%的放映时间，都是国外文化产品。

加拿大文化政策原则上包括自由表达、自由选择、文化多样、多种参与制。作品内容上自由表达，文化消费自由选择，各种文化都有表达机会，各级政府、私营企业和个人共同参与文化发展。

加拿大政府在文化政策实践中，采取了一些保护加拿大文化产业的措施，主要有财政刺激、项目支持、加拿大内容要求、税收措施、国外投资规定、知识产权保护等，促进加拿大文化产业发展。从1972年起，政府就以各种方式支持出版业，此后，陆续成立加拿大特色电影基金、特色电影传播基金、电视基金、文化产业发展基金、多媒体基金等，扶植加拿大文化发展。

加拿大内容要求是指各类广电媒体必须给予加拿大文化作品一定的份额。比如，音乐作品的词曲作家、演唱者、作品产地等，必须有两项以上是加拿大人或在加拿大制作的。电视电影作品实行分数制，导演2分、每位主要演员1分、编剧必须有一位是加拿大人，6分以上作品可以被认定为加拿大内容的。与国外合作的产品，加方的参与度至少要在20%以上，才可以被认可为加拿大内容的。影视作品要达到10分才有可能获得加拿大影视基金资助。音乐广播电台中的通俗音乐必须有35%是加拿大内容的，法语台的法语音乐节目要占 55%。CBC/SRC 电视节目中加拿大内容全年平均为 60%，其中晚六点到午夜时间段为 60%。私人电视台加拿大内容播放全年平均也要达到 60%，付费频道的电影节目不少于 1/20，事件类节目不低于 1/7。加拿大广播电视和电子媒体委员会（CRTC）负责执行这些规定。

加拿大政府还以税收方式支持本土文化企业，如加拿大企业在加拿大电视、报纸杂志上做广告，可以享受税收减免，而在美国电视台做广告则没有这种优惠。对于国外公司在加拿大广播电视业投资的规定，一般是不超过全部股份的 46.7%，控制公司不得超过 33.3%，涉及许可证业务的不超过 20%。在加拿大人实际控制的公司中，那些无投票权的股份，外资则可以百分之百地购买。也就是说，外资可以分享文化市场的利润，但不能控制加拿大文化媒体。

## 四 文化设施

### （一）图书馆

加拿大早期的图书馆来自私人、教会、政府或公司的藏书。19 世纪中期，才出现现代意义上的公共图书馆，即免费对社会开放的图书馆。现代意义上的图书馆经过长期演变发展，历经校区图书馆、协会图书馆、社区图书馆、社团图书馆等形式。现在，加拿大有设备现代化和管理完善的图书馆系统，包括专业图书馆、学校图书馆和公共图书馆，能充分满足国民的读书需求。

专业图书馆有立法机关图书馆、金融图书馆、外交部图书馆、卫生保健图书馆、广播电视图书资料馆等，分属于联邦、省、市和地区管理。专业图书馆并不都是按专业分类的，它还包括各级政府的综合图书馆，如联邦政府的议会图书馆、加拿大国家图书馆，以及各政府部门与各大国有公司的专业图书馆。除议会图书馆外，这些专业图书馆大多建于二战之后，一般都对外开放。其中加拿大国家图书馆和加拿大国家档案馆是规模最大和最完整的图书资料馆。2004 年，加拿大国家图书馆和加拿大图书档案馆合并为加拿大图书馆和档案局（Library and Archives Canada），该馆成为收集、保存和整理加拿大各级政府文件和社会记录的官方专业机构。依据加拿大相关法律规定，所有在加拿大的出版物包括政府各部门文件都要送该馆备份。因此，该局与出版单位、大学、图书馆、档案馆、政府机构均有合作关系，同时向社会公众提供服务。2012～2013年，该局雇员960余人，实际开支1.19亿加元。

学校图书馆主要指设在大学和社区学院的图书馆，也包括中学的图书馆。1789年，第一座现代意义上的大学图书馆随着国王学院的成立而出现。19世纪初建立的高校一般都设有图书馆，但藏书规模有限。现在，学校图书馆一律开架借阅，方便读者，有些高校图书馆还有条件地向社会开放。大学的图书馆之间相互联网，并签有馆际互借协议，本馆没有的书，管理员会为读者向其他图书馆借阅。

公共图书馆的大规模建造始于1901～1923年。20世纪60～70年代是大规模发展时期，1962～1971年，公共图书馆馆藏量增加了63%，工作人员增加了50%，费用增加了一倍。公共图书馆一般受各省法规制约，经费来源于地方税收和财政拨款。各地的公共图书馆规模不一，藏书量相差也很悬殊，但它们都成为当地或社区的文化中心之一。如萨斯卡通市的公共图书馆是一栋三层小楼，有儿童游乐和阅读区，家长在周末来查阅图书资料时，可以将小孩放心地放在这里。馆藏的专业书不多，但一般知识和生活实用性图书还是够用的。除了借书之外，还可借阅各种录像带、CD和录音带，此外，还可以阅览很多种报纸。这里还不时举办一些文化活动，如儿童绘画比赛、集邮展览。公共图书馆是一种文化福利设施，完全依赖政府拨款，专职管理人员很少，主要依靠志愿者。

**（二）博物馆**

博物馆的历史是从私人和教会的收藏开始的。1867年联邦成立后，掀起了一股博物馆热，出现了一些大学的、私人的、社团的、地区性的各具特色的博物馆、展览馆。加拿大国家博物馆就是这时建立的。1967年加拿大百年纪念日激起了公众对加拿大文化传统的关注，推动了各种博物馆的建设。1972年联邦政府明确表示要大力扶持和维护各民族的文化遗产，进一步推动了博物馆的发展。1968年政府仅在魁北克省设有主管博物馆事务的部长，但在10年后，所有的省都有了这个职位。加拿大现有各类博物馆约2500个，但90%的收藏品集中在大约60个最大的博物馆内。除21个主要的博物馆从联邦政府预算中得到可观的资助外，其余要靠省、地区、市各级政府及各馆负担。各级政府通过各种项目为私人博物馆提供一定程度的资助和技术援助。但是，同许多国家一样，加拿大的博物馆也面临经费紧张的问题。

以下简单介绍加拿大最主要的博物馆。

**加拿大国家美术馆**（**National Gallery of Canada**） 建立于1880年，最初只是收藏加拿大皇家艺术学会会员的获奖作品和国内各地的赠品。1907年开始收集欧洲中世纪以来的艺术品，并在收藏和展览的基础上，致力于艺术品保存和艺术史研究工作。1968年，加拿大国家美术馆并入加拿大国家博物馆。1988年迁入现今美术馆大厦，馆舍有3万多平方米，以加拿大土著和各民族的艺术品，欧洲、美国、亚洲的艺术品为主要展览内容。

**国家科学技术博物馆**（**National Museum of Science and Technology**）前身是1842年建立的加拿大地质勘测院博物馆，1927年改名为加拿大国家博物馆。1958年依据《国家博物馆法》筹建科技分馆，并在此基础上发展为现在的国家科学技术博物馆。主要收藏与加拿大科技发展史有关的资料和藏品，涉及领域包括天文、交通、通信、农业、林业、渔业、能源、航天、海洋、医学、摄影、防火等，有展品6万多件及档案资料8万多份。该馆的天文台有加拿大最大的折射望远镜，用于科普和教学活动。国家航空博物馆是该馆的一个分馆，也是世界上最好的航空博物馆之一，收藏有加拿大最早的飞机和飞机发动机，以及加拿大武装部队使用过的各种飞机。

**国家自然科学博物馆**（**National Museum of Natural Sciences**） 前身是加拿大地质勘测院博物馆（1842年）和加拿大国家博物馆（1927年），1958年分别成立自然科学博物馆和自然博物馆。前者主要由3个研究机构（植物学部、动物学部和地球物理学部）和4个公众服务部（展出部、设计和技术工程部、教育部和规划发展部）组成。1988年预算为

1350 万加元。该馆收藏品极为丰富，有各种动植物标本和音像资料，还有各种矿石、宝石和化石，共 500 多万件，而且每年还要增加近 10 万件。这些藏品揭示了世界上动植物和矿物在时空中的存在、演变和分布。该馆有 8 个展厅，每年接待 150 万参观者，此外，每年还要在全国各地和国外组织 70 多次流动展览。

**加拿大历史博物馆（Canadian Museum of History）** 前身为加拿大文明博物馆，其历史可追溯到 1856 年，其间数次更名。该馆目前是加拿大最大的博物馆，也是世界上最具特色、设备最好的博物馆之一，每年接待来访者 130 万。该馆在世界各地举办过上百次巡回展览。2013 年，为迎接 2017 年加拿大联邦政府成立 150 周年，更好地展示加拿大自己的历史，将加拿大文明博物馆改名为加拿大历史博物馆。政府投资 2500 万加元，在原馆基础上改扩建，现有的儿童博物馆、土著人图腾厅、巨幕电影剧场和大厅保持不变，将补充以加拿大国家建设为主线的内容。加拿大历史博物馆将于 2017 年以全新面目亮相。

**安大略皇家博物馆（Royal Ontario Museum）** 建于 1914 年，后经不断扩建，成为加拿大最大的博物馆。展品分两大部分：一是自然科学部分，有植物、昆虫、鱼类、爬虫、鸟类、无脊椎动物、脊椎动物、哺乳动物、矿物、地理等展厅；二是艺术和考古部分，有加拿大装饰艺术，古埃及、古希腊、古罗马、东亚、西亚、美洲新大陆考古等展厅。该馆有大量来自中国的青铜器、甲骨、陶器、漆器、玉器、石器等，以青铜器最为突出，是中国以外青铜器收藏最多的博物馆。有加拿大学者认为，该馆拥有中国以外最多的中国文物收藏。这些文物有很多是通过一个叫怀特（W. C. White，1873 - 1960）的加拿大传教士运去的，他曾在中国居住 37 年，运出的珍品文物有几千件、珍贵图书几万册，为此他被任命为该馆远东收藏部主任。安大略皇家博物馆位于多伦多，每年有 100 多万人参观。

# 第七章

# 军　事

## 第一节　军队简史

武装部队的发展大致经历了殖民地民兵、皇家陆海空三军、现代武装力量三个历史时期。

### 一　殖民地民兵时期

在殖民地时期，防务由宗主国法、英分别承担。殖民地居民自发组织的民兵负责日常防卫，发生战争时要依靠宗主国派来的正规部队，殖民地民兵配合正规军作战。早在 1669 年法属殖民地就推广民兵训练，参加训练的一般为年龄 16 ~ 60 岁的男子，每年受训 1 ~ 2 个月。民兵在早期的军事防卫和民用建设方面发挥了很大作用。法属殖民地民兵擅长奔袭，常袭扰新英格兰的定居点。七年战争时，法、英分别从本国派来正规部队，在民兵的协助下争夺殖民地。

英国殖民当局保留了民兵传统，并分别于 1758 年在新斯科舍、1780年在爱德华王子岛、1794 年在新不伦瑞克、1808 年在下加拿大建立了民兵组织。在 1812 年与美国的战争中，民兵配合英国军队负责修路、运输弹药给养、救助伤员等，发挥了重要作用，但参加战斗的不多。

1855 年，英国为组建克里米亚远征军，开始从加拿大抽回军队，将防务逐渐移交给加拿大。同年，加拿大颁布《民兵法》，对民兵的组织形式做了正式规定。依据《民兵法》招募 5000 名有报酬的志愿民兵，用政府拨款训练和装备，这被认为是加拿大正规民兵或军队的前身。1867年自治领成立后，加拿大建立了民兵防卫部（国防部的前身），并于1868年修订了《民兵法》。英国于1871年撤出在加拿大的全部陆军。

## 二 皇家陆海空三军时期

1871年10月20日，自治领首次组建了"永久性民兵组织"，即常备军。它最初是两个独立的炮兵连，分别接替原来由英军防守的两个最重要的要塞：一个是安大略省金斯敦的亨利要塞，一个是魁北克要塞。这标志着加拿大陆军的诞生。随后建立了正规的步兵和骑兵团。

1883～1940年，加拿大"正规军"和预备役部队仍被统称为"民兵"，前者是"常备民兵"。1885年，民兵在镇压里埃尔起义中发挥了作用。民兵还被用于对付罢工、城市骚乱和自然灾害救助。至1896年，民兵防卫部长还认为，加拿大没有也不需要常备军。直到二战结束后，加拿大才在历史上第一次明确民兵（即后来的预备役部队）是正规军的辅助力量，并在必要时为市政当局提供帮助。

加拿大军队第一次出国作战是参加1899～1901年英国在南非进行的布尔战争，这是英国对当地布尔人的殖民战争。当时，加拿大的英裔支持英国，法裔却反对参战，最后总理劳里埃决定不派正规军，但以志愿军的形式参战，先后派出志愿军8300人，由英国提供给养。1900年，加军在帕尔登堡的胜利扭转了英军在布尔战争中的劣势局面。

第一次世界大战使加拿大陆军得到迅速扩充，仅派往海外服役的就有50多万人，而加拿大当时的全部人口不过800万。派往欧洲战场的两个师组成加拿大兵团，因作战勇敢和付出巨大牺牲，极大地提高了加拿大的国际地位。1916年仅在索姆河战役加军就阵亡2万多人。加军在整个一战期间的伤亡人数是6.7万人。

1917年俄国十月革命胜利后，协约国为了消灭年轻的俄国苏维埃政权，发动武装干涉。在英国的压力下，加拿大在1918年派出6000人的部队，参加干涉苏俄的军事行动。在俄罗斯北部和黑海地区的战斗中，一些加拿大士兵伤亡。事后，博登总理对此后悔不已，认为加拿大的参战在政治和军事上都是错误的。

加拿大海军筹建于 20 世纪初，随着英、德关系的紧张，英国要求加拿大建立海军，以便在承担自身防务的同时，协助英国海军的行动。1909 年 3 月 29 日，加拿大联邦议会同意拨款筹建海军。1910 年 5 月 4 日，加拿大依据当年的《海军服役法》组建皇家海军。加拿大海军在第一次世界大战期间为防御德国潜艇偷袭其东海岸，保护商船安全，发挥了重要作用。但在一战后，加拿大两大主要政党都不支持海军，皇家海军学院被迫关闭。

加拿大于 1920 年成立了空军预备队，这支预备队在 1924 年 4 月 1 日获得正规部队的身份和英国国王批准的"皇家"特许状。4 月 1 日因此成为加拿大空军的诞生日。加拿大在 1909 年就引进了第一架飞机，1914 年有 3 个飞行员和一架双翼飞机。在一战中，有很多加拿大人在英国飞行大队和海军飞行队（1918 年 4 月 1 日后为英国皇家空军）里当飞行员、观察员和地勤人员，直接参战，涌现出一批优秀的飞行员。如毕晓普（W. A. Bishop）在一战中取得 72 次空战胜利，击落许多敌机，他在二战中曾单机袭击德国机场，因战绩卓著成为第一个获得维多利亚十字勋章的加拿大人，并被委任为空军中将。麦克拉伦（D. R. Maclaren）一战时在 8 个月内击落敌机 48 架，击沉敌方汽艇 6 艘。这些在英国空军中服役的加拿大军人成为加拿大组建空军时的基本队伍。加拿大空军早期主要执行民用飞行任务，包括森林施肥与防火、监督走私船、慈善飞行、空中拍照等。到 1929 年空军仍不足 1000 人，以特伦特为主要活动基地。二战期间，特伦特基地成为英联邦训练飞行员的基地，先后有 13.1 万名飞行员从这里毕业。加拿大空军纪念馆就设在特伦特，馆内珍藏着加拿大空军的发展史料。

至 1939 年，加拿大只有 4000 名常备陆军和弱小的海空军。海空军主要是在二战时期发展起来的。1939 年 9 月，加拿大对德国宣战，迅速扩充军队，一年后军队人数已超过 50 万。二战期间，加拿大陆军曾遭受重大损失，如在 1941 年末的香港守卫战中，有 550 名加拿大军人阵亡、1700 多人被俘，其中数百人后来死于日军战俘营或繁重的劳役。1942

年 8 月，盟军为试探欧洲战场上德军西部战线的虚实，以加拿大军队 5000 多人为主力，在法国海岸城市第耶普发动了一次试探性进攻，虽然一度占领海岸地带，但没能攻入第耶普，在德军的反击下，加拿大军队阵亡近千人，被俘 2000 人。但这次失利为盟军此后的登陆作战提供了宝贵的经验。

二战中，德国潜艇直接威胁加拿大，使加拿大海军有了发展的机会。德国潜艇利用加拿大海军力量不足且缺乏作战经验的弱点，不仅在加拿大沿海袭击各种船只，而且深入到圣劳伦斯河袭击加拿大船队，甚至深入到距魁北克城仅 300 公里的水域。德国潜艇先后击沉加拿大各类船只 200 多艘，其中有很多是油船，还有多艘加拿大军舰。1941 年，加拿大开始招收水兵，建造军舰，扩建舰队。1939~1945 年，海军由 13 艘战舰增加到 365 艘，人数由 3000 人增加到 10 万人。1945 年，政府批准拟建立一支小规模常备海军的计划，包括两艘航空母舰、两艘巡洋舰、12 艘驱逐舰，但该计划后来没有全部实现。1950 年朝鲜战争爆发后，加拿大派出 3 艘驱逐舰进入朝鲜水域，为以美国为首的"联合国军"运输护航。冷战使加拿大海军得到加强。1964 年，加拿大海军有航空母舰 1 艘、驱逐舰 22 艘、护卫舰 17 艘、扫雷舰 10 艘，人员 2.15 万人。

1939 年二战开始时，加拿大空军尚无一流的飞机和装备。由于没有足够的经济支持，许多加拿大飞行员加入了英国皇家空军。二战中，加拿大 25 万空军人员有 9.4 万人在海外效力，有 48 个独立飞行中队活跃在印度、北非、缅甸和欧洲战场。整个二战期间，加拿大共有 1.7 万名飞行员在世界各地的空战中牺牲，此外还有 2300 多人在本土飞行训练中身亡。加拿大空军阵亡比例要远远大于陆军。

二战结束时，加拿大陆军人数近 50 万，海军 9 万多人，空军 20 万多人。加拿大当时的人口只有 1200 万，而在二战期间先后服军役的就有 110 万人，可见其战争动员能力和军队扩编能力之强。二战彻底改变了加拿大的国防战略发展方向。此前加拿大是英联邦防御体系中的一环，以英联邦成员的身份多次参加国际战争。1939 年 9 月 10 日的加拿大对德宣战声明是由英王乔治六世宣布的。加拿大军队分别被称为皇家陆军、皇家海军和皇家空军。二战后，加拿大逐渐进入了美国军事体系，这是因为二战时加拿大与美国的战时同盟关系不断加强。冷战时期，加拿大成为美国重要的军事盟友。

## 三 现代武装力量时期

1966年，加拿大军队统一穿美式草绿色军装，军衔也与美军基本相同。1968年2月，依据《军队改编条例》，加拿大皇家陆海空三军体制被废除，正规部队、预备役部队、边远地区巡逻队等统称为加拿大武装力量，归国防部统一指挥。这一体制一直延续至今。

越战期间，加拿大虽一直声称持中立立场，并多次在美国和越南之间进行调解，还向越南提供医疗和技术援助。但近年来，加拿大内阁文件披露，加拿大在越战中是美国的忠实盟友，不仅为美国提供情报，还向西贡南越伪政权秘密运送美军及装备，支持美国扩大对越南的战争，并有成千上万的加拿大人在美国军队中效力。

在1991年的海湾战争中，加拿大派出一个CF-18战斗机中队随北约参加战斗，随后又支持美国对伊拉克的经济制裁和武器核查。1999年在对南联盟的轰炸中，也有加拿大空军参加。

冷战结束后，加拿大正规军队的人数在逐渐削减，由1991年的8.4万人，减少到2014年的6.8万人。1995年，加拿大取消了驻欧洲部队的编制，撤回了全部军队，但仍保留了驻北约的指挥人员，并参加北约的训练和演习。

加拿大武装力量在和平时期规模很小，但装备现代化程度较高。它在两次世界大战中的经历证明，可以在需要时迅速扩编，预备役军人成为扩编部队中的骨干。由于加拿大的地理位置和历史特点，一个多世纪以来，加拿大本土几乎没有遭到外敌入侵，但因各种原因，加拿大军队多次参加了20世纪世界上的主要战争，其军人伤亡绝大部分在他国。加拿大军队与其说用于本土防御，不如说是一种国家的象征，因为加拿大北部、东部和西部有北极和两大洋作为自然屏障，而南部与美国有5500多公里的边界是不设防的。

# 第二节　武装力量

## 一　陆海空军

武装力量三重使命：保卫加拿大及其主权；与其最亲密的同盟者——美国合作保卫北美；通过世界范围的活动，通常要与其他国家的同盟者一道，保卫国际和平与安全。保卫加拿大包括海岸巡逻，监测领空，搜索和救援，在森林火灾、洪水、雪崩、飓风等自然灾害情况下实施灾难救援。保卫北美是与北美航空航天司令部（NORAD）合作，保卫北美大陆领空和领海；是美国和加拿大两国军事组织，通过预警、空间控制，共同防卫任何飞机、导弹或航天器对北美领空和领海的袭击。保卫国际和平主要是经过联合国派遣维和部队，到有战争和动乱的地区和国家维持秩序，执行人道主义救援任务。

加拿大武装力量的最高统帅在形式上是代表英国女王的加拿大总督，但实际上是加拿大联邦总理。国防最高决策机构是联邦内阁，由联邦政府制定防务政策。国防部部长全面负责武装部队的日常工作和建设发展，应对紧急事件，是政府国防政策的代言人。国防部部长之下有一名副部长和一名总参谋长，分别是部长的最高级顾问和助手。副部长领导6位副部长助理，分管防务、政策、物资、科技、财政和服务、基建和环境、文职人力资源、信息管理；总参谋长手下有两名副总参谋长和陆、海、空军参谋长，依据联邦政府和议会交给军队的任务下达各种命令并负责军队的全部军事行动，以及军职人员的人事工作。武装部队在国防部下设陆军司令部、空军司令部、海军司令部、北部地区司令部、通讯司令部和驻联合国部队等单位。

加拿大武装力量包括正规军、预备役部队、执行北约和联合国等对外任务的特种部队，也包括军队文职人员和边防巡逻队。

2014年，加拿大有正规部队6.8万人，预备役部队2.7万人、文职人员2.4万人和边远地区巡逻队5000多人。同北约其他国家相比，加拿大武装力量的规模不大，只有1%的年轻人在军队中服役，国防开支也少于其他北约国家。但加拿大在海外服役的军人比例高。

2014年8月加拿大国防部网站显示，当时有700多名加拿大军人在世界各地执行任务。这些地方包括美洲（海地）、非洲（刚果、苏丹）、亚洲（中东国家之间）、欧洲（塞浦路斯），执行的任务有联合国维和使命，但主要是承担北约成员的义务。在加拿大700多名驻外军人中，有590人在协助北约，加强其在中欧和东欧的力量，其余的在执行联合国的任务。

北美航空航天司令部设在美国科罗拉多彼德森空军基地（Peterson Air Force Base），与全球范围的监控网络，如卫星系统、陆基雷达、机载雷达配合，共同构成防御体系，直接向两国首脑提交综合性战术和危险评估报告。现任司令为美军上将雅各布（C. H. Jacoby），副司令为加军中将帕伦特（J. A. J. Parent），司令部有三个下属军事基地，分别是美国阿拉斯加州埃门多夫空军基地（Elmendorf Air Force Base）、佛罗里达州廷德尔空军基地（Tyndall Air Force Base）和加拿大马尼托巴省温尼伯的军事基地，分别负责各自区域的行动。

陆军司令部设在魁北克省的圣胡波特，分大西洋、魁北克、中部和西部四个军区，兵种主要有步、炮、装甲、防空、工程、通信、情报等。2013年陆军有2.16万全日制人员，2.4万预备役人员以及4900名文职辅助人员。正规部队有三个机械化旅团（brigate group），每个旅团由三个步兵营（两个机械化营、一个轻装备营）、一个装甲团、一个炮兵团、一个工程团、一个工程支援团、一个侦察中队、一个电子战中队以及相应的通讯、医疗和后勤部门。这些军事单位分布在四大军区中。

陆军分为五个师（division），第一师指挥部在安大略省金斯敦，主要任务是国内外非战斗性疏散、人道主义救援。第二师指挥部在魁北克省蒙特利尔，有机械化旅、后备役部队、卫戍部队、巡逻队。第三师指挥部在阿尔伯塔省埃德蒙顿，下辖一个机械化旅、三个后备役团、一个宪兵团、师后勤和训练部门、第四加拿大巡逻队、六个情报连，驻地分布在不列颠哥伦比亚省、阿尔伯塔省、萨斯卡彻温省、马尼托巴省和安大略省西北部。第四师指挥部在多伦多，下辖野战炮兵团、电子战团、机械化旅、工程团、情报连、卫戍部队、礼仪队等，分布在全省各地，负责安大略省（除其西北部外）及首都渥太华的防务，也随时准备承担国内外的任何任务。第五师指挥部在新不伦瑞克省格治城，下辖防空团、工程团、信号团、炮兵团、宪兵团、情报连、巡逻队等单位，分布在新不伦瑞克省、新斯科舍省、爱德华王子岛省和纽芬兰省。

陆军中有一支礼兵卫队，他们守卫加拿大总督府、无名烈士墓，出席各种国事活动。他们在联邦议会大厦前的换岗仪式，成为首都游客必看的景观。卫兵们英式的熊皮帽、红制服代表着加拿大的历史传统。

陆军中还有一支被称作"空中之鹰"（Sky Hawks）的伞兵队。该队组建于1970年，训练基地在安大略省特伦顿，其降落伞的图案一律是加拿大国旗，这个标志40多年来始终未变。伞兵队在加拿大重大庆典活动中进行跳伞表演，也代表加拿大和加拿大军队参加各种国际跳伞和各国伞兵之间的活动，是加拿大人和加拿大军队的骄傲。

陆军的主要装备有：2A4豹式坦克、多种装甲车、美洲豹装甲运兵车、各种榴弹炮、加农炮、81毫米迫击炮、35毫米双管高射炮、无后坐力炮、陶式反坦克导弹、吹管式和标枪式地对空导弹等，轻武器有C9机关枪、C6机关枪、C7A1步枪。陆军在空中还有直升机支持。

海军司令部设在哈利法克斯。2014年，海军有8500名现役军人，5000名预备役人员和5000名文职人员。主力舰艇有易洛魁级驱逐舰3艘、哈利法克斯级快速舰12艘、维多利亚级潜艇4艘和金斯敦级海岸护卫舰12艘，配备计算机火炮控制系统、直升机、反潜导弹、舰对空导弹等。此外还有运输舰、补给舰和维修舰等。

易洛魁级驱逐舰建造于20世纪70年代初期，90年代初对动力、通讯和火力系统，特别是防空火力系统，进行了较为彻底的更新。每艘驱逐舰配备两架海王式直升机。哈利法克斯级快速舰是1992～1996年加拿大设计的载有直升机的多性能军舰，每艘舰上有一架海王式直升机，具有速度快、噪声小的特点，是加拿大海上任务的主要承担者。维多利亚级潜艇具有较长的续航能力，20世纪90年代开始用于加拿大海军，能在北极、太平洋和大西洋执行任务。守卫者级补给舰，建造于 1969 年，可以在 7500 海里范围内提供大量海上补给，包括 15000 吨燃料、1000 吨物资、1250 吨弹药，扩大了加拿大海军的活动范围。金斯敦级海岸护卫舰是 1995～1998 年下水的多性能轻型战舰，在海岸线上执行巡逻、搜救、执法、海上资源保护等任务。

海军分两个舰队：太平洋舰队和大西洋舰队，所辖军舰和兵力基本相等。太平洋舰队司令部设在不列颠哥伦比亚省的埃斯魁莫尔特。大西洋舰队的司令部设在哈利法克斯，主要基地在哈利法克斯、哈密尔顿等港口城市。海上警卫队也受海军指挥。海军还得到空中海岸中队和其他力量的支持。海军还负责保护加拿大海域的渔业资源不被过分捕捞、反走私和海洋环境保护。

空军司令部设在温尼伯，有 13 个基地分布在全国各地。有的基地很小，只有几百人；有的较大，有几千人。2014 年，空军有现役人员 1.3 万人，空军预备役 2400 人，2000 名文职人员。空军的主要任务是保卫加拿大领空、为陆海军提供支援、支持北美防空司令部的活动。空军按功能分为 6 组：战斗空军负责战斗攻击；运输空军负责补给、海上救助与搜索；海岸空军为海军提供支持；战斗直升机空军主要支援陆军；训练空军负责培训飞行员；预备役空军支持空军的训练和军事行动。1950 年，第一架加拿大设计和建造的超音速全天候战斗机 CF－100 问世，标志着加拿大的空军建设进入了一个新的发展阶段。

加拿大空军有各类飞机 350 多架，其中包括武装直升机在内的作战飞机 170 多架。主要机型有：CF－18A/B 战斗机、CF－5 自由战斗机、CC－144 攻击机、CP－140 侦察机、CC－130E/H 和 CC－109 运输机、CH－124/135/136/139/113A 和贝尔 206 等型号直升机。

CF－18 战斗机是加拿大空军的主力，这是 20 世纪 80 年代的战斗机，机身长 17 米，翼长 12.31 米，飞行最高限度为 1.5 万米，可空中加油连续飞行。火力有响尾蛇、麻雀空对空导弹，小牛空对地导弹，20 毫米机关炮，精确制导炸弹和火箭。在增设了红外线传感器和激光制导装置后，可在夜间执行飞行任务。CF－18A 战机有飞行员一人，CF－18B 有两名飞行员。海湾战争时，加拿大曾派出 24 架 CF - 18 战斗机参加战斗。

CC - 130 大力神运输机是空军的主要运输机种，机长 29.79 米，载重 17 吨，时速 556 公里，飞行最高限度为 1 万米，有机组人员 5 人。其特点是装卸快，尾部打开后，重型坦克或推土机可直接驶入。

加拿大空军还有一支名为"雪鸟"（Snowbirds）的飞行表演队，由加拿大最优秀的飞行员组成。"雪鸟"于 1971 年在萨斯卡彻温省小镇摩斯兆（Moose Jaw）空军基地成立，现在"雪鸟"每年夏季仍在那里举行飞行表演。飞行表演日也是航空博览会，有各种飞机编队飞行表演、跳伞表演，还有来自各国的飞机供游人免费参观。

北部地区司令部领导的边防巡逻队负责育空、西北和努纳瓦特三地区的防卫任务，总部设在黄刀城（Yellow Knife）。北部地区地广人稀，该部人员主要是当地的因纽特人、印第安人和梅蒂人，他们熟悉当地的地形和环境，负责协调部队在北部的行动，并担任顾问和向导，是维护加拿大北部安全的重要力量。加拿大边防巡逻队成立于 1947 年，其作用是加拿大正规部队在北方的"眼睛和耳朵"，负责人烟稀少的边远地区的军事警戒、地面搜索和救援活动，必要时担任向导和生存训练中的指导员。3600 多名巡逻人员分属于 5 大管区，分布在 165 个边远和孤立的居民点中，他们大部分是土著人。除新斯科舍、爱德华王子岛和新不伦瑞克三省外，其余各省都有巡逻队员。

## 二 预备役部队

加拿大预备役部队来自各行各业，是武装部队中的志愿兼职人员。预备役部队在加拿大国防和军队历史上占有重要地位，和平时期正规部队的人数在 1950 年以后才超过预备役军人，这是加拿大军队的一个特点。成立预备役部队的目的是全面支持正规部队，它同后者一样执行所有的任务，从常规战斗到国内外抢险救灾、人道主义维和行动。

2013 年有主要预备役部队 2.74 万人，包括陆军预备役 2 万人、海军预备役约 5000 人、空军预备役 2400 人，分属陆、海、空军参谋长领导。预备役部队分布在全国 341 个营地，平时的任务主要是军事训练。

陆军预备役部队在全国有 4 大军区：西部、中部、魁北克和大西洋军区，其司令部分别设在埃德蒙顿、渥太华、蒙特利尔和哈利法克斯，每个军区有 2～3 个旅。

海军预备役部队总部设在魁北克市，其 24 个分部遍及 10 个省份的主要城市，约有 2000 多人，其中男性占 65%，女性占 35%，年龄 16～55 岁，有许多人尤其是军官是退役海军官兵。海军预备役的三大任务是：海岸防务行动、船只控制和防止水雷。

正规部队、预备役部队、军中文职人员和边远地区巡逻队是加拿大国防体系的核心，围绕这个核心还有一个外缘。这个外缘包括：15 万退伍军人、5.4 万辅助预备役人员和 5 万从事军工生产的人员。

此外还有民间国防组织，如国防预备军组织为中学年龄（12～19 岁）的男女青年提供军事训练的机会，参加军训的青少年被称为国防预备生（cadets）。国防预备生也分海、陆、空军预备生，其中陆军国防预备生组织可能是加拿大最早的青少年组织，早于联邦政府的成立。目前全国有 5.5 万名国防预备生。凡 12～19 岁的加拿大青年自愿申请、家长同意皆可成为国防预备生，无须缴纳任何费用，参加军训时要统一着装，活动结束后只需将服装整洁地交回即可。服装和活动费用主要由国防部和陆、海、空军 3 个国防预备生组织提供，这 3 个组织均属民间非营利组织。军训得到加拿大军方的支持，训练多在部队营地进行。训练计划很系统，有不同等级，在几年内逐步让年轻人热爱国防事业，熟悉军队生活、掌握基本军事技能，更重要的是在这个过程中培养他们的领导能力。国防预备生中有很多是大学生，他们一般在假期参加训练活动，这对他们是一种很好的锻炼。

## 三 军事院校

近几十年来，加拿大军队院校系统随着军队编制的变化和人员的增减变化很大。为适应国内外形势变化和部队整体的需要，2002 年 4 月，加拿大组建加拿大国防学院（Canadian Defence Academy），将原来各类军队院校整合为一个系统，由国防部统一管理。该学院主要包括加拿大皇家军事学院（Royal Military College of Canada）、加拿大军队学院（Canadian Forces College）、加拿大军队语言学院（Canadian Forces Language School）和位于圣-让要塞综合校园（Campus Fort St-Jean）内的非现役军人职业发展中心（Non-Commissioned Member Professional Development Center）、加拿大军队干部和新兵学校（Canada Forces Leadership and Recruit School）、加拿大军队管理发展学院（Canadian Forces Management Development School）及为进入皇家军事学院的预科训练营地（Richelieu Squadron）等单位。

在安大略省金斯敦的皇家军事学院创建于 1876 年，是加拿大最古老的军事学院。1878 年，英国维多利亚女王特许该学院"皇家"称号。该学院直属国防部领导，是加拿大最高军事学府。1959 年，该院始获在文科、自然科学和工程学领域授予学位的资格。除培养一般军队所需人才外，该院还培养在职高级军事指挥人才、军队文职官员和军事学术研究人员。每期招收学员约 40 名，多数为军职人员，一般为上校和准将，其余为加拿大政府高级官员和来自英联邦国家的军官。学制为 10 个月。主要学习内容有当代国际关系、加拿大国家战略、各国军事及其对加拿大的影响、重大国际问题等。学员毕业时必须就加拿大的国家战略、军事战略、经济战略、外交政策等课题写出论文。

加拿大军队学院创建于二战期间的 1943 年，最初为加拿大皇家空军参谋学院。该学院选址于安大略省的克阿莫尔高地，这是因为附近有一个一战时作为空军训练基地的机场，便于进行与飞行有关的课程学习。1966 年，随着军队编制的调整，该学院重组为加拿大军队学院，除原有的军事参谋课程外，增加了军事指挥课程。1998 年后又增加了高级军事研究和国家安全研究课程。加拿大军队中很多现役高级军官都是该学院的毕业生。

加拿大军队语言学院有 50 多年的历史，由三所语言学校合并重组而成，从最初只有两种作为母语的英、法语课程，发展为目前包括保加利亚、捷克、斯洛伐克、拉脱维亚、波兰、罗马尼亚、乌克兰等国的语言在内的 20 个语种的教学课程，以适应国内多元文化和国际维和行动的需要。

加拿大军队干部和新兵学校位于魁北克省圣－让，建于 1968 年，最初是一个培训法裔新兵的军校。后来几经变革，尤其是新斯科舍省的康沃利斯新兵训练基地被关闭，英裔新兵转入该校受训后，该校扩充为英法双语的新兵训练基地。1996 年 9 月改为现在的校名，目前有军、文职雇员 330 人，每年可训练 6200 人。该校可提供加拿大军队各兵种新兵所需的训练课程。这些课程包括体能、技能、知识、心理和军人基本价值准则等内容。除新兵训练外，还培训军队基层干部后备人选，包括所有进入加拿大军队的现役和非现役军官，提供培训高级指挥员和战斗部队军官课程。

加拿大军事院校的毕业生仍不能充分满足军队各方面发展的需要，因此，军队还与一些高校包括社区学院联合培养所需的各种人才，包括军官候补生、飞行员、军医、护士。被这些定点院校及其有关专业录取的大学生，如果申请有关的军队定向培养项目并被批准的话，不仅其上学所需费用都由军方承担，有的专业还有津贴和补助，在假期接受相应的军训。这些学生毕业后至少要在军队服役 3 年，如果愿意也可以继续深造，如读军医研究生。2002 年加拿大国防学院成立后，与加拿大和世界各地 40 多所大学合作，每年培养各类军队人才 600 人。

加拿大军事院校的发展离不开专业杂志。《加拿大军事杂志》（*Canadian Military Journal*）是加拿大国防部和军队的官方专业杂志，尽管其发表文章的观点并不能代表国防部，但该刊是了解和研究加拿大国防战略和军队发展动态的最佳窗口。该刊物为季刊，每期同时发行纸质版和电子版。

四　兵役制度和军衔

根据加拿大现行志愿兵役制度，士兵基本服役期为 3 年，各级军官的最高服役年龄为 55 岁。

在两次世界大战期间，为弥补兵员不足，加拿大曾经两次实行义务兵役制。这两次义务兵役法案的通过，都曾引发英裔和法裔的矛盾。1917 年 8 月，博登政府通过《兵役条例》，规定所有适龄公民有义务服兵役，

这是加拿大历史上首次实行义务兵役制，引起了社会的强烈反响。第一次世界大战时，由于加拿大是以英帝国成员身份参战的，大多数英裔认为有义务保卫母国，而大多数法裔认为这是强迫服役而拒绝执行。1918 年 3 月 29 日，魁北克市爆发了反征兵暴乱，博登政府不为所动，并将参军年龄由 20 岁降为 19 岁。此举引发了更大规模的抗议活动。抗议活动蔓延至安大略省和东西部沿海省份。博登政府宣布执行战时强制性措施，授权警察以煽动叛乱罪镇压抗议活动，包括禁止罢工、查封反对派出版物、打击激进工会和社会主义政党。义务兵役制实行后，入伍人数明显增加，补充了前线的需要。这次义务兵役制随着一战的结束而中止。

二战期间，加拿大又遇到相同的征兵难题，由于担心征兵制会引起社会动荡，麦肯齐·金政府在这个问题上十分谨慎，决定在本土防务上实行义务兵役制，即义务兵不会派到海外去服役。但这样一个妥协法案仍遭到大多数法裔的反对。1942 年关于征兵制的全民公决显示，72.9% 的魁北克省人反对征兵制，而在其他省支持义务兵役制者高达 80%。欧洲战场上盟军的失利和加拿大军队的伤亡惨重，使要求尽快实行无限制义务征兵制以补充兵力的国防部部长愤而辞职。而法裔空军部长因反对义务征兵而提出辞职，议会中还有 30 多位法裔议员联合反对审议征兵议案。1944 年，议会决定只在需要时向海外派遣义务兵。所幸的是，此后战局发展顺利，加拿大海外军队的伤亡迅速减少，而国内反对派对金政府的妥协立场也有所理解，毕竟联邦政府只是将义务征兵制作为志愿兵役制的例外和补充，没有将其以立法形式固定下来。于是，加拿大又度过了第二次征兵制引发的政治危机。但两次义务征兵制的实行使英裔和法裔加拿大人的隔阂进一步深化。

加拿大军衔系列如下：将官 4 级，分别是上将、中将、少将、准将；校官 3 级，分别是上校、中校、少校；尉官 3 级，分别是上尉、中尉、少尉。尉官之下是军官候补生。

五 军功荣誉

**维多利亚十字勋章** 1856 年英国维多利亚女王为表彰英联邦内的战

斗英雄而设立，勋章为铜质十字形，中间刻有皇冠和"勇士纪念"字样，缎带为深红色。先后有 93 名加拿大人获此勋章。1973 年加拿大勇士奖设立后，该奖被取消。

**乔治十字勋章** 1940 年由英王乔治六世设立，以表彰在战争中表现勇敢的英联邦军人和平民。勋章为银质十字形，中间刻有乔治六世骑马斗龙的图案。先后有 8 名加拿大人获此荣誉。该勋章在英联邦内的级别仅次于维多利亚十字勋章。

**勇士勋章** 1972 年为表彰危急关头见义勇为之士而设立，分勇士十字勋章、勇士星章和勇士勋章三个级别。勇士十字勋章主体为金质十字，勇士星章主体为银质四角形，勇士勋章主体为银质正圆形。勇士十字勋章是继维多利亚勋章和乔治十字勋章后，加拿大的最高荣誉勋章。

**军功勋章** 十字形，蓝色珐琅质，中间为一圆形国旗图案，配金边深蓝色缓带。从 1972 年起每年颁发一次，授予优秀的现役和预备役军人，分司令官、其他军官和士兵 3 种，名额不超过全军总人数的 1‰。在受勋者中司令官占 6%，其他军官占 30%，其余是士兵。

此外，还有加拿大维和服务勋章、紧急医护服务模范勋章、海岸警备队模范勋章、狱警服务模范勋章、救火服务模范勋章等。

除这些常设的荣誉之外，加拿大还为军队参加的每一次战争设立专门的勋章，如一战勋章和二战勋章等。

# 第三节 防务政策与国际军事条约

## 一 防务政策

加拿大武装力量主要担负三种防务：守卫加拿大本土；与美国合作保卫北美安全；参与联合国维和部队，致力于国际和平与安全。实际上，加拿大主要依托北约组织的集体防务和与美国的双边战略和防务合作来构筑其国防体系。加拿大 1949 年加入北约，1958 年同美国签订《北美防空协定》，在军事上同西欧和美国保持密切关系。加拿大军队还负有在特殊情况下维护国内治安、打击国内外恐怖组织、应付突发自然灾害、国际人道主义救援等使命。自第二次世界大战以来，几乎参加了联合国历次的维和行动。

从全球角度看，加拿大是一个非军事国家。法英殖民地时期的防御工事，已成为旅游的历史遗迹。殖民地时期的防务先后由法、英军队承担。1867年联邦成立后，联邦政府一方面实行"保持沉默，避免战争"的策略；另一方面以资源换取英国"将全力以赴捍卫帝国的每一寸土地"的许诺。两次世界大战期间，加拿大在对国际社会做出贡献的同时，也发展了自己的海、空军，但防务政策基本未变，仍将本土视为"远离火源而又防火的房子"。冷战时期，北美的安全掌握在美国手里，苏联的核武器也威胁到加拿大。1962年古巴导弹危机暴露出加美协约的漏洞。特鲁多总理彻底改变了加拿大的防务政策，将国家主权和安全放在第一位，努力扩充常规部队和预备役部队。但在20世纪70年代，迫于美国和北约的压力，加拿大放慢了发展国家军事力量的速度。1984年英、阿马岛之战后，马尔罗尼政府决心扩充军备，1987年发表了《防务白皮书》，公布新的防务计划，包括购买12艘核潜艇、在北方建立5个高性能战斗机空军基地、建立北疆警戒系统等，但很多项目没能实现。一些军事理论家认为，加拿大应支持北约，同时也要支持包括核武器在内的各种裁军行动，以及联合国在各地的维和行动，避免与超级大国的正面冲突。

加拿大防务研究的历史可追溯到一战时期，当时加拿大科学家协助军方从事对付大西洋中的德国潜艇和水雷的研究。二战时国家研究委员会和许多大学都进行军事用途的研究，但防务研究在二战后才真正起步。1947年国防部下设防务研究委员会，作为国防部的技术顾问，满足部队的现代化需要，其研究计划包括爆破技术、推进系统、导弹、电信、防化、反潜、预警雷达、冬季作战、化学武器、航空医学等，其成果对民用工业发展也起到了促进作用。2000年4月，该机构改组成加拿大防务研究与发展部门（Defence Research and Development Canada），归国防部科技助理副部长直接领导，年预算1.7亿加元，有雇员1000人，负责向国防部和军队提供最先进的科技信息、产品和服务。

冷战结束后，加拿大国防预算曾逐年减少，但科索沃战争和东帝汶事件引起的海外军事行动，迫使政府追加军费，1999～2000 年政府自冷战后首次增加军费，很大部分用于设备更新。2000～2001 年，加拿大以 4 艘维多利亚级潜艇代替 3 艘现役的奥伯恩级潜艇，添置 15 架搜索和援助直升机和 650 辆轻装甲车，改善陆军的服装等。这 4 艘潜艇是英国在 20 世纪 90 年代初建造的，经改装后可以进入北极海底，防范来自北部海域的威胁。

美国"9·11"事件凸显了国际反恐的重要性。2014 年乌克兰与俄罗斯关系紧张，北约需要加强其对东欧和中欧的力量。加拿大始终是北约的坚定支持者，肯定北约在冷战后欧洲的作用，承诺其对北约的义务。2014 年 4 月 17 日，为配合北约在东欧的活动，加拿大空军在罗马尼亚部署了六架 CF188 战斗机，在阿拉伯海执行反恐巡逻任务的海军快速舰"里贾纳"号，于 4 月 30 日进入地中海，配合北约执行任务。海军快速舰"多伦多"号于 2014 年 7 月 24 日由哈利法克斯港出发，8 月 3 日进入地中海执行任务，替换"里贾纳"号。

加拿大国防部的"2020 年战略"体现了 21 世纪初军队的发展规划，有三个特点值得注意。一是强调军事革命观念对当前国防和军事的影响。军事革命在历史上多次出现，如机关枪、原子弹所引发的军事变革。最新的军事革命观念是通过海湾战争和科索沃战争反映出来的，即科技和信息已成为与人员和火力同等重要的军事要素。二是要在加强科技质量的基础上提高部队的战斗力、在全球范围的快速部署能力和与盟国之间的配合能力。与盟国尤其是与美国的合作已成为加拿大军事革命的重要内容，这是由加拿大军队特点所决定的。三是继续重视国际维和行动和人道主义援助，强调国际和平与安全与加拿大人生活的密切关系。"2020 年战略"对军队的要求是：具有战斗能力、全球快速派遣能力、与盟国军队的合作能力和让军队成为加拿大人的就业选择。

加拿大注意军队的现代化建设，在 21 世纪要加强如卫星定向系统、无人驾驶武器、舰对地导弹方面的力量。根据军方一项"综合防护服装与设备计划"，加拿大步兵的服装和装备应有很高的科技含量。士兵的头

盔内有一部微型电脑，可根据卫星导航系统确定位置，而不再依据传统的地图。头盔的面罩不仅能防辐射，而且有一个平视显示器。士兵通过无线电与战友联系，而不用大声喊叫。防弹服装将不受子弹伤害。步枪上配有摄像仪，在墙角射击时不用暴露自己。每一个步兵单位配置一辆装甲指挥车，用无线电保持同士兵的联系。这一套装备估计需要 4 万加元，但在又要裁军又要提高部队战斗力的情况下，减少士兵伤亡是必要的。这项计划目前处于试验阶段。

## 二 国际军事条约

北大西洋公约简称"北约"，于 1949 年 4 月 4 日签订。加拿大是北约组织的创始国之一。北约规定其成员国实行集体防御，任何缔约国同他国发生战争，其他成员国必须给予包括武力在内的一切援助。加拿大为此向西欧派驻军队，开创了在和平时期在国外驻军的先例。1969 年特鲁多政府减少加拿大对北约的义务，削减驻欧军队。冷战结束后，加拿大分批逐步撤出其在欧洲的军队。目前，除少数以联合国维和部队的名义在世界各地执行临时任务外，加拿大在国外已无常规驻军。

加拿大认为，在东欧剧变和苏联解体后，北约的作用发生了很大的变化。北约仍是保持欧洲地区稳定的力量，国际安全的一个论坛，促进东欧民主化进程的因素，也是加拿大保持与西欧国家传统联系的纽带。北约对加拿大的安全是不可或缺的，如加拿大东海岸的安全，及其与大西洋彼岸的联系，就需要依靠北约大西洋常规海军力量。这支多国海军部队主力由 10 艘战舰组成，一般是驱逐舰和护卫舰，是北约海上快速反应部队之一，指挥官由这些国家的海军将领轮流担任，任期一年。

加拿大和美国之间在军事和国防领域签有一系列协定，包括 80 多个协议、250 项理解备忘录和 145 个研讨军事问题的双边论坛。其中重要的协议有 5 项：北美空间防御系统（North American Aerospace Defense Command）、加美联合防务委员会（Canada – U. S. Permanent Joint Board on Defense）、防务发展及其产品互享协定（Defense Development and Production-Sharing Arrangement）、通信互助和联合（Mutual Support and

Integrated Lines of Communication）、加美试验和评估项目 （Canada-U. S. Testing and Evaluation Program）。

　　加拿大和美国在北美北部联合防御始于二战期间，1941 年加拿大总理金和美国总统罗斯福成立了加美联合军事顾问组织，负责研究共同防御问题，并向两国政府提交建议。1942 年，加美两国沿大西洋和太平洋沿岸修建防空雷达站，二战后曾撤销。1949 年苏联成功试验原子弹，并加强了远程轰炸机的研究和部署后，加美两国合作在加拿大南部边界地区修建了派恩特里雷达网，西起温哥华岛，东至纽芬兰，长达几千公里，共有 33 座雷达站。1953 年苏联氢弹试爆成功后，加美决定将预警防线向北推移至北纬 55 度一带，建立了自动雷达报警系统。1957 年，加拿大中部建立了 98 个雷达站。随着冷战的升级，20 世纪 50 年代末两国又将雷达预警防线推进到北极地区。这条防线长 8000 多公里，其中在加拿大境内有 6000 公里。这样，北美北部共有 3 道空防预警线。1958 年 5 月，加美正式签订《北美防空协定》，并设立北美防空联合司令部，由两国空军共同组成。司令部设在美国科罗拉多州，加拿大方面担任副司令。60 年代针对来自苏联洲际导弹和核潜艇的威胁，两国又在阿拉斯加和格陵兰岛建立弹道导弹早期预警系统。80 年代初，由于苏联巡航导弹的发展，两国又对原有的预警系统进行更新。

　　北美空间防御系统是上述预警雷达系统的继续，它的主要任务是发展弹道导弹防御体系，即用导弹击落入侵的导弹。1999 年 10 月初，美国进行了这项实验，在太平洋的马歇尔岛发射的一枚拦截导弹将一枚半小时前在加州发射的导弹击落。但因其后的实验失败，这项技术的可靠性受到专家的怀疑，部署这一系统的计划一直受到俄罗斯和中国的强烈反对，甚至欧盟国家也不支持，迫使美国暂时推迟了该计划的实施。

　　加拿大军方人士认为，洲际导弹及其技术正在为恐怖组织和奉行恐怖主义的国家所掌握，在未来 5 ~ 10 年，加拿大可能遭受来自这方面的威胁，因此必须有所准备，有限地研究弹道导弹防御系统，并在此领域加强同北约国家尤其是与美国的合作。

# 第四节　警察与监狱

## 一　警察

加拿大社会治安由副检察长部（Department of Solicitor General，相当于公安部）负责，该部下设4大机构：皇家骑警（Royal Canadian Mounted Police）、安全情报局（Canadian Security Intelligence Service）、改造服务局（Correctional Service of Canada）和假释局（National Parole Board），年预算25亿多加元，有3.4万人。联邦政府副检察长是内阁成员、部长级官员，独立于其他内阁成员，不是一个"副职"。

加拿大警察是负责社会治安的准军事组织，分联邦和地方警察部队。此外，加拿大的大公司和企业也雇用警卫人员，但这类私人警察不属政府管理。2008年，加拿大各级政府的警察部队有8万多人，其中警官6.52万人，文职人员2.17万人，平均每390个加拿大人中就有1名警察。

联邦政府下属的加拿大皇家骑警是最大的警察部队，总部在渥太华，通过签订治安协议，在8省、3个地区和150多个城市、600多个土著社区和三个国际机场提供警察服务。2013年，皇家骑警分为15个部，每个部大约负责一个省或地区，共有警员2.86万人。皇家骑警除步、骑警外，还有一支海上巡逻队和一个空中巡逻机队。皇家骑警在首都设有情报中心，在渥太华和里贾纳设有警官学院。它还是国际刑警组织成员，在30多个国家的首都设有联络处。

加拿大皇家骑警原名西北巡警，于1873年建立。建国初期联邦政府只在大城市设有一支规模极小的警察队伍，负责执行联邦法律，在广大农村和小城镇根本没有专职警察，治安与执法任务由法庭任命的临时警察或士兵来承担。1870年，政府买下美国边界以北从五大湖到落基山脉之间的广大地区。那里地广人稀，为防止印第安人与白人拓荒者的矛盾，防止美国商人的欺诈和掠夺性交易，政府决定组建一支"临时性"的农村警备队来维持治安。最初只招募了150人，被招募者身穿红色紧身上衣，骑马在各村镇巡逻，初称西北来复枪队，后定名为西北骑警。1883 年扩充至 500 人，执法范围扩大到太平洋铁路工地。1885 年在镇压里埃尔领导的梅蒂人起义中发挥了重要作用，警力增至 1000 人。除维持治安外，骑警还为在荒野雪原上遇险的移民提供救助。由于贡献突出，1904 年英王爱德华七世在"西北骑警"前冠以"皇家"二字以示表彰。1920 年，议会决定将这支临时性警察部队与联邦警察合并，改为常设性的、正式的国家级警察，改名为加拿大皇家骑警，总部由萨斯卡彻温省里贾纳市迁往首都渥太华。皇家骑警由联邦副检察长领导，英国女王是名誉司令。从 1928 年起，原各省的警察陆续并入皇家骑警，使之成为名副其实的联邦警察，20 世纪 30 年代增设水上和空中分队。这支警察部队的座右铭是"维持正义"。今天的大多数皇家骑警已经不骑马值勤了，当年骑马曾是所有警察必修的训练科目，随着现代交通工具的发展，骑术演变成了音乐伴奏下的骑警马队表演，并成为重要仪式和传统节日表演中的传统项目。身穿红色上衣、头戴宽檐帽的骑警，威武潇洒地骑在马上，随着音乐变换队形。风格独具的骑警已成为加拿大的一种传奇象征。

地方警察主要指省、市的警察。魁北克省和安大略省有自己的警察组织。魁北克省有警官 1 万多人。安大略省有警官 2 万多人。安大略省警察负责省内治安、所有省级公路的巡逻和包括对北部边远地区的空中巡逻。1974 年首次招募、培训女警察，待遇与男警察相同。在布兰普还有省属警校，开设的课程有保安、反诈骗、训练警犬、潜水、射击、驾驶直升机、刑事侦查等。各地的警察有自己的特点，如蒙特利尔市有一支踩滑轮的警察巡逻队，发现罪犯时可迅速追击，脚下的滑轮并不妨碍他们搏击与捕获罪犯。

加拿大安全情报局是 1984 年根据议会法令成立的负责国家安全事务的机构，算是加拿大的秘密警察，总部在渥太华。此前，安全情报工作由皇家骑警负责。加拿大安全情报部门出现的时间较晚，至 1939 年，其总部只有 3 名办事人员和 2 名速记员，负责联系在几个大城市里的工作人员，调查如法西斯运动、共产党活动的情况。但二战后的冷战气氛使加拿大官方相信，苏联不仅会利用工运，而且其间谍还渗入军队和科技界搜集情报。于是，加拿大安全情报机构开始了其现代发展时期。20 世纪 70 年代，魁北克极端分子以绑架、暗杀和炸弹等暴力手段来实现其政治目标，学生运动、反战和平运动等也使政府感到某种潜在的政治威胁。随着安全情报机构的活动范围越来越大，人们也开始担心，如何在合法的情况下，在保障国家安全的同时，也能保障持不同政见者的安全，并提出安全调查和公安执法部门分开的要求。1984 年 6 月，议会通过了设立安全情报局的法案，原安全情报机构正式从加拿大皇家骑警中脱离出来，成为与之平行的部门。安全情报局有两个主要机构：一个是针对政府内部的检查机构，由一名检查主任负责，直接向公安部长汇报；另一个是安全情报检查委员会，就政府外部的安全问题向议会汇报。情报局成员大多在博登军事基地接受各种特殊的秘密训练，负责对国内颠覆、恐怖活动、外国间谍和各种破坏活动进行调查，也对有关公务员的背景进行调查。尽管安全情报局成员不是警察，但在某些方面他们取代了皇家骑警的职责，享有调查和侦察的司法权。

加拿大警察学院 1976 年成立于渥太华，属于加拿大皇家骑警系列，最初只有 6 门课程，至 1995 年已开设 37 门课。2000 年开设的课程有：盗车调查技术、法庭对话、警员安全指导、主要犯罪调查、血型鉴定、指纹分类、危机谈判、毒品调查、电子搜索与截获、网络原理和调查技术等。这些课程最长两个月，最短一周。学院的图书馆收藏有全国数量最多的警察专业的书籍和资料，对所有的警察开放，并同其他图书馆联网，实行馆际互借。

加美两国的边界相互不设防地开放，既为双方贸易带来便利，也使一些国际犯罪团伙有可乘之机。跨边界犯罪如走私、电子商务诈骗、洗钱、贩运丢失和被拐卖的儿童等时有发生。为对付日益猖獗的犯罪活动，1997 年两国公安和司法部门联合举办惩治跨边界犯罪论坛会议，此后成为每年一次的例会。会议由加拿大副检察长和美国司法部部长共同主持，出席会议的加方单位有皇家骑警、改造服务局、安全情报局、司法部、外交部、移民部、海关、省和自治市政府的警察机关，会期一般 3 天，双方就跨边界犯罪活动交换情报、研究对策。

## 二 监狱

监狱在加拿大出现于 19 世纪初，附属于法院，其产生的原因是不能再对犯人实行流放，公众也反对对罪犯实行体罚和示众的侮辱。加拿大法院依据所犯罪行的程度而将罪犯送入不同级别的监狱。联邦监狱收押服刑期长（两年以上）的重罪犯人，省和地区监狱收押罪行较轻（两年以下）的犯人，以及 18 岁以下的青少年违法者，尽管法律规定由联邦政府负责青少年犯罪。市县监狱和看守所为更短期和临时关押罪犯而设。人们从一开始就对监狱这种惩罚机构有争议，因为监狱历来与腐败和非人道等问题相关。

在英属殖民地期间，依据英国法律有 230 多项罪行可被处以死刑。1865 年后，只有谋杀、叛国和强奸罪才被判处死刑。从 1914 年开始，不断有限制和取消死刑的呼声，1967 年议会通过了一项对犯谋杀罪的罪犯处以终身监禁代替死刑的法案，1976 年议会又通过取消死刑的决议，但根据《国防条例》的规定，对战争期间犯有怯懦、逃亡、投敌和为敌人当间谍等罪行的人仍可判处死刑。也有人主张恢复死刑特别是对犯谋杀罪的罪犯。1987 年联邦议会以 148∶127 票决定不恢复死刑，但要求恢复死刑的呼声并没有停止。由于加拿大没有死刑，最重的刑罚为无期徒刑，一些美国罪犯尤其是死刑犯改头换面逃到加拿大居住，给加拿大治安带来许多麻烦。

虽然没有死刑，自 20 世纪 90 年代初，警察报告的犯罪案件数量却一直在下降。2013 年，警察报告的犯罪案件 180 万起，比上年减少 13.2 万起。犯罪率每 10 万人 5190 起，是 1969 年以来最少的。虽然最严重的刑事案件减少了，但敲诈、造假、儿童色情、恐吓性侵犯、对儿童性暴力和身份诈骗等均有所上升。2013 年，只有育空地区犯罪率增加了 6%。

加拿大用犯罪程度指数（Crime Severity Index，CSI）衡量加拿大警察报告的犯罪程度。2013 年，暴力 CSI 比上年下降了 10%，主要是抢劫案件大幅减少；杀人案件 505 起，比 2012 年减少了 38 起；试图杀人案也减少了 23 起。杀人案率每 10 万人 1.44 起，是 1966 年以来最少的。试图谋杀案是 1971 年以来最少的。非暴力犯罪案比上年减少了 8%，主要是因为入室盗窃案、盗窃 5000 加元或更少的轻罪活动的减少。虽然与毒品相关的犯罪减少了，但拥有大麻和可卡因以外毒品的情况增加了 4%，拥有可卡因的情况也增加了 1%。大部分毒品犯罪都与可卡因有关。2013 年，有 10.4 万青年人被指控犯罪，比上年减少了 2.2 万人。在这些被指控的年轻人中，55% 的案件没有经过法庭处理，其余 45% 被警察正式起诉。暴力案件占全部警察指控案件的 21%，共有 38.4 万起，平均每 10 万人发生 1092 起。全国暴力犯罪程度指数最高的三个城市是温尼伯、桑德湾和萨斯卡通。抢劫案 2.32 万起，比上年减少了 4500 起，下降了 17%，平均每 10 万人 66 起。

家庭暴力案件占全部暴力案件的 1/4。2011 年约有 9500 起家庭暴力案，其中约一半（49%）是配偶或前配偶（法律夫妻或同居伙伴）的受害者，另有 18% 家庭暴力案的受害者是儿童，施暴者既有家长也有兄弟姐妹，还有老人在家中受虐待。但与 2009 年相比，家庭暴力和性侵犯分别下降了 6% 和 5%。绝大部分警察指控的家庭暴力案件是一般的推搡或殴打，但没有造成身体损伤，少部分是造成身体伤害的严重暴力，还有一些完全是语言威胁。在家暴案的受害者中，女性占八成。在 2001～2011 年全部杀人案件统计中，涉及家庭成员之间的占绝大多数，其中男性杀害其配偶、约会伙伴、家庭成员、孩子甚至家长的比例，远高于他们杀害陌生人。

非暴力犯罪主要是财产性犯罪，占警察指控案件的绝大部分，有 140 万起，其中 110 万是财产性犯罪，其余 30 万起是其他犯罪。2013 年，机动车盗窃案 7.3 万起，平均 10 万人 207 起，比上年减少 8%，比 2003 年减少 62%。除了育空地区增加了 29%、阿尔伯塔省增加了 11%、纽芬兰和拉布拉多省增加了 2% 之外，全国其他地区机动车盗窃案都在下降。2013 年，阿尔伯塔省是各省中盗窃机动车案最多的，平均每 10 万人 395 起。非暴力犯罪中还有在酒精和毒品影响下开车，平均每 10 万人中有这类案件 223 起，其中 97% 是酒驾，涉毒开车只占 3%。这类非法驾车案，除新斯科舍省和育空地区分别增加了 6% 和 4% 外，全国其他地方都在减

少。2013 年，吸毒案比上年减少 2%，约有 10.9 万起，平均每 10 万人
310 起，2/3 是吸大麻。但与 10 年前相比，2013 年吸毒案增加了 13%。
约 1.8 万青年人被指控违反管控毒品法，其中 81% 是携带大麻。

2012～2013 年，加拿大监狱约囚禁着 39679 人，相当于每 10 万人有
142 人被囚。其中联邦监狱内有 14471 人，各省和地区 25207 人。这个比
例在 34 个发达和中等发达国家排名中间，只是美国的 1/6，美国每 10 万
人中有 776 人被囚，但远多于日本（51 人）和芬兰（58 人）。按地域统
计，三个地区都比较高。西北地区的监禁率最高，每 10 万人中有 551 人。
努纳瓦特和育空地区分别为 364 人和 293 人，超出各省中最高的马尼托巴
省（215 人）。不列颠哥伦比亚（56 人）、纽芬兰和拉布拉多（57 人）、
新斯科舍（57 人）是监禁率最低的三个省。当然，这不包括各地关押在
联邦监狱的犯人。

在加拿大各省和地区监狱中有囚犯 25207 人，其中已经判刑的 11150
人，候审的 13739 人，其他原因被监禁的 318 人。平均每 10 万人被监禁
率为 90 人。在社区监管下服刑的 119951 人，其中缓刑 98051 人，有条件
服刑 12528 人，省假释 626 人，长期监管 350 人，其他假释 4949 人，依
法释放 3447 人。缓刑率平均每 10 万人中有 360 人。

监狱管理按照其保安措施分为三级：高级的用于重犯，这样的监狱有
10 所；中级监狱有 21 所；关押两年徒刑以下犯人的低级监狱有 14 所。
此外，还有混合监狱 7 所和社区改造中心 17 处，全国共有犯罪监管单位
69 所。

金斯敦监狱始设于 1835 年，是加拿大最早的监狱。现在那里设有加
拿大劳改服务博物馆，展示加拿大的劳教史，博物馆馆舍是一座维多利亚
式建筑，原是狱警的住所，由囚犯建于 1871～1873 年。加拿大第一部
《监狱法》公布于 1868 年，当时联邦政府管理 3 个监狱，分别设在金斯
敦、圣约翰和哈利法克斯。后来在马尼托巴（1877）、不列颠哥伦比亚
（1878）等省都建立了监狱。当时的犯人不允许假释，白天劳动，表现好
的每月可减刑 3 天。

20 世纪 30 年代经济危机期间，囚犯的罢工和骚乱引起社会的关注，

加拿大专门成立了一个皇家委员会调查监狱状况。1938 年该委员会的报告成为加拿大监狱发展史上的一个转折点，监狱的作用由强调惩罚变成以改造为主，这种观念一直延续至今。目前监狱对犯人的改造计划包括心理治疗、生理治疗、职业培训、文化学习。如犯人可以通过函授方式上大学或社区学院，学费自理，学业完成后同样可获得文凭和学位。犯人亲属每两个月可以探视一次，每次最长时间为 3 天，有单独的房间安排亲属会面。犯人如对管教人员不满可以投诉，有专门的申诉制度，也可以用封好的信封写给他信任的官员，并能以同样的方式得到回复。

加拿大监狱的环境比较好。一次加拿大《环球邮报》报道了不列颠哥伦比亚省芬代尔监狱有犯人越狱的消息，并顺带介绍了监狱的情况。这是一所最低级保安措施的监狱，只有一道没有通电的铁丝网将它与外界隔离。整个监狱像一处郊外的别墅区，一座座一层别墅式的建筑美观整齐，房子中间的空地是草坪，门前屋檐下摆放着供犯人休息用的沙发，俨然一个"疗养院"。该报道引起社会的强烈反响。人们质问：这些社会渣滓如此享受纳税人的血汗钱，政府官僚们是怎么想的？犯人们除了不自由以外，其余生活与普通人没什么区别，这不是鼓励犯罪吗？但抗议归抗议，监狱的设施和管理制度都是依法进行的，除非修改《监狱法》，否则犯人的生活照旧。监狱如此，临时拘留所也一样。多伦多机场的拘留所是由一个三星级宾馆改建的，唯一与宾馆不同的是窗户上有铁栏杆。

加拿大还有赦免制度，即犯人根据原有罪行的轻重，在刑满释放后的 3～5 年内能证明自己已改造成守法公民，可以申请取消其犯罪记录。

# 第八章

# 外　交

## 第一节　概述

加拿大外交工作归外交、国际贸易和发展部负责，该部门有五位部长，分别为外交部长、国际贸易部长、国际发展和法语事务部长、国务部长（负责外交和领事）、环境部长兼任北方发展局长和北极委员会主席。2014 年，加拿大在世界 150 多个国家中设有 260 个外交机构，在国际外交舞台上十分活跃。

加拿大真正意义上的外交史却很短，在殖民地时期完全听命于母国英国，在联邦政府成立以后的很长时期内，外交仍由英国议会决定。虽然在1909 年成立了外交部，但只有一个驻伦敦的办事处，迟至 1926 年才派出第一位驻外全权代表——驻美公使，此后在 1928 年和 1929 年又与法国、日本等国建立了外交关系。

1926 年，英国宣布与自治领国家的关系在法律上是平等的。1931 年，英国《威斯敏斯特法案》宣布给予大英联邦成员国充分的宪法权力。这本是加拿大国家宪法独立的大好事，但却因英裔与法裔之间无法在修改宪法方面达成一致，不得不要求英国保留这部分权力，让加拿大仍以 1867年《英国北美法案》为宪法基础。

自 1927 年金总理开始，联邦政府试图将宪法修改本土化，但始终没有就修改程序在各省之间达成一致。1949 年，英国授权加拿大议会可以就其管辖的领域修改宪法的有限权力，但涉及重大、敏感条款的修改，仍

要由英国议会决定。1967年加拿大百年大庆时，联邦政府提出宪法修改程序，因魁北克反对而失败。

"宪法回归"（patriation）是一个加拿大造的专有名词，来自"repatriation"（意为回到自己的国家），指恢复加拿大国家主权的程序。由于加拿大宪法最初来自英国，恢复加拿大主权就要将宪法迎回，并根据自己的国情，制订好修改宪法的程序。

加拿大建国是一个由殖民地到自治领，再到主权国家的历程，人们很容易将其想象为一般殖民地独立的艰苦历程。但实际上，加拿大"主权归还"迟至1982年，主要原因在于英裔与法裔之间，无法就宪法归来后的修改程序达成协议。魁北克担心自己的"特殊社会"和法语的官方语言地位，会因修改宪法而削弱，法裔的权利受到侵害。

1982年，加拿大以隆重的仪式收回宪法，但魁北克并不认可，没有在《权利和自由宪章》上签字。目前加拿大涉及重大问题的宪法修改仍无法进行，尽管联邦政府一直为此努力。较大的两次努力即1987年《米奇湖协议》和1992年《夏洛敦协议》，都归于失败。

1982年加拿大外交体制改组，将外贸部并入外交部，成立外交和国际贸易部，体现出加拿大政府将外贸作为外交工作的重点，这是由加拿大国情特点所决定的。加拿大是一个高度依赖国外市场的国家，良好的国际环境是加拿大经济和社会发展的重要前提。2013年3月，加拿大政府将加拿大国际发展署（Canadian International Development Agency，CIDA）并入外交和国际贸易部，更名该部为外交、国际贸易和发展部。以外贸和国际援助促进外交，以外交推进外贸和世界发展，使外交工作有了基础和方向。这更加有利于维护加拿大以贸易立国的传统，和促进世界和平发展的国际形象。加拿大外交、国际贸易和发展部是一个综合机构，处理各类对外关系，它便于每位部长各司其职，又相互协调配合。

加拿大强调外交决策过程的公开，重视议会在这方面的作用，一些重要问题如是否向国外派维和部队，是否在国内实验巡航导弹等都要提交议会讨论。议会两院有专门的委员会在广泛听取民意和专家咨询的基础上，向政府提交指导外交原则和重点的报告。外交、国际贸易和发展部的部长们也要分别征求其他政府部门和企业界的意见，以便提供及时有效的服务。

加拿大认为，随着现代科技的发展，世界越来越成为一个整体，地球上每一个角落都与加拿大有关。加拿大为维护自身利益，应在国际事务中充分发挥作用，如促进落后地区的发展，消除贫困，缩小贫富差别，参与政治斡旋，维护地区和平，裁军和反毒品等，使世界变得更和谐、安全和繁荣。加拿大参与世界或地区性事务的积极态度是有名的。有人说，在现有的国际性组织中，加拿大如果不是创始国，也是其中活跃的骨干成员，让加拿大人置身于世界之外是不可想象的。加拿大自身的历史和经历也证明了它是一个爱好和平的国家，它是西方七个发达国家中唯一没有进行过侵略战争和建立殖民地的国家，而它自己200多年殖民地的经历，使其容易理解和同情那些争取自身权益的国家。实际上，加拿大通过联合国在促进南北对话、贫困和灾难救济、世界和平、稳定与发展等方面做了很多贡献。加拿大政府历来主张国家间的密切合作是解决全球性问题，如解决种族歧视、性别歧视、环境污染、饥饿贫困、贩毒走私和恐怖活动等问题的最佳途径。

加拿大经济的发展不仅需要国内的繁荣，更依赖于安全、稳定、自由和公平的国际贸易环境。经济全球化需要加强国与国之间、地区与地区之间的联系，而这些都需要新的外交理念。加拿大外交政策有三个目标：促进国内繁荣与就业，保障国家、地区和国际安全，传播加拿大的价值观念与文化。

在促进经济发展方面，加拿大最主要的贸易伙伴是美国、欧盟和日本。它们也是加拿大政治和外交的伙伴和盟友。加拿大以此为核心和依托，积极开展与亚太地区和拉美地区国家的关系，如韩国、中国、墨西哥和巴西等。这些地区的经济发展较快，给加拿大经济发展提供了机会。同时它也重视与非洲、中欧和东欧国家包括俄罗斯的关系。加拿大认为这些国家与发达国家的差异将成为不稳定因素，为了有一个良好的国际环境，它必须尽力帮助这些国家。

加拿大人热心于国际事务的精神力量来自他们对自己价值观念和文化

的自信。加拿大前总理劳里埃在一百多年前就说过，保卫一种观念和原则的唯一办法是让它们被人们知晓。加拿大外交就是输出这种观念和原则。人权始终在加拿大外交中占有重要地位，如外援对象国的人权状况是它提供外援时首先考虑的。促进民主也是外援的目标之一，因为民主有助于受援国政治稳定和经济繁荣。几乎每年有 6 万名外国学生来加拿大接受高等教育，不仅给加拿大带来大量外汇，还提供了输出加拿大文化的机会。加拿大为促进各种文化交流，不仅鼓励、支持外国学生来加拿大，也为加拿大人了解国际环境创造条件，如开展旅游既向世界宣传了自己，又使自己获得了经济效益。加拿大外交理念是全方位的，在加拿大总理出访时，其随同人员既有政府官员、政策顾问，也有私人企业家，他们纵论国际大事的同时也不忘做广告、拉生意。

加拿大对自己的国际地位很自豪，认为它处于世界领导之列，尤其在经济和技术领域。地理位置使其与大西洋和太平洋国家都能有紧密联系。因其在西半球，与拉美国家也有天然联系。加拿大历史上文化遗产丰富，有英、法为主的西欧文化传统和世界各地移民带来的文化，它比其他国家更有全球利益，但没有殖民和侵略别国的记录，国际人缘较好。

加拿大历史上和地理上生存于法、英、美和苏联等大国之间，缺乏安全感，既需要借助于一个强国来保护自己，又总是想用第三种力量来抵消这些强国的影响。因此，它习惯于均势政策，倾向于集体安全体系，寄希望于世界和平。所以，加拿大积极支持联合国的建立，是联合国创始会员国之一，一直积极参与联合国事务。加拿大人认为世界秩序要靠法律，而不是靠武力维持。

根据 1954 年日内瓦会议的精神，加拿大代表西方国家同波兰（代表社会主义国家）、印度（代表中立方）组成"国际控制委员会"，负责在印度支那重新安置人口、监督选举、维护各国新边界等事宜。这项工作在柬埔寨和老挝很有成效，但在越南陷入困境。在 1956 年苏伊士运河危机时，加拿大几乎成为联合国的代表，斡旋于美、英、法和埃及之间，最初的联合国维和部队就是在 1956 年根据加拿大外长皮尔逊的提议组建的。

第一批联合国维和部队由来自 10 个国家的 6000 名官兵组成，加拿大的 L. M. 伯恩斯中将被任命为这支部队的总司令。皮尔逊也因对这次维和行动的贡献获 1957 年诺贝尔和平奖。当然，并非每一次联合国维和行动都能得到当地人民的支持。1967 年，埃及总统纳塞尔下令驱逐加拿大军队所在的联合国快速反应部队，这使加拿大人感到震惊和羞辱。此后，联合国的维和行动很长时期在加拿大受到公众的冷落。后来特鲁多政府和马尔罗尼政府又开始积极考虑为联合国派遣维和部队，但普通官员和公众对此仍反应冷淡。

　　加拿大人口居世界第 30 位，在西方发达国家中，人口列第 7 位，但缴纳联合国经费的数额却排名第 4。加拿大几乎参与了 20 世纪 50 年代以来所有的联合国维和行动，加拿大历届政府意识到参加联合国维和行动是维护国家安全的有效途径，1987 年和 1994 年国防白皮书都强调了国际维和作为国防政策的重要性。90 年代以来国际维和行动越来越频繁，加拿大人的作用也越来越突出。1948～1989 年，加拿大部队参加了 25 次联合国维和行动，1989 年以来有 65 次。冷战结束后，加拿大的国防预算和军队人数大幅削减，但地区性冲突和世界上一些国家的国内危机以及自然灾害对联合国维和和救援行动的需求增加了。1996 年底，加拿大 M. 巴里尔中将曾担任联合国驻扎伊尔维和部队总指挥，这支部队中有 1500 名加拿大士兵。加拿大也参加了对伊拉克的海湾战争、空袭南联盟的军事行动。仅 1999 年加拿大军队在世界各地就参加了 20 多项维和和人道主义救援行动，从东帝汶、科索沃维和到柬埔寨、莫桑比克恢复社会秩序和重建，以及土耳其、洪都拉斯救灾。1992 年有 2100 名加拿大军人参加联合国的维和行动。2010 年有 5200 多名加拿大军人被部署在世界各地执行各类任务。从伊拉克、阿富汗到海地地震后的救灾都有加拿大军人的身影。

　　2000 年，加拿大为更好地配合联合国的维和行动，专门组建了一支 800 人的快速反应部队。这支部队装备精良，由陆、海、空军联合组成，可以在 48 小时内到达世界上任何热点地区。这支快速反应部队由加军第一师的一位上校参谋长统一指挥，总部设在金斯敦。

除政府外，加拿大还成立了支持联合国活动的社会团体。加拿大联合国协会是一个全国性的非营利组织，总部在渥太华，在全国各地有 12 个分支机构。其宗旨是追求和平、人权、平等、消除贫困和持续发展，将加拿大人的生活与联合国的目标联系起来。该组织是联合国协会世界联盟的成员之一，该联盟在 80 个国家开展活动，如提供联合国的知识，评论国际热点和联合国自身改革问题，围绕联合国大会主题展开活动，每年还要评选一位对国际事务做出突出贡献的加拿大人，并向其颁发皮尔逊和平奖。

加拿大外交、国际贸易与发展部在 2012～2013 年优先考虑的问题有：（1）贯彻全球贸易战略，扩大和开辟与新兴和快速增长的市场之间的贸易，促进加拿大经济繁荣；（2）推进民主和尊重人权，致力于有效的全球治理和国际安全；（3）加强与美国的关系，扩大加拿大在美洲的影响；（4）增加加拿大与亚洲的经济和政治活动；（5）提高加拿大人在国外的安全意识；（6）贯彻加拿大的北极政策，在北极行使主权，支持北极战略；（7）减少发展中国家的贫困，对陷入危机中的受到伤害的难民提供人道主义救援。

2013～2014 年工作重点是：（1）促进经济繁荣，通过与新兴的和高速增长的市场联系，扩大和多元化贸易关系；（2）促进民主和尊重人权，实现有效的全球治理和国际安全；（3）加强与美国的关系，扩大加拿大在美洲的活动；（4）增加在亚洲的经济和政治活动；（5）加强领事服务，增强海外加拿大人的安全意识；（6）减少发展中国家贫困，向危难地区民众提供人道主义援助。

同时，加拿大根据联合国决议或《特别经济措施法》对一些国家和地区及恐怖组织实行经济制裁。制裁措施包括武器禁运、财产冻结、进出口限制、金融禁令、技术援助禁令等。2014 年，被加拿大不同程度经济制裁的国家有：白俄罗斯、缅甸、中非共和国、科特迪瓦、刚果民主共和国、埃及、厄立特里亚、伊朗、伊拉克、黎巴嫩、利比里亚、利比亚、朝鲜、俄罗斯、索马里、南苏丹、苏丹、叙利亚、突尼斯、乌克兰、也门和津巴布韦。基地组织和塔利班也受到加拿大全面的经济制裁。

## 第二节　与中国的关系

### 一　概述

有文献记载的中国与加拿大的交往始于 19 世纪中期，当时加拿大弗雷泽河谷地区发现金矿，使大批在美国加州淘金的华人进入加拿大。加拿大自治领成立后，开发西部与修建通往太平洋的铁路，需要大批劳力。由早期加拿大华人介绍，19 世纪末中国大陆尤其是广东、福建两省的华人开始大批进入加拿大。1881～1884 年，广东省约有两万名华工赴加拿大修建太平洋铁路。修建铁路的工作十分艰苦，加之环境恶劣，不少华人因此丧生，有关加拿大华侨史的著述对此都有详细的记载。孙中山曾于 1877 年、1910 年和 1911 年 3 次访问加拿大，在旅加华人中开展革命活动。

加拿大政府对华人的移民政策经历了 5 个阶段：一是自由移民阶段（1858～1885 年）。由于西部开发需要劳力，加拿大政府对华人入境采取放任政策。二是经济限制阶段（1885～1923 年）。1885 年，由于太平洋铁路已经建成，加拿大政府开始以对入境华人征收人头税的措施限制华人入境。1885～1900 年“人头税”为 50 加元，1901～1903 年为 100 加元，1904～1923 年提高到 500 加元。500 加元相当于当地华工一年的工资，这不仅在经济上是十分苛刻的，在政治上更是歧视性的，因为加拿大政府没有对其他民族的移民征收“人头税”。加拿大首任总理麦克唐纳早就说过，允许中国移民进入加拿大，绝非出于“人类的友爱”或“基督教精神”，而是出于经济上的需要。一旦铁路修成，限制乃至驱赶华人就是很正常的了。一些政治家为竞选的需要，甚至以散布华人威胁论来争取选民。三是禁止阶段（1923～1947 年）。1923 年，加拿大政府颁布《中国移民法案》，规定除外交官、商人和学生外，其他华人一律不准入境。这是专门限制和歧视华人的法案，因为加拿大政府并没有以专项立法的形式限制其他民族的入境者。四是解禁宽松阶段（1947～1967 年）。1947 年，《中国移民法案》被废除。但 1952 年的移民条例仍将移民的国籍、种族和来源地区作为重要因素。五是平等阶段（1967年至今）。1967年的新移民条例消除了以往的种族歧视性因素，采取记分制，即将移民申请人的年龄、受教育状况、专业和工作经验等条件记分，达到一定分数就予以批准。强调选择移民要根据其本人的条件，而不是其国籍和人种。从这时起，华人才开始与其他民族的移民一样在法律上得到平等对待，但在实际生活中对华人和有色人种的偏见和歧视远没有消除。

加拿大同中国的交往始于传教活动。自1888年加拿大第一批传教士来华，到1957年最后一位加拿大传教士离开中国大陆，加拿大人对华传教约70年。传教活动几乎遍及整个中国，甚至西藏也留下了加拿大传教士的足迹，但主要的传教地区是四川、河南、华南和东北等地。加拿大教会在中国传教的主要目的是传播福音、吸收信徒，为了实现这一目的，也需要传播文化和科学知识。所以，传教士在建教堂的同时也建立学校和医院，传教士中很多人就是医护人员。在中国影响最大的加拿大教会是卫理公会以成都为中心的华西传教会，它除了兴办中小学外，还创立华西大学。加拿大传教士同其他西方国家的传教士相比有自己的特点，他们来华的时间较晚，不仅晚于英、法，比美国也迟了半个多世纪。他们背后没有侵华军队作后盾，而且反对以武力输出宗教信仰。

中加两国政府的官方接触始于中国清朝。19世纪90年代，清政府直隶总督兼北洋大臣李鸿章曾对加拿大短期访问，与加拿大政府和不列颠哥伦比亚省政府商谈加拿大向华人移民征收"人头税"问题。1909年，加拿大劳工与移民部部长麦肯齐·金首次访问中国，就华人移民问题与清政府商谈。1906年，加拿大在上海设立商务处。1908年，中国清朝政府在渥太华设立总领事馆，不久，又在温哥华设立领事馆。此后，中国北洋军阀政府在加设有总领事馆和领事馆。1931年，加拿大在南京设立了第一个驻华领事馆。1941年11月，中国政府同加拿大政府达成协议，将两国外交关系由领事级升为公使级，并互派公使。1942年，中国政府首任驻加公使刘师舜抵渥太华。1943年，中加建立大使级外交关系，刘师舜被任命为中国国民党政府首任驻加大使。维克多·奥德伦被任命为加拿大首任驻华大使。

抗日战争期间，有 550 名加拿大官兵在保卫香港时阵亡，加拿大政府曾向中国国民党政府提供军事援助。加拿大依照 1943 年《加拿大战争拨款〈联合国互助〉法案》，在 1944 年 3 月 22 日，与中华民国政府在渥太华签署《加拿大战争供应品供给中国协定》。加拿大政府共向中国国民党政府提供约 1 亿加元的军事援助。抗日战争胜利后，中、加政府签署过两次借款协议。1946 年 2 月，加拿大政府向中国国民党政府提供一批贷款，主要用于购买加拿大在二战中剩余的军事物资。

抗日战争期间，加拿大人民对中国人民表示了支持。不仅是旅加华人，许多英裔、法裔和其他民族的加拿大人纷纷捐款、捐物。白求恩的故事更是中加关系史上的一段佳话。白求恩是加拿大共产党员、著名外科医生。中国抗日战争爆发后，他受加共和美共的委托来中国支援抗日战争。1939 年，他因抢救伤员而感染病毒，逝世于中国河北省唐县。毛泽东为此写了著名文章《纪念白求恩》。

1973 年，加拿大联邦政府购买了白求恩医生在安大略省格雷文赫斯特的故居，把它作为纪念馆于 1976 年正式对公众开放。1996 年，加拿大庆祝白求恩纪念馆开馆 20 周年，加拿大联邦议员安迪·米歇尔代表遗产部长科普斯在仪式上发表讲话说，白求恩极大地提高了加拿大在中国人民中的声誉，白求恩纪念馆已成为中加两国人民友谊的一座丰碑。加拿大政府已决定把白求恩纪念馆正式列为"国家历史景点"。纪念馆是一幢二层的楼房，主要房间的陈设均保持着白求恩当年居住时的原样。二楼设有白求恩的生平展览，记述了他光辉的一生。

## 二 与新中国的关系

中华人民共和国成立后，加拿大政府曾向中国了解中方对中加建交问题的态度，试探两国建交的可能性。1950 年 2 月，加政府就承认中华人民共和国一事与中方讨论。前加拿大驻华使馆一等秘书朗宁以加拿大政府代表的身份两次建议，就两国建立外交关系进行谈判。中国政府也做出了积极反应。但朝鲜战争的爆发使国际形势发生了巨变。加拿大参加了美国组织的"联合国部队"，在朝鲜战争结束前，中加军队实际处于交战状态。整个 50 年代中加关系冷淡，两国间的民间交往也很少。

1960 年的中国因遭受自然灾害经济困难，粮食缺乏，而加拿大则有大量的粮食待售。双方协商后，从 20 世纪 60 年代初开始了长期的粮食贸易。1959 年加拿大对华贸易总额仅 437 万加元，但 1961 年对华出口小麦价值就达 1.4 亿加元。加拿大对华输出粮食虽有经济利益，但在政治和外交上要承受美国的压力。因此，粮食贸易对两国关系的发展具有深远意义。由于粮食出口对加拿大经济至关重要，另外，由粮食贸易联想到中加贸易的潜力和前景，都需要加拿大同中国保持稳定的关系。这是加拿大同中国政治往来的经济基础和动力。加拿大舆论甚至将政府是否能够摆脱美国束缚，同中国建交，作为加拿大是否有独立外交的一种考验。

20 世纪 60 年代末，加国内要求承认中国的呼声日高，加政府多次表示要重新考虑与中国建交问题。1969 年 5 月，两国开始建交谈判，历时一年半，终于在 1970 年 10 月 13 日建立了大使级外交关系。从此，中加关系进入了一个新的发展时期，两国官方互访不断，民间交往明显增加。1973 年特鲁多总理访问中国，这也是加拿大总理首次访问中国。80 年代以来，除 1989 年下半年两国关系一度紧张外，两国在经贸、科技、卫生等各个领域的合作得到全面发展，军事领域的联系也在增多，如加拿大海军舰艇编队曾于 1983 年 5 月、1988 年 6 月、1998 年 6 月和 2000 年 5 月四次访问中国，其中三次抵达上海，一次抵达青岛。

加拿大是继英、法之后第三个承认新中国的主要西方国家。尤其是中加建交时对台湾问题的处理方式，为以后其他国家同中国的建交谈判所效法。

进入 20 世纪 90 年代后，特别是克雷蒂安就任加拿大总理后，重视发展同亚太地区尤其是与中国的关系，他曾于 1994 年、1996 年、1998 年和 2001 年 4 次访华。江泽民主席和朱镕基总理分别于 1997 年和 1999 年访加，进一步推进了两国双边关系的发展。1998 年，两国在中国重庆和加拿大卡尔加里互设领事馆。至此，中国在加已有 3 个领事馆。2003 年，加拿大国防部部长、环境部部长、外交部部长和国际合作部部长先后访华。同期，中国商务部部长和最高人民法院院长先后访问加拿大。

2003 年底，马丁出任加拿大总理后，继承了自由党政府的对华政策。2005 年 1 月 20 日，马丁总理访问中国，中加政府发表了《中加联合声明》《21 世纪能源合作声明》等文件，表示要将两国关系提升到一个新水平。2005 年 9 月 8 日，胡锦涛主席访问加拿大，出席庆祝中加建交 35 周年的活动。

2006 年初，保守党政府上台后，将人权问题置于中加关系之前，影响了中加关系的正常发展。加拿大议会多次举行中国人权问题听证会。2006 年加拿大议会授予达赖喇嘛"荣誉公民"称号。2007 年 10 月达赖喇嘛再访加拿大时，还会见了哈珀总理。近年来，加媒体一直用"霜冻"来比喻保守党执政下的中加关系，哈珀政府为此受到自由党和工商界的很多批评。

2009 年 12 月，哈珀总理首次访华，两国发表了《中加联合声明》，表示要加强双边经贸合作，签署了一系列旨在促进气候变化、矿产资源、文化和农业教育等领域双边合作的协议。2012 年 2 月，哈珀总理第二次访华。两国领导人重申《中加联合声明》和加强中加战略伙伴关系的立场，表示要进一步深化务实合作。双方同意将教育作为中加合作的新重点，就人权问题加强对话与交流。2014 年 11 月，借在北京召开 APEC 会议之机，哈珀总理第三次访华，就两国政治、经济、人文等领域合作达成广泛共识，签署了总值超过 25 亿加元的合作协议，规划了下一步的合作蓝图。

中加两国没有历史恩怨，经济互补性强，在社会、文化、科技等领域有广泛的合作前景。

加拿大通过其国际开发署（CIDA）向中国提供援助始于 1981 年，1983 年两国签订了全面合作协定。1994 年 7 月底，作为对华援助的指导性文件，并经加拿大外交部部长、中国外贸和经济合作部长批准的《中国国家发展计划纲要》提出，在经济合作方面的内容有银行体制、资本市场、法制建设、国企改革、社会福利体制、减少贫困、缩小性别收入差别、能源、交通和电信等基础设施建设。在加强经济联系方面，一方面将加拿大具有国际领先地位的，如电信、环保方面的企业介绍到中国来；另一方面鼓励和帮助加拿大企业以合资或直接投资方式进入中国市场。在环保方面的合作有水源和城市管理、垃圾废物处理等。在人权方面的合作有通过立法保障并改善妇女权益，完善劳工法、刑法，保证就业平等。在公共管理方面的合作有增加政府行为的透明度和可计算性、设立公众咨询和监督系统等。这些合作不仅内容具体，而且都制定了目标、重点、预期效果和操作要点。加拿大对华援助的重点方向根据中国的发展状况在变化，由最初的扶贫和食品计划，到促进经济体制改革和两国间的经济合作、环境保护和污染治理、促进民主发展和提高政府效率。2013 年 3 月，加拿大决定取消对中国的直接援助。国际开发署署长在宣布这一决定时说，这是加拿大对中国已成为世界第二大经济体的认可；以后如果有需要，加拿大可以通过国际组织和人道主义途径向中国提供援助。

　　2013 年中加贸易额达 545 亿美元，中国对加累计投资超过 500 亿美元。中国是加第二大贸易伙伴，第二大进口来源地和第二大出口市场，加是中国境外投资的第二大市场。2013 年两国人员往来超过 120 万人次，两国双向留学人员超过 10 万，两国结为友好关系的省市已有 54 对（见表 8 - 1）。2014 年广东中山市与万锦市，江苏溧阳市与查塔姆 - 肯特市结为友好城市，中加友好省市升至 56 对。

表 8 - 1　中加友好省市表

| 中方省市 | 加方省市 | 结好时间 | 中方省市 | 加方省市 | 结好时间 |
| --- | --- | --- | --- | --- | --- |
| 苏州市 | 维多利亚市 | 1980 - 10 - 20 | 衡水市 | 蒂尔森堡市 | 1998 - 10 - 27 |
| 黑龙江省 | 艾伯塔省 | 1981 - 09 - 05 | 桐乡市 | 韦兰市 | 1998 - 12 - 04 |
| 吉林省 | 萨斯卡彻温省 | 1984 - 06 - 05 | 石河子市 | 东贵林布瑞市 | 1998 - 12 - 21 |
| 广州市 | 温哥华市 | 1985 - 03 - 27 | 锦州市 | 三河市 | 1999 - 07 - 09 |
| 上海市 | 蒙特利尔市 | 1985 - 05 - 14 | 北京市 | 渥太华市 | 1999 - 10 - 18 |
| 大庆市 | 卡尔加里市 | 1985 - 05 - 16 | 西安市 | 魁北克市 | 2001 - 05 - 11 |
| 石家庄市 | 萨斯卡通市 | 1985 - 05 - 31 | 海南省 | 爱德华王子岛省 | 2001 - 06 - 20 |
| 江苏省 | 安大略省 | 1985 - 11 - 21 | 唐县 | 格雷文赫斯特市 | 2002 - 12 - 05 |
| 哈尔滨市 | 埃德蒙顿市 | 1985 - 12 - 05 | 南通市 | 里穆斯基市 | 2003 - 09 - 08 |
| 重庆市 | 多伦多市 | 1986 - 03 - 28 | 安阳市 | 莱桥市 | 2005 - 05 - 12 |

| 中方省市 | 加方省市 | 结好时间 | 中方省市 | 加方省市 | 结好时间 |
|---|---|---|---|---|---|
| 珠 海 市 | 萨 里 市 | 1987 – 07 – 08 | 泰 州 市 | 巴 里 市 | 2006 – 06 – 08 |
| 济 南 市 | 里 贾 纳 市 | 1987 – 08 – 10 | 武 汉 市 | 万 锦 市 | 2006 – 09 – 12 |
| 马鞍山市 | 哈密尔顿市 | 1987 – 10 – 01 | 北 海 市 | 勒 杜 克 市 | 2006 – 11 – 24 |
| 成 都 市 | 温 尼 伯 市 | 1988 – 02 – 24 | 丽 江 市 | 新 西 敏 市 | 2007 – 01 – 14 |
| 绵 阳 市 | 金 斯 敦 市 | 1989 – 11 – 10 | 莆 田 市 | 坎 伯 兰 市 | 2007 – 09 – 24 |
| 长 春 市 | 温 泽 市 | 1992 – 08 – 25 | 山 东 省 | 魁 北 克 省 | 2008 – 08 – 06 |
| 沧 州 市 | 鲁珀特王子港市 | 1992 – 09 – 13 | 常 熟 市 | 本 拿 比 市 | 2009 – 07 – 20 |
| 本 溪 市 | 布 兰 顿 市 | 1992 – 10 – 17 | 云 浮 市 | 新 西 敏 市 | 2010 – 05 – 01 |
| 岳 阳 市 | 卡斯尔加市 | 1992 – 10 – 21 | 南 宁 市 | 维多利亚市 | 2010 – 07 – 09 |
| 河 南 省 | 马尼托巴省 | 1994 – 11 – 19 | 襄 阳 市 | 史密斯福尔斯市 | 2010 – 08 – 26 |
| 广 东 省 | 不列颠哥伦比亚省 | 1995 – 09 – 07 | 惠 州 市 | 北温哥华市 | 2010 – 09 – 08 |
| 镇 江 市 | 拉克梅冈蒂克市 | 1995 – 10 – 08 | 上 海 市 | 魁 北 克 省 | 2011 – 09 – 02 |
| 无 锡 市 | 斯卡伯勒市 | 1996 – 04 – 10 | 中 山 市 | 本 拿 比 市 | 2011 – 09 – 19 |
| 汕 头 市 | 圣 约 翰 市 | 1997 – 02 – 28 | 无 锡 市 | 弗雷德里克顿市 | 2012 – 03 – 28 |
| 南 京 市 | 伦 敦 市 | 1997 – 05 – 07 | 厦 门 市 | 列 治 文 市 | 2012 – 04 – 27 |
| 锡林浩特市 | 劳埃得明斯特市 | 1997 – 06 – 17 | 盱 眙 县 | 圣托马斯市 | 2012 – 06 – 12 |
| 吉 林 市 | 艾伯特王子市 | 1998 – 05 – 26 | 陕 西 省 | 育 空 地 区 | 2012 – 09 – 18 |

资料来源：http：//www. canadachinaexchange. com/view. asp？id = 472。

# 第三节　与西方国家的关系

加拿大是北约、英联邦、欧安会、八国集团和法语共同体国家的成员，与西欧国家有着传统的密切关系。1996 年，加拿大同欧盟签署政治宣言和行动计划，在重大国际问题上同西欧各国协调行动。冷战结束后，加拿大曾认为西欧已不再面临来自苏联的威胁，北约应加强政治作用，并适当削减军事力量，至 1997 年，加拿大已从西欧撤出其全部驻军。但1999 年科索沃危机期间，加拿大派出 4 架战斗机参与对南联盟的轰炸，还派遣 1400 名军人去当地维持秩序。加拿大是北约的创始国之一，也是北约的重要支持者，几乎参与了北约所有的重大活动。2014 年乌克兰危机后，加拿大派遣海空军加强北约在这一地区的力量。

加拿大与欧盟有关税协定，欧盟是加拿大第二大贸易伙伴，是加拿大第二大国外投资者，也是加拿大对外投资的重要场所。加拿大与欧盟还签署了范围广泛的科技合作和文化交流协定。加拿大与西欧国家在市场准入、农产品补贴和大西洋捕鱼等问题上存在分歧。

## 一　与英国的关系

英国是加拿大在欧洲最重要、关系最密切的伙伴，也是它在世界上仅次于美国的盟友。加英关系不仅在历史上是殖民地和母国的关系，在当代仍有重大意义。两国除双边关系外，还在许多国际组织中密切合作，如在联合国、北约、八国集团，英联邦、经济合作与发展组织中，两国在国际政治领域的立场也很接近。2011 年 9 月，两国发表《加英联合声明》，两国共有的政治传统，历次战争中结下的友谊，成为在军事、法律、科技、贸易方面广泛的合作基础。2012 年 9 月，两国强调了联合声明中的立场。2014 年 2 月，两国外长联合承诺，要在经济增长、贸易和创新，保卫国家安全，促进共同价值等方面加强合作。

英国是加拿大第三大贸易伙伴，位于美国和中国之后。加拿大对英国出口产品主要有初级原料和工业制品，高附加值产品和服务出口也在增加。加拿大从英国进口产品主要有煤和石油。在外国对加拿大的直接投资中，英国仅次于美国占第二位。英国也是加拿大对外投资的第二大场所，仅次于美国，目前在英国的加拿大企业有 300 多家。2013 年，加拿大对英国出口 139.6 亿加元，进口 843 亿加元。

加英两国也有贸易摩擦，矛盾问题与欧盟类似，加拿大对欧盟包括英国限制软木和酒类进口、对农业保护补贴和农产品出口补贴，以及对石棉、铝产品征收关税等贸易政策不满；而欧盟包括英国抱怨加拿大经常对其酒类、不锈钢制品等实行反倾销政策，药品专利政策，广告费从所得税中抵扣政策，以及对外国银行的税收和开办分行的限制。

英联邦是英国与其已经独立的前殖民地或附属国之间自愿组成的松散联邦，目前有 54 个成员，其中一半是人口不足百万的小国，英联邦人口占联合国成员国的 1/3，占世界人口的 1/4。20 世纪 40 年代末至 60 年代是英联邦成员国的快速发展时期，这一时期许多国家摆脱了英国的殖民统治，实现了国家独立。英联邦没有章程，但其宗旨是维护世界和平与秩序，在法制基础上保障个人自由，在实现种族平等和经济合作与发展等方面进行协商与合作。英国君主是英联邦名义上的最高统治者，但仅有象征意义。英联邦成员国政府首脑每两年举行一次会议，就国际政治、经济、社会问题和英联邦的对策进行讨论。首脑会议在 1971 年以前均在伦敦召开，从 1971 年开始，各成员国也可以成为首脑会议的东道主。此外，成员国之间其他高级官员也定期接触，如英联邦财政部长会议每年举行一次，非政府组织间的联系也很密切。

加拿大是英联邦的创始国，为英联邦的发展做出了贡献。加拿大有殖民地和弱国的经历，能理解英联邦内发展中国家的立场和实际需要，它在国内处理地区经济差异和民族矛盾中也积累了丰富的经验。实际上，加拿大将英联邦看作是一个多元文化的组织模式，是联合国的补充。加拿大并非仅在英联邦内发挥调和妥协作用，也敢于坚持原则，如 1961 年加拿大带头谴责南非的种族隔离政策，曾导致南非退出英联邦，直至 1994 年南非举行自由选举后才重新回到英联邦。加拿大不仅与其他成员国为英联邦的发展共建了一套国际惯例，在维持英联邦凝聚力方面也做出很大贡献，而且，其经济实力使它能为英联邦一些成员国提供具体和有效的帮助。加拿大对英联邦的经济贡献仅次于英国。

## 二 与法国的关系

在法属殖民地期间，加拿大是法国的一个海外行省，法国在政治、经济、宗教和文化等方面的制度和习俗，几乎全部被搬到了加拿大。在英国人统治加拿大期间，法国的许多制度和习俗仍然被保留，以法语为代表的法国文化成为联系法裔与法国的纽带。魁北克省在联邦中独特的地位，加拿大法裔与英裔之间的矛盾，都成为促进魁北克省与法国及其他法语国家

关系的动力。长期以来，加拿大法裔在政治观点上同法国很相似，把法国视为母国，作为在欧洲的特殊伙伴。

早在 1882 年魁北克就在巴黎设立了商务代表处，此后双方往来不断。20 世纪 60 年代，双方的经贸、文化交流关系更为密切。魁北克省政府和法国政府之间签署了很多协议，在经贸、司法、教育、医学、文学、电影、艺术、环境等领域有广泛的交流与合作。

加拿大是分布在世界各地、有 1 亿多人口的法语国家组织（Organisation Internationale de La Francophonie）的成员，与其他法语国家和地区有广泛的联系。加拿大外交部下设法语国家事务处，专管与法语国家的联系，该处负责的加拿大国际发展局向法语国家对外援助计划拨款。魁北克省是北美最大的法语地区，蒙特利尔是巴黎以外世界第二大法语城市。魁北克市是北美最古老的法语文化历史名城。许多法语国家和地区的重要机构和组织的总部都设在蒙特利尔或魁北克市，许多法语国家的国际性会议也在这里召开。

联邦政府成立以来，加拿大和法国保持着友好关系，在两次世界大战中两国军队曾并肩作战。在冷战期间，两国作为北约的成员国都是相互配合的。两国都是八国集团成员、法语国家组织成员。两国高级领导人除保持经常的联系，还在联合国和许多国际性组织的会议上会晤。两国有 20 多项合作协议，在工程、医疗、空间、海洋渔业、农业食品、电信和环境保护等领域有广泛和深入的合作。

但魁北克问题有时使两国关系处于尴尬状态。1967 年是加拿大联邦成立百年大庆，在蒙特利尔举办了国际博览会。法国总统戴高乐在此发表了《魁北克自由万岁》的演说，认为魁北克正在发展为一个与众不同的民族和政治实体，法国不能"对自己民族所传下的、并对其民族渊源怀有敬意的人们的现在与未来命运漠不关心"，激起了当时已十分狂热的法裔分裂主义分子的情绪。加拿大总理皮尔逊闻讯后，当即发表电视讲话，指出法国总统的某些言论是鼓励分裂，是加拿大所不能接受的。戴高乐也很生气，取消了原定对渥太华的访问，提前回国。

1999 年 3 月，克雷蒂安总理致信法总理若斯潘，就法国邀请魁北克省文化部长出席在法举行的一次国际性部长级会议提出严重抗议。他指出，这样的国际会议，只有加拿大代表才能出席，而不是魁北克的代表法国此举是违反国际外交礼仪的。克雷蒂安还命令联邦政府的代表不去参加会议，以示抗议。2008 年，法国总统萨科奇表示，在经济危机期间，各国最不愿看到的就是分裂，他不理解为什么魁北克人非要以与加拿大的对立来显示凝聚力。此后，一些法国领导人刻意与魁北克激进独立派领导人保持距离。

2013 年 6 月，两国政府宣布了未来合作的路线图，在三大领域，即经济可持续发展、国际安全与防御和人与人关系，包括 70 多个项目的广泛合作。法国是加拿大第八大贸易伙伴国，2012 年，两国的双边贸易额达 81 亿加元，比上年减少了 5%，其中加拿大出口 31 亿加元，进口 50 亿加元。法国在加拿大有 550 家公司总部、1500 多家公司，遍及众多领域，大部分在魁北克、安大略和西部省份。

### 三 与美国的关系

加拿大和美国在 1927 年正式建交，但两国间的关系从它们的殖民地时期就开始了。加拿大人除魁北克省外与美国同文同种，同是英国的殖民地。美国在独立战争时期就有联合加拿大一同反英，并使之成为美国第 14 个州的企图。19 世纪初，美国趁英国在欧洲与法国争霸之机，曾两次企图以武力兼并加拿大，但都在英军和加拿大民兵的防御和反击下以失败告终。1815 年英国确立了其海上霸主地位，美国的扩张矛头转向南方和西南方，同加拿大的关系进入相对稳定的时期。

加拿大作为英国的殖民地，在经济、政治和防务上一直依赖英国，甚至在自治领成立后也是如此。1898 年，加美两国在育空地区和阿拉斯加边界问题上发生冲突，英国屈从于美国的压力，使加拿大人的民族感情受到很大的伤害。20 世纪以来，尤其是第一次世界大战为加美两国关系的改善提供了契机，在同一条战线并肩作战，有助于两国人民相互了解，两国经贸往来也日益增多。第二次世界大战更加深了加美关系，罗斯福总统 1938 年在访加时公开承诺，如果加拿大受到攻击，美国不会袖手旁观。

二战后，随着英国的衰落和美国的崛起，加拿大经济、政治和外交的重心逐渐由英国向美国倾斜。在 1956 年苏伊士运河危机时，加拿大同美国一道对英法持反对立场，就是加拿大的外交重心由英国转向美国的明显标志。

二战以来的加美关系虽未出现重大波折，但小矛盾和冲突从未停止过。加美两国在渔业方面的争执持续了两个多世纪，贸易领域的纠纷更是此伏彼起，在文化和精神产品方面也引起矛盾。

加拿大在《赫尔姆斯—伯顿法》问题上带头顶撞美国。1996 年 3 月，克林顿签署《古巴自由与民主声援法》，即《赫尔姆斯—伯顿法》。其中规定，美国法庭有权为自 1959 年卡斯特罗执政以来被没收了 5 万美元以上的美籍古巴人，以及向与古巴做生意的外国公司提出起诉和要求赔偿，美国政府有权拒绝向这些外国企业主及其亲属发放签证，或驱逐他们出境。也就是说，谁不跟随美国一道制裁古巴，美国就要制裁谁。有 20 多个加拿大公司因长期与古巴的贸易关系遭到惩罚。加拿大政府对此做出强烈反应，坚决要求美国撤销这一法律。后来美国政府宣布，该法将推迟半年执行，有关条款将被修改和放弃。但加拿大对此反应冷淡，它更关心的是美国推行域外立法，即给外国公司立法的霸权主义做法。与此同时，加拿大重新修订的《外国域外立法应对措施法》于 1997 年 1 月 1 日生效，该法令规定，根据《赫尔姆斯—伯顿法》做出的所有判决在加拿大均无法律效力。

加拿大总理多次表示，反对美国对古巴实行经济封锁。1997 年加拿大外长访问古巴，他是近 20 年内访问古巴的第一位加拿大高级官员，这引起了美国的不满。加外长在哈瓦那表示，尽管加拿大受到美国的压力，但它要坚持独立的外交政策。1996 年 1 月，加拿大修改了一项法令，根据新法令，在加注册的美国公司若执行美国命令，不与古巴贸易，将被处以最高达 1 万加元的罚金，其负责人要被判处最长可达 5 年的监禁。加司法部部长解释，修改法令是为了抵御美国法律入侵加拿大，在加拿大的外国公司必须根据加拿大的法律从事经营活动。加外长也认为，不能容忍干涉加拿大法律主权的行为，加拿大的贸易和外交活动不能由华盛顿说了算。实际上，加拿大同古巴没有多少生意，《赫尔姆斯—伯顿法》并非专门针对加拿大的，它也遭到了欧盟国家的普遍反对。加拿大本来也可以跟在欧盟后面表态，但加拿大没有这样做是值得注意的，加拿大在主权问题尤其在加美关系上有过太多的辛酸。

加拿大在许多方面都要依赖于美国，但加拿大又不甘心成为美国的附庸。加拿大从美国得到了最大的好处，也受到了最大的伤害。于是两国在大的原则性问题上保持一致、在小问题上时有摩擦就成为加美关系的一大特点，如美国政府不支持魁北克独立，在这个问题上与加拿大政府保持一致，而美国的立场对 1995 年魁北克省全民公决是有影响的。加拿大配合美国的事例就更多了，1998 年 2 月，加拿大应美国要求向海湾地区派出一艘护卫舰、2 架 C‑130 大型运输机和 400 名士兵，支持美国因伊拉克武器核查危机而可能采取的武力行动，尽管在议会的 4 个反对党中，有 3 个反对加拿大卷入美国的军事行动，但政府还是派了兵。而在 1999 年以美国为首的北约对南联盟的首轮空袭中，加拿大就派出 4 架 CF‑18 战斗机。2014 年乌克兰危机中，加拿大也向黑海派出军舰和飞机。

加美两国首脑保持每年度会晤，内阁成员也定期磋商，就重大国际问题和双边关系交换意见、协调行动。加美互为最大的贸易伙伴，1989 年《加美自由贸易协定》生效以来，加美双边贸易总额增加了 3 倍。2013 年，两国之间每分钟交换商品和服务超过 140 万加元。加拿大是美国最大的市场，2013 年从美国进口 3120 亿加元，超过从中国、日本、德国和英国进口的总和。美国有将近 900 万个工作岗位依赖于加拿大的贸易和投资。两国是世界上最大的贸易伙伴，2013 年双边贸易额为 7820 亿加元。美国是加拿大最大的直接投资市场，2013 年加拿大对美直接投资达 3180 亿加元。

加美两国政府之间签有 190 多个合作协定，涉及边界（10 个）、防务（34 个）、劳工仲裁、北极问题、地下运输管道、阿拉斯加高速公路、关税、经济合作、教育、电台与电视（8 个）、环境、渔业、森林保护、社会安全等。加拿大除在北美防务、军工生产、情报交换等方面与美国有一系列双边协定外，还在北约组织、八国集团、美洲国家组织、亚太经合组

织以及联合国内同美国有多边合作关系。对美关系始终是加拿大政治、经济和社会生活中的首要问题。加美山水相连，政治、经济和文化等各个方面交往密切，北美洲经济一体化进程还将深化。

四　与日本的关系

加拿大一直重视同日本的关系，1929年两国建交并向日本派公使。这是加拿大独立以来，继美国和法国之后向国外派出的第三位公使。当时，日本位于美、英、法、德之后，是加拿大第五大贸易伙伴。日本自然资源极度匮乏，与资源丰富的加拿大形成天然贸易伙伴关系。二战时两国处于敌对状态。二战后随着美国对日政策的调整，加拿大也恢复了与日本的贸易关系。尤其在特鲁多总理发展与其他国家关系、减少对美国依赖的外交政策的引导下，加拿大加强了对日关系。特鲁多本人访日次数相当于其三位前任总理的总和。20世纪70年代加日两国间的贸易额增加了4倍，由1970年的13.92亿加元增加到1980年的71.68亿加元。

加拿大与日本有多边关系，如八国集团、二十国集团、经济合作与发展组织、亚太经合组织和东盟等，两国高层频繁接触。2010年，日本首相菅直人因八国集团和二十国集团会议两次访加。2012年3月，哈珀总理访日；2008年因八国集团会议、2010年亚太经合组织会议，哈珀总理曾两度访日。2009年夏季，日本天皇和英国女王在加日外交关系80周年、日本天皇登基20周年、英国女王在位50周年纪念期间，正式访问加拿大，在渥太华、多伦多、温哥华和维多利亚等地游览12天。两国议会之间也有定期交流。2012年5月，两国议会在东京讨论经贸政策、财政和行政改革、能源、环境和地区安全问题。

2013年，加拿大对日出口106.62亿加元，从日进口137.3亿加元；加对日直接投资47.15亿加元，日对加投资173亿加元。加拿大对日出口主要是矿产品、蔬菜、木制品、动物及其产品、贵金属矿等；从日进口的主要有汽车及其设备、机械和电子产品、贱金属制品、塑料、橡胶和化学制品等。2009～2013年，加拿大对日出口保持稳定、缓慢的增长，从日进口有小幅波动。

加日两国也有贸易冲突，不过在很多情况下这种冲突是美日贸易冲突的延续，因为加拿大很多对日贸易项目都是在美国资本的控制下，而加拿大也效法或直接引用美国对日贸易的政策和措施，调整对日贸易关系。加拿大和日本在太平洋捕鱼问题上长期有争议。总的说，加拿大对日本的需要大于日本对加拿大的需要，加日贸易逆差就是这方面的一种反映。由于日本目前是仅次于美国的第二大经济强国，加拿大在处理亚太地区关系时，一般都将日本放在重要的位置上。加拿大希望日本在国际事务中发挥更大的作用，欢迎日本参加联合国的维和行动，赞成日本成为联合国安理会常任理事国，强调加强与日本的政治、经济关系。

## 五　与澳大利亚的关系

加澳两国有许多共同之处，关系比较密切。两国都是幅员辽阔、人口稀少、工业发达的城市化国家，历史上都曾是英国的殖民地，相互有不少类似的地名，都表现出英国移民对故土的怀念。两国在政治上都受英国影响，均实行联邦议会制，都是英联邦的成员国，名义上由总督代理英王治理。经济上都高度依赖丰富的自然资源及其半成品出口，大量接受外国尤其是美国的投资，并受到美国的文化冲击。在国家发展中，两国都经历了在东部定居和发展的基础上向西部开发的过程。19世纪40年代，加拿大要求建立责任制政府时，澳洲的英殖民地也要求自治。加拿大1837年起义失败后，一批起义者被流放到澳大利亚，至今澳大利亚的一些地名还保留这些加拿大人的痕迹，如加拿大湾、法兰西湾、流放湾等。加拿大的独立意识和独立进程比澳大利亚早30多年，但澳大利亚不像加拿大有法裔居民的牵扯，他们对英国有更多的依赖和忠诚。

从加拿大独立到第二次世界大战期间，尤其是在1901年澳大利亚独立后，两国交往日益密切。在第一次世界大战中，两国军队在英帝国的旗帜下并肩作战，当时只有500万人口的澳大利亚也派出了40万人到欧洲战场作战，伤亡达30万人。两国之间互相移民，20世纪60年代以来不少澳大利亚人移居加拿大。70年代加拿大的多元文化政策和卫生医疗制度成为澳大利亚借鉴的样板。加拿大在澳大利亚的外交机构的规模仅次于派驻美国的外交机构。在土著人政策、教育、卫生、交通、通信、农业、移民等领域，两国政府经常磋商。加拿大努纳瓦特地区成立后，澳大利亚政府专门组织人去访问交流，借鉴土著人自治的经验。随着加拿大对亚太地区的日益重视，加澳两国的传统友谊将有更广泛的发展前景。

2007 年 9 月，哈珀总理在出席亚太经合组织会议后顺访悉尼；2011 年 10 月，英联邦国家首脑会议在澳大利亚珀斯召开，哈珀总理再访澳大利亚。2014 年 6 月，澳总理托尼·阿伯特上任不久就访问加拿大。两国部长、议会、军队和安全部门之间有定期交流。两国政府公务员还有互派到对方部门工作的制度，外交、外贸、环境、教育、就业、国防、司法部门官员都有相互交换工作的。两国还有领事共享制度，根据领事共享协议，澳大利亚领事馆在 20 个没有加拿大外事机构的国家中，向加拿大人提供相关服务；而加拿大外交机构在 23 个没有澳大利亚外事机构的国家中，向澳大利亚人提供相应的服务。两国之间学术和文化协定有近 200 个，每年都有很多学者和学生相互往来交流。2013 年加澳双边贸易额已达到 35 亿加元，其中加对澳出口 17 亿加元，加从澳进口 18 亿加元；两国相互股票投资 300 多亿加元，其中，加对澳投资 234 亿加元，澳对加投资 69 亿加元。

## 第四节　与俄罗斯及东欧国家的关系

加拿大与苏联和东欧国家的关系，在为期 40 多年的冷战结束后，进入了新的发展时期。苏联解体后，加拿大迅速承认独联体各国，并积极发展同它们的关系。加拿大对俄罗斯及东欧国家的援助始于 1989 年。

加俄很长时间保持着友好关系。两国外长定期接触，讨论双边和国际问题。在保证核不扩散的前提下，加拿大同俄罗斯在 1989 年签署了双边核合作和贸易协定，此后双方一直进行卓有成效的合作。如 1992 年双方签订了为期三年的核安全计划，投资 3000 万加元，用加拿大技术设备和专家对俄罗斯核反应堆提供技术支持。1994 年双方投资 1000 万加元，用以改进俄罗斯的核电站。加拿大主张西方国家采取长远策略，尽可能地向俄罗斯等独联体国家提供长期援助，以帮助它们完成向市场经济转轨。2014 年乌克兰危机后，加拿大对俄罗斯实行经济制裁，包括冻结财产和禁止金融往来。

2010 年哈珀访问乌克兰，两国签订有助于双方年轻人交往和获得职业经验的协议。加拿大有很多乌克兰裔国民，两国人员往来很密切。2010 年，加拿大驻乌克兰大使馆为乌克兰学生、旅游者和工作者签发了 8500 份临时签证，和大约 2200 份永久居民签证。加拿大支持北约与乌克兰的特殊伙伴关系，为乌克兰军队提供边界安全、国际维和等培训。加拿大防务专员常驻基辅，负责摩尔多瓦、罗马尼亚和保加利亚的相关事务。

2012 ~ 2013 年，加拿大对乌克兰的具体援助主要有：在经济上，通过农业技术援助和培训帮助 6887 个小园艺农场主增加收入；为 3324 个牧场主提供技术帮助，使牛奶产量增加 20%；为 12 个城市制订战略性经济发展规划，为中小企业建立企业支持中心。在促进民主方面，对 2012 年乌克兰议会选举，派出 500 人的选举观察团；发展新的立法和决策机制，增加司法公正，包括一个综合的针对青少年的司法制度；通过运用庭前协商解决程序，增加解决商业纠纷的法庭的效率。

自 2013 年，加拿大增加了对乌克兰的援助，援助范围包括中小企业、农业贷款，尤其是对女企业家的扶持，多种技术培训，宪政改革地方自治、反腐败、公正选举等。乌克兰危机以来，在彼得·波罗申克就职总统后，哈珀是第一个访问乌克兰的八国集团国家首脑，乌克兰成为加拿大热点关注国家。

1991 年前南斯拉夫地区发生危机和冲突以来，加拿大一直为解决前南地区矛盾而积极努力。在科索沃危机期间，加拿大派出空军，跟随以美国为首的北约部队空袭科索沃，造成大批平民伤亡和财产损失。在南联盟总统米洛舍维奇下台后，加拿大立刻表示支持南联盟新总统，并于 2000 年 10 月 20 日宣布，向该国提供 1000 万加元的援助，用于冬季取暖、修建新居和购置防寒服装，协助难民返回和重建家园等。

## 第五节　与发展中国家的关系及对外援助

### 一　概况

发展同亚、非、拉发展中国家的友好关系，是加拿大外交政策的重要组成部分。加拿大同亚、非、拉地区发展中国家有广泛的友好联系，几乎同所有国家都建立了外交关系。在加拿大同发展中国家的关系中，对外援助和贸易都是重要的内容。加拿大对外援助分政府援助和非政府组织的援助。通过教会和其他慈善组织对发展中国家的援助，早于政府的援助。非政府组织认为，比较官方渠道，他们的援助计划速度快、灵活性强、费用低、效率高。

政府援助始于二战后，1950 年加拿大加入科伦坡计划，资助亚洲新独立的英联邦国家。在此后的 20 年间，外援计划逐步扩大，发展到加勒比地区和非洲的英联邦国家、法语非洲和拉丁美洲国家。1968 年特鲁多出任联邦总理后，为推行其减轻对美国依赖的第三选择外交政策，加强同第三世界国家的联系，成立了加拿大国际开发署，作为执行联邦政府对外援助计划的主要机构。同时，由前任总理皮尔逊领导的一个国际委员会，研究并总结以往对外援助的经验，并提出改进措施。该委员会的报告提出，每年对外援助总额应相当于国内生产总值的 0.7%。

加拿大国际开发署通过各种对外援助计划提供援助双边的直接援助集中于大约 30 个国家，这类援助通常不提供现金，而是提供加拿大的产品和技术服务，包括提供粮食、发电设备、机车及零部件以及各类技术顾问等。多边援助通常是现金，通过各种国际组织、世界银行和多边开发银行，以及联合国下属的各专门机构，占加拿大外援的 1/3 以上。还有一部分援助是通过一些加拿大非政府组织进行的。加拿大外援的主要动机是人道主义，但人道主义并非是唯一的动机，政府在分配援助项目时，多少也要受到商业和政治利益的影响。

加拿大国际开发署的宗旨是支持发展中国家和地区的可持续发展，减少贫困，使世界更安全、平等和繁荣。它自 1968 年成立以来，已向全世界 100 多个国家政府和 200 多个非政府组织提供过援助。1981～1991 年共提供 230 亿加元的外援（1990～1991 年为 30 亿加元）。目前，加拿大外援总额已达到国内生产总值的 0.5%，约等于政府开支的 2%。加拿大对外援助主要根据各国的发展状况，受贫困和战乱困扰的国家得到的援助多些，而一些国家发展起来后则得不到援助，有的国家只是在遭到临时自然灾害时得到援助。国际开发署自 1982 年开始对中国提供无偿援助。2012 年 3 月，鉴于中国发展状况，加政府宣布在 2014 年 3 月前结束对中国的无偿援助。2013 年起，中国已不在加拿大直接援助国的名单内。截至 2013 年 3 月，加对华援助金额达 6 亿美元。

加拿大国际开发署的援助计划围绕 6 个重点领域：（1）人类基本生活需要，如提供清洁饮水条件和卫生设备；（2）改善妇女生活状况，如通过减少贫困改善妇女生活，通过有关立法保障妇女权益；（3）基础设施建设，如乡村电力、交通网；（4）人权、民主和有效率的政府，如推进民主进程，增加对人权的尊重；（5）个人发展，如增加就业、发展教育和技术培训；（6）环境保护。加拿大国际开发署在提供援助前，对每个受援国或地区都要进行全面的调研，制订详细的计划，组织专家论证。

2006～2007 年度国际开发署提供各项援助经费合计为 27.78 亿加元，其中美洲 3.56 亿加元，北非和中东地区 1.32 亿加元，撒哈拉以南非洲 10.45 亿加元，东欧 0.9 亿加元，亚洲 6.69 亿加元。各受援区接受援助最多的五个国家和地区分别是：美洲的海地、秘鲁、玻利维亚、洪都拉斯和哥伦比亚，亚洲的阿富汗、孟加拉、印尼、中国和斯里兰卡，撒哈拉以南非洲的苏丹、埃塞俄比亚、加纳、马里和莫桑比克，北非和中东的伊拉克、约旦河西岸和加沙、黎巴嫩、埃及和摩洛哥，东欧的俄罗斯、乌克兰、波斯尼亚和黑塞哥维那、塞尔维亚和格鲁吉亚（高加索南部）。

2012～2013 年度，加拿大援助经费总支出 54.83 亿加元，其中非洲最多，为 24.54 亿加元，占 45%；亚洲 11.21 亿加元，占 20%；美洲 7.14 亿加元，占 13%；中东 1.53 亿加元，占 3%；东欧国家 1.3 亿加元，占 2%；其余 9.11 亿加元，占 17%。2006～2013 年加拿大对外援助经费

不断增加。

2014 年，加拿大宣布将重点外援国家和地区由 20 个扩大到 25 个，它们是美洲的加勒比地区、哥伦比亚、海地、洪都拉斯和秘鲁，亚太的阿富汗、孟加拉、缅甸、印尼、蒙古、菲律宾和越南，中东的约旦、约旦河西岸和加沙，东欧的乌克兰，非洲的贝宁、布基纳法索、刚果民主共和国、埃塞俄比亚、加纳、莫桑比克、塞内加尔、南苏丹、坦桑尼亚。中国已不在受援国之列。

加拿大非常重视对外援助，因为对外援助符合加拿大人的理想，有助于提高加拿大的国际声望，为加拿大的商品和服务开辟国际市场。有研究表明：70% 的对外援助对加拿大经济和社会发展是有益的，目前有 50 多所大学、60 多所学院在执行同发展中国家合作的计划，2000 家企业通过这些计划与世界上增长最迅速的市场保持着联系，它们从中获得了宝贵的信息和经验。通过援助增进了相互了解与信任，许多受援国现在成了加拿大重要的贸易伙伴。对外援助还直接增加了加拿大国内的就业机会，约有 3.5 万加拿大人的工作与外援计划有关。

政府除通过官方渠道援助外，还通过资助社会团体的方式提供援助，如通过资助加拿大美洲基金会（The Canadian Foundation for the Americas）加强加拿大与拉美国家的联系，但不直接向拉美国家提供实物或现金等有形援助。

## 二 与亚洲国家的关系

加拿大国际开发署在亚太地区的分支机构设在中国、印度、尼泊尔、斯里兰卡、孟加拉、巴基斯坦、阿富汗、印尼、菲律宾、南太平洋国家等。加拿大国际开发署亚洲亚太部的口号是"在平等中增长"。加拿大与中东国家有密切的贸易往来，其中，以色列和伊朗是加拿大在这一地区传统的和主要的贸易伙伴，在出口贸易中，服务出口约占 70%，主要是在石油、天然气、发电、电信方面的技术咨询和工程服务。加拿大从这一地区主要进口石油和一些工业产品。

根据联合国 2012 年人类发展指数，阿富汗是 187 个国家中的 175 位，属于世界上最欠发展的 15 个国家之一。在 2001 年以前，加拿大对阿富汗的援助主要是人道主义的，大约每年 1000 万～2000 万加元。2002～2013年，加拿大增加了对阿富汗援助，总计达到 22.6 亿加元。2014～2017年，加拿大对阿富汗援助的主要领域是：扩大阿富汗人受教育的覆盖面和提高教育质量；改善母亲、新生儿和儿童的健康；保护人权，特别是妇女和女孩的权利；增强阿富汗组织对人道救援反应的能力和效率。加拿大已经为此投入 2.27 亿加元。

加拿大对越南的援助主要在政府部门的透明度和责任制、经济的市场导向改革、促进私有企业发展以及与之配套的法律和金融改革、改善民众就业技能、食品安全等。

缅甸曾是加拿大实行长期（1988～2012 年）经济制裁的国家，但在制裁期间，加拿大向缅甸人民提供了各种援助，这些援助通过多边渠道，包括医疗、庇护所、燃料和志愿者等。2013 年，加拿大首次在缅甸设立常设使馆。

2011 年 8 月，加拿大因叙利亚政府镇压民众抗议行为，宣布冻结与叙政府部门和官员有关的财产，之后因叙利亚事态发展，逐渐加大经济制裁力度，增加到武器禁运、限制进出口、禁止技术援助和金融往来。2014年根据联合国安理会 2118 号决议，加拿大禁止同叙利亚之间可能与制造化学武器有关的化学品、设备和技术的贸易。

## 三 与非洲国家的关系

加拿大几乎同非洲所有国家建立了外交关系。加拿大国际开发署在非洲分支机构的宗旨是"消除贫困，促进和平与稳定"，工作重点在于鼓励妇女参与社会、政治民主化、保障人权、促进社会发展和经济改革。

阿尔及利亚是加拿大在非洲最大的贸易伙伴，两国自 1964 年建立外交关系以来，关系一向很好。加拿大有约 6 万阿尔及利亚裔国民，主要居住在蒙特利尔，目前阿尔及利亚人是魁北克移民的第三大来源，很多阿尔及利亚学生在加学习。2012 年，来加拿大的阿尔及利亚人超过 9000 多人次。2013 年两国双边贸易额为 37 亿加元，包括从食品到航空设备等各种产品，阿尔及利亚在加拿大全球贸易伙伴中居第18位。两国在反对国际恐怖组织、基础设施建设、教育和农业领域有很多合作。

南非与加拿大于1939年建立外交关系，但因加拿大在国际上带头抨击对南非种族隔离制度，直到1994年南非废弃该制度后，两国关系才转向友好与合作。1996年南非宪法和《权利宣言》深受加拿大《权利和自由宪章》的影响。2001年，加拿大授予曼德拉总统荣誉公民，以表彰其在反对种族隔离制度中的功绩。2013年12月，哈珀总理率领代表团赴南非参加曼德拉葬礼。哈珀宣布成立明天非洲领导人奖学金基金，与万事达卡基金合作，资助有志于公共事业的非洲青年到加拿大学习；同时成立曼德拉奖学金，鼓励优秀的加拿大研究生在加拿大的大学学习有关这位优秀南非领导人的专业。2013年，加拿大和南非双边贸易额为11亿加元，其中加拿大出口4.68亿加元，进口6.86亿加元。加拿大出口南非的商品主要有发电设备、硫黄、光学设备、药品、汽车等；进口南非的商品主要是柑橘，酒类，铁、钛、铬和铜等矿产。1984～2012年，加拿大以各种方式向南非提供3亿多加元的援助。

索马里与加拿大于1968年建立外交关系，1991年因索马里政府垮台而中止外交关系，2012年索马里成立联邦政府后，2013年两国恢复外交关系。2010～2013年，经联合国和国际非政府组织渠道，加拿大向索马里提供1.35亿加元援助，其中包括2013年援助的3775万加元，向这个国家最需要的人提供最基本的生活用品：水、食品、临时避难所等。2013年，加拿大出口索马里贸易额为90万加元，主要是设备和汽车。

## 四　与拉丁美洲国家的关系

加拿大同拉美国家尤其是加勒比英联邦国家的关系密切。加拿大从1972年开始向美洲国家组织派出常驻观察员，1990年正式加入该组织。加拿大认为，加入这个有35个国家的地区性组织，能在西半球发挥更大的影响力。拉美地区政治民主化、社会和经济改革为加拿大提供了机遇。加拿大积极参与美洲国家组织的活动，包括人权、性别平等、儿童保护、劳工权益、计算机犯罪、引渡和相互法律援助、囚犯和监狱的健康卫生政策、反腐败、西半球安全、大学生交流计划等。

加拿大国际开发署在拉美地区的分支机构有：加勒比地区部、中美部、安第斯国家部、拉美南部国家部、巴西和哥伦比亚部等。其工作重点是消除贫困、妇女参与、改善社会基本服务设施、人权与民主、提高私人企业的生产力、创造更多的就业机会、环保和可持续发展、促进经济改革和地区一体化发展。

加拿大政府除通过官方渠道援助外，还通过资助社会团体的方式提供援助。加拿大美洲基金会就是这样一个非官方组织，1989 年成立于渥太华，其目的是加强加拿大与拉美国家的联系，通过组织学术会议、专题调研等方式分析拉美国家的内部关系、经济一体化和社会政策等问题，但不对外提供实物或现金等有形援助。该组织的资金来自各种捐款，其中主要来自几个政府部门，如加拿大外交部、国际贸易和发展部、加拿大外交政策发展中心、加拿大国际发展研究中心等。

拉美国家是加拿大重要的出口市场和第三大对外投资场所。加拿大在这一地区的私人投资已达 40 多亿加元，遍及旅游、金融、保险、采矿、交通等行业。加拿大支持中美洲国家的和平计划，每年向拉美国家提供 2 亿加元的官方援助。同古巴恢复正常的外交关系，不跟随美国对古巴实行贸易制裁。1994 年，加拿大决定恢复中断了 16 年的对古巴的援助，在 1994～1995 年向古巴提供 108 万美元的援助。近年来，加拿大与北美自由贸易区成员国墨西哥的关系发展较快，加总理曾呼吁"加、墨应联合起来，与美抗衡"，避免美国用其国内法干涉贸易自由。加拿大积极支持拉美其他国家加入北美自由贸易区。

加拿大在拉美最大的贸易伙伴是墨西哥，两国在 1944 年建立外交关系，自 1994 年《北美自由贸易协定》生效以来，两国经贸关系有了很快的发展。2014 年 2 月，两国宣布更新的 2014～2016 年联合行动计划，提出在促进两国关系发展方面的四个优先：促进竞争性的和可持续发展的经济；保护两国公民；扩大两国人民之间的交往；加强地区性和全球性合作。

加拿大在巴西最早的贸易点可以追溯到 1866 年，1944 年在巴西设立大使馆。两国都有丰富的自然资源、大片未开发的土地，人口种族多元化等特点，加之政治价值相近，经济发展稳定，两国关系发展也比较好。巴西是加拿大第 11 大贸易伙伴。近年来，两国贸易额稳步增加，自 2009 年以来增长了 45%，2013 年达到 61 亿加元。其中，加拿大出口约 25 亿加元，进口约 36 亿加元。2013 年，巴西成为对加拿大的第六大直接投资国，对加投资 183 亿加元；加拿大对巴西直接投资 111 亿加元。目前约有 500 家加拿大公司在巴西运营。两国在基础设施建设、教育、清洁技术、信息和电信技术、能源、航天等广泛领域有很多协议。2011 年，两国建立科学、技术和创新联合委员会，规范引导两国的合作。

阿根廷是南美第二大经济体，与加拿大的外交关系始于 1940 年，两国的贸易关系更早。进入 21 世纪以来，加拿大公司在阿根廷做了很多努力，但由于受到阿根廷高通胀、进口控制和汇率变化的限制，加拿大对阿根廷的出口没有取得什么进展。2013 年，双边贸易额为 21 亿加元（2012 年为 25 亿加元），交易货物名目繁杂，从工业品到医药，加拿大进口的主要是贵金属，占 18 亿加元。加拿大对阿根廷股票直接投资 34.4 亿加元，主要投在矿业和加拿大人控制的农产品加工业。两国高层官员互访，在文教、军事、地区合作方面有很多协议。

古巴与加拿大的政治制度不同，但两国却保持着全方位的接触，从政府、企业、文教到民间组织。加拿大支持古巴的经济现代化，以及自由、民主、人权和法制等价值观念。古巴有六所大学设加拿大研究中心。在加拿大与古巴合作的项目中，提高农业生产率，改善公共服务效率是重点。两国的贸易和投资关系发展很稳定，古巴是加拿大在加勒比地区最大的市场，加拿大农业技术和设备、建筑材料和设备、环保技术、矿产和能源等，都是古巴很需要的。古巴 80% 以上的粮食需要进口。加拿大冬季漫长，人们很喜欢到古巴去旅游度假，古巴成为加拿大第三大旅游地，排在美国和墨西哥之后。加拿大因此成为古巴最大的旅游来源国，加拿大游客占古巴全部外国游客的 40% 以上。

# 大事纪年

**2 万~3 万年前**　印第安人在后来被称作"加拿大"的这片土地上生活。

**11 世纪以来**　一些北欧人在纽芬兰岛活动。

**15 世纪以来**　更多的西方人在加拿大东海岸捕鱼，与土著贸易。

**1534 年**　法国人 J. 卡蒂埃建立长久性居民点，开始西方人殖民开发的历史。

**17 世纪初**　法国人 S. 尚普兰在今天的魁北克市建立新法兰西殖民地。

**1763 年**　英国在七年战争中夺取新法兰西，加拿大成为英属殖民地。

**1774 年**　美国独立战争使很多英国"效忠派"迁到加拿大。

**1791 年**　魁北克分为讲英语的上加拿大省和讲法语的下加拿大省，形成英法双元社会。

**1812 年**　美国进攻上、下加拿大均遭失败，英裔、法裔在战斗中形成加拿大民族意识。

**1837~1838 年**　上、下加拿大省出现武装暴动，要求社会变革。

**1840 年**　上、下加拿大省合并，成立责任政府，转向殖民地自治。

**1864 年**　J. A. 麦克唐纳等人在夏洛特敦召开联邦协商会议，通过《魁北克决议》，奠定加拿大联邦基础。

**1867 年**　英国议会颁布《英属北美法案》，作为加拿大宪法。安大略、魁北克、新不伦瑞克和新斯科舍四省组成加拿大联邦，麦克唐纳出任首位联邦总理。

**1869 年、1885 年**　在 L. 里埃尔带领下，梅蒂人及印第安人在红河地区两次起义，里埃尔在起义失败后被判处死刑。

**1870 年**　马尼托巴省加入联邦，成为加拿大第五个省；西北地区加入联邦。

**1871 年**　不列颠哥伦比亚省加入联邦，成为加拿大第六个省。

**1873 年**　爱德华王子岛加入联邦，成为加拿大第七个省。

**1885 年**　横贯加拿大的铁路建成，成为加拿大经济和政治纽带。

**1896 年**　W. 劳里埃成为加拿大人第一位法裔总理；育空地区发现金矿，引起移民热潮。

**1898 年**　育空地区加入联邦。

**1905 年**　阿尔伯塔和萨斯卡彻温分别加入联邦，加拿大至此已有九个省。

**1930 年**　《公平工资和每天八小时工作法》《失业救济法》颁布。

**1931 年**　英国颁布《威斯敏斯特法案》，英国与所有自治领地位平等，不再有隶属关系。

**1932 年**　平民合作联盟成立。

**1939 年**　英国代表加拿大宣布对德国宣战。

**1949 年**　纽芬兰加入联邦，成为加拿大第十个省；加拿大作为创始国参加北约组织。

**1957 年**　联邦总理 L. B. 皮尔逊获诺贝尔和平奖。

**1960 年**　魁北克开始"寂静革命"。

**1961 年**　新民主党成立。

**1965 年**　红白色的枫叶旗成为加拿大国旗。

**1967 年**　加拿大确定了自己的国歌，不再用英国的国歌。

**1970 年**　加拿大与中国建立外交关系。

**1971 年**　联邦政府宣布实行多元文化政策。

**1977 年**　魁北克省通过有争议的、推行法语的《101 号法案》。

**1980 年**　魁北克第一次全民公决。

**1981 年**　抗癌英雄特里·福克斯去世。

**1982 年**　加拿大宪法从英国回归，《加拿大权利和自由宪章》作为

《1982 年宪法法案》的第一部分。

**1987 年**　《米奇湖协议》签署。

**1988 年**　《加美自由贸易协定》签署；《官方语言法》颁布。

**1992 年**　《北美自由贸易协定》签署；《夏洛敦协议》在全民公决中被否定。

**1993 年**　克雷蒂安出任加拿大总理。

**1995 年**　魁北克第二次全民公决。

**1999 年**　努纳瓦特地区从西北地区分出，成为加拿大第三个地区。

**2000 年**　联邦议会通过《清晰法案》；贝弗林·麦克拉林（Beverly McLachlin）成为加拿大最高法院第一位女性首席法官。

**2001 年**　克雷蒂安总理宣布加拿大参加在阿富汗的国际反恐行动。

**2002 年**　加拿大签署减少温室气体排放的东京议定书。

**2003 年**　马丁接任加拿大总理。

**2005 年**　同性恋婚姻在加拿大合法化。

加拿大众议院通过了反对党保守党提出的对政府不信任案，以马丁为总理的自由党政府在执政 17 个月后被迫下台。

**2006 年**　哈珀就任加拿大总理。

**2008 年**　哈珀总理就历史上因在土著人保留地设立学校，使土著人遭受的痛苦正式道歉。

**2008 年**　至当年 12 月 5 日，已有 100 名加拿大军人在阿富汗反恐行动中牺牲。

**2009 年**　哈珀总理首次访华。

**2010 年**　加拿大温哥华举办冬季奥运会，以 14 枚金牌打破主办国获得金牌数的历史纪录。

**2014 年**　加拿大正式结束在阿富汗的反恐行动。

# 参考文献

Statistics Canada，*Canada Year Book*，2012，Kromar Printing Limited.

付成双：《加拿大西部地方主义研究》，民族出版社，2001。

高鉴国：《加拿大文化与现代化》，辽海出版社，1999。

黄昆章、吴金平：《加拿大华侨华人史》，广东高等教育出版社，1998。

加拿大政府官方网站：http：//canada.gc.ca/。

李桂山、朱柯冰：《加拿大：多元文化新视野》，机械工业出版社，2012。

李剑鸣、杨令侠主编《20世纪美国和加拿大社会发展研究》，人民出版社，2005。

理查德·廷德尔、苏珊·诺布斯·廷德尔：《加拿大地方政府》，于秀明、邓璇译，北京大学出版社，2005。

刘艺工：《当代加拿大法律制度研究》，民族出版社，2008。

罗伯特·博斯韦尔：《加拿大史》，裴乃循、符延军、刑彦娜等译，中国大百科全书出版社，2012。

阮西湖：《加拿大民族志》，民族出版社，2004。

王晷：《文化马赛克》，民族出版社，2003。

沃尔特·怀特、罗纳德·瓦根伯格、拉尔夫·纳尔逊：《加拿大政府与政治》，刘经美、张正国译，北京大学出版社，2004。

吴斐主编《大国文化心态：加拿大卷》，武汉大学出版社，2014。

# 索　引

卡蒂埃　5，54，56，307

尚普兰　17，57，100，136，307

里埃尔　67，68，84，85，252，271，
307，308

麦克唐纳　15，42，65～68，89～91，
96，112，113，283，307

劳里埃　15，42，68～70，75，79，90，
96，112，252，280，308

《英属北美法案》　5，56，66，67，89，
99，105，148，149，205，307

《魁北克决议》　66，307

自由党　34，65，66，68，69，75，
77～79，81，82，86，90～92，94～
97，101，102，111，112，114～116，
147，287，309

保守党　34，65～67，69，75，79，81，
82，89～97，101，102，111～115，
147，287，309

白求恩　15，86～88，285

平民合作联盟　74，77，85，114，308

新民主党　34，74，102，111，114，
115，118，122，308

皮尔逊　91，95，97，112，280～282，
292，300，308

文幼章　87，88

特鲁多　80～82，91，92，94，95，97，
112，147，266，268，281，286，296，
300

寂静革命　308

宪法回归　278

魁北克公决　83

特里·福克斯　88，89，308

北美自由贸易协定　305，309

克雷蒂安　82，83，93～95，97，112，
286，292，293，309

哈珀　34，95～97，101，113，114，
147，197，199，287，296，298，299，
304，309

门罗　229

《清晰法案》　83，309

# 后　记

　　本书的写作是要了却一桩心愿，我在 1991～1993 年间曾获加拿大萨斯卡彻温大学研究生院全额奖学金，在那里读完了历史学硕士学业。在加拿大所经历的一切给我留下了难忘的印象，当时我就想，以后有机会一定要将这里的情况介绍给国人。回国后忙于各种课题研究项目，虽然也写了几篇有关加拿大的文章，但一直没有机会对加拿大进行全面的研究。因此要写一本介绍加拿大的著作的念头便成了一笔"心债"。当得知我所在的中国社会科学院有个《列国志》丛书计划，其中有加拿大卷时，我就立刻申请并争取到了这个项目。

　　国内的加拿大研究起步于 20 世纪 80 年代后期，经过十多年的发展已有相当的基础，但总的说，一般性的介绍多，且内容不够系统。《列国志》丛书《加拿大》卷的设计要求，刚好可以弥补这一缺憾。在资料的运用上，我几乎翻遍了所有国内出版的有关加拿大的书和文章，可以说本书的写作是在国内学者研究的基础上进行的。由于该书对资料要求的时间性较强，而国内即使是最新的进口书籍也难以满足这种要求，因此本书运用的很大部分资料来自加拿大政府网站。

　　我曾问自己：为什么要写加拿大？是不是因为在那里生活过两年有感情了？有这个因素，但不是主要的。加拿大吸引我的原因究竟有哪些？我一时还真难以说清，但以下一些情况已经足够引起我的重视。

　　民族矛盾、宗教战争和文化冲突经常伴随着人类的历史，似乎有差异就有矛盾，有矛盾就有斗争是天经地义的事。但加拿大社会容纳了世界上最多的种族、民族和各种宗教文化，加拿大人对他们之间的矛盾和冲突，基本上是在法制和协商的基础上解决的。在加拿大历史上找不到像样的革命、战争或动乱，其社会发展之平稳在世界历史上也是罕见的。加拿大人是如何做到这一点的呢？公正的法律制度和相关的社会政策固然必不可少，但妥协和宽容精神也是很重要的原因。有人认为，加拿大地广人稀，人与人距离较大，矛盾自然就少。我不同意这种看法，因为地广人稀是指整个国家而言，实际上加拿大人口分布不平衡，居住也很集中，多伦多、蒙特利尔和温哥华三大城市集中了全国1/3以上的人口。

再如对教育的投入和重视，加拿大每万人中拥有大学生690名（美国为558人、法国为282人、英国为195人），在西方国家中名列前茅。加拿大人办教育不只是为了让人们便于找工作，而是为提高整个国民的素质，完善他们的人生经历。所以无论大学毕业生找得到找不到工作，大学照办不误。办教育当然也有经济上的考虑，其基本考虑是在加拿大经济中增加尽量多的科技含量，不能只依靠自然资源。加拿大人不仅在国内办教育，还将教育作为智力资源出口到发展中国家，也把教育办到了北京。

还有，加拿大那么大地方，只有6万正规军人。不仅在西方国家中最少，比一般发展中国家也少。如同样与美国为邻的墨西哥，虽然自现代以来从未进行过对外战争，目前也有17万人的军队。比较总有不妥之处，或许有人说，加拿大和美国毕竟是同文同种，有事好商量。但目前世界上同文同种的国家间动辄兵戎相见的悲剧还少吗？两伊战争打了10年。加拿大并非与邻国或贸易国没有矛盾，如提起美国的霸道，加拿大人就摇头耸肩。但你很难说是美国人控制加拿大，还是加拿大人利用了美国。加拿大裁军不是因为经济上养不起军队，而是因为不需要（一旦需要可以迅速扩充），这不能不说是一种自信。

还有一个令人惊讶的事实是：加拿大人将粮食卖到世界各国，全国只有不到30万"农民"，其农业生产率之高可想而知。类似的例子还可以举出一些。相信细心的读者自己也会注意到，并思索其中的原因。

本书的长处是对加拿大的介绍是全面而系统的，尤其是对那些想迅速认识加拿大，又没有时间作更广泛阅读的读者而言，而且这种介绍不是提纲式或数字化的。由于作者有在加拿大实际生活的经验，在很多方面不乏细节和趣味。本书的不足在于对加拿大国情的一些特点未能进一步分析，尤其对那些要深入研究加拿大的读者而言，本书只能作为入门之作阅读。

在写作本书过程中，我得到很多人的关心和帮助：加拿大温哥华港务局驻北京代表处首席代表孙欣女士，北京大学图书馆的何玉萍女士，我在加拿大时的校友、现在加拿大哈利法克斯工作的王月平和杨光夫妇，他们都以各自的方式为本书的完成提供了帮助。我的同事于沛研究员、徐再荣副研究员审读了全部书稿，提出了宝贵的修改建议。姜芃研究员提供了照片资料。本书出版之前，加拿大驻华大使约瑟夫·卡伦先生为本书作序。我在此向他（她）们表示衷心的感谢。

最后，还要感谢我的妻子赵华，当年她放弃了国内待遇不错的工作，随我到加拿大去念书，她在那里的经历丰富了我对加拿大的认识。

刘　军

2004 年 7 月

# 第三版后记

本书在 2005 年面世、2010 年再版、2015 年第三版。第三版结构调整和内容修订较多。结构调整是为了使重点更加突出，使这套丛书风格更为统一；内容修订是更新 2010 年以来的统计数据。更换加拿大统计数字本不太困难，因为自 1867 年联邦政府成立以来，加拿大政府每年出一本年鉴（*Canada Year Book*）。可是从 2012 年起，因征订的印数越来越少，加拿大统计局决定不再出版此年鉴。这使第三版修订增加了难度，本书中 2010 年以来的数据更新几乎全部来自加拿大统计局和政府各部的官方网站。第三版还更换了所有的插图照片。

自本书面世以来的十年间，加拿大变化不大，人口缓慢有序地增长，城市缓慢地外延，经济不温不火，百姓生活四平八稳。加拿大军队人数没有增加，主战的坦克、战斗机和驱逐舰都没有增加或更新（驱逐舰还因退役减少了一艘）。这一切充分体现了加拿大宪法的宗旨："和平、秩序和良好的管理。"我去了当年留学的城市萨斯卡通，17 年过去了，那里的房屋和街道依旧；走进当年租住的公寓楼，还是熟悉的绿地毯，一切都没有变。能够看到时间痕迹的是人的变化，当年我的指导老师已退休，当年的研究生同学很多已成为教授，有的还担任了系主任、院长。似乎一瞬间，我到了退休之年。

更直观的感受是，加拿大的华人不仅更多了，留学的、旅游的、移民的；而且，华人的社会和经济地位也明显上升了。20 多年前，华人在学界的很少，能熬成教授的更是凤毛麟角。1991 年，我就读的萨斯卡彻温大学只有四五名华裔教师，其中两位是中国大陆去的；现在华裔教师有 60 多人，90% 是大陆去的，几乎各系都有。华裔传统上是不参与甚至回避政治的，现在不仅参加各种竞选的华人逐年增多，一些人已经成为各级议员。过去经商的华人不过是开饭馆、理发店、洗衣店或便利店之类的，现在他们经营的领域（大型连锁超市、房地产、厂矿、旅游等）和规模远非昔日可比了。而且，华人移民的后代往往比他们的前辈更优秀，因为他们各方面的条件和环境更好。海外华人地位是中国国际形象的重要部分之一。

更大的变化是中加关系更密切了。2004 年中加双边贸易额只有 155.2 亿加元，2014 年这一数字跃升为 778.88 亿加元。两国间的直接投资在 2005 年至 2013 年增加了 7 倍，总额达 215 亿加元。最新消息是：2015 年 3 月 23 日，中国工商银行在多伦多建立北美首家清算中心。用人民币结算，相比美元，将使在中国的加拿大企业（目前有 400 多家）降低成本，这是促进中加贸易的长期利好。加拿大商会估计，加拿大商界因此在未来 10 年中将节省 60 亿加元。

由于中加关系日益密切，需要了解加拿大情况的人更多了。这是这本书不断再版的原因。我曾在多伦多一所中学的图书室和一所英文补习学校里见到过这本书。这应该是为那里的中国留学生准备的。能通过本书让更多的人了解加拿大，为促进中加关系发展做一点工作，是我值得高兴和自豪的事。

在加拿大上学的女儿经常与我分享她的留学感受，也为本书做出了贡献。她告诉我特里·福克斯事迹及其在加拿大人心目中的地位，使我将特里作为加拿大最年轻的历史名人收入书中。2015 年 4 月，加拿大历史博物馆专设特里·福克斯事迹展。以这种规格纪念一位当代年轻人是很罕见的。在展馆的录像中，我看到了特里跑步时的坚毅神情，听到了假肢与路面的沉重撞击声……在那一刻，我似乎理解了加拿大人为什么如此敬佩特里，因为平凡的特里迸发着一种不平凡的加拿大精神：坚韧和互助。正是这种精神使一个如此寒冷和地广人稀的地方，成为世界上最宜居的国度之一。

最后还要感谢为我在多年后重游和了解加拿大提供帮助的朋友们，尤其是萨斯卡彻温大学白玉光教授、宗力教授，纪念大学王培中教授，特伦

特大学 B． D． Palmer 教授和约克大学 Eric Tucker 教授，云南农业大学杜
发春教授。社会科学文献出版社郭白歌编辑认真负责，提出了很好的修改
建议并纠正了不少差错。加拿大的朋友们包括几位素未谋面的网友提供了
照片，这里一并致谢。

刘　军

2015 年 6 月 10 日

# 新版《列国志》总书目

## 亚洲

阿富汗

阿拉伯联合酋长国

阿曼

阿塞拜疆

巴基斯坦

巴勒斯坦

巴林

不丹

朝鲜

东帝汶

菲律宾

格鲁吉亚

哈萨克斯坦

韩国

吉尔吉斯斯坦

柬埔寨

卡塔尔

科威特

老挝

黎巴嫩

马尔代夫

马来西亚

蒙古国

孟加拉国

缅甸

尼泊尔

日本

沙特阿拉伯

斯里兰卡

塔吉克斯坦

泰国

土耳其

土库曼斯坦

文莱

乌兹别克斯坦

新加坡

叙利亚

亚美尼亚

也门

伊拉克

伊朗

以色列

印度

印度尼西亚

约旦

越南

## 非洲

阿尔及利亚

埃及

埃塞俄比亚

安哥拉

贝宁

博茨瓦纳

布基纳法索

布隆迪

赤道几内亚

多哥

厄立特里亚

佛得角

冈比亚

刚果

刚果民主共和国

吉布提

几内亚

几内亚比绍

加纳

加蓬

津巴布韦

喀麦隆

科摩罗

科特迪瓦

肯尼亚

莱索托

利比里亚

利比亚

卢旺达

马达加斯加

马拉维

马里

毛里求斯

毛里塔尼亚

摩洛哥

莫桑比克

纳米比亚

南非

南苏丹

尼日尔

尼日利亚

塞拉利昂

塞内加尔

塞舌尔

圣多美和普林西比

斯威士兰

苏丹

索马里

坦桑尼亚

突尼斯

乌干达

赞比亚

乍得

中非

## 欧洲

阿尔巴尼亚

爱尔兰

爱沙尼亚

安道尔

奥地利

白俄罗斯

保加利亚

北马其顿

比利时

冰岛

波兰

波斯尼亚和黑塞哥维那

丹麦

德国

俄罗斯

法国

梵蒂冈

芬兰

荷兰

黑山

捷克

克罗地亚

拉脱维亚

立陶宛

列支敦士登

卢森堡

罗马尼亚

马耳他

摩尔多瓦

摩纳哥

挪威

葡萄牙

瑞典

瑞士

塞尔维亚

塞浦路斯

圣马力诺

斯洛伐克

斯洛文尼亚

乌克兰

西班牙

希腊

匈牙利

意大利

英国

## 美洲

阿根廷

安提瓜和巴布达

巴巴多斯

巴哈马

巴拉圭

巴拿马

巴西

秘鲁

玻利维亚

伯利兹

多米尼加

多米尼克

厄瓜多尔

哥伦比亚

哥斯达黎加

格林纳达

古巴

圭亚那

海地

洪都拉斯

加拿大

美国

墨西哥

尼加拉瓜

萨尔瓦多

圣基茨和尼维斯

圣卢西亚

圣文森特和格林纳丁斯

苏里南

特立尼达和多巴哥

危地马拉

委内瑞拉

乌拉圭

牙买加

智利

## 大洋洲

澳大利亚

巴布亚新几内亚

斐济

基里巴斯

库克群岛

马绍尔群岛

密克罗尼西亚

瑙鲁

纽埃

帕劳

萨摩亚

所罗门群岛

汤加

图瓦卢

瓦努阿图

新西兰

# 国别区域与全球治理数据平台

www.crggcn.com

　　"国别区域与全球治理数据平台"（Countries，Regions and Global Governance，CRGG）是社会科学文献出版社重点打造的学术型数字产品，对接国别区域这一重点新兴学科，围绕国别研究、区域研究、国际组织、全球智库等领域，全方位整合基础信息、一手资料、科研成果，文献量达30余万篇。该产品已建设成为国别区域与全球治理数据资源与研究成果整合发布平台，可提供包括资源获取、科研技术服务、成果发布与传播等在内的多层次、全方位的学术服务。

　　从国别区域和全球治理研究角度出发，"国别区域与全球治理数据平台"下设国别研究数据库、区域研究数据库、国际组织数据库、全球智库数据库、学术专题数据库和学术资讯数据库6大数据库。在资源类型方面，除专题图书、智库报告和学术论文外，平台还包括数据图表、档案文件和学术资讯。在文献检索方面，平台支持全文检索、高级检索，并可按照相关度和出版时间进行排序。

　　"国别区域与全球治理数据平台"应用广泛。针对高校及国别区域科研机构，平台可提供专业的知识服务，通过丰富的研究参考资料和学术服务推动国别区域研究的学科建设与发展，提升智库学术科研及政策建言能力；针对政府及外事机构，平台可提供资政参考，为相关国际事务决策提供理论依据与资讯支持，切实服务国家对外战略。

---

## 数据库体验卡服务指南

※100元数据库体验卡，可在"国别区域与全球治理数据平台"充值和使用

充值卡使用说明：
第1步 刮开附赠充值卡的涂层；
第2步 登录国别区域与全球治理数据平台（www.crggcn.com），注册账号；
第3步 登录并进入"会员中心"→"在线充值"→"充值卡充值"，充值成功后即可使用。

### 声明

最终解释权归社会科学文献出版社所有

客服QQ：671079496
客服邮箱：crgg@ssap.cn

欢迎登录社会科学文献出版社官网（www.ssap.com.cn）和国别区域与全球治理数据平台（www.crggcn.com）了解更多信息

卡号：7946459918212122
密码：

图书在版编目（CIP）数据

加拿大/刘军编著. － 3 版. —北京：社会科学文献出版社，
2015.7（2022.3 重印）
（列国志：新版）
ISBN 978 － 7 － 5097 － 7442 － 7

Ⅰ.①加…　Ⅱ.①刘…　Ⅲ.①加拿大 － 概况　Ⅳ.①K971.1

中国版本图书馆 CIP 数据核字（2015）第 082443 号

·列国志（新版）·

## 加拿大（Canada）

编　著/刘　军

出 版 人/王利民
项目统筹/张晓莉
责任编辑/周志宽　郭白歌
责任印制/王京美

出　　版/社会科学文献出版社·国别区域分社（010）59367078
　　　　　地址：北京市北三环中路甲 29 号院华龙大厦　邮编：100029
　　　　　网址：www. ssap. com. cn
发　　行/社会科学文献出版社（010）59367028
印　　装/唐山玺诚印务有限公司

规　　格/开　本：787mm × 1092mm　1/16
　　　　　印　张：22.5　插　页：1　字　数：330 千字
版　　次/2015 年 7 月第 3 版　2022 年 3 月第 2 次印刷
书　　号/ISBN 978 － 7 － 5097 － 7442 － 7
定　　价/79.00 元

读者服务电话：4008918866